出版说明和阅读建议

本书中的"新闻"，是指"新近发生事实的报道"。

本书中的"新闻事业"，区别于一般新闻传播活动，有以下特征：有专门的新闻传播机构；采用各种新闻传播手段；拥有以传播新闻为职业的专业人员；面向社会，具有广泛的社会影响。

近代新闻事业时期，是新闻事业刚刚成型、尚未完成大众化的时期。现代新闻事业时期，则是指新闻事业完全实现大众化的时期。

本书书名是《中外新闻事业史》，所以，介绍重点是新闻事业，而不是新闻或新闻活动本身。这也是本书以 17 世纪为起笔时间点、对古代新闻传播活动忽略未写的原因。

为了减少全书篇幅，在各国新闻史部分，本书只重点介绍英国、法国、美国、德国、日本、俄国和巴基斯坦的新闻事业，其他国家新闻事业摘要略写——有兴趣的读者可自行参阅更多相关资料。

台湾、香港、澳门是中国领土不可分割的组成部分，中华人民共和国成立后，这三个地区的社会制度、社会发展历程均不同于中国大陆(内地)，台湾、香港 澳门新闻事业的发展在很长时间内对全国的影响不大，但在 1949 年后取得很大的成就，其中的经验值得关注，因此本书特作简要介绍。

英国著名的哲学家弗兰西斯·培根说过："读史使人明智。"学习新闻事业史，不能只关注"历史上发生过哪些事情，对当时有什么影响"，更应该关注的是"当年所发生的事情对现今的影响，我们可以从中汲取什么经验、教训，得到哪些启发"。了解人类新闻事业的过去，可以观照现今新闻事业的不足和缺陷，思考未来新闻事业的发展趋势。

过去的都会成为历史，新闻事业的历史正夜以继日地不断被改写，我们对新闻事业史的了解，亦应与时俱进。为此，通过互联网阅读业界最新资讯(特别是浏览各家媒体网站、大型门户网站的传媒频道)，实时追踪新闻事业的进展，极为必要。

"十二五"职业教育国家规划教材

ZHONGWAIXINWEN

SHIYESHI

DISANBAN

中外新闻事业史

第3版

主编 / 王卫明

副主编 / 邓年生 范明姬 杨雅婷

参编 / 李华龙 金强 党秋月
魏骏 梁益畅 官平 张曼
周立华

北京师范大学出版集团
BEIJING NORMAL UNIVERSITY PUBLISHING GROUP
北京师范大学出版社

图书在版编目(CIP)数据

中外新闻事业史 / 王卫明主编. —3 版. —北京:北京师范大学出版社,2022.1

"十二五"职业教育国家规划教材

ISBN 978-7-303-27343-0

Ⅰ.①中… Ⅱ.①王… Ⅲ.①新闻事业史—世界—职业教育—教材 Ⅳ.①G219.19

中国版本图书馆 CIP 数据核字(2021)第 219069 号

营 销 中 心 电 话　010-58802755　58800035
北师大出版社职业教育分社网　http://zjfs.bnup.com
电 子 信 箱　zhijiao@bnupg.com

出版发行:北京师范大学出版社　http://www.bnupg.com
　　　　　北京市西城区新街口外大街 12-3 号
　　　　　邮政编码:100088
印　　刷:北京溢漾印刷有限公司
经　　销:全国新华书店
开　　本:787 mm×1092 mm　　1/16
印　　张:21.25
字　　数:490 千字
版　　次:2022 年 1 月第 3 版
印　　次:2022 年 1 月第 8 次印刷
定　　价:45.00 元

策划编辑:鲁晓双　李　克　　　责任编辑:王　强　吴纯燕
美术编辑:焦　丽　　　　　　　装帧设计:焦　丽
责任校对:段立超　　　　　　　责任印制:陈　涛

目　录

第三部分　外国新闻事业史

第一部分

全球新闻事业史概述

第一章　近代报刊与现代报刊的发展

本章要点

◆外国近代报刊诞生的背景。

◆外国近代报刊诞生的过程。

◆西方主要发达国家的现代报业发展概况。

◆其他国家的现代报业发展概况。

◆现代杂志的发展现状。

◆现代杂志发展的隐忧。

第一节　近代报刊的诞生与发展

在西方，16－18 世纪是封建社会解体、资本主义生产关系发展的时期，近代新闻事业伴随着资本主义商品经济的兴起而产生。

从 17 世纪初至 19 世纪末，其间近 300 年的新闻事业，通常称为近代新闻事业（主要是报业）。

17 世纪的欧洲，西欧宗教改革已经结束，文艺复兴运动进入尾声，英国顺利完成资产阶级革命，法国、德国、意大利、俄国等国的资产阶级革命还在酝酿。17 世纪初，英国建立东印度公司，荷兰侵入印度尼西亚，法、英、荷等国走上北美殖民扩张之路。

无疑，这是一个云谲波诡的时代。这样的时代，社会经济发展更为迅速，物质技术条件改善更为明显，人们产生了比以往更为强烈的信息需求。原有的手抄小报顺应信息需求激增的形势，逐步改为印刷出版，其出版周期也由不定期逐步变为定期。

定期化的实现，先是半年、一年出版一期。随着邮政事业发展，每周可送达一次邮件，便有了新闻性较强的周刊或周报，这便是定期报刊。定期报刊的出现，标志着近代新闻事业的诞生。

这种定期报刊产生于 17 世纪初，其发源地之一是尚未实现统一的德意志地区（当时有 1 700 万居民）。该地区有着印刷报刊的传统①，而且邮政事业也较其他地区发达，

---

① 1450 年，德国美因兹人约翰·古登堡第一次成功地用金属的活字模印制书籍。这种方法与手写和木版印刷相比，既快捷又便宜。法国诗人维克多·雨果把古登堡的发明称为"世界历史上最伟大的事件"。

许多城市能够每日递送邮件，为报刊的定期发行提供了必不可少的条件。

1609 年，德意志地区出现了两种周报。一是《通告—报道或新闻报》，每周一张，只有一条新闻。二是《报道》，1609 年 9 月 4 日曾刊登天文学家伽利略制作望远镜的消息。

这两种周报依靠新闻信获得世界各地的消息，并加以刊载。它们被认为是世界上最早的定期报刊。德意志地区还出现了其他周报或周刊，如《法兰克福新闻》(1615 年)、《法兰克福邮报》(1616 年)、《马格德堡新闻》(1626 年)①等。

定期报刊的另一个发源地是尼德兰②。1605 年，安特卫普③出版过半月一次的《新闻报》。不过，该报不久改为不定期出版。当时，安特卫普还有其他一些报刊，定期或不定期刊登欧洲新闻，向邻近地区发行。

英国最早的定期报刊《每周新闻》，是 1621 年在伦敦问世的一份周报，单张印刷，9 月至 10 月共出了 6 期。它是经英国国王特许出版的，只刊登译自国外出版物的消息，基本上是荷兰文报纸的翻版。

法国的定期报刊出现于 1631 年。1631 年 5 月，巴黎出版了名为《公报》的周报，它是法国国王特许出版的，每期 4 页。

在此前后，其他国家，如瑞士(1610 年)、奥地利(1620 年)、丹麦(1634 年)、意大利(1636 年)、西班牙(1641 年)、瑞典(1645 年④)、波兰(1661 年)等，也陆续出现了定期报刊。

在定期报刊增多的基础上，欧洲各国先后出现了日报。最早的日报诞生于德意志地区。

莱比锡的一位书商于 1650 年创办的《新到新闻》，被认为是世界上第一份日报。1663 年，当地周报《莱比锡新闻》(1660 年创刊)也改为日报出版。

英国第一张日报《每日新闻》是 1702 年在伦敦出版的，该报开始时是单面印刷，以后改为两面印刷，每面两栏，初步具备近代日报的形式。

法国第一张日报《巴黎新闻》是 1777 年元旦创办的，以报道新闻为主，内容多样，并有广告。

美国第一份日报是费城的《宾夕法尼亚晚邮报》，1775 年创办时为周三刊，到 1783

---

① 《马格德堡新闻》直到 1955 年才停刊，存续时间三百余年。

② 尼德兰指莱茵河、马斯河、斯海尔德河下游及北海沿岸一带，相当于今天的荷兰、比利时、卢森堡和法国东北部的一部分。尼德兰濒临北海，地势低平，海外交通十分便利。新航路开辟以后，欧洲商业中心从地中海转移到大西洋，尼德兰的经济又有了进一步的增长。尼德兰的手工业和商业发展很快，外国商人纷纷来到这里经商。16 世纪前半叶，尼德兰已经有 300 多个城市。

③ 安特卫普(Antwerp)是尼德兰南部城市，是当时欧洲贸易中心之一。商人们运来美洲的金银、东方的香料等，运走西欧、北欧的纺织品、金属制品、船舶用具等。安特卫普有发达的纺织业、玻璃制造业、制糖业、印刷业等；银行、汇兑、信贷业务应运而生。

④ 1645 年，瑞典女王克里斯蒂娜创办《国内邮报》(Post-och Inrikes Tidningar)，主要目的是向国民通报国家的状况。报纸初期的版本更像是印刷的小册子，由专人运往全国各地，粘贴在全国各城镇的公告牌上。根据世界报业协会的记录，这份报纸是全世界迄今为止历史最悠久的印刷报纸。2007 年，该报停止了印刷版的发行，只保留网络版。

年改为日报，小张两面印刷，存在时间不长。

近代意义上的期刊（杂志），最早出现于 1665 年，比定期报纸晚出现 50 余年。

法国是杂志的发祥地。17 世纪初，介绍法国书店和书籍的小册子，出现于欧洲各书店。这种小册子，称得上是杂志的雏形。

1665 年 1 月 5 日，戴·萨罗（Denys de Sallo）在巴黎创办了世界上第一份期刊——《学者杂志》。

该杂志在创刊号前言中阐述了内容范围："1. 提供欧洲出版的图书目录及其内容范围和说明；2. 登载名人的讣告及名人成果；3. 记载化学、物理学成就，艺术和科学的发明与发现；4. 引证民间与教会法庭的决议及神学院和其他大学的责难；5. 传递最新大事记。"①

该杂志起初是周刊，后改为月刊，1938 年终刊。

1665 年 3 月 6 日，英国创办《哲学汇刊：世界各地有创造才能者当前的探索、研究和劳动的若干总结》（*Philosophical Transactions：Giving Some Accout of the Present Undertaking，and Labours of the Ingenious in Many Considerable Parts of the World*）。它是世界上迄今为止寿命最长的学术期刊，起初由英国皇家学会秘书亨利·奥尔登伯格编辑。该刊把学术信息交流与定期出版两者清楚地联系起来，删去了有关历史、法律、宗教方面的内容，比《学者杂志》更有利于学术交流，更富于学术性，其内容范围也比《学者杂志》集中。该刊于 1753 年被定为英国皇家学会的机关刊物。

《学者杂志》和《哲学汇刊》虽不是正宗的新闻杂志，却是后世新闻杂志的鼻祖，杂志界的新闻事业起源于此。

出版至今的《伦敦公报》（原为散页单张，后来改为杂志），也创办于 1665 年，迄今为止已有 300 多年的历史。

从定期报刊问世，到日报陆续创办，是近代新闻事业的初创阶段。这个阶段，报纸已具备散张、两面印刷、分栏编排的形式，刊期短。期刊（杂志）则保留成册装订的书本形式，刊期比报纸长。

近代报业诞生之初，有过少量的封建阶级报刊，到了发展后期又出现了无产阶级报刊。但从整体而言，资产阶级报刊是近代新闻事业的主体。

尼德兰揭开了资产阶级革命的序幕后，英国、美国、法国先后进行了资产阶级革命。这三个国家在革命前后发展起来的报业，在世界近代新闻事业史上占据重要的地位。

工业革命开始后，商业报刊纷纷兴起，多个国家出现了政党报刊和商业报刊并存发展的局面。后来，在大多数国家，最后的结局是，由于政治格局渐趋稳定，政党报刊日益式微。

近代新闻事业发展的后期，西方主要国家出现了无产阶级报刊。它们是在工业革命之后，随着工人运动的兴起而创办和发展起来的。

早期的工人报刊大多由工人组织创办，主要为团结工人共同进行经济斗争服务。

① 叶继元：《学术期刊与学术规范》，载《学术界》，2005(4)。

19世纪中期，工人运动逐步由经济斗争发展为政治斗争，不少工人报刊演变为无产阶级政治报刊。

19世纪后期，无产阶级政治报刊纷纷发展为党报或党刊，成为无产阶级政党动员和组织群众的精神向导，成为他们为实现政治理想而斗争的舆论武器。在无产阶级新闻事业发展的过程中，马克思、恩格斯等革命领袖积极参与其中，甚至直接担任主编。

第二节　现代报业的形成与发展

19世纪末期，英国、法国、美国、德国、意大利等国进入垄断资本主义阶段，社会政治经济情况发生了深刻的变化。这些国家的新闻事业，逐步由近代新闻事业演进为现代新闻事业。

20世纪末，全球报业已经成为庞大的产业：出版日报8 391种，期发行总量为54 800万份；其中发达国家有日报3 972种，约占世界总数的47%；期发27 600万份，约占世界总量的50%。日报的千人拥有量全世界平均为96份，而发达国家则达到226份，也就是说，世界上平均10个人有一份日报，而发达国家平均4个人就有一份日报。[①]

全球电子报纸发展迅速。1995年，全球共有280种电子报纸，其中通过互联网阅读到的大约有200种，而其他的电子报纸，可通过电脑服务（CompuServe）或美国联机（America OnLine）商业网络阅读到。在电脑联机出版的电子报纸中，共有181种为美国报纸。除美国之外的电子报纸中，有52种在欧洲出版，许多是在欧洲东部出版的，16种在拉丁美洲，12种在加拿大，10种在亚洲，3种在澳大利亚。非洲只有两种，中东只有1种。[②]

截至1997年年底，全世界上网的报纸有3 622家[③]，其中绝大多数在发达国家，美国2 059家，欧洲728家，加拿大230家。至2009年，在全球（特别是发达国家）找出没有上网的大众化报纸，已经是一件难事。

2001—2005年，全球报纸发行量在5年间增长了近10%。世界报业协会的一项研究称，全世界的日报数量在2005年首次突破1万，达10 104家，比2001年增长了13%。全球付费和免费报纸发行量在5年间增长了9.95%。全球每天发行的报纸超过了4.5亿份。收费报纸拥有14亿读者。

一、西方主要发达国家的现代报业

19世纪末至第一次世界大战爆发前，独立于政府或政党之外的商业性报纸逐步取

---

① 日报的千人拥有量是衡量一个国家报纸普及程度的重要标志，它的计算方法是：全国日报期发行量÷全国人口数×1 000。

② 参见《计算机世界》，1995(36)。

③ 1998年10月初，《美国新闻评论》杂志网站公布的数据表明，全世界的网络报纸已增长至4 295家，1998年年底增长至4 925家。

代政党报纸而成为报业的主体。这些报纸实行商业化经营，广告费和发行费是其主要经济来源，报纸发行覆盖整个社会，而不再局限于政界、知识界等。发行量大幅增加，一般都以万份、十万份计，某些大报已超过百万份。办报过程也越来越依靠包括通讯社在内的各种社会力量，整个报业高度社会化，并逐步兼并集中，出现了拥有多家报纸的报业集团，报业垄断开始发展。总之，商业化、社会化和垄断趋势，成了近代报业演变为现代报业的主要标志。

第一次世界大战至第二次世界大战这段时间，是报业垄断基本形成的时期。这一阶段，英、美、法、澳等国报纸的商业化、社会化继续发展。不论战争带来的刺激还是困难，都使报业竞争和兼并加剧。

一是报纸的数目逐渐减少，"一城一报"现象日渐普遍，一个城市往往只剩下一家日报或虽有几家但同属一个老板。

二是报业集团的数量和规模不断发展，报业集团控制的报纸种数和发行量在全国报业所占的比重不断增加，这样就先后形成了报业垄断的局面。这是一种市场性的垄断。而在德、日、意等国，随着政治上的法西斯化，其报业则走上了法西斯行政性垄断的道路。

第二次世界大战后，是报业垄断继续加剧的时期。这一阶段，各国报业经过短暂的恢复、调整，进一步向前发展。但是有些国家（如美、日）发展顺利，增长显著；有些国家（如英、法）发展缓慢，甚至一度出现停滞局面。

不过，所有发达国家垄断局面都在加剧，形成了少数"超级报团"或巨型垄断集团，不但出现了跨媒介或跨行业的垄断集团，而且出现了跨国、跨地区的垄断集团。联合国教科文组织的报告明确认为："新闻出版事业的集中已被认为是对读者、新闻人员和较小的同行业主的一种祸害和危险。日报数量的减少缩小了新闻出版界观点的多样性，减少了供读者选择的机会，限制了意见范围和论争领域，助长了千篇一律并迫使人们接受占统治地位的少数人的准则。"[1]

发达国家的现代报纸，一直在世界报业中占据重要地位。它们种类多，发行量大，技术先进，实力雄厚，在很大程度上影响着世界舆论的走向。

在发达国家内部，目前资产阶级报纸占据绝对优势。工人阶级的报纸，包括共产党和其他工人政党、工人组织的报纸，数量甚少，影响力也小，大多处于边缘化境地。它们是发达国家报业的特殊组成部分，目前它们的运作与发展，受到了资本主义整体环境的制约。

美国共产党办有机关报《人民世界周报》（英语版和西班牙语版）。

英国工党的机关报《劳动周刊》于1971年创刊，1987年年底停刊。1930年元旦，英国共产党创办机关报《工人日报》（*Daily Worker*）。[2]

---

① 联合国教科文组织：《多种声音　一个世界》，145页，北京，中国对外翻译出版公司，1981。

② 1966年，英国共产党为加强同左派的联合，将《工人日报》改名为《晨星报》（*Morning Star*）。1984年，《晨星报》从对开大报改为四开小报。

法国政党大报仅法国共产党机关报《人道报》①一家，法共领导的外省②报有《马赛曲报》《自由报》和《中部回声报》。其中，《人道报》2001年发行量5.1万份，是法国的主要报纸之一。

德国的党报较少，主要有德国民主社会主义党③机关报《新德意志报》等。

意大利天主教民主党中央机关报为《人民报》。意大利社会党机关报为《前进报》，是1896年创刊的日报。意大利重建共产党机关报为《解放报》。意大利共产党中央机关报《团结报》一度是该国第三大报纸，也曾是该国最大的党报。该党1991年分裂为"左翼"民主党、重建共产党后，《团结报》以非党报身份存在了一段时间，2000年5月宣布停刊。

加拿大仅有一家党报——加拿大共产党机关报《加拿大论坛》，系周报。

与其他资本主义发达国家相比，日本党报发行量比较大，但在舆论界也不占主导地位。日本政党机关报主要有自民党的《自由民主》（周报），社会党的《社会新报》（每周两期），公明党的《公明新闻》（周报），共产党的《赤旗》（日报），日本民主社会主义党（民社党）的《周刊民社》。

20世纪70年代起，从美国、日本开始，陆续采用了激光照相排版、胶版印刷、电脑写稿和编辑、数码传输版面等新技术。

20世纪80年代，发达国家报纸不再依赖"笔写铅印"的传统工作方式，依靠电脑、卫星通信，实现了采访、写作、传稿、编辑、排版、印刷、发行全过程的电子化和自动化，效率大为提高，内容更加丰富，编印更加精美，图片清晰艳丽。

20世纪90年代，随着计算机网络的普及，发达国家报纸纷纷设立网站，向网络用户发布信息。开始时，只是将纸质报纸内容搬上网络，形成报纸的电子版；后来则更进一步，专门为自己的网站制作新闻，以多媒体的形式实现了印刷媒介和电子媒介的融合。

21世纪以来，以美国次贷危机为导火线，发达国家传统报业在金融危机和新媒体的冲击下，开始出现明显的下降趋势，有些报纸因陷入困境而停止印刷版，甚至关门、破产。

以美国为例，美国报业协会（NAA）公布的数据显示，2008年3月，印刷媒体广告收入同比下跌9.4%，降至420亿美元，创下NAA自1950年测算广告数据以来最大的跌幅。2008年12月，报纸广告收入跌势不减，当年第三季度下跌20亿美元。据美国报业协会2009年3月的统计，2008年美国纸质媒体广告收入锐减17.7%。

2010年6月29日，负债累累的法国《世界报》决定接受3个企业大亨的联合竞购。

2012年1月30日，法国第二大经济类日报《论坛报》被法国区域经济集团及法国在

---

① 据《人民日报》驻法国记者张祝基报道，因报社资本重组（吸收社会资本），进入21世纪后"《人道报》不再是法共机关报，但它仍是共产主义的报纸"（《他们为理想奋斗——法国〈人道报〉庆祝创刊百年》，载《人民日报》，2004-04-30）。

② 法国人将首都巴黎之外的地区称为外省。

③ 2005年7月17日，更名为"左翼党/民主社会主义党"。

线媒体集团联合收购，从此正式告别日报时代。

2012 年 11 月 13 日，德国《法兰克福评论报》因长期处于经营困境向法兰克福地方法院正式提交破产保护申请。

二、亚洲、非洲、拉丁美洲各国的现代报业

亚洲、非洲、拉丁美洲广大地区共有 100 多个发展中国家。它们在历史上长期遭受殖民主义者的侵略、压迫和剥削，大多是在第二次世界大战以后获得独立的，多数国家实行的是资本主义的政治经济制度。这些国家报刊数量众多，其阶级属性、社会背景、政治态度各有不同，但都为捍卫民族独立、发展国家经济而努力，是世界新闻事业的重要组成部分。

亚洲、非洲、拉丁美洲发展中国家报业的创建多始于 20 世纪，但也有一些国家报业发端很早，已有二三百年的历史。

目前亚洲、非洲、拉丁美洲地区的多数报业还处在发展时期。与世界其他地区相比，这些地区还是比较落后的。

根据联合国教科文组织 1999 年年鉴，亚洲、非洲、拉丁美洲的发展中国家有日报 4 419 种，期发行总数 27 200 万份，均占世界总数的 1/2 左右。发展中国家每千人平均拥有日报 60 份，远低于世界千人平均数（96 份），只有发达国家千人平均数（226 份）的 1/4 强。

亚、非、拉美各洲各国新闻事业的发展很不平衡。

经济较为发达的国家，如新加坡、韩国、以色列等国，报业也比较发达；经济落后的国家，如非洲南部的一些"最不发达国家"，居民温饱无依，文盲众多，报业也就发展不起来。

总体而言，亚洲、拉丁美洲国家报业比非洲国家报业更为发达，现代化程度更高。

古巴主要报刊：共产党中央委员会机关报《格拉玛报》，创办于 1965 年 10 月，发行量 70 万份；《起义青年报》，共青联中央机关报；《劳动者报》，中央工会机关报；《波希米亚》周刊，创于 1908 年 5 月。

秘鲁主要报纸：《商报》，发行量约 28 万份；《快报》，发行量 15 万份；《共和国报》，发行量 15 万份；《秘鲁人报》，发行量 25 万份；《太阳报》，发行量 3 万份。

墨西哥主要报刊：1929 年创刊的《国民报》（革命制度党党报），发行量 3.8 万余份；1917 年创刊的有《至上报》《至上晚报》《墨西哥太阳报》《金融报》《呼声报》《新闻报》《宇宙报》《消息报》《日报》等。

阿根廷主要报纸：《国民报》，1870 年创刊；《号角报》，1945 年创刊；《纪事报》，1963 年创刊；《新闻报》，1869 年创刊。

巴西的《圣保罗报》于 1921 年创刊，2006 年成为巴西发行量最大的报纸。巴西全国日报有 500 多种，发行量在 15 万份以上的主要报纸有《圣保罗页报》《圣保罗州报》《环球报》等。

乌拉圭白党党报《国家报》(*El Pais*)发行量达 10 万份。乌拉圭红党党报《日报》发行量 1.5 万份。

圭亚那主要报纸：《圭亚那纪事报》，1881 年由政府创办，官方报纸；《凯丘新闻报》，1997 年由无党派私人企业家格兰·劳尔创办；《斯塔布罗克新闻报》，1986 年创办，私营报纸。圭亚那人民全国大会党中央机关报《新国家》系英文周报。

委内瑞拉有日报 75 种。主要报纸：《国民报》，1943 年创刊，在知识界较有影响；《宇宙报》，1909 年由努涅斯家族创办，无党派报纸，在金融企业界较有影响；《最新消息报》，1941 年创办，以社会新闻为主。

巴巴多斯工党机关报《灯塔》，系周报，发行量约 1.5 万份。

2010 年 7 月 14 日，拥有近 120 年历史的《巴西日报》宣布，将从 9 月 1 日起停止发行纸质印刷版，统一采用网络版。

亚洲国家报业因国情差异，发展状况参差不齐，有的已有一定基础，有的相当发达，有的比较落后。

蒙古人民革命党中央机关报《真理报》每周出 6 期，发行量一度达到 19 万份。越南共产党中央机关报《人民报》发行量 18 万份，周末发行量 11 万份。印尼政党专业集团党的机关报《专业之声》发行量 10 万份。马来西亚马来民族统一机构(简称巫统)机关报《独立报》发行量 10 多万份。叙利亚阿拉伯复兴社会党党报《复兴报》发行量两三万份。

非洲报业起步晚、基础差，许多国家在独立之后才有了本民族报刊，撒哈拉沙漠以南还有几个国家没有出版日报。

在埃及，长期执政的民族民主党机关报《五月报》系阿拉伯文周报，发行量 50 万份。

坦桑尼亚革命党党报《自由报》发行量 10 万份，其星期日版为《民族主义者报》，发行量 11.5 万份。

突尼斯宪政民主联盟机关报《行动报》和摩洛哥独立党阿拉伯文机关报《旗帜报》发行量均为 5 万份。摩洛哥独立党法文机关报《舆论报》发行量 7 万份。摩洛哥宪政联盟机关报《民族使命报》，发行量 2 万份。摩洛哥进社党机关报《宣言报》发行量 2.5 万份。摩洛哥自由人士联盟机关报《马格里布报》发行量约 1 万份。

总体上看，经济繁荣、社会稳定的国家，报业大多兴旺发达。

发展中国家政府对新闻业的管理宽严不一，重视并提倡新闻媒体的社会责任，强调新闻界应该根据国家利益引导舆论，强调新闻媒体在保持社会稳定、维护民族利益、推动经济发展中的积极作用，反对不受约束的无限制的"新闻自由"。这被称为"发展新闻学"理论。

在新加坡，媒体必须遵守的"游戏规则"包括：媒体可以享有新闻自由，但这种自由必须受到社会和政治责任约束；媒体的角色是促进共识、协助建国，而不是挑起对抗，破坏稳定；报纸不准玩弄种族、政治、宗教等敏感问题，不得挑起这些方面的矛盾和冲突；在报道军事、外交选题时必须照顾国家的利益及立场；媒体与政府之间不是对抗的关系，而是合作的关系。

新加坡媒体已经不只是消极地接受规则，而是和政府对许多重大的问题取得高度的共识，积极和主动地采取与政府合作的态度，以提高社会凝聚力、协助政府达到政策目标。新闻媒体不仅在涉及国家生存的问题(如外交)上和政府保持一致，还努力协助政府做到上情下达，并且通过舆论监督，促进政府部门提高效率。

新加坡不允许媒体扮演监督政府、反对政府、审问政府的角色，以避免彻底改变新加坡社会的性质和降低社会凝聚力。

值得注意的是，新加坡的媒体管制模式，并没有对该国媒体"可信度"造成较大影响。1994年12月，新加坡南洋理工大学郝晓鸣博士主持的随机抽样调查显示：多达70%的人认为新加坡报章的素质"好"或"很好"，认为"坏"或"很坏"的低于4%；"很信任"的占36.5%，"有某种程度信任"的占53.6%，"信任程度很低"或"完全不信任"的加起来还不到10%。美国"盖洛普、哈里斯及国民意见研究中心"(Gallup, Harris and the National Opinion Research Centre)的一项广泛的调查结果显示：1993年，对报章很信任的美国公众只有11%，几乎完全不信任的高达39%。

缅甸曾经是亚洲享有最充分的新闻自由的国家。1962年发生军事政变后，缅甸新闻界开始经历长达半个世纪的严厉管制。2011年，缅甸开启民主化政治改革，新闻事业随之经历重大改革。

2011年6月，缅甸解除了对体育、娱乐和彩票等类期刊的审查。

2011年9月，缅甸政府先后解除了对英国广播公司、美国之音和Youtube等外国网站的禁令，并表示将解除对新闻网站的封锁。

2011年10月11日，缅甸总统吴登盛签署特赦令，将陆续释放6 000多名服刑人员，其中包括一些新闻工作者。

2012年2月，缅甸政府表示，正在准备推出新传媒法，解除半个世纪以来的新闻审查制度，一些新闻机构应邀提出意见。

2012年8月20日，缅甸新闻部宣布，取消对媒体的审查制度，记者即日起不需要在发稿前交由国家审查部门审查，从而结束了历时近半个世纪的新闻审查制度。

2012年9月17日，缅甸改革原本严格审查媒体的新闻委员会，新成立的委员会取消"审查外国刊物、对记者进行刑事及民事起诉"的权力，进一步促进言论自由。

2012年12月28日，缅甸信息部宣布：自2013年4月起，缅甸将允许私人办报，任何想创办日报的缅甸公民，可在2013年2月提交申请。此前，缅甸只允许民营报纸发行周报。

2013年1月24日，缅甸政府召开内阁会议，同意解散媒体审查与注册局。

2013年4月1日，"任何缅甸公民都可以申请办报"的规定开始生效，16家新报纸获准每日发行，4家新报纸当日开始发行。民主运动领袖昂山素季所属政党全国民主联盟发行的《民主浪潮日报》(D-Wave)，4月底开始发行。

缅甸政府取消出版物审查制度后，美联社及日本放送协会(NHK)成为首批长驻缅甸的国际媒体。

2013年4月30日，缅甸政府批准总部设在巴黎的美国报纸《国际先驱论坛报》按原版在缅甸印刷出版发行，系首次批准外国英文报纸在缅甸出版。[①]

第三节 现代杂志的繁荣与隐忧

世界范围内，各国的期刊数量普遍多于报纸数量。例如，以色列杂志达1 000多种，日报仅有36种。

最初的杂志和报纸，形式差不多，难以分辨。后来，报纸的版面越来越大，对折、散页，有头版，但无封面；而杂志则须装订，有封面，形式上与报纸明显区分开来。

并不是所有的杂志都报道新闻，并不是所有的杂志都是新闻事业的一部分。

有些杂志虽然不报道新闻，却是新闻事业的一部分，因为它们是新闻媒体的子刊。

GQ（英国）、*ELLE*（法国）、*VANITY FAIR*（美国）、*VOGUE*（美国）、*People*（美国）、*FHM*（美国）、*PLAYBOY*（美国）是欧美知名度较高的时尚资讯类杂志。

美国最畅销的5本杂志中，美国在线—时代华纳公司就占了4本，分别为《时代》《人物》《体育博览》和《财富》。

日本以时尚杂志闻名世界，其中比较著名的是*Ray*（《瑞丽》母版）。

除去那些专业性的杂志和时尚类杂志，世界上最有名的新闻杂志大多分布在美国、英国等少数发达国家，其中包括：英国的《经济学人》，德国的《明镜》，美国的《时代》《新闻周刊》《美国新闻与世界报道》《福布斯》《财富》《纽约客》等。

2003年全球杂志影响力排行榜列举的100家杂志中，有美国杂志57家（囊括前四名），英国杂志17家，日本杂志7家，法国杂志6家，德国杂志4家，另外9家杂志分布在意大利（2家）、荷兰（2家）、加拿大（1家）、瑞典（1家）、比利时（1家）和中国（2家）。

由于网络等新媒体的逐渐普及，杂志读者大幅减少，加上源自美国的金融危机风暴于2008年下半年席卷全球各个行业，一些国家的杂志业出现衰退迹象，倒闭、停刊、转为网络出版、减期数、减少发行量、裁员、贱卖成为有关杂志的无奈选择。

由于一向挥金如土的时尚奢侈品牌被迫压缩开支，严重依赖时尚奢侈品牌广告生存的时尚杂志备受煎熬，退市之声在2008年此起彼伏。

美国杂志出版协会的报告指出，2008年美国杂志广告页数同比减少了11.7%，第四季度下降幅度最大，同比减少了17%。

日本大报《读卖新闻》下属的《读卖周刊》，2008年10月30日宣布由于发行量大幅下降将暂停出版。该杂志的前身是1943年创刊的《读卖月刊》，1952年改为《读卖周刊》。其在2000年的时候每期发行量曾达40万册，但2008年锐减到约10万册。2008年开始，日本的《月刊现代》《论座》《主妇之友》等著名杂志相继停刊。

美国*TV Guide*杂志社则被原主人以不到1美元的价格卖掉，比1本杂志还便宜。

---

① 展江、黄晶晶：《开明、威权与自由之光——160年缅甸新闻法制史管窥》，载《杭州师范大学学报（社会科学版）》，2013(5)。

2009 年 10 月，美国期刊巨头康泰纳仕出版有限公司决定停办四种刊物：《美食家》(Gourmet)、《小甜心》(Cookie)、《摩登新娘》(Modern Bride) 和《美丽新娘》(Elegant Bride)。

2010 年 5 月，华盛顿邮报集团宣布将出售旗下连年亏损的《新闻周刊》(Newsweek)。

2011 年 1 月，"花花公子"公司宣布接受其创始人休·海夫纳提出的收购要约，后者的控股公司将收购前者市场上的所有在外流通股票，实现私有化。

2011 年 3 月，经过四个月的谈判，美国赫斯特集团与法国拉加德尔集团达成协议并签订合同，接手其 ELLE 等杂志的国际出版权。

2011 年 4 月，Food Network 登顶美国年度热门杂志排行榜。

2012 年 1 月，第一期英国《经济学人》杂志开辟了新的中国专栏。这是 70 年来，该杂志首次为一个国家开辟专栏。上一次是在 1942 年开辟的美国专栏。

2012 年 12 月 31 日，美国知名杂志《新闻周刊》最后一期印刷版在报刊亭销售，该杂志由此更名为《全球新闻周刊》(Newsweek Global)，成为网络版刊物。

一、《经济学人》

《经济学人》(The Economist) 于 1843 年 9 月由詹姆士·威尔逊创办，创办的目的是"参与一场推动前进的智慧与阻碍我们进步的胆怯无知之间的较量"，这句话被印在每一期《经济学人》杂志的目录页上。一般人把《经济学人》看作一份杂志，因为它每周出刊一次，而且采用杂志专用的光面纸印刷。但是《经济学人》认为自己是一份报纸，因为它每一期除了提供分析与意见外，还试图报道整周发生的所有重要政经新闻。

《经济学人》的发行量大约是 88 万份，大约一半的读者在北美，20% 在欧洲大陆，15% 在英国，10% 在亚洲。《经济学人》有意识地将自己看作一份国际性报纸，故其报道不仅仅局限于或偏重于英国或欧洲，因此其 80% 以上的读者在英国以外的地区。

《经济学人》的发行人经济学人报纸有限公司是经济学人集团的全资子公司，而经济学人集团则是一家私人企业，其一半的股份由私人股东控股，另一半则由《金融时报》拥有。在 2002 年，经济学人集团的营业额达到 2.27 亿英镑，赢利 1 500 万英镑。其收入大约一半来自读者订阅，另一半则来自广告收入。

《经济学人》又以发明巨无霸指数(Big Mac Index)而闻名，它通过比较麦当劳在各国的快餐店销售巨无霸的价格来比较国与国之间的购买力平价。这个指数不仅有趣，而且被证明是十分准确的计算购买力平价的方法。

《经济学人》主要关注政治和商业方面的新闻，但是每期也有一两篇针对科技和艺术的报道，以及一些书评。除了常规的新闻之外，每两周《经济学人》还会就一个特定地区或领域进行深入报道。

《经济学人》写作风格十分有特色，注重于如何在最小的篇幅内告诉读者最多的信息。《经济学人》的文章也以妙语闻名，几乎每一篇的口吻都带嘲讽与幽默。一些人甚至说，只要作者知道如何开玩笑，无论其政治立场如何，他的文章都可以在《经济学人》上发表。

《经济学人》大多数文章写得机智、幽默、有力度。即使只翻看杂志里的插图，也会发现，其中带着英国式的幽默，但又强调用事实说话。

《经济学人》刊题的白色字体和鲜红的底色，秉承了杂志创始人詹姆士·威尔逊一贯倡导的朴实无华的作风。《经济学人》中的文章干练、精简、诙谐，杂志中所有文章都不署名，主编认为："写出来的文章，比出自谁的手笔更重要"。

《经济学人》面向高收入、富有独立见解和批判精神的读者。杂志认为自己的读者都受过高等教育，因此对很多经济名词、专业术语，从不屑于做解释，比如"看不见的手""微经济理论"，有时候，大段地引用法文，使用拉丁语，也不翻译。

二、《时代》

《时代》(TIME)是美国影响最大的新闻周刊，有世界"史库"之称。由亨利·卢斯(Henry Luce)创办，1923年3月3日首刊，刊名最初为《事实》，后改用现名。

《时代》以报道国际、美国新闻为主，有美国主版和国外版：美国主版在纽约出版，国外版分大西洋、亚洲、拉丁美洲、南太平洋等版。

该刊的宗旨是要使"忙人"能够充分了解世界大事，并辟有多种栏目，如经济、教育、法律、批评、体育、宗教、医药、艺术、人物、书评和读者来信等。该刊物大量使用图片和图表，是美国第一份用叙述体报道时事的大众性期刊，打破报纸、广播对新闻垄断，发行遍布全世界。读者主要是中产阶级和知识阶层。该刊拥有一批精明能干的撰稿人、记者，还有一支庞大的研究人员队伍。

1999年美国杂志广告10强排名中，《时代》排在了第二位，它的发行量为450万份左右，远远超过《新闻周刊》《美国新闻与世界报道》等类似的周刊。

年度风云人物评选(The Person of the Year)是《时代》的一个特色品牌。"它的初衷是为了回顾。它成了一个新闻事业的传统……时代年度风云人物的评选使那位创造性、指导性地推动了世界发展的人物展现在我们面前。"

《时代》自1927年推出该项评选以来，受到了全球的广泛关注，并得到了极大的好评，从此成了真正意义上的品牌。

《时代》的评选对象非常广泛，不仅包括个人，还包括群体和组合，甚至有的时候，它还会有一些非常出彩、令人记忆犹新的评选。1982年，《时代》把"计算机"评选为年度人物。《时代》预言："家庭电脑有朝一日会像电视和洗碗机一样普及。在20年后，将会有60％的美国人上网"。1988年，《时代》选出的年度人物是"危险的地球"。2006年，网民作为一个群体，成为《时代》周刊选出的年度人物。

《时代》非常重视读者，几乎每一期《时代》都刊登读者调查问卷、优惠订阅或有奖订阅卡，《时代》开头第一个栏目就是《读者来信》(Letters)。

除了网络的互动，《时代》和美国有线电视新闻网(CNN)的合作也非常成功。CNN

有和《时代》共同策划制作的电视节目，多媒体的互动在《时代》得到了很好的体现。

三、《财富》

20世纪20年代，是美国经济飞速发展的年代。然而当时已有的一些财经报刊仍然停留在一些老观念上，跟不上形势发展的要求。《时代》的创始人亨利·卢斯决定办一份专门为工商企业界服务的月刊，他将其定名为《财富》(FORTUNE)。

经过两年的调查和研究，《财富》于1929年秋创刊，第一期184页，全部用重磅铜版纸印刷，并配有精美的图片，售价为1美元。

《财富》刚一诞生，就碰上了美国经济萧条，股票暴跌，失业加剧，接着便是一连数年的经济大萧条。有趣的是，这种情况没有影响《财富》的出版，它在美国经济萧条的年代反而发展起来了。它是专门给工商企业界人士看的，宗旨是办成"一本对经理人的指导手册"。

《财富》的创办人亨利·卢斯在雇用编辑和作家时，不要求他们会写商业报道，但一定要会写诗歌和散文，第一批撰稿人名单中甚至有海明威。一些《财富》杂志的编辑在离职后成为美国重要的作家。

用讲故事的方法写经济新闻报道，并加进强烈的人情味，是《财富》取得成功的关键之一。到了20世纪40年代，《财富》已经成为英语世界写作最优雅的杂志之一，它的期发行量上升到20万份。20世纪40年代后期，该刊增强了调查性报道的分量。

在20世纪40年代，《财富》除了报道工商企业界动向之外，还刊登经济问题研究文章。《财富》开始成为美国企业界的一种身份象征。它独特的写作风格、精彩的企业故事、讲究的叙事风格以及精美的配图，还有1美元的价格，让那些企业家、高级管理人员非常乐意将它摆在客厅里的显著位置。企业家开始盼望《财富》杂志报道他们。

1954年，《财富》开始以严谨的评估推出全球最大500家企业的名单。"世界500强排行榜"从此成为全球经济的一个标准，成为世界知名企业用来判断自身实力和国际竞争力的重要指标。入列世界经济500强，对企业来说是一种荣耀。

《财富》利用其影响力举办了一系列的财经论坛。1995年，《财富》开始主办"世界500强年会"即"《财富》全球论坛"，每年选一个具有吸引力的"热门"地点，邀请全球跨国公司的董事长、总裁、首席执行官及世界知名的政治家和学者参加，共同探讨事关世界经济发展全局的重大问题。

《财富》的公司结构由独立并行、互不干扰的编辑系统和经营系统组成。总编辑与总裁平行并列，没有隶属关系。总编辑不考虑广告、不考虑赚钱，只考虑按他们的原则和理念办出一本读者信任的最好的杂志。总裁负责市场推广和赚钱，但不能对总编辑施加任何影响，不能干预报道。

这种独特的公司结构，使公司受到了批评，但也能为公司带来稳定的利润。

思考与练习

1. 西方主要国家新闻事业诞生的背景是什么？
2. 西方发达国家的某些近代报刊存活至今，最主要的原因是什么？
3. 西方主要发达国家和世界其他国家的现代报业发展有何不同？
4. 你怎么看待缅甸的新闻改革？
5. 现代杂志的发展有何隐忧？
6. 选择一家著名杂志，分析其内容。

第二章　广播、电视、通讯社的发展

本章要点

◆广播的诞生过程。

◆广播技术的发展。

◆电视的诞生过程。

◆电视的发展轨迹。

◆世界主要通讯社的概况。

第一节　广播的诞生与发展

和电视一样，广播的出现和发展，是科技人员长期研究、实验的结果。

1864 年，英国理论物理学家麦克斯韦发现了电磁学基本原理，提出了放射性电波可以无线传送的论断。

1884 年起，德国科学家海因里希·赫兹依照麦克斯韦的理论从事实验，终于发现了产生、发射与接收无线电波的方法，并发明了测量电磁波波长的科学方法。

1895 年，意大利人马可尼和俄国科学家波波夫，在不同的地方分别进行无线电传送信号的试验，获得了同样的成功。

1896 年，马可尼在英国取得了专利，并且组建公司从事无线电报器材的生产。1899 年他成功地拍发了英国至法国的无线电报，1901 年完成了越洋电报的收发，从此无线电通信进入实用阶段。

1906 年，美国科学家李·德弗雷斯特制成了电子三极管，在传送声音方面取得进展。同年圣诞前夕，匹兹堡大学教授雷金纳德·费森登，在马萨诸塞州的实验室里进行了简短的节目广播，效果良好。以后不少人做了类似的实验广播。

1906 年圣诞节前夜，美国的费森登和亚历山德逊在纽约附近设立了一个广播站，并进行了有史以来第一次广播。广播的内容是两段笑话、一首歌曲和一支小提琴独奏曲。这一广播节目被当时四处分散的持有接收机的人们清晰地收听到了。

1908 年，李·德弗雷斯特又在巴黎埃菲尔铁塔上进行了一次广播，被那一地区所有的军事电台和马赛的一位工程师收听到。

1916 年，李·德弗雷斯特又在布朗克斯新闻发布局的一个试验广播站播放了关于总统选举的消息，可是在当时只有极少数的人能够收听这些早期的广播。

1919 年，苏联制造了一台大功率发射机，并于 1920 年在莫斯科开始试验性广播。

1920 年 6 月 15 日，马可尼公司在英国举办了一次梅尔芭太太主演的"无线电—电话"音乐会，远至巴黎、意大利、挪威，甚至在希腊都能清晰地收听到。

1920 年 8 月 31 日，美国底特律 8M 实验台广播了密歇根州长选举的新闻，这是最早的广播新闻。

1920 年 11 月 2 日，美国西屋电气公司办于匹兹堡的 KDKA 电台开播。首次播送的节目是哈丁—考克斯总统大选，轰动一时。这是第一个向政府领取营业执照的电台，它的开播标志着世界广播事业诞生。

1920 年 12 月 22 日，德国的柯尼武斯特豪森广播电台首次播送了器乐演奏音乐会。

1922 年，苏俄莫斯科中央广播电台、法国国营电台先后开始播音。

1922 年 11 月 14 日，伦敦 ZLO 广播站正式开始在英国广播每日节目，该站在 1927 年改为英国广播有限公司，即 BBC。

1923—1925 年，德国、意大利、日本也建立了电台。

至 20 世纪 20 年代末，北美和欧洲各国大多有了自己的广播电台，亚洲和拉丁美洲也有一些电台出现。到 1927 年，美国国内已拥有 737 个广播站。

21 世纪初，美国全国共有广播电台 8 807 家，对外广播电台 19 家。最大的两家对外广播机构为美国之音(VOA)和美军广播电视网，均属官方电台。

随着第二次世界大战的迫近和爆发，广播电台传播新闻、进行宣传的功能突出起来，各国朝野对它倍加重视，公众也把它作为获得国内外信息的重要途径。欧美、大洋洲以及拉丁美洲的广播事业蓬勃发展，亚洲、非洲国家的电台也在增多。

当时的广播，已被视为一种主流媒介。美国总统富兰克林·罗斯福著名的"炉边谈话"(Fireside Chats)就是借助广播进行的，英国首相丘吉尔在第二次世界大战时期曾通过 BBC 发表一个个慷慨激昂的演讲，极大地鼓舞了本国国民的士气，成功地主导了本国舆论。

"炉边谈话"堪称罗斯福的"独门武器"。在担任州长期间，为了给那些固执保守且故意作梗的州议员施加压力，罗斯福开始通过无线电广播进行与民众"聊天"的尝试，每月一次，时长一小时。到了白宫，罗斯福更是炉火纯青地把与民众"聊天"当成新式武器。

1933 年 3 月 12 日，也就是罗斯福就职总统后的第八天，他在总统府楼下外宾接待室的壁炉前接受美国广播公司、哥伦比亚广播公司(CBS)和共同广播公司的录音采访，工作人员在壁炉旁装置扩音器。总统表示，希望这次讲话亲切些，免去官场那一套排场，就像坐在自己的家里，双方随意交谈。哥伦比亚广播公司华盛顿办事处经理哈里·布彻说："既然如此，那就叫'炉边谈话'吧。"罗斯福在 12 年总统任期内，共做了 30 次"炉边谈话"，每当美国面临重大事件之时，罗斯福都用这种方式与美国人民沟通。

第二次世界大战时有名的战地记者爱德华·默罗，起初也是广播记者。

1908 年 4 月 25 日，默罗出生于北卡罗来纳州，废奴主义家庭赋予了他追求真理的无畏。1930 年，默罗从华盛顿州立大学毕业，到纽约国家学生联合会工作，随后就职于国际教育协会。1935 年，默罗进入哥伦比亚广播公司，两年后奔赴其在伦敦的欧洲部。

1939 年 9 月 1 日，德军攻打波兰。两天后，与波兰有同盟关系的英国、法国对德宣战。9 月 3 日上午 11 时 15 分，英国首相张伯伦在 BBC 发表广播讲话。紧接着默罗在地下广播室发出一篇报道："英国首相宣布：英德之间存在战争状态。"

1940 年伦敦轰炸期间，默罗制作的现场新闻报道《这里是伦敦》系列节目，给远离欧洲战场的美国听众留下了深刻印象。

1940 年 8 月，欧洲主战场炮火犹酣，《这里是伦敦》开始第一次现场直播——32 岁的默罗站在伦敦一间民居屋顶上，迎着德军的狂轰滥炸，以平静的语调开播："你好，这里是伦敦……"这就是默罗首创的战地现场广播。

当空袭最猛烈时，默罗要求站在 BBC 广播大楼顶上做现场报道，因为这是德军轰炸的主要目标，英国空军拒绝了他的要求。最后，丘吉尔首相受到这个年轻的美国记者的感染，破例批准了他的请求。于是，无论美国还是英国，都听到了默罗在最危险的地方与事件同步进行的现场报道。

默罗不断走上 BBC 广播大楼楼顶，把圣保罗大教堂、威斯敏斯特大教堂、特拉法加广场的劫后灾情报道出去。有时他甚至在下水道中伸出话筒，人们能从他的话筒中听到他周围的房屋在爆炸声中纷纷倒塌的声音。

BBC 广播大楼被炸了 3 次。可是，默罗每晚出现的权威的声音，依然不断地把最新战况、把英国人生存现状带给无数听众。即使轰炸再猛烈，他也总是用平静的声音报道其见闻，从不借机渲染哗众取宠。广播结束时，他总是用伦敦最新的习惯语向听众道别："再见，祝你好运。"

第二次世界大战以后，广播事业在全世界趋于普及。大批新独立的国家纷纷兴办广播。发达国家和拉美地区的广播事业继续发展，一方面向城乡各个角落普及，另一方面日趋专门化、分众化。

20 世纪 70 年代以后，调频广播广泛兴起。

20 世纪 80 年代以后，卫星传送技术逐步推广，接收设备不断优化、简化、多样化，广播传送的质量、效率、距离空前进步。

20 世纪 90 年代，广播事业开始了新的飞跃。随着信息革命的不断深入、信息技术的突飞猛进，传统的模拟广播向数字音频广播过渡。

英国广播公司率先进行全国性的数字音频广播。1995 年 9 月 27 日，英国广播公司开始进行数字广播，成为英国第一家开设高质量数字广播的公司。拥有数字收音机的用户可收听到音质如同激光唱机的数字广播节目。

随后，瑞典、丹麦、法国、德国、荷兰、瑞士、美国等发达国家先后开办数字广播。

与此同时，传统的无线广播正在同互联网络相结合、向网上广播发展。

1998 年，全世界已有 100 多个国家的 1 550 多个电台在网上建立了网站，凭借互联网络传送各种节目，使传统的地面和卫星传送方式同网络传播结合起来。

2008—2009 年，BBC 全球新闻部走向全面多媒体化，并从这种变化和投资中获益良多。对新媒体平台的投资使 BBC 的受众群得以扩大，在网络平台上的受众增加了

29%。BBC还着手投资于新的数字互动服务，把"我们向他们传播"变成真正的对话，并在网站上开设博客，使受众得到更多机会对新闻事件发表看法，开展讨论。

当前，广播的发展呈现窄播化、面向全球、数字化和多媒体化的特点。很多电台都提供了互联网收听服务，很多网站都收集了这些电台的收听地址，用户可以通过互联网来收听节目。独立的网络电台也如雨后春笋般大批出现在网民面前。

2009年6月16日，英国政府公布的一份报告称，到2015年，英国所有的国家广播电台和地方广播电台将停止传统模拟信号广播，全面转向数字化广播。

2013年6月11日，希腊政府关闭国家广播电视公司并辞退全部员工。

2013年12月10日，俄罗斯政府宣布关闭俄罗斯之音电台。

第二节 电视的诞生与发展

电视的诞生晚于广播。和广播一样，电视的诞生也源于多国、多人、多年的努力。

1883年圣诞节，德国电气工程师尼普科夫用他发明的"尼普科夫圆盘"使用机械扫描方法，作了首次发射图像的实验。每幅画面有24行线，且图像相当模糊。

1908年，英国科学家肯培尔·斯文顿和俄国罗申克提出电子扫描原理，奠定了近代电视技术的理论基础。

1923年，美籍俄裔工程师佐里金发明了光电摄像管，用电子束的自动扫描组合画面，这是近代电视摄像术的先驱。后来，佐里金进入美国无线电公司，使他的研究工作获得顺利进展，在1933年成功研制电视摄像管和电视接收器。

1925年，英国发明家约翰·洛奇·贝尔德根据"尼普科夫圆盘"进行了新的研究工作，发明了机械扫描式电视摄像机和接收机。在伦敦一家大商店向公众公开表演，引起轰动。当时画面分辨率仅30行线，扫描器每秒只能5次扫过扫描区。

1926年，贝尔德向英国报界进行了一次播发和接收电视的表演。

电视的发明与盛行，与美国科学家菲洛·泰勒·法恩斯沃思（Philo Taylor Farnsworth）密不可分。

法恩斯沃思于1906年8月19日出生于美国犹他州的农家。幼年的他，对见过的任何机械装置，具有摄影般的记忆力和天生的理解力。

全家迁居爱达荷州后，11岁的法恩斯沃思得知他的新家装有输电线，欣喜若狂。他在家里的屋顶阁楼上发现了成捆的科技方面的旧杂志，开始自学并决心当个发明家。法恩斯沃思开始做试验，并在12岁时自制一台电动车，后来又造出洗衣机供家人使用。

后来，法恩斯沃思开始认真地考虑研制电视。他几乎是本能地意识到用机械装置传送图像是不可行的。法恩斯沃思还有一个直觉，即令他感到新奇的物理学领域——电子学的研究——有可能掌握着解决这一问题的答案。无论如何，电子能够以机械装置不可比拟的速度移动，这就可以使图像清晰得多，并且意味着不需要活动元件。他由此推理，如果一个画面能转换成电子流，那么就能像无线电波一样在空间传播，最后再由接收机重新聚合成图像。从本质上看这是个相当简单的主意，但如此简单的想法却似乎没有任何人想到。

1921 年，15 岁的法恩斯沃思经常思考一个难题：怎样设计一个新颖的收音机，使它能够把移动的画面与声音一起传送？

他产生了用电传输图像和声音的想法。不久后，他就画出了一个传输器草图，并拿给老师贾斯廷·托尔曼看。这张简单草图，就是现代电视机和电视传输技术的雏形。

高中毕业后，法恩斯沃思进入犹他州杨伯翰大学。但因父亲去世，他不得不中途退学。

退学后，法恩斯沃思来到加利福尼亚州的旧金山，创立了属于自己的简陋实验室，继续他的研究。

1927 年 9 月 7 日，年仅 21 岁的法恩斯沃思成功地利用电子技术，把画着一条线的玻璃板图像从摄像机传送到接收器上。虽然当时图像很不清晰，但这套设备运行良好。这是公认的电视诞生的标志。法恩斯沃思因此被称为"电视之父"。

数月之内，不少投资者表示愿意向法恩斯沃思提供资金供他继续研究。1930 年 8 月，美国政府授予法恩斯沃思专利权，使他的发明受到专利保护。法恩斯沃思并没有就此止步，而是继续专注于电视传输设备研究，并发明了 100 多种电视传输设备，为现代电视最终成型做出巨大贡献。

1928 年，美国通用电气公司的纽约实验台播映了第一部电视剧。

1930 年，实现电视图像和声音同时发播。

1931 年，影片首次被搬上电视——人们在伦敦通过电视欣赏了英国著名的地方赛马会实况转播。美国发明了每秒可以映出 25 幅图像的电子管电视装置。

1936 年 8 月，奥运会在德国柏林举行，柏林的实验电视台曾向公众播送过几小时实况节目，扫描行数为 180 行，不久发射机烧毁，实验中断。

英国广播公司 1936 年建立电视发射台，并于 11 月 2 日起定时播出电视节目，扫描行数已达 240 行以上。这是世界电视事业的正式开端。

1938 年，苏联在莫斯科和列宁格勒相继建立电视台，第二年正式播送节目。

1939 年，瑞士的菲普发明了第一台黑白电视投影机。

美国全国广播公司附属的电视台 1939 年转播了纽约世界博览会，1941 年第一批商业电视台获准开业。

由于第二次世界大战的爆发，除了美国有 6 家电视台继续播映外，其他各国的电视研究、生产和播映全部中断。

第二次世界大战结束后，英国、法国、苏联、德国等国电视事业才逐步恢复，随后日本、澳大利亚、加拿大等国也相继兴办。

1946 年美国无线电公司推出了 NTSC 彩电制式（恩式），1953 年获得政府批准正式生产。1954 年美国全国广播公司率先采用这一制式播送彩电节目，其他公司相继跟上。

20 世纪 50 年代以后，发达国家和拉美地区的电视发展十分迅速，随着电视机的广泛生产和销售，电视日益成为重要的大众传播媒介。20 世纪 60 年代以后，许多亚非国家也推出了电视。

日本（1960 年）、苏联、英国、法国、西德（均为 1967 年）陆续推出了彩色电视，并且又出现了 SECAM(塞康)、PAL(帕尔)两种不同制式。

1962 年 7 月,美国发射了"电星一号"通信卫星,第一次把电视信号送上卫星。1964 年,美国通过"辛康姆三号"卫星转播了东京奥运会的实况。后来,通过国际通信卫星,实现了国际电视新闻交换经常化。

1969 年夏天,尼尔·阿姆斯特朗在月球上留下了人类的第一个脚印,观看这一事件的电视观众数目空前。据估计,约 6 亿人通过电视转播目睹了这一新闻事件激动人心的场面。

20 世纪 70 年代起,专门的广播卫星开始出现。普通的电视机用户安装简单的接收装置(包括小型碟式天线等)就能直接收看卫星传送来的节目,这便是卫星直播电视,也叫直接入户电视。1974 年,美国开始运用这一方式向阿拉斯加等边远地区播放教育电视。

1984 年 1 月日本发射实用广播卫星 BS-2a 后,日本广播协会专门创办卫星直播频道供全国收看。20 世纪 80 年代以后,卫星直播电视广泛使用于跨越国界的电视传播,成为国际电视的重要传播和接收方式。

有线电视最早出现在 20 世纪 40 年代末的美国,当时为了提高偏远地区的收看效果,人们在山头竖起接收装置,将收到的电视信号用电缆传送到用户家中。20 世纪 70 年代它被推广到城乡各地。20 世纪 90 年代,世界上多数国家和地区开办了有线电视,其中比利时普及率最高。现在有线电视通常与卫星传播结合,将卫星传送来的电视信号转送给用户。

数字电视是彩电问世后电视领域的又一次重要变革。韩国的白禹铉博士被称为"数字电视之父"。20 世纪 90 年代以来,欧美发达国家都在积极发展数字电视,美国超过 70%的家庭全部转入了数字电视平台。2008 年,北京奥运会实现了全程的数字高清信号的直播。

到 20 世纪末,电视业已普及整个世界。到 2009 年,英国的电视机数量已达到 6 000 万台,相当于一人一台。彩电已在许多国家普及。

计算机信息网络的大发展,为电视信号的传送提供了新的平台。现在,美国、西欧、日本等发达国家、地区和部分发展中国家、地区的著名电视台都已在因特网上建立了网站,传送自己的电视节目。通过互联网络传输和接收电视节目的网络电视,在 21 世纪初开始普及。

从 2003 年开始,美国、芬兰、波兰、日本、韩国等国的主要电信运营商纷纷推出手机电视业务。

2003 年 11 月,美国 Idetic 的公司推出了 MobiTV 系统。通过这一系统,用户可以用手机收看包括 ABC 新闻台、CNBC、探索频道和 MSNBC 等电视节目。

2005 年 5 月,韩国推出手机电视业务。2006 年 4 月 1 日,日本推出手机电视业务,截至 2007 年 3 月底,日本的电视手机累计售出近 700 万部。

此外,车载电视、楼宇电视、商场电视、互联网电视等新兴电视样式,也在 21 世纪初登上历史舞台。

第三节　通讯社的诞生与发展

新闻通讯事业诞生于 19 世纪前期，是继报刊业之后问世的又一种大众传播事业。它的主体是新闻通讯社，也包括电讯社、新闻社、图片社、特稿社，其主要职能是采集并向用户供应各类新闻信息和新闻资料。

法国新闻社、路透通讯社、美国联合通讯社和合众国际社是西方四大世界性通讯社。此外，还有彭博新闻社、俄通社-塔斯社等著名通讯社。

一、法国新闻社

法国新闻社（Agence France-Presse，以下简称法新社）的前身，是由夏尔·哈瓦斯于 1835 年创建的哈瓦斯通讯社。哈瓦斯通讯社是世界上第一家通讯社。

英国路透社创办人朱利叶斯·路透，德国沃尔夫通讯社创办人伯恩哈德·沃尔夫都曾在哈瓦斯通讯社工作并对其加以仿效，创办了自己的通讯社。第一次世界大战期间，哈瓦斯通讯社的业务迅速发展，仅在巴黎就有工作人员 300 多人。第二次世界大战期间，巴黎沦陷，但哈瓦斯通讯社并未停止工作。

1944 年 8 月，巴黎解放，为战争所迫而离开新闻社的工作人员纷纷返回。后来，哈瓦斯通讯社与在抵抗运动中成立的数个通讯社合并，在哈瓦斯通讯社原址上成立了法新社。同年 9 月，法新社以法令的形式获得临时公共机构地位。法新社名义上是独立的报业联营企业，实际上是法国官方通讯社。

法新社是一个由 1957 年特别法特许授权的非营利性的自治公共组织。它是商业化的操作，并且独立于法国政府，它由一位首席执行官和 15 位董事组成的董事会管理。

二、路透通讯社

1850 年，路透通讯社（Reuters News Agency，以下简称路透社）由保罗·朱利叶斯·路透（Paul Julius Reuter）在德国亚琛创办，1851 年迁址到伦敦。

路透，1816 年 7 月 21 日生于德国卡塞尔的一个犹太人家庭。早年经营出版业务，1849 年设立通讯机构，以信鸽传递消息。1851 年移居英国，开始通讯社业务工作，把从欧洲大陆发来的金融、商业信息，编成"路透快讯"供给交易所、银行、贸易公司等，同时也向巴黎、柏林等地传送商情消息。1857 年入英国籍。1858 年有 7 家伦敦报纸订用他的通讯稿。《泰晤士报》也与他签订了供稿合同。1865 年通讯社改组为路透电报公司，兼营电报与海底电缆业务，路透任总经理。路透于 1871 年获得男爵爵位，1899 年病逝。

路透社是路透集团的一部分，业务占路透集团的 5%。它以快速的新闻报道被世界各地报刊广为采用而闻名于世。

路透社新闻报道的主要对象是国外新闻，它的国际新闻紧密配合英国政府的外交活动，它对体育新闻也很重视。该社的经济新闻主要是商情报告，为英国和西方大企业服务。

1980年，路透社共有雇员2 595人，其中国内有1 000多人。在雇员中，有532名记者，551名技术人员。它在国外共有122个分社，分布在75个国家和地区，派出的常驻记者约370名。其分社和兼职记者发稿点加起来共有183处。在未建分社的地方，路透社雇用了1 000多名当地人作为兼职记者或报道员，还同120多个国家或私人的通讯社建立了业务联系，同约1 500家外国报纸有供稿联系，以扩大其消息来源。

路透社的消息大致有特急快讯、急电和普通电讯三种。这三种电讯的时效按顺序递减，篇幅按顺序递增。特急快讯主要针对商业用户，急电主要适用于政府机关及电子媒介订户，普通电讯则主要服务于其他新闻媒介订户。

路透社的特急快讯并不局限于特别重大的国际事件，还包括一切对各类交易市场可能产生重大影响的新闻。

急电的时效和重要性次于特急快讯，用于比较重要的新闻事件的报道。急电的各种新闻要素比较齐全，但仍然比较简单，只报道新闻事件本身，没什么背景材料或现场情景描写。

普通电讯即正常情况下播发的新闻。

为了保证时效，路透社的稿子一般比较短，通常一篇稿子只报道一个动态，只对重大事件编发综合稿。

路透社每年从地方报纸记者、编辑以及大学新闻系毕业生中招聘几十名新人，试用半年，合格者正式雇用，继续培养。

1999年5月17日，路透社与美国道琼斯公司决定组建道琼斯-路透交互式商业公司，用20多种语言提供来自《华尔街日报》、道琼斯公司和路透社新闻网以及全球7 000多个商业消息和信息来源的重要信息。

2008年4月18日，汤姆森与路透集团合并。这家名为汤姆森路透的金融资讯巨头将成为彭博新闻的主要对手，两者的市场份额均为1/3左右。

2013年10月29日，汤姆森路透集团宣布，将在全球裁员3 000人，占雇员数量的5%。

三、美国联合通讯社

1848年，墨西哥战争期间，纽约市的6家大报《纽约先驱报》《纽约太阳报》《纽约论坛报》《纽约商业日报》《快报》《纽约信使及问询报》成立"港口新闻社"。1857年，港口新闻社改称"纽约联合新闻社"。

1882年，芝加哥又出现一家新的通讯社"合众社"（United Press，与今天的合众国际社无关）。与纽约联合新闻社展开激烈竞争，结果纽约联合新闻社败北，其中大多数人加入"合众社"，其余小部分成员则加入了西部联合新闻社，于1892年成立"伊利诺伊联合新闻社"，社址还在芝加哥。原来纽约联合新闻社与"合众社"的竞争，变成了伊利诺伊联合新闻社同"合众社"的竞争。

伊利诺伊联合新闻社的第一任社长是斯通(M. E. Stone)。他一上任，马上赶赴欧洲，以巨大的代价同当时三大通讯社签订了独家交换新闻的合同，从而切断了"合众社"的国外新闻来源。1897年，"合众社"倒闭。

1898年，伊利诺伊联合新闻社卷入一场持续两年的官司。当时芝加哥的《洋际报》(*Inter Ocean*)，由于采用别家通讯社稿件，伊利诺伊联合新闻社便停止向《洋际报》供稿。为此《洋际报》向法院上诉，经过两年审理，1900年伊利诺伊州法院做出裁定，伊利诺伊联合新闻社必须将稿件提供给任何客户，不得有所歧视。败诉后，为了规避伊利诺伊州的法律，斯通便解散伊利诺伊联合新闻社，同时在纽约成立一家新的通讯社，就是今天的美国联合通讯社(Associated Press，以下简称美联社)。

最初，美联社稿件只供给本社成员报纸，1945年以后，开始向非成员报纸和电台供稿。它是由美国报业(1 300家报纸)和广播成员(3 890家电台、电视台)组成的新闻联合组织。全社工作人员约3 000名，其中编辑、记者1 600多人。国内分社134个(包括6个总分社，100多个分社和记者站)。国外分社83个(包括3个总分社)，驻外记者500人。每天用6种文字播发新闻和经济信息约300万字。每年发图片15万张。不仅为美国1 500多家报纸，6 000多家电台、电视台服务，还为世界115个国家和地区的1万多家新闻媒介供稿。

第一次世界大战爆发时，美联社的订户仅有100余家；1940年，美联社的订户增至1 400家；到20世纪90年代，美联社拥有国内外订户15 000多家，成为世界公认的第一大通讯社。

客观报道是由美联社最先提出并大力倡导的。由于美联社是一个合作组织，众多社员来自社会各个阶层、不同党派、不同地区，利益千差万别，口味各不相同，所以客观报道就成了唯一选择。

"美联社之父"斯通，将客观报道具体化为"5W1H"的导语格式和倒金字塔的新闻结构，而这些都成为新闻写作的标准模式，风行全球。

四、合众国际社

合众国际社(United Press International，以下简称合众社)是美国第二大通讯社，国际性通讯社之一，1958年5月由合众社与国际新闻社合并而成，总社在华盛顿。

合众社创办于1907年，国际新闻社成立于1909年。第二次世界大战后，两社均发展成为国际性通讯社。两社合并后，受斯克里普斯-霍华德报业集团控制。20世纪70年代以后，由于管理不善，经济上长期亏损，所有权几度易主。1982年6月，该社转归新闻传播公司。1985年5月申请破产，11月出售给墨西哥报业主M. V. 拉纳。1987年全社有记者、编辑1 200人，其中在国外200人。用英文、西班牙文发稿。全世界有订户约5 000家。1988年2月该社被世界新闻电信集团公司接管。1991年8月再度申请破产，并大量削减雇员和关闭部分分社。1992年6月被设在伦敦的中东广播中心买下。

五、彭博新闻社

彭博新闻社(Bloomberg News)是一家成立于 1981 年的财经专业新闻社,在全球拥有约 130 家新闻分社和约 2 000 名新闻专业人员。

21 世纪以来,美国彭博资讯公司发展成为集新闻、数据和数据分析为一体的全球性多媒体集团。彭博新闻社仅用了 22 年的时间,就使它的金融数据市场的销售收入超越了具有 150 年历史的、世界上最大的资讯公司——路透集团。

美国彭博资讯公司的创始人迈克尔·布隆伯格(Michael R. Bloomberg)是个传奇式人物,他自 2002 年起,三度担任纽约市市长。

布隆伯格 1942 年 2 月 14 日出生于美国麻省的俄裔犹太家庭,1964 年获约翰斯·霍普金斯大学电机工程专业理学学士学位,1966 年获哈佛大学工商管理硕士学位。毕业后,布隆伯格进入华尔街一流的投资公司所罗门兄弟公司任股票交易员。1972 年成为该公司的股东。

此后 9 年,他继续埋头工作,直到 1981 年,所罗门兄弟公司出现内部纷争,布隆伯格离开公司,开始了他的创业历程。

他分析了自己的优势所在——既懂得证券和投资,又懂得计算机应用。于是,他把自己的新公司定位成一家用新技术为金融机构提供资讯服务的公司,命名为"创新市场系统公司"。这家公司即为后来 Bloomberg 集团公司的前身。

为了能够生存下来,他与公司的开创者们每天长时间在电脑前工作,这使他们的眼睛异常疲劳,于是大家想出了一个既省时又经济的办法。在每个工作人员的办公桌上放一个鱼缸,一旦眼睛疲劳了,他们就看一会儿在水里舒缓游弋的金鱼,这样可以使自己尽快地缓解疲劳。

法国著名作家罗曼·罗兰说过,任何努力绝不落空。1982 年,新公司由于销售数据终端机的成功,得到了大公司美林证券的垂青,美林证券用 3 000 万美元购买了 30%的股份。此后 10 年,公司均以 40%的年增长率高速成长。

1990 年,布隆伯格又开创了新闻业务,标志着彭博资讯公司开始进军传媒业。其中"彭博新闻社"发展到现在,已经在全球拥有 1 200 多名记者和编辑,建立了 82 个记者站。彭博咨讯公司在全美金融信息服务业中首屈一指。布隆伯格不仅独占公司约 75%的股份,还亲自出任公司的首席执行官,执掌经营管理大权。

根据《福布斯》杂志 2009 年公布的信息,布隆伯格的个人资产估计达到 160 亿美元。他在 2008 年美国慈善家排名中位列第 9。

六、俄通社-塔斯社

俄通社-塔斯社(Information Telegraphic Agency of Russia-TASS)是俄罗斯的国家级通讯社。塔斯社是苏联国家通讯社,国际性通讯社之一。前身是 1917 年 11 月 18 日成立的俄国彼得格勒通讯社。1918 年,与全俄中央执行委员会所属的新闻局合并,命名为俄罗斯通讯社，简称罗斯塔。1925 年 7 月 10 日改名塔斯社，总社设在莫斯科。

1990 年，塔斯社有工作人员 5 000 人，国内有 80 多个分社和记者站，记者 500 多人，向 4 000 多家报纸、电台和电视台供稿。国外有 120 个分社，驻外记者 220 人。对外用俄、英、法、西、葡、德、意、阿 8 种文字发稿，向 115 个国家和地区的新闻机构或商务代表处提供新闻或经济信息。

苏联解体后，塔斯社归属俄罗斯联邦新闻中心管理。1992 年 1 月 22 日俄罗斯总统叶利钦签署命令，塔斯社同苏联新闻社的一部分合并，组建新的国家通讯社——俄罗斯通讯社（简称俄通社）；同时，在俄通社中保留独立的塔斯社机构。同年 1 月 30 日开始以俄通社-塔斯社名义发稿。

七、其他通讯社

安莎通讯社，1945 年创办，是意大利最大的通讯社。

德意志新闻社，1949 年创办，也属于世界级通讯社。

埃菲通讯社，1939 年 1 月创办，是西班牙官方通讯社。

共同通讯社，是日本最大的通讯社，简称共同社，其前身是 1936 年 1 月成立的同盟通讯社。1945 年分为共同通讯社和时事通讯社。

时事通讯社，是日本第二大通讯社，简称时事社，成立于 1945 年 11 月。

中东通讯社，是埃及国家通讯社，是目前中东地区和阿拉伯世界最大的通讯社，1956 年 2 月创立。

印度报业托拉斯，是印度最大的通讯社，总社在孟买，新闻总编室在新德里，为半官方性质。

中国的新华通讯社、中国新闻社，在世界上也有一定的影响力。

思考与练习

1. 美国总统罗斯福、英国首相丘吉尔对广播的运用，给你怎样的启示？

2. 广播的发展趋势如何？

3. 电视诞生的过程给你怎样的启示？

4. 预测一下电视的发展趋势。

5. 在《参考消息》上收集、浏览世界著名通讯社的新闻作品。

第三章 新媒体、媒介融合与全球传播

本章要点

◆互联网诞生的过程。

◆新媒体的发展。

◆媒介融合的进展与个案。

◆全球传播的进展与个案。

第一节 新媒体的诞生与发展

互联网的诞生，使人类传播的格局发生了沧海桑田式的巨变。

互联网作为新闻和其他信息交汇传播的大平台，已经成为名副其实的"21世纪第一媒体"。这个变化，是在短短的数十年间发生的。

1946年2月15日，世界上出现的第一台计算机，奠定了互联网飞速发展的第一块基石。

1962年，古巴导弹危机爆发，美国军方担心，一旦核战争爆发，网络中心被破坏，由计算机中心控制的军队通信网络就会陷于瘫痪。为了解决军队通信网络的安全问题，美国军方开始研究"如何在受到核战争袭击之后，保持军队中各个网络之间的联系"。这个项目在美国国防部高级研究计划署（ARPA，阿帕）信息处理办公室的领导下展开。

1963年，在美国国防部高级研究计划署工作的拉里·罗伯茨提出"分组交换"技术的设想，解决了抗摧毁性网络的难题，成为网络技术发展中第一个重要里程碑。

1969年，美国国防部资助了一个有关广域网络的项目，开发出一个运用包交换（packet switch）技术的网络，称作阿帕网（ARPANET）。当年11月21日，运用这项技术把加州大学、犹他大学和斯坦福研究院的四台电子计算机顺利接通。这个美国国防部高级研究计划的实验性网络、由四个节点构成的"天下第一网"的诞生，宣告了网络时代的到来。

到1972年，ARPANET已连接了40多个节点计算机。1973年，英国、挪威的计算机接入ARPANET。1976年，ARPANET上的节点计算机已发展到57个，连接各种不同的计算机100多台，网络用户2 000多人。

为了解决网络与网络、电脑与电脑间由于软硬件和型号不同造成的不兼容问题，使阿帕网真正成为"资源共享的电脑网络"，1974年，文顿·瑟夫等人研究成功了TCP/IP协议（传输控制协议/网际协议）。

1981年，第一台个人计算机（PC）被推出，消息栏首次在美国计算机网络上被使用。

1982年，美国国防部宣布将TCP/IP协议作为标准，要求所有接入ARPANET的计算机网络必须采用这一协议。

1983年，TCP/IP协议被许多计算机网络接受，成为网际互联网络上的标准通信协议。这是全球互联网络正式诞生的标志。同年，ARPANET分成两个网，与军事有关的部分称为MILNET，其余部分仍称ARPANET。它们之间仍然保持着互联状态，能进行通信和资源共享。这种网际互联的网络最初被称为DARPA Internet，但不久就改称Internet，因特网名称从此开始出现。

为使科研人员可以共享超级计算机设施，1985年，美国国家科学基金会（National Science Fundation，NSF）出资在全美建立了五大超级计算中心。后来，又将连接大学和科研单位的中等计算机中心连接起来，形成全国性的广域网络。

1986年，名为NSFNET的高速信息网络建成。该网络同样采用TCP/IP协议，互连了NSF分布在各地的所有超级计算机，并连入了ARPANET。此后，NSFNET逐渐发展成为美国境内的广域网的骨干基础。1990年ARPANET宣告退役，NSFNET正式取而代之。

在20世纪90年代以前，这种网络仅限于科研教育领域使用。美国国家科学基金会规定，"NSFNET主干线仅限于作如下使用：美国国内的科研机构及教育机构把它用于公开的科研及教育目的，美国企业的研究部门把它用于公开的学术交流。任何其他使用均不允许"。

1991年，互联网的发展使NSFNET主干线达到极限。为了减轻政府的负担，美国国家科学基金会要求私人公司承担一些责任。

1992年，商用因特网协会成立，并宣布用户可以把他们的子网用于任何商业用途。于是，因特网络开始迈向商业化，它的用户也不再局限于高校师生和计算机行业的工作人员。大批商业机构开始走上网络，在因特网上刊登网页广告，提供各种信息。

1993年，万维网开始推广，真正使计算机网络"飞入寻常百姓家"。

万维网，也称WWW（World Wide Web）或Web，它是互联网中的一种多媒体信息服务系统，它能以超文本链接的方式存取信息文档，并支持图形、声音、视频和文本。1993年，美国国家超级计算机中心开发了基于这项技术的浏览器软件，大大方便了网上浏览，使得上网漫游成为普通人都能做到的事情，从此因特网才走向了千家万户。

世界上大多数国家的大专院校、科研机构、传统媒体、政府部门、军队、政党、宗教团体、工商企业和家庭个人，纷纷通过电脑上网。

到1994年年底，因特网连接了150多个国家和地区的3万多个子网、320多万台计算机主机，直接用户超过3 500万，成为世界上最大的计算机网络，因特网的名称也传遍了全世界。

1995年，美国国家科学基金会宣布，不再向因特网提供资金，因特网从此完全走上了商业化的道路。这一年，发达国家将因特网确定为战略发展要务，纷纷加快计算机网络发展的步伐。

1998 年，全球与因特网联网主机近 2 000 万户(台)，上网用户已达 1 亿。

2000 年，因特网已经连接了 200 多个国家和地区近 3 万个电脑网络，7 000 多万台服务器主机，6 000 多个图书馆，1 万多个数据库，上网用户达 2.59 亿。可以说，互联网在 20 世纪末就几乎将世界各国、各地区"一网打尽"了。

截至 2009 年 9 月，全球网民总量达 17.3 亿，全年网民增加 18%。

截至 2009 年 12 月，全球网站总数达 2.34 亿，2009 年新增网站 4 700 万个。

计算机及信息技术革命被视为第三次工业革命，推动社会各个方面发生了巨大变革。

21 世纪初，依靠互联网科技的发展，手机成为新的新闻事业平台。手机新闻短信、手机报、手机杂志、手机广播(手机音频)、手机电视(手机视频)、手机互联网，是手机平台新闻事业的主要表现形式。

当然，包括互联网媒体、手机媒体在内的新媒体，在给传统媒体带来全新信息发布平台的同时，也给传统媒体带来了全新的替代品竞争，这种没有硝烟的竞争，使传统媒体面临严峻的生存危机。

2004 年，美国北卡罗来纳大学教授菲利普·迈耶在《正在消失的报纸》一书中预测：到 2043 年第一季度末，日报的读者将归于零。2008 年，他又在《美国新闻学评论》上发表《未来的精英报纸》一文强调："日报报纸读者数量将更加急剧地下滑，事实上，'最后一个每天读报的读者'的消失时间将早于 2044 年 10 月。"日本《每日新闻》前总编辑歌川令三在《报纸消失的日子》一书中，明确指出报纸消失的日子是 2030 年；清华大学刘建明教授根据报纸读者的代际老化规律，于 2005 年 11 月做出了"在 30 年后，报纸将无可救药"的预测。①

报纸虽然不一定会如预言的那样消失，但被边缘化的命运估计很难改变，就像毛笔、钢笔被圆珠笔、水性笔边缘化那样。

2010 年 4 月 12 日，2010 年普利策奖在美国纽约哥伦比亚大学正式揭晓，网络媒体首次获奖：非营利新闻调查网站 ProPublic 与《纽约时报》周末副刊共享调查性报道奖。

2010 年 10 月 28 日，俄罗斯第一大搜索引擎 Yandex 宣布与 Facebook 达成合作协议，将在 Yandex 搜索结果中整合 Facebook 数据。

2012 年 5 月 19 日，Facebook 在美国纳斯达克上市；按当日收盘价计算，Facebook 的市值超过了惠普和戴尔两家公司的总和，也超过了亚马逊公司。

2011 年 1 月，新闻集团表示要出售业绩不佳的社交网络 Myspace。2011 年 3 月 17 日，MSN Spaces 正式关闭。

2011 年 2 月 2 日，新闻集团推出适用于 iPad 的电子报纸《日报》(The Daily)。到 2012 年 11 月，默多克至少已经向《日报》投入了 3 000 万美元。因连续两年亏损，《日报》于 2012 年 12 月 15 日关闭。

① 王君超：《报纸的未来：消亡还是再生？》，载《新闻记者》，2009(8)。

2011 年 2 月 6 日，美国在线（American Online）公司宣布，斥资 3.15 亿美元收购美国新闻博客网站"赫芬顿邮报"（The Huffington Post）①。

2011 年 3 月 14 日，美国皮尤研究中心发布报告称，从互联网获取新闻的人数首次超过从报纸获取新闻的读者。

2011 年 4 月 19 日，根据康姆斯科（ComScore）调查公司最新数据显示，《每日邮报》网站赶超《赫芬顿邮报》，成为世界第二大新闻网站。

2011 年 5 月 1 日，基地组织首脑本·拉登死讯传出，Twitter② 先于传统媒体披露这一消息。

美国市场研究公司 ComScore 提供的数据显示，2011 年 5 月《赫芬顿邮报》网站的月独立访问用户数量首次超过《纽约时报》。

2011 年 6 月 2 日，"维基解密"网站创始人朱利安·阿桑奇被授予"2011 年度玛莎－盖尔霍恩新闻奖"。"玛莎－盖尔霍恩新闻奖"每年颁发一次，主要授予有特别贡献的新闻记者。

2008 年 7 月 11 日，苹果公司推出 iPhone 3G 手机，可以上网、触屏操作的智能手机从此开启手机客户端传播时代，2013 年，智能手机已经成为重要的新闻传播平台，包括报纸、杂志、电视台、网站等在内的新闻媒体纷纷推出手机客户端供广大受众浏览之用。

2013 年 11 月 7 日，微型博客网站 Twitter 在纽交所挂牌，发行价为 26 美元，融资 18 亿美元，开盘报 45.1 美元，较发行价大涨 73.5%。

第二节　媒介融合与全球传播

当新闻事业发展到较为成熟的阶段时，媒介融合③便会出现。刚开始，是报纸与杂志、书籍等的融合④，广播、电视与报纸、书籍等的融合⑤。互联网等新媒体兴起后，

---

①　2005 年 5 月，55 岁的阿丽安娜·赫芬顿（Arianna Huffington）创立了政治博客网站——"赫芬顿邮报"。2007 年 4 月，赫芬顿发起了 2008 年美国总统大选网上辩论会。《赫芬顿邮报》打出了"第一份互联网报纸"的口号，网站具有博客自主性与媒体公共性，通过"分布式"新闻发掘方式和以 Web 2.0 为基础的社会化新闻交流模式而独树一帜，以新锐的报道风格而引人注目。

②　Twitter 的意思是一种鸟叫声，创始人认为鸟叫是短、频、快的，符合网站的内涵，因此选择了 Twitter 为网站名称。2006 年，埃文·威廉姆斯推出 Twitter 服务，用户发布文本信息每次不得超过 140 个字。

③　"媒介融合"概念的提出，始于 20 世纪 80 年代的美国，其最简单的定义是"原先属于不同类型的媒介结合在一起"。美国麻省理工学院浦尔教授首先提出"媒介融合"这一概念，在他看来，媒介融合就是指各种媒介呈现出多功能一体化的发展趋势。美国新闻学会媒介研究中心主任 Andrew Nachison 将"融合媒介"定义为"印刷的、音频的、视频的、互动性数字媒体组织之间的战略的、操作的、文化的联盟"。

④　例如：《每周文摘》《中国剪报》等文摘类报纸，《新华书摘》等书摘类报纸，《读书》《读者》《读者文摘》等文摘类杂志。

⑤　例如：中央人民广播电台的《新闻和报纸摘要》、凤凰卫视的《开卷八分钟》《有报天天读》栏目、江西卫视的《杂志天下》栏目。

全球新闻事业的媒介融合，便呈现出更加明显的态势。首先，媒介融合表现在互联网上：报纸、杂志、广播、电视、书籍等，网上均可看到。接着，媒介融合表现为"三网融合"：电信网、广播电视网、互联网的融合，宽带通信网、数字电视网、下一代互联网的融合。

15—17世纪，欧洲的船队发现了许多当时在欧洲不为人知的国家与地区，东西方之间的文化、贸易交流开始大量增加，新闻信息的全球传播逐渐出现。刚开始，新闻信息的全球传播并不频繁。传播技术的革新和经济贸易交流的发展，促进了新闻信息的全球传播。到21世纪，全球传播已经是一种常态。

一、媒介融合已成主流态势

对21世纪的新闻事业而言，媒介融合既是一种大趋势，又是一种主流态势。

21世纪的今天，我们在谈论报纸、杂志、广播、电视、通讯社等时，不可避免地都要谈到报纸、杂志、广播、电视、通讯社与新媒体的结合。

在21世纪，我们很容易发现媒介融合的诸多实例。

《人民日报》《广州日报》《江西日报》等传统报纸和新华社等通讯社，开始把新媒体纳入主营业务范畴。《人民日报》依托本报和子媒体创办人民网，《江南都市报》依托本报创办江南都市网，《南昌晚报》依托本报创办乐客在线网站，《南方都市报》依托本报和子媒体创办奥一网，《羊城晚报》依托本报和子媒体创办金羊网，《广州日报》依托本报和子媒体创办大洋网。2013年，在创办景瓷网的基础上，江西日报社创办大房网、大江直购网，意图在电子商务领域开疆拓土。

2009年1月22日，我国首张军事类手机报——环球军事手机报正式创刊，打开手机，就可看到最新的军事新闻和精辟的分析。

2009年3月1日，为电视、网络、流动媒体提供供稿服务的电视通稿线路——新华社视频新闻专线正式开通。

2009年3月16日，上海文广手机电视实行加密播出，备受关注的手机电视业务在上海正式启动，市民可通过购买支持手机电视服务的终端产品或升级原有终端充分享受"随时随地看电视"的服务，这是上海文化广播影视集团拓展新媒体业务的尝试。

新媒体成为传统媒体的重要选题来源。例如，《江南都市报》不但开设了"网络周刊"版面，而且开设了"微博天下"版面。"微博天下"版面报道微博事件，并在《微话题》《微热点》《微趣图》《微段子》等栏目转载新浪微博的内容。

2012年，中国报纸在两会报道、奥运报道、党代会报道等重大新闻报道领域前所未有地利用微博报道重大新闻。

2012年全国两会开始后，《齐鲁晚报》推出《微两会》栏目，主动设置热点议题，在微博上与读者互动，每天拿出一个版面来刊发互动内容。"异地高考，千万别成为拼爹"等话题，既是两会热点的延伸，又为两会征集到不少建设性意见和建议。其中，3月9日《齐鲁晚报》推出的"请举手，说出您最尊敬的代表委员"专题，引发了众多网民参与讨论，在网上形成了一股两会微博新风。

《中国经营报》《广州日报》《解放日报》等报纸开设了转载网民在微博讨论两会内容的栏目。《南方日报》等报纸的两会特别报道，也重视引述、转载微博网友的言论。

《北京晚报》的伦敦奥运特刊《伦吧》，专辟"微博汇"版面，通过引用、转载网友的微博，将微博中每一个热议话题梳理、集纳于纸面上。"微博汇"版的《识微见解》栏目，是《北京晚报》与腾讯微博合作推出的一个活动，让读者参与到这次奥运会之中，同时与受众之间形成良好互动，增进了媒体与受众的黏合性。

关于党的十八大报道，《扬子晚报》《人民日报》等报纸开设专门栏目传递微博上的民声、民意。《人民日报》2012年11月14日第8版的《微议录·祝福与期待》栏目，刊载了网友的祝福与期待。

许多传统媒体还将新媒体作为新的传播平台，纷纷推出iPad版、iPhone版、Android版、iPod有声版。

2010年9月17日，iPad在中国开售首日，《人民日报》的版面就出现在iPad的显示屏上。2010年6月28日起，《文汇报》《新民晚报》可通过汉王书城网站下载到汉王电纸书上，供电纸书用户阅读。2010年11月2日，《扬子晚报》登陆iPad实现多媒体联播。2011年5月4日，旗下拥有《时代》周刊的时代集团已同意一项与苹果公司的协议，其印刷版杂志的订阅者将可以免费阅读杂志的iPad版本。

2011年3月14日，《江南都市报》在江西率先开通iPad版。通过iPad进入《江南都市报》电子报页面，读者将看到与实物报纸一模一样的版面，轻轻移动手指即可实现翻页功能，本地原创、独家新闻、国内大事、国际时事等一应俱全。如果读者对某一则报道感兴趣，只需将两指在屏幕上张开，即可直接将版面上的报道放大，合上手指，版面将回到原来大小。《江南都市报》iPad版的订阅方法是：打开苹果iPad平板电脑，进入苹果应用商店APPStore，下载"中文报刊"软件，安装完毕后，点击进入"中文报刊"，在打开的页面菜单栏中点击"全部""其他地区"或"最新上架"，找到江南都市报，点击后，即可免费阅读。

2011年7月11日，《江南都市报》iPhone版正式上线，Android版同时上线。《江南都市报》iPhone版和Android版均根据手机屏幕特点及展现方式，特别设计了阅读界面。使用Android操作系统手机的用户，只要下载机锋市场、安卓市场等软件，在搜索栏中直接输入"江南都市报"，即可下载该报的Android客户端阅读器。

2012年，中国报纸首次全面推行对两会的全媒体报道。读者拿起手机，无论走着、坐着、躺着，都能轻松看两会。广州日报报业集团派出40多名全媒体记者，在版面上开设了"两会报网直播室"栏目（该栏目会提前预告访谈嘉宾和话题），作为发布全媒体报道的专用平台。

2013年11月20日，广西日报传媒集团推出"广传魔码"。"广传魔码"全面整合、应用QR（二维码）、AR（增强现实）技术，将部分稿件由单一的文字形态转化为视频、音频甚至3D影像等多媒体形态，使读者得到立体、交互式的阅读体验。由此，广西日报传媒集团旗下多家报纸实现立体式传播，打破了传统纸媒阅读界限。

传统媒体与新媒体的紧密结合，使"全媒体报道"和"全媒体记者"在全球范围内逐渐流行开来。

2009 年 4 月 19 日上午，长沙晚报报业集团与北京高术致力传播技术发展有限公司成功签约数字报业技术平台项目，打造全媒体技术平台。

2009 年 10 月，四川日报全面启动"全能记者计划"。"全能记者"在承担四川日报相关采访报道任务的同时，所采写的报道（文字稿件、图片、视频、音频）会第一时间向四川在线提供，参与重大突发事件和全国、全省重大活动的网上滚动发稿。2010 年 11 月 22 日，《新安晚报》的 130 多名编辑记者全部装备了当时最先进的 iPhone4 手机，安徽第一支全媒体新闻采编团队由此诞生。

新媒体也为传统报刊提供了新的发行营销平台。据凤凰网消息，2013 年 10 月 21 日，《参考消息》在全国报纸中率先推出"微信订报"。2013 年 11 月 25 日起，《江南都市报》也推出了"微信订报"。在"微信订报"模式下，读者电话都不需要打，只要动动手指在微信中填写姓名、住址、联系电话并在线付款，即可订阅报纸，坐等报纸送上门。

在媒介融合的路上，浙江日报报业集团是国内走在前列的报团。2009 年 6 月 6 日，浙江日报报业集团与阿里巴巴集团在杭州签订战略合作协议。2009 年 9 月 10 日，浙江日报报业集团钱江报系和阿里巴巴集团旗下淘宝网携手打造的全国第一份"网络潮流"周刊——《淘宝天下》开始发行。2011 年 9 月 29 日，浙江日报报业集团全资子公司"浙报传媒"在上海证交所成功上市。"浙报传媒"计划投入 20 亿元推动跨媒体融合。2013 年 3 月，通过收购杭州边锋公司和上海浩方公司①（2013 年 1 月 25 日通过中国证监会审核），"浙报传媒"向新闻、互动娱乐、影视及文化产业投资的"3＋1"战略布局迈出重要一步。

《纽约时报》《华尔街日报》等强势媒体，不但早已开通网络版，而且开始对阅读其网络版的行为进行收费，寻求利润。

2011 年 3 月 28 日，美国《纽约时报》开始对其网站浏览以及手机应用程序服务收费，其收费计划为：用户可以每月在其网站上免费阅读 20 篇文章，超过限额则需要订阅套餐，套餐价格为每 4 周 15 美元或者包年 195 美元，使用此套餐的用户也可以通过《纽约时报》的智能手机应用程序进行阅读浏览。

《纽约时报》不是第一个进行收费的报纸，在其之前，英国的《金融时报》（FINANCIAL TIMES）和《华尔街日报》（THE WALL STREET JOURNAL）都开启了收费模式。2011 年 6 月，新闻集团宣布，将从当年 10 月起对《澳大利亚人报》（THE AUSTRILIAN）网络版收费，仅免费提供部分内容。2011 年 12 月，《芝加哥太阳报》及其姊妹刊物对在线访问用户开始收费，加入从数字资源获取收益的报纸行列。2012 年 6 月，《每日邮报》网站首次实现盈利。

与新媒体结盟，是许多传统媒体的明智选择，这种选择使其收获了新的传播平台和更为惊人的传播效果。2012 年 7 月 22 日，账号"@人民日报"在人民网、新浪网上同步发出第一条微博，标志着人民日报微博在两大微博平台正式上线。截至 2014 年 1 月 5 日 14 时，新浪平台的"@人民日报"，已发布 21 642 条微博，收获粉丝 1 334 万。

---

① 边锋和浩方此前都属于盛大网络旗下，主营业务包括在线棋牌、电子竞技平台、桌面游戏及社区平台增值业务，拥有边锋游戏、浩方电竞、三国杀等众多知名游戏娱乐品牌。

二、全球传播仍在深入发展

1964 年，加拿大学者麦克卢汉在其出版的《理解媒介——论人的延伸》中预言：由于电子媒介的发展，地球将不过是一个小小的村落。50 年后，他的这个预言已经变成了现实。

宽带和无线互联、各种媒体终端的应用，使原来受国界、地域划分的媒体边界逐渐被打破，带来媒体内容的巨大增量，受众可以很容易地获取其他国家、其他地域媒体的内容，选择越来越多。对受众来说，"地球村"就是"媒体村"。

在广播、电视、互联网平台，新闻信息的全球性传播早已成为事实。但是，新闻信息的全球传播，由于受制于语言障碍、费用障碍、落地障碍等因素，仍然不够充分，仍有极大的发展空间。在这方面，中国的新闻事业发展堪称典型。

21 世纪以来，中国的新闻媒体在全球传播道路上，不断推出新举措，不断取得新进展，但仍有拓展空间。

2009 年 5 月 20 日，湖南卫视国际频道全球启播仪式在香港地区举行，随后在美国、加拿大、澳大利亚、法国等国家陆续播出。

2009 年 7 月 1 日，新华社英语电视新闻线路开始试运行。这是新华社继英文文字和图片报道之后面向英语受众推出的新的供稿服务。

2009 年 7 月 25 日，中国中央电视台继拥有中、英、西、法四种语言的电视国际频道后，于午间 12 点正式开播阿拉伯语国际频道，22 个阿拉伯国家近 3 亿观众使用家庭卫星接收天线即可收看。

通过与国外媒体合作实现"借船出海"，是促进全球传播的良策。2010 年 3 月 1 日，《中国日报》宣布与亚洲新闻联盟合作，于 12 月 10 日推出亚洲版。7 月 1 日，人民网日本株式会社与约占日本手机市场份额 80％的两家电信运营商巨头展开合作，正式在日本发行人民网中、日文手机报。11 月 19 日，《今晚报·新西兰版》在新西兰最大城市奥克兰市与当地读者见面。

2010 年 7 月，新华社在纽约时报广场一幢办公楼内租下近 2 000 平方米的整层楼面，作为新华社北美总分社的新总部，美国媒体称这一举动开启了中国媒体国际化的一个新时代。

2010 年 12 月 3 日，《中国日报》欧洲版在英国伦敦创刊发行。这是中国在欧洲发行的首份国家级英文报纸，也是继 2009 年年初出版发行《中国日报》美国版之后，中国日报海外事业发展迈出的又一大步。

2011 年 9 月 14 日，由新华社主办的中国新华新闻电视网英语台（CNC World）在美国时代华纳有线电视公司平台正式播出，频道号为 502，这标志着 CNC 英语台直接面向美国千万电视观众播出节目。

2011 年 10 月 20 日，第 21 届中国新闻奖评选结果揭晓，同时在上届评选的基础上，增设了国际传播奖。

2011 年 11 月 24 日，人民网南非公司正式获得南非贸工部发放的营业执照，成为人民网第四个海外全资子公司。

2012年3月6日，《洛杉矶时报》加入网络版的收费大军。

2012年12月14日，《中国日报》非洲版在肯尼亚创刊发行，这是中国在非洲发行的首份英文报纸。

2013年1月5日起，《今晚报》第32个海外版暨第5个外文版——西非英文版在尼日利亚出版发行。《今晚报·西非英文版》每周一期，由《今晚报》负责编辑、《西非统一商报》负责出版发行。

2013年5月15日，《崛起的中国新兴媒体——中国新兴媒体发展报告（2012—2013）》由新华社新媒体中心对外发布。这是新华社作为国家通讯社首次发布新媒体产业报告。

2013年6月25日，《中国新闻周刊》正式在英国推出英语月刊《中国报道》（China Report），这是中国新闻类杂志首次进入英国。10月，由中国国际广播电台南亚地区广播中心尼泊尔语部主办的尼泊尔文月刊《尼好》创刊号，在尼泊尔首都加德满都正式出版发行。

第三节　新闻业对人工智能的应用

21世纪以来，人工智能（英文简称AI）在各行各业发力，在互联网掀起多次技术浪潮，人类的信息传播景观也因此发生巨变。

在新闻传播领域，机器人新闻采访与写作不断尝试、不断探索，给予人们全新的新闻体验。在新闻采写领域，传感器新闻的出现与应用拓宽了新闻采写的广度和深度，也丰富了新闻呈现方式。

传感器是一种监测装置，能感受到被测量的信息，并能将其按一定规律变换成为电信号或其他形式输出，以完成信息的记录、传输、存储、显示和控制等；它具有微型化、数字化、智能化、多功能化、系统化、网络化等特点。互联网时代传感器无处不在，如电子芯片、GPS、智能手机、无人机、遥感卫星等。从本质上讲，传感器是一种收集数据信息的方式[①]。在数据信息获取方面，传感器有助于让我们调查无法看到、听到或触摸的事物，为我们提供了新的感官。于是，新闻从业者开始尝试用传感器来获取数据信息，并据此撰写新闻报道。

环境新闻是传感器运用得最为普遍的一个领域。这主要是因为传感器在环境监测中的普及。传感器可以随时测量、收集和传递各种数据，包括水质、空气质量、噪声强度等。媒体借助传感器可以很方便地获取、利用和挖掘海量的环境数据，将其转化为"故事"和"洞见"，把大数据转型为新闻产品。

2014年8月，美国公民新闻网站"为了公众"（Pro Publica）的报道团队利用"国家航

---

① 许向东：《大数据时代新闻生产新模式：传感器新闻的理念、实践与思考》，载《国际新闻界》，2015(10)。

空航天局"(NASA)的卫星传感系统分析了海岸监测图像和数据，用可视化新闻(info-graphics)等形式揭示了 1922—2014 年路易斯安那州海岸萎缩、水土流失的严重状况。此外，媒体人还能自主使用传感器采集目标信息，并与政府、企业、专家等权威信源进行比对，提升新闻的客观性和公正性，使之成为真正意义上的"公共服务"。例如，《休斯敦纪事报》记者曾使用美国 3M 公司生产的空气化学物质监测器，对空气进行采样和送检，揭开了石油重镇休斯敦长期以来存在的空气污染问题。类似的案例还有《今日美国》报记者利用赛默飞世尔科技公司(Thermo Fisher Scientific)生产的 X 射线荧光光谱分析仪对一些金属制品工厂旧址进行探测，结果显示部分地区土壤铅超标，对生活在污染土壤上的居民——尤其是少年儿童的健康造成了相当大的威胁。近年来，曾被美国新闻业引以为傲的调查新闻呈现出明显颓势，技术手段落后是主因之一。传感器的普及使从事调查新闻的记者如虎添翼。他们根据新闻选题，追溯和分析传感器系统收集的历史数据，提升调查结果的精准性。[①]

人工智能技术还被应用于新闻写作报道流程。20 世纪末，新闻编辑室就开始使用人工智能进行新闻生产。机器人写稿等人工智能技术极大提高了新闻生产的效率。

机器人写稿是人工智能在新闻领域的新应用，指的是通过运用算法对输入或搜集的数据自动进行加工处理，从而自动生成完整新闻报道的一整套计算机程序。与以往不同的是，机器人写稿实现了新闻生产的完全自动化。

1994 年，《洛杉矶时报》发布了世界上首条自动化新闻，其原理是将地震预警信息套入格式化模板后发布。[②] 中国地震台网在九寨沟地震报道中使用的自动化写作程序也是基于此模式的。[③] 专用人工智能技术能丰富自动化写作程序的模板类型，使文字表达更生动可读，适用领域进一步扩展。

2009 年美国西北大学开发了"统计猴"(Stats Monkey)程序，用于棒球比赛新闻写作。[④]

2015 年 9 月，腾讯推出自己的新闻写作机器人 Dreamwriter，发布国内首篇自动化新闻《8 月 CPI 同比上涨 2.0%　创 12 个月新高》。同年 11 月，新华社推出"快笔小新"，负责撰写体育赛事报道和财经新闻。

2016 年 5 月，阿里巴巴与第一财经联合推出"DT 稿王"，在媒体、金融、体育、法律等需要基于逻辑写作的领域发挥作用。2016 年 8 月，《今日头条》研发出了一款机器人 Xiaomingbot(张小明)，这是一个基于文字直播数据进行新闻生成的系统。依靠先进的机器学习算法，该系统能够实时地从文字直播数据中进行语句筛选与融合，从而在

①　史安斌、崔婧哲：《传感器新闻：新闻生产的"新常态"》，载《青年记者》，2015(19)。
②　谭思：《别惊讶！机器人才是洛杉矶地震首篇新闻报道作者》，https：//tech.qq.com/a/20140319/010344.htm，访问日期：2021-06-03。
③　王玥：《机器新闻 VS 人工写作对比分析：以九寨沟地震事件为例》，载《视听》，2018(3)。
④　文静：《写稿机器人"抢"饭碗？》，http://www.gd.xinhuanet.com/newscenter/2018－11/19/c_1123733744.htm，访问日期：2021-06-03。

体育比赛的任一时刻生成高质量赛事报道。[①]

2017年12月，新华智云科技有限公司在成都发布中国第一个媒体人工智能平台——"媒体大脑"，率先提出机器生产内容（MGC）的概念并付诸新闻实践。2018年12月，经过半年试运行的"媒体大脑·MAGIC"短视频智能生产平台在成都发布。2019年8月，基于人工智能技术和内容应用场景的25款媒体"机器人"，集中应用在"媒体大脑·MAGIC"平台。

此外，人工智能还被应用于新闻报道流程。新闻记者利用人工智能技术实时监测、搜集受众关注的热门话题，并从中确定新闻报道的选题，并利用设置好的新闻程序生产新闻。

新闻事业除了新闻作品的生产以外，还包括新闻从业者。当前，新闻事业对人工智能的应用也逐渐超越新闻内容生产层面，如AI主播的出现，极大促进了新闻事业的变革。

从2018年11月第五届世界互联网大会上"AI合成主播"闪亮登场并引起全球媒体和业界的广泛关注，到2019年全国两会期间，新华社AI主播"新小浩"实现了站起来的新突破，它带着手势、姿态，声情并茂地播报，更接近于真人。同时，它的女伴"新小萌"也在两会中正式亮相。可以看到，新华社第一个AI主播诞生至今，从外貌形象、面部表情到声音不断优化，从说中文到可以说英文，从坐着播新闻到站着播，一次次的突破让AI主播越来越接近真实。如凭借与白岩松相似的声音迅速蹿红的央视"小白"。这位AI记者助理"小白"现身两会新闻中心后，便耐心为记者朋友们解答问题，并处理大量新闻信息。

事实上，AI主播就是通过模仿真人主播的样子和表情建立资源库的，编辑、记者只需要输入文本，就可以让AI主播根据文本进行新闻播报。与传统新闻制作不同，新闻稿件不再需要新闻主播经过备稿、配音、出镜主持等一系列程序，以及灯光、音响、化妆、场地等多工种配合，才能呈现给受众。人工智能技术可以使新闻文本在转化成视频、音频的过程中实现"秒级转换"，最大限度地提高了新闻报道的制作效率，还可以提供全天候、全时段、不停歇的新闻播报服务，还能用无数个"分身"，同时在不同的现场播报各种资讯。这将打破传统新闻播报中时间和空间的限制，最大限度地降低新闻节目的制作成本，提高播出效率。[②]

新闻事业应用人工智能技术还表现在智能推送/智能营销领域，即通过大数据分析，通过一定的算法精准地判断用户喜好，以此为依据，给用户推送其喜欢的物品或个性化信息。以新闻客户端"今日头条"为例，今日头条十分注重用户好友圈的信息更新和内容变化，从而将其作为用户个性化推荐的重要考量因素之一。"今日头条"的推荐内容种类多样，一共有22个频道，包括资讯、科技、社会等多方面内容，用户可以

---

① 刁毅刚、陈旭管：《专题：第二代"写稿机器人"现身今日头条 传媒业融合人工智能又迈进一步》，载《中国传媒科技》，2016(9)。

② 郭琳：《"AI主播"技术挑战下新闻主播传播角色重构与策略优化研究》，载《新闻爱好者》，2019(8)。

根据自身喜好和兴趣订阅相应的频道，自主选择性大，用户的喜好和兴趣也以大数据的形式被准确地记录下来，成为下次内容推送的参考。随着用户使用深度的发展，一旦用户登录"今日头条"的页面，页面便自动更新最新的资讯信息。另外，今日头条还十分关注用户在"今日头条"浏览信息时留下的阅读痕迹或记录，软件会根据用户的喜好和阅读习惯推送类似的资讯。①

随着人工智能技术的不断发展，我们可以看到新闻事业的版图格局正在被重塑。人工智能的出现颠覆了整个新闻行业，它以自动化、交互性、个性化推送等方式重塑了信息的生产与分发流程，并逐渐改变了人与信息的接触方式。在人工智能技术的加持下，新华社的"快笔小新"、《南方都市报》的"小南"，今日头条的"张小明"已经在新闻界大展身手。人工智能将不断提高新闻生产的效率，精准捕捉用户痛点，优化传播效果。总之，新闻事业将在人工智能等新技术的助力下焕发新生机。

思考与练习

1. 列举最新事例说明媒介融合的概念与类型。
2. 对中国新闻媒体而言，全球传播的发展空间还有哪些？
3. 互联网的发展对传统媒体格局产生了哪些影响？
4. 选择一种新媒体，列举它给你带来的种种便利。
5. 分析人工智能技术对新闻事业的影响。

---

① 宋冠琪：《大数据时代个性化推荐新闻客户端的困境及应对——以"今日头条"为例》，载《新闻世界》，2019(11)。

第二部分

中国新闻事业史

第四章 清朝统治下的近代新闻事业

本章要点

◆西方传教士在我国创办了第一批近代报刊；国人最初的办报活动主要集中在香港地区和上海租界，其中王韬的《循环日报》对我国新闻事业的发展做出了特殊贡献。

◆有洋务派官方背景的资产阶级维新派的报刊活动，打破了封建统治的言禁，随后，资产阶级革命派和民间办报活动兴起。

◆尽管清政府加强了对报刊舆论的控制，但是以《民报》为代表的资产阶级革命派和以《新民丛报》为代表的维新派之间进行的旷日持久的论战，在民众中播下了革命的种子，为辛亥革命的爆发奠定了思想和组织基础。

清朝(1644—1911年)是中国历史上最后一个封建王朝。清朝统治者和以往的大多数封建统治者一样重视科举、轻视科学，加之长期闭关锁国，中国的科技、文化、军事实力逐渐落后于西方。

1840年后，在英国、法国等西方列强的胁迫下，清政府与侵略者缔结了大量不平等条约，中国的主权受到严重损害，逐步沦为半殖民地半封建社会。

为挽救自身命运并增强国力，清政府内部的有识之士试图革新图强，其中最为著名的是自19世纪60年代开始的洋务运动。

洋务运动使得清朝的国力有了一定程度的恢复和增强，令清朝在国际上的地位和形象有了明显改善。洋务运动取得了很多的成果，但未取得日本明治维新那样的成效。1894年，中日甲午战争中清政府失败。1898年，戊戌变法运动失败。

1900年，八国联军入侵北京。1901年，清政府签订了丧权辱国的《辛丑条约》。为挽衰落危局，清政府开始推行"新政"，建立新军，废除科举，于1908年颁布了《钦定宪法大纲》，成立了代议会，1911年5月组成"皇族内阁"。1911年10月，武昌起义爆发，随后各省纷纷宣布独立，清朝的统治开始走向瓦解。清帝于1912年2月12日正式退位，中国两千多年来的君主制正式结束。

第一节　中国近代报刊的出现

早在唐玄宗开元年间，中国就有了报纸——"邸报"，这是中国最古老的报纸。到宋代，中国还出现了民间小报。

至清代，邸报变为京报，内容分宫门抄、谕旨和奏章三部分，所有稿件均来自内阁和科抄，没有言论和自采内容。直到清朝末年，中国才出现了真正意义上的新闻事业。

西方列强不但是经济、军事强国，在新闻事业方面，也领先于清朝时期的中国。随着西方列强对封建中国的渗透，中国的新闻事业逐渐萌芽。

近代新式报刊先是在侵华桥头堡广州出现，随后在列强疯狂活动的中国沿海地区出现，此后逐渐输入中国内地。中国近代报刊业的这种发展路线，与西方列强对华侵略的步伐是一致的。

可以说，中国近代新式报刊既是西方列强侵略的缩影，也是西方列强侵略的产物。

一、外国人开创的中国近代报刊事业

1815 年 8 月，英国传教士米怜（William Milne）在马来西亚的马六甲创办宗教月刊《察世俗每月统记传》（简称《察世俗》），这是世界上第一份中文近代报刊。

《察世俗》外形像中国的线装书，封面的刊头从右到左，横刻着"嘉庆某年某月"，其右上角印有孔子语录："子曰：'多闻择其善者而从之。'"中间印着刊名《察世俗每月统记传》，左下角印有"博爱者纂"。《察世俗》是木版雕印，每期 5～7 页，每期印 500～2 000 册，全年 12 期订成一卷，另加目录与封面，一直出版到 1821 年主编米怜病重时才停刊。

1822 年 9 月，葡萄牙人在澳门创办了葡文周刊《蜜蜂华报》（Abelha da China），这是中国境内出版的第一份外文报刊。

1827 年 11 月，英国鸦片商人马地臣（James Matheson）和美国商人伍德（William W. Wood）在广州创办了英文报刊《广东纪事报》（Canton Register），初为双周刊，后改为周刊。

《广东纪事报》是中国境内出版的第一家英文报刊，声称"我们的主要努力是发表丰富而准确的物价行情"。第一次鸦片战争后，该刊迁往香港地区出版，改名《香港纪事报》，1863 年停刊，是当时出版时间最长、影响最大的英文报刊。

1832 年 5 月，美国传教士裨治文（Eliah Cloleman Bridgman）在广州出版英文月刊《中国丛报》（Chinese Repository）。旨在提供"有关中国及其邻邦最可靠、最有价值的情报"，宣称"如果我们要和中国订立一个条约，这个条约必须是在刺刀尖下，依照我们的命令写下来，并要在大炮的瞄准下才能发挥效力的"。① 该报于 1851 年停刊。

1833 年，德国传教士郭士立（Karl Friedrich August Gutzlaff）在广州创办《东西洋

---

① 参见《与中国订约：一个巨大迫切的要求》，载《中国丛报》，1836 年 2 月。

考每月统记传》(简称《东西洋考》),这是中国本土出版的第一份中文近代报刊。

创刊前,郭士立在一封信中表达了他的创刊目的:

> 这个月刊是为了维护广州和澳门的外国公众的利益而开办的。它的出版意图,就是要使中国人认识我们的工艺、科学和道义,从而清除他们那种高傲与排外的观念。刊物不必谈论政治,也不要在任何方面使用粗鲁的语言激怒他们。这里有一个较为巧妙的表明我们并非"蛮夷"的途径,这就是编者采用摆事实的方法,让中国人确信,他们需要向我们学习的东西还是很多的。

《东西洋考》设立新闻专栏,发表国际和中国广州、澳门地区的新闻,刊出中外贸易进出口货物的价目表。这两项业务均属中文近代报刊首创。

《东西洋考》1833年12月(阴历)第5期所载的《新闻纸略论》是中文近代报刊上第一篇新闻学论文,它向中国读者首次介绍了西方报刊的情况等。

《东西洋考》部分稿件末尾有"编者按语",是中文近代报刊首次出现的内容。

1835年,郭士立把《东西洋考》交给了在华外国人组织的"在华实用知识传播会"续办,1838年停刊。

1838年,英国传教士麦都思(Walter Henry Medhurst)等人在广州创办《各国消息》。

1839年,中国境内出版的外文报刊有17种。

1840年鸦片战争前,中国近代报刊全部为外国人所垄断,外文报刊的发展远远超过了中文报刊。

第一次鸦片战争后,香港地区被割让给英国,英国移民大量涌入,外国人办的报刊纷纷在香港地区涌现。

香港地区最早的报纸是《香港钞报》(Hong Kong Gazette),由英军翻译马儒翰(John Robert Momon)创办。它是英国侵略军的喉舌,1841年5月1日在澳门地区创刊,不久迁往香港地区。

当时香港地区最有影响的英文报纸有4家,即《中国之友》(Friend of China)、《香港纪事报》(Hong Kong Register)、《德臣报》(The China Mail)、《孖剌报》(Daily Press)。

《孖剌报》是中国境内出版的第一张英文日报。

1853年9月,香港地区第一份中文报刊《遐迩贯珍》创刊,由伦敦布道会对华文教机关英华书院和马礼逊教育会出版,传教士麦都思、奚礼尔、理雅各先后主编,该刊于1856年5月停刊,共出33期。《遐迩贯珍》每期印3 000册,除香港地区外,还在广州、福州、厦门、宁波、上海发行,是当时较有影响的中文报刊。

《遐迩贯珍》外形是线装书的形式,内容主要是时事新闻和评论,宗教内容很少。它的创刊号指出:"中国除邸抄载上谕奏折,仅得朝廷活动大略外,向无日报之类。""吾每念及此,思于每月一次,纂辑贯珍一帙,诚为善举。其内有我邦之善端,可以述之于中土,而中国之美行,亦可达之于我邦,俾两家日臻于洽习,中外均得其裨也。"

《遐迩贯珍》是最早使用铅字印刷的中文报刊，刊有中英文对照的目录。

《遐迩贯珍》刊载的新闻、评论量大面广，刊登了关于太平天国、小刀会起义的报道，以及法国公使到南京与太平天国将领会谈的报道等。

《遐迩贯珍》上的消息、通讯、短讯、评论都已初具雏形，后来还出副刊《布告篇》，刊登各类广告并开始收费，这是我国首次出现收费广告的中文报刊。

除了传教士创办的中文报刊外，香港地区还出现了商业报刊。最早的中文商业报刊大多是从英文商业报刊派生出来的，最早的一份是 1858 年 1 月由《孖剌报》创办的《香港船头货价纸》；《德臣报》也在 1861 年 7 月出版过一种以刊载船期、物价为主的《香港新闻》。

19 世纪 60 年代之前，上海的报业发展不及香港地区。第二次鸦片战争后，成为全国最大外贸中心的上海在报业发展方面后来居上。1861—1895 年，香港地区新出英文报刊 8 种，上海则为 31 种。

最初，上海的报纸和先前广州、香港地区的情形一样，被外国人垄断。

1850 年 8 月 3 日，英国商人奚安门（Henry Shearman）创办上海首家报刊——英文周刊《北华捷报》（North China Herald），由英国商行字林洋行负责发行，主要刊登广告、行情、船期等商业信息，言论反映在华英商利益。

1856 年，《北华捷报》增出日报《每日航运新闻》（Daily Shipping News）。

1859 年，《北华捷报》被英国驻沪领事馆指定为其文告发布机关，并得到上海工部局的资助。

1864 年 7 月 1 日，《每日航运新闻》改名为《字林西报》（North China Daily News）独立出版。《北华捷报》成为《字林西报》的星期副刊继续出版。该报馆后来出版中文的《上海新报》《字林沪报》。

《字林西报》重视新闻，在中国许多边远地区聘有通讯员，一度获得独享路透社电讯的特权。它大量刊载航务、商业等方面的新闻，经常对中国政局与中外关系发表意见，该报信息及时，内容丰富，最高发行量 7 817 份。

《字林西报》1951 年 3 月停刊，是中华人民共和国成立前，中国出版时间最长、发行量最大、最有影响的外文报纸。

第二次鸦片战争后，上海先后办起了葡、德、法、日等语种的报纸，但这些报纸出版时间不长，影响远不及英文报纸。

19 世纪六七十年代，上海曾出现多家英文报刊，彼此竞争十分激烈，不断有报纸被兼并。

19 世纪 90 年代，上海英文报纸形成了《字林西报》《华洋通讯》（The Celestial Empire）和《文汇报》（The Shanghai Mercury）三足鼎立的局面。

随着西方列强对华经济侵略的进一步扩大以及外国人在华创办英文报刊的成功，上海逐步出现了外国人创办的中文报刊。

1861 年 11 月，字林洋行创办《上海新报》，由美国传教士伍德主编，这是上海最早的一家中文报刊。《上海新报》由英文《北华捷报》报社出版，初为周报，最后变成日报。

《上海新报》创刊时，正值太平天国军队夺取苏杭直逼上海之时，它发表的许多战讯很受读者欢迎。《上海新报》在创刊后的 10 年中，一直是上海唯一的中文报纸，经济效益可观。《申报》出现不久，《上海新报》被迅速击败。1872 年 12 月 31 日，《上海新报》自动停刊。

1872 年 4 月 30 日，《申报》由英商美查（Ernest Major）等人创办，以营利为主要目的，不同于之前的宗教报刊。创刊前，美查派人去香港地区考察中文商业报刊的情况。创刊后，美查把编辑工作交给中国人蒋芷湘、钱昕伯等人。在外国人办的报刊中，《申报》是第一家由中国人任主笔的。

当时，此前独占上海中文报坛的《上海新报》每份售价 30 文，《申报》创刊后采用土纸单面印刷，只售 8 文，《上海新报》被迫减价应战，但亏损太大，不敌《申报》。

《申报》不但以发行价格的低廉获得竞争优势，而且以新闻业务的创新引领报业潮流。

《申报》重视反映社会生活和民生疾苦，强调言论"系乎国计民生"。《申报》创刊头版就刊载"论说"，有别于《上海新报》不发表评论的旧例。

《申报》重视社会新闻，积极反映民间的社会生活。1873 年 11 月，浙江余杭（杭州）发生了轰动朝野的"杨乃武冤案"，《申报》从 1874 年开始报道到 1877 年止。这是当时中文报刊中最早、最长的连续报道，披露了冤案的真相，形成了社会舆论，对这个案情的最后解决起了积极的作用。1874 年 5 月，日本侵略中国台湾地区，美查派人去台湾地区采访，发表了《台湾地区军事实录》等战地通讯。

《申报》重视发表副刊性的文字，开了报纸副刊的先河。其公开征集、发表文艺性作品，特别是语言通俗、音调轻快的竹枝词，这容易激起以文人为主要读者群的兴趣。这一创新性的举措，为后起的《字林沪报》《新闻报》所效仿。

1872 年 11 月，《申报》利用读者踊跃投来的文艺性稿件，出版了我国最早的文艺期刊《瀛寰琐记》。

1876 年 3 月，《申报》创办了语言更加通俗的白话报《民报》，其发刊告白说，"此报专为民间所设，故字句俱如寻常说话"，使"稍识字者便于解释"。这是我国最早的白话报刊。

1877 年 4 月，《申报》出版了《瀛寰画报》，主要刊载外国时事风俗，有图有文，成为中文画报之鼻祖。

1884 年 5 月，《申报》出版了反映国内时事的画报《点石斋画报》，很受读者欢迎。

1882 年 4 月，字林洋行创办中文报《字林沪报》，聘请上海著名报人蔡尔康担任主笔，采取跟随《申报》的竞争策略，很快站稳了脚跟。

1893 年 2 月，英商丹福士创办了《新闻报》，它以经济新闻特别是商业新闻为重点，以工商业者为主要读者对象，同样采取追随策略，没过几年，发行量逐渐赶了上来，上海报坛形成"申、沪、新"三报鼎立的格局。

1897 年 11 月，《字林沪报》创办了文艺性副刊《消闲报》，在社会上很有影响；为了吸引读者曾连载长篇小说《野叟曝言》，突破诗词一统天下的局面。

二、"中国报业之父"王韬与《循环日报》

近代国人最早进行办报活动的是林则徐，被称为"清王朝睁眼看世界的第一人"。

为"探访夷情"，1839 年 7 月，他在广州组织梁进德、袁德辉等人翻译外文报刊，汇集成册，称为《澳门新闻纸》，它是我国最早的译报。但不公开发行，所以还不能算是真正的新式报纸。

1874 年 6 月，容闳出版了上海第一家中文日报《汇报》。由于股东们怕惹祸，特聘美国人葛理担任名义主笔。该报多次与外国人办的《字林西报》《申报》展开论战，并在消息评论中常涉及政事，多次改名出版，勉强维持到 1875 年年底停刊。

1884 年 4 月，国人在广州创办第一家中文日报《述报》。

在国人早期自办的报纸中，出版时间最长、影响最大的是王韬于 1874 年 2 月创办的《循环日报》，这是"第一份完全由中国人管理而取得成功的报纸"，林语堂在《中国新闻舆论史》中高度评价王韬，称其为"中国新闻报纸之父"。

《循环日报》的成功与王韬的传奇经历密切相关。年少熟读经史典籍的王韬科举功名未成，1848 年到上海后，受聘于英国传教士麦都思的墨海书馆，与他们合译了《光学图说》《华英通商事略》等许多介绍西方自然科学的书籍，开阔了视野。1857 年参加了上海第一家中文报刊《六合丛谈》的编辑工作，这是他参与报刊活动的开始。1862 年 2 月曾化名黄畹上书太平天国，后为清军所缴获，在英国驻沪使馆的帮助下逃往香港地区，协助英华书院英国传教士理雅各翻译《中国经典》，其间还参与报刊《近事编录》的编辑工作。

1867 年 12 月，王韬应理雅各之邀去英国做翻译，考察了西方列强的政治、经济和科学技术，这对他思想启蒙起了重要作用。1870 年 2 月回到香港地区以后，他相继出版了《法国志略》《普法战纪》《俄志》《美利坚志》等，对介绍西学做出了贡献。1871 年英华书院停办，王韬与友人集资买下其印刷设备，成立中华印务总局，在此基础上，1874 年 2 月 4 日在香港地区创办了《循环日报》。王韬在该报主持笔政 10 年，1884 年回上海定居，创办"弢园书局"，担任格致书院院长，经常为洋务派官员出谋划策。

《循环日报》是早期国人自办报刊中最成功的一份日报。该报在《本局布告》中写道："本局倡设《循环日报》，所有资本及局内一切事务，皆我华人操权，非别处新闻纸馆可比。"可知，《循环日报》从出资、采编到经营发行，第一次完全由国人"执掌"。

王韬见识过《泰晤士报》的力量，主动学习西方的文风，要求报道和评论不能"泛泛而谈"，要求"必确且详""足以验证"。

《循环日报》发行范围十分广泛，从国内的广州、澳门、上海、天津、福州、汉口、九江等商埠，到国外的东京、横滨、新加坡、旧金山等城市都由招商局统一代理。

《循环日报》每期两张四版，一张用西洋白报纸双面印刷，主要刊载新闻和评论，有《京报选录》《羊城新闻》《中外新闻》等专栏，评论主要设在《中外新闻》专栏内；一张用土纸双面印刷，主要刊登航运消息、广告和启事。除星期日外每日发行，订费每年银元五元。这是当时典型的优秀新闻报纸体例。

"评论是报纸的灵魂"，这正是《循环日报》最鲜明的特点。创刊不久，该报即开始在《中外新闻》栏内，几乎每期刊登论说文一篇或多篇，多出自王韬之手。他在《攘外探源论》《中国以守为战说》《论御俄》等文章中纵论中外政治时事，揭露西方列强侵略中国的野心，对当时中法战争及日本、俄国侵略我国等重大事件都有论述；在《论宜变古通今》《中国振兴说》《论开垦》《论制造》《论建铁路》等政论中，反复宣传"变古通今"的观点，强调学习西方先进科技，施行新法，振兴中国。

王韬在文章中提出了一些具体措施，如造战船、制枪炮、练兵将、建铁路、开厂矿、举真才、通贸易、识洋务、严法纪等。这些言论充分体现了《循环日报》"强中以攘外，诹远以师长"的宗旨。需要注意的是，王韬还没有触及封建专制这一根本政治制度，尽管如此，《循环日报》仍然是我国近代第一家最有影响的倡导变法自强的报纸。

王韬第一个以办报闻名于世，他发扬了我国"文人论政""文章报国"的传统。他不仅向太平天国将领上书献策，也曾经向李鸿章、曾国藩等人上书言计。由于他游历广泛，接受过较深的西方实用之学的影响，故所作评论往往具有实用性和参考价值。

美国学者保罗·科恩指出："在近代中国史的初期，报纸一般都是作为专门赚钱的手段，几乎没有对社会各种问题表示态度，或努力影响舆论的。王韬的报纸是一个例外，其显著特征，就是几乎全由王韬亲手写成的定期政论。"

王韬的政论反帝爱国，倡言变法，短小精悍，深入浅出，富于感情，对当时的文坛和以后的维新派报人影响很大。他的部分政论文章被收入《弢园文录外编》，这是我国最早的报刊政论文集。

在国人早期办报活动中，王韬第一个比较系统地提出了自己的办报理念，对办报宗旨、内容和文风、报纸的作用等都有一定的论述，集中体现在《本局日报通启》《倡设日报小引》《论省会城宜设新报馆》《论中国自设西文日报之利》《日报有裨于时政论》《论日报渐行于中土》等文章中。

王韬强调报纸的作用和功能主要是"通上下"和"通内外"，报纸在反映民情、民意和国内外重大事件上具有重要作用。他说："且夫国之大患，莫若民情壅于上闻。民情不通，则虽有水旱盗贼皆蔽于有司，莫得而知矣。譬之一人之元气不通，则耳目失其聪明，手足艰于行动。国之有民，亦犹人身之有元气也。"

他提出，报纸的文风要质朴翔实、简明浅显，应该"人人知其命意之所在"，且"夫名之曰日报，则所言者必确且详"。

他还指出，报纸应该掌握在国人手里，"然主笔之士虽系华人，而开设新闻馆者仍系西士，其措辞命意难免径庭。或极力铺张，尊行自负，顾往往详于中而略于外，此皆由未能合中外为一手也。欲矫其弊，则莫如由我华人日报始"。可以说，王韬是我国近代新闻理论的先驱。

1875 年《循环日报》出版小印张线装《循环月刊》，内容是《循环日报》的精选，由于销路不畅，不及一年便停刊。1878 年为争夺送报时间，将出好的《循环日报》于前一天下午派送，由早报改为晚报，这是中国最早的晚报，不过 4 年后恢复为早报。《循环日报》后来还出版《循环世界》副刊等。王韬逝世后，该报多次更换主编，言论渐弱，影响日下，1959 年停刊。

第二节　维新派、保皇派、革命派的报刊

据不完全统计，从 1895 年到 1898 年，全国出版的报刊达 120 种，80% 以上是中国人办的，它们覆盖全国许多城市，形成了我国第一次报刊出版高潮，其中的党派报刊

最引人注目，影响最大。

一、维新派的报刊

1894 年中日甲午战争以中国惨败而结束，一批爱国知识分子说服光绪发动了一场维新变法运动。维新派成立学会，创办新式学堂，为宣传维新变法思想创办了一批政党报刊。

《万国公报》是维新派最早创办的报刊，1895 年 8 月在北京创刊，木版雕印，两日刊，由康有为独资创办，他的学生梁启超、麦孟华负责编辑发行，委托民间报房雕印，主要宣传维新变法、富国强兵之道，随报房所印的《京报》免费分送在京的官绅，这是维新派"欲开民智，先开官智"理论的实践，发行量最高达 3 000 份，几乎每期都刊登梁启超的 1 篇短论。

1895 年 11 月，维新派成立了第一个具有政党性质的社团"强学会"。12 月，《万国公报》改名为《中外纪闻》，作为强学会的机关报，由梁启超、汪大燮任主编，这是中国资产阶级维新派正式创办的第一份政党报刊。

《中外纪闻》刊登外文报纸、电讯的译文，介绍资本主义国家政治、经济和自然科学知识，评论中西方社会得失，宣传变法。但是，《中外纪闻》没有向民间发行，宣传变法的主张得不到群众支持，免费赠阅还常被人拒绝。1896 年 1 月，京师强学会被清政府取缔，《中外纪闻》也被迫停刊。

《万国公报》创刊后，康有为说服两江总督张之洞，在上海、广州分别成立强学会。1896 年 1 月，上海强学会的机关报《强学报》创刊，由康有为的学生徐勤、何树龄主编，该报是铅字印刷的 5 日刊，免费赠阅。

《强学报》的变法革新色彩更浓，它第一次大胆采用孔子纪年与光绪纪年并列，借以"托古改制"；它在《变法当知本源说》一文中最早公开提出"明定国是""开设议院"等资产阶级政治主张。北京强学会和《中外纪闻》遭查禁后，张之洞立即解散上海强学会，《强学报》第 3 期还未发行就停刊了。

1896 年 8 月 9 日，维新派在上海创办《时务报》。梁启超任主笔，汪康年任经理，参与编撰的还有黄遵宪、章太炎、王国维、麦孟华、徐勤、欧榘甲等人。它集中了维新派的才俊，又受到洋务派官员的支持，大力鼓吹救亡图存和变法维新，推动了民间学堂和报馆的兴办以及维新运动的迅速发展，是维新运动期间最重要、最有影响的报刊。

《时务报》是 10 日刊，开设了言论专栏，同时聘有几名英、法、日文翻译，"广译西报"。梁启超任总主笔，总揽言论撰稿、编辑、润色、编排、校对等，"日不逞食，夜不逞息"地为维新变法呐喊。他在《时务报》上发表的第一篇言论就是《论报馆有益于国是》，成为其新闻思想的代表作，文章以国强民智的高度来论述报纸的作用和功能，指出报纸的功能在于为国"去塞求通"，成为政府与民众之间沟通的"耳目喉舌"：

去塞求通，厥道非一，而报馆其导端也。无耳目，无喉舌，是曰废疾。今夫万国并立，犹比邻也，齐州以内，犹同室也。比邻之事，而吾不知，甚乃同室所为，不相闻问，则有耳目而无耳目；上有所措置，不能喻之民，下有所苦患，不能告之君，则有喉舌而无喉舌。其有助耳目、喉舌之用，而起天下之废疾者，则报馆之为也。

文章还描述了西方大报与专业报纸的大致内容，指出中国不具备创办西式报纸的社会根源，当务之急报纸应该刊载的主要内容为"广译五洲近事""详录各省新政""博搜交涉要案""旁载政治学艺要书"。

《时务报》从创刊到 1898 年停刊，共出 69 期，除译文外，该报总共发表的政论文章有 133 篇，梁启超一人就写了 60 篇，他的维新变法思想的代表作是《变法通议》，在《时务报》连载数十期，第一次全面而系统地阐明了维新变法主张，"法者天下之公器也，变者天下之公理也"。《变法通议》可以说是维新派的政治纲领。此外，《时务报》还刊登了《论君政民政相嬗之理》《中国自强策》《开议院论》《商战论》《中国除害议》《论中国积弱由于防弊》等重要文章。

梁启超"纵笔所至不检束"，"务为平易畅达，时杂以俚语、韵语及外国语法"，"条理明晰，笔锋常带情感"，这类通俗、自由、新颖、激情澎湃的报刊政论多刊载于《时务报》，因此，这类文体被称为"时务体"。《时务报》出版后受到读者的欢迎，乃至"举国趋之如饮狂泉"，"上自通都大邑，下至僻壤穷陬，无不知有新会梁氏者"。

湖南巡抚陈宝箴以及浙江、安徽等地许多官员都曾下令部属订阅《时务报》。《时务报》的发行量迅速大增，创刊时只有 3 000 多份，一年后增加到 1.2 万份，最高达 1.7 万份，成为维新派最重要、影响最大的机关报。《时务报》的成功，使梁启超名扬天下，受到光绪皇帝召见。

但是，《时务报》的出版却遭到了封建顽固派的阻挠和破坏，他们要求清政府查封该报，同时又大肆诬蔑，横加干涉，妄图让梁启超就范。这两招儿失败后，他们便通过总经理汪康年从内部夺权。汪康年独断专行，排除异己，擅自删改梁启超的文章，梁启超抗议无效。1897 年 10 月，梁启超只好与欧榘甲出走湖南。在此之前，徐勤、麦孟华已至澳门和北京，《时务报》遂完全落入汪康年之手，变成了洋务派的喉舌。

1897 年 10 月 26 日在天津创刊的《国闻报》，是维新派创办的第一家日报，它以"通外情为要务"，主要创办人是严复。

1897 年 2 月，《知新报》在澳门地区创刊，康广仁任总经理，徐勤、梁启超、吴恒伟等人编撰，直到 1901 年 2 月停刊。

湖南的《湘学新报》《湘报》是维新派在华中的重要舆论阵地。

维新变法运动虽然失败了，但维新派从此开创了中国的党派报刊传统。

二、保皇派的报刊

保皇派是由维新派演变而成的。戊戌政变后，遭到通缉的康有为、梁启超等人逃亡海外，但仍坚持办报宣传保皇主张，1899 年 7 月他们还在加拿大组建了保救大清国光绪皇帝会，简称保皇会。康、梁办的许多报刊都成了它的机关报，其中最重要的就是在日本办的《清议报》和《新民丛报》。

《清议报》1898年12月在日本横滨创刊，它是以时事评论为主的旬刊，梁启超主编，编辑有麦孟华、欧榘甲等。这是康、梁在海外创办的第一份报刊，后来成为保皇会的第一个机关报，其宗旨为"主持清议，开发民智"。所谓"主持清议"就是抨击"逆后贼臣"，拥护"明君圣主"光绪复位；所谓"开发民智"，就是介绍西方资产阶级社会政治学说和文化科学知识，以此来"倡民权、衍哲理、明朝局、厉国耻"。1901年12月21日，《清议报》刚出满100期，报馆发生大火，损失惨重，被迫停刊。

1902年2月，梁启超在横滨创办《新民丛报》。这是仿效西方大型综合性杂志创办的一份半月刊，主编仍是梁启超，编辑有蒋智由、马君武、麦孟华等。

《新民丛报》的宗旨是"开民智""造新民"。梁启超曾用"中国之新民"的笔名在该报上发表长篇论文《新民说》，说中国积弱被欺的根本原因是由于国民素质低下，既无"公德"又无"私德"，缺乏国家思想、义务思想和权利思想，缺乏进取、冒险、自由、自治、自尊、合群、尚武精神，只有通过教育手段来提高国民素质，造就新一代的"新民"，中国才有希望，国家才能富强。为此，《新民丛报》大量介绍西方资产阶级的政治、经济、军事、文教、宗教等各个方面的学说（包括马克思主义），其内容之广泛，超过以往的中文报刊。

1903年以前，梁启超等人与革命派接触，受其影响，《新民丛报》发表了许多高谈革命的文章，受到读者欢迎，销量高达14 000份，国内外代销处97个，可谓盛极一时。但是这些文章引起了保皇派的不满，甚至连赞扬过梁启超文章"惊心动魄、一字千金"的黄遵宪也劝他勿作"危险激烈之言"。1903年年底，梁启超从美国考察回来以后，公开宣布"不必行、不可行、不能行社会革命"，决心与共和长别。从此，《新民丛报》就变得"柔声缓语"，在读者中的威信江河日下，在与《民报》论战的过程中一败涂地，不得不在1907年8月停刊。

在香港地区，保皇会于1904年创办《香港商报》；在澳门地区，除《知新报》继续出版外，保皇派又创办《濠镜报》；在美国，徐勤于1899年在旧金山主持《文兴日报》，梁启超1900年在檀香山创办《新中国报》，1902年欧榘甲在旧金山主持《大同日报》，1903年汤铭山在纽约创办《维新报》；在加拿大，梁启超于1903年在温哥华支持华侨创办《日新报》；在新加坡、印尼、缅甸、菲律宾等地，保皇派也创办了一些报刊，使海外中文报刊获得了很大的发展。

从1895年参与创办《万国公报》开始，到1922年《解放与改造》停刊脱离报界，梁启超的报刊活动长达27年，创办或主编的报刊有11种。从1898年《清议报》创刊到1911年辛亥革命，保皇派在海外创办和控制的报刊有30多家，与当地革命派报刊进行了论战，最后都以失败而告终。

三、革命派的报刊

中国的资产阶级革命报刊与其反清武装斗争相配合，促成了辛亥革命的到来和成功。

《中国日报》是兴中会创办的第一份机关报，也是中国最早宣传资产阶级革命的报纸，1900年1月在香港地区创刊。孙中山委托得力助手陈少白去香港地区主持。《中国日报》出版了近14年，是辛亥革命时期出版时间最长的革命派报刊。

《中国日报》在兴中会时期的宣传内容主要是：（1）揭露和声讨清政府的腐败无能和卖国罪行，宣传反清和反对封建制度的思想。（2）宣传资产阶级的民权思想，介绍英国、法国资产阶级革命的历史，赞美民主共和，号召人民起来争取民主自由。（3）报道革命党人留日学生的革命活动。（4）宣传反帝救亡，谴责八国联军侵华、荼毒京津的罪行，在1903年拒俄运动中较系统地揭露了沙俄侵华的野心，号召人民起来救国。（5）批判资产阶级保皇派，1902年革命党人发动的第二次广州起义失败后，广州保皇派报纸《岭海报》趁机诬蔑，《中国日报》坚决驳斥，论战月余。

《中国日报》对1900年惠州革命党人的武装起义、1902年章太炎在东京发起的纪念会，都做了详细报道，还通过宣传，声援义和团反帝反侵略的行动。

《中国日报》仿日本报纸采用短行排印，这对传统的竖排长行版式来说实为一项业务创新。《中国日报》在出版日报的同时还出旬刊《中国旬报》，主要发表译文和长篇论文，还发表文艺作品。革命党人多次武装起义的策划、组织、联络工作，都是在《中国日报》报馆内进行的。辛亥革命后，《中国日报》迁到广州出版，1913年8月被袁世凯的广东代理人龙济光查封，共出版了13年零8个月。

紧随《中国日报》出现的革命派报刊，是较为激进的留日学生出版的《游学译编》《国民报》《湖北学生界》《直说》《浙江潮》《江苏》等，除了报刊以外，留日学生还印发了一批革命宣传的小册子，其中影响最大的是邹容的《革命军》和陈天华的《猛回头》。

1903年前后，资产阶级革命派力量又有所发展，一些留日学生骨干回到国内，冲破清政府的阻挠在沪杭一带创办了一批有影响的革命报刊。其中主要有在上海出版的《大陆》《国民日日报》《警钟日报》等；为了通俗地宣传革命主张，革命派还创办了《中国白话报》《杭州白话报》《安徽俗话报》等。

1905年8月20日，中国同盟会在东京成立，确定"驱除鞑虏，恢复中华，创立民国，平均地权"为其宗旨。《民报》1905年11月创刊于东京，是中国同盟会的重要机关报刊。初为月刊，每期6万至8万字，设有论说、时评、谈丛、选录等栏目，胡汉民、章太炎、陶成章等先后任主编。

孙中山在为《民报》撰写的发刊词中，第一次提出了"民族、民权、民生"三大主义。在《民报》一周年纪念时，他又发表《在民报纪元节庆祝大会上的演说词》，对"三民主义"进行了详细的阐述。

除了孙中山外，朱执信等人对"三民主义"也进行了深入论述。《民报》发表了关于"三民主义"的大量文章，使革命派的政治主张得到了广泛传播，有力地推动了全国各地民主革命运动的开展。

除了宣传"三民主义"，《民报》还大力介绍世界各国的资产阶级革命运动和民族解放运动，介绍西方的新文化和新思潮，其中包括社会主义思潮和无政府主义思潮。《民报》连续刊载多幅描述法国大革命的历史图片，如《法路易十六上断头台之真景》等。《民报》对俄国正在进行的革命斗争十分关注，刊登了《俄国革命党之日报》《俄国立宪后之情形》等纪事和时评文章。

《民报》创刊后，在 1905 年至 1907 年，与保皇派进行大论战，彻底击败了保皇派关于君主立宪的政治思想，"革命主义，如日中天"。

孙中山的发刊词是进军的号角和旗帜，同期发表的陈天华的《论中国宜创民主政体》，指名批判康、梁君主立宪的"妖言"。《新民丛报》先后发表梁启超的《开明专制论》《申论种族革命与政治革命之得失》《驳某报之土地国有论》等文进行反击。1906 年春《新民丛报》又将康、梁发表过的反对革命、鼓吹君主立宪的文章汇编成《中国存亡一大问题》的小册子，广为散发。接着，1906 年 4 月《民报》第 3 期号外发表《〈民报〉与〈新民丛报〉辩驳之纲领》，罗列两报具有分歧的 12 个问题，对康、梁的观点逐条驳斥。两派之间的论战就这样各自以《民报》和《新民丛报》为主要阵地展开。

在《民报》带动下，革命派在中国香港地区、广州、新加坡等地的报刊与当地保皇派报刊也展开论战，论战持续了两年多，最后以革命派报刊获胜而告终，保皇派最重要的阵地《新民丛报》不得不于 1907 年 11 月停刊。经过这场论战，"三民主义"和同盟会的革命纲领得到了广泛传播，民主共和的观念开始深入人心，许多保皇派人士幡然醒悟，逐渐加入到革命派队伍，推动了资产阶级民主革命的蓬勃发展，为后来的辛亥革命准备了思想基础和革命骨干。

《民报》的出版，受到国内外同盟会成员和同情革命的知识分子的热烈欢迎。它的创刊号再版 7 次，第 2 期、第 3 期各再版 5 次，仍然供不应求，最高发行量达到 17 000 份。《民报》的革命宣传，引起了清朝政府的惊恐与仇视，照会日本驻华使馆，希望查禁《民报》等革命报刊。1908 年 10 月，《民报》出版第 24 期后，被日本政府查禁。停刊 1 年后，在东京秘密编印了两期，1910 年 2 月终刊。

为了宣传革命思想，清除保皇派的消极影响，革命派在海外办起了许多革命报刊，尤以日本东京为革命报刊的重镇，如 1905 年创刊的《醒狮》《新译界》和《晨钟》，1906 年创刊的《云南》《洞庭波》《革命军报》《豫报》和《鹃声》，1907 年创刊的《汉帜》《秦陇》《晋乘》《四川》和《河南》，1908 年创刊的《关陇》《国报》和《夏声》等。

为了加强对各地起义的组织和领导，革命派把办报的重心逐渐由国外转向国内。同盟会派遣大批革命志士回国办报，声势日渐壮大，逐渐形成了上海、港穗、武汉三大报刊中心。

1. 上海地区的革命报刊

上海经济发达，有外国租界，故成为革命派在国内办报的首选。从 1905 年到 1911 年，革命派在上海创办了 16 家报刊。其中比较著名的有以下几家：《中国女报》《大陆报》《天铎报》以及于右任创办的"竖三民报"等。

《神州日报》是于右任办的第一份报纸，也是革命派在国内创办的第一家大型日报，1907 年 4 月 2 日创刊。报名"神州"是为了"唤起中华民族之祖国思想，激发潜伏之民族意识"，以期再造神州。该报不用光绪年号，而用干支和公元，"时政批评，针针见血"。它详细报道了秋瑾烈士遇害的经过和各地武装起义的消息，揭发贪官污吏的罪行，披露列强觊觎我国边疆地区的阴谋，很受读者欢迎。不幸的是，运营 80 天后，报馆被焚，杨毓麟接办，后被袁世凯收买。

1909年5月，于右任重新集资在上海租界创办《民呼日报》，自任社长，范光启、徐血儿、戴天仇等为编辑。所谓"民呼"就是"人民的呼声"，就是"为民请命"。报纸版面分为言论、记事、丛录三大部分，除宣传同盟会的纲领和介绍西方社会政治学说外，以大量篇幅揭露贪官污吏的罪行。当时甘肃发生灾荒，该报将官吏侵吞救灾赈款的情况披露报端，引起陕甘代理总督毛庆藩的忌恨。毛庆藩串通上海道和租界将于右任驱逐出租界，9月报馆被查封，该报只办了92天。

接着，1909年10月，于右任又在上海租界办了《民吁日报》。于右任说，"吁"字和"呼"字相近，用以表示人民愁苦悲惨之声，而"吁"字的字形结构又恰为"于某之口"。该报创刊不久，伊藤博文到我国东北进行阴谋活动，该报连续发表《伊藤怪物之行踪》《满洲风云日急》等文章，揭露日本企图控制我国东北的阴谋。伊藤博文在哈尔滨车站被志士安重根刺死，该报又发表文章赞扬其英勇行为，说伊藤之死罪有应得。日本政府恼羞成怒，串通清政府于11月查封了《民吁日报》。这份以反帝为特色的报纸只存在了48天。

此后，于右任又于1910年10月在上海租界创办《民立报》。该报的出版得到了孙中山的大力支持。于右任出任社长，宋教仁、范光启、徐血儿、陈其美、章士钊、叶楚伧、张季鸾、吕志伊、马君武等先后任主笔。于右任在发刊词中说："有独立之言论，始产生独立之民权，有独立之民权，始卫其独立之国家。"其志还是宣传三民主义。1911年7月，领导长江流域革命斗争的同盟会中部总会成立，《民立报》成了总会的机关报和联络机关。10月10日，武昌起义，清廷严密封锁消息，但《民立报》既发新闻又发评论，还发表孙中山给军政府的电报。中华民国临时政府成立后，又发表《中华民国临时大总统宣言书》以及临时政府的各种消息，实际上成了中华民国临时政府的机关报。

《民呼日报》《民吁日报》和《民立报》都是于右任创办的，报名都用"民"字打头，创办时间相接，在篇幅、版面、文风等方面一脉相承，故被称为"竖三民报"。

2. 港穗地区的革命报刊

这一时期在香港地区出版的革命报刊有13家，其中编辑力量最强、影响最大的仍然是《中国日报》。1905年10月同盟会香港地区分会成立，该报转为其机关报。孙中山、胡汉民、廖仲恺等同盟会领导人积极为该报撰稿。其宣传内容主要有：大力宣传三民主义；同君主立宪派报纸《香港商报》进行笔战，揭露清廷假立宪的骗局；连续报道和支持省港人民反美拒约和维护粤汉铁路权的斗争；详细报道同盟会在各地发动的武装起义活动。

《中国日报》不仅是同盟会最重要的机关报之一，而且是革命党人策划起义、筹集经费、储运军火、联络同志的场所，被誉为"革命军总枢纽"。与《中国日报》协同作战的香港地区报刊还有《日日新报》《东方报》《社会公报》《真报》《新少年报》《人道日报》和《时事画报》（香港版）等。

这一时期在广州先后出版的革命报刊有《可报》《时事画报》《拒约报》《群报》《珠江镜报》《广东白话报》《平民日报》《天民报》等。它们都是由同盟会会员集资创办，不具备机关报的性质。

《时事画报》创刊于 1905 年 9 月，是革命派创办的第一份画报，由著名岭南派画家高剑父、潘达微等人绘编出版。该报分为图画和文字两部分：图画部分大都是配合时事新闻绘制的宣传画，如《钦廉起义图》《黄冈起义图》《鉴湖女侠秋瑾像》之类；文字部分有论说、短评、要闻、谈丛、小说、诗界等栏目，曾连载《廿载繁华梦》《党人碑》等揭露贪官污吏和歌颂革命党人的小说。该报 1907 年停刊，1908 年迁往香港地区继续出版，辛亥革命后又迁回广州。

3. 武汉地区的革命报刊

武汉是当时仅次于上海的第二大商埠，又是日知会、共进会、振武学社、文学社和群治学社等革命群众组织比较活跃的地区。因此，从 1905 年到 1911 年武昌起义前，在武汉相继出现了由革命党人创办或被革命党人掌握的 10 多家革命报刊。其中比较重要的有《楚报》《商务报》和《大江报》。

《大江报》是当时武汉地区最有影响的革命派报刊。创刊于 1911 年 1 月，是文学社的机关报。由詹大悲投资创办并自任总编辑，湖北著名革命党人何海鸣、宛思演、黄侃、温楚珩等参与编撰工作。

詹大悲主持的《大江报》有两大特色：一是以新军士兵和下级军官为主要读者对象；二是旗帜鲜明，敢发惊人之语。《大江报》在新军各标营设立分销处，发展个人订户；在新军士兵和下级军官中发展特约记者、编辑和通讯员，报纸副总编辑何海鸣原来就是一位新军下级军官。《大江报》用大量篇幅反映新军士兵的疾苦，维护他们的利益。士兵们把《大江报》视为自己的喉舌，有什么事就去报社找编辑部反映和商量，报社遭遇经费困难时，士兵们节衣缩食捐款相助。在《大江报》的宣传影响下，许多士兵参加了当地的革命团体。到武昌起义前，新军中的革命党人已发展到 5 000 人，占新军总数的 1/3。

最使《大江报》享有盛名的，是它发表过两篇振聋发聩的评论。

1911 年 7 月，该报发表了何海鸣写的时评《亡中国者和平也》。文章怒斥清政府的假立宪和立宪派的"伏阙上书"，并指出："如不亟起革命，必然招致亡国。"这篇文章引起清政府的注意。

《大江报》还发表黄侃撰写的言辞更为激烈的评论《大乱者救中国之妙药也》。文章一针见血地指出，中国已病入膏肓，非有极大之震动，极烈之改革，不能救中国；只有"大乱"即革命，才是拯救中国的唯一途径。

湖广总督瑞澂极为震恐，立即以"淆乱政体，扰乱治安"的罪名，派军警于 8 月查封《大江报》，逮捕詹大悲，何海鸣闻讯后自动投案。第二天，《大江报》向全国各地发出专电："敝报昨夕封禁，拘总理，乞伸公论。"一时舆论哗然，纷纷指责湖广总督摧残言论的暴行，汉口各革命团体和报界公会集会抗议，许多新军士兵来到报馆表示声援。瑞澂原拟对詹、何判重刑，但慑于民愤，不得不从轻判为 18 个月徒刑。这是新闻史上著名的《大江报》案。

《大江报》出版的时间虽然只有 8 个月，但它播下的革命火种大放光芒。就在该报被封的两个多月后，武昌起义爆发，受《大江报》影响的新军士兵在起义中起了决定性的作用。

辛亥革命后，詹大悲曾任湖北省财政厅厅长等职，1927年12月被桂系军阀以通共罪杀害于武昌。

第三节　清政府对报刊的控制

1896年以前，清政府没有出版过公开发行的官报。1851年，江西学政张芾曾上书请求创办官报，被咸丰皇帝斥为"识见错谬，不知政体，可笑之至"。1896年，康、梁在京创办《中外纪闻》以后，清政府才批准总理各国事务衙门的奏请，将维新派创设的强学书局改为官书局，出版《官书局报》和选译外报的《官书局译报》。这是清政府公开发行新式官报之始。"百日维新"期间，光绪皇帝曾批准将上海《时务报》改为《时务官报》，但《时务官报》没有办成，政变后连《官书局报》也被迫停刊。

1901年，慈禧太后从西安返回京师后，为了缓和国内外矛盾，公开表示要推行所谓"新政"，一些地方督抚相继办起了新式官报。1902年，直隶总督兼北洋大臣袁世凯在天津创办《北洋官报》，同时附带发行《北洋学报》和《北洋政学旬报》。1903年，商务大臣吕海寰、伍廷芳奏请在江苏仿照《北洋官报》创办《南洋官报》。此后，一些省份也相继办起了官报，如《山西官报》《安徽官报》等，其中张之洞亲自督办的《湖北官报》较有特色。

在创办官报的同时，清政府不断查禁革命进步报刊，残酷迫害进步报人。

据不完全统计，从1899年到1911年，至少有53家报刊被查禁，或受到暂时停刊、警告和其他处分；有2位报人被杀，17人被监禁，100多人被传讯、拘捕、警告、押回原籍或流放边疆。其间，发生了中国近代新闻史上的重大事件——"《苏报》案"。

1903年4月，刚从日本回国的青年革命家邹容写了一本宣传革命的小册子《革命军》，力主推翻清朝统治，反抗帝国主义侵略，建立独立自主的"中华共和国"。《革命军》的文字极具鼓动性，例如：

> 我中国今日欲脱离满洲人之羁缚，不可不革命；我中国欲独立，不可不革命；我中国欲与世界列强并雄，不可不革命；我中国欲长存于二十世纪新世界上，不可不革命；我中国欲为地球上名国、地球上主人翁，不可不革命。

他在自序中满怀激情地写道："文字收功日，全球革命潮。"该书出版后，上海的《苏报》发表了邹容的自序，以及主笔章士钊的《介绍〈革命军〉》、章太炎的《序革命军》和邹容、章太炎等人合写的《驳〈革命驳议〉》，还有读者撰写的《读〈革命军〉》等多篇具革命色彩的文章。经《苏报》大力宣传，《革命军》风行一时。

对于《苏报》的革命宣传，清政府极为震怒，买通租界当局，准备抓人。1903年6月，《苏报》在显著位置刊登了章太炎的《康有为与觉罗君之关系》，论述了革命的必要性和重要性，批驳了康有为的"只可行立宪，不可行革命"的谬论。文中将"圣上"光绪皇帝轻蔑地称为五谷不分的"载湉小丑"。

清政府当天就勾结租界当局出警捕人，章士钊等人闻风走避，章太炎被捕，邹容次日主动投案。清政府唆使《新闻报》记者到狱中劝降，遭到章太炎的痛斥："天命方新，来复不远，请看五十年后，铜像巍巍立于云表者，为我为尔，坐以待之，无多聒聒可也。"7月6日，在《苏报》上，章士钊以《章炳麟狱中答新闻记者书》为题把此事公布出来。

清廷惊呼《苏报》"捍谬横肆，为患非小"，串通租界查封《苏报》，还与租界秘密交涉，不惜以出卖沪宁铁路筑路权为交换条件要求将两人引渡到南京由清廷审判。考虑到"领事裁判权"和租界的"治外法权"以及中外报刊舆论的反对，租界没有同意。7月15日，一场奇特审讯开始了，清政府为原告，章太炎、邹容为被告，在上海租界法庭进行。在审讯初期，清政府要求判章太炎、邹容死刑，未被接受。1903年12月中旬，法庭判处章太炎、邹容永远监禁，遭国内外舆论的强烈反对，1904年5月重新开庭，判章太炎监禁三年、邹容监禁两年，《苏报》永远停刊，1905年5月，邹容在狱中被迫害致死。这就是著名的"《苏报》案"。

在被查禁的50多家报刊中，除《苏报》《京话日报》《大江报》《楚报》等几个重大报案还有个形式上的法律程序外，其余都是当权者以意为法、妄加罪名而被查封的。广州《天民报》的发刊词用"卢梭魂"的笔名撰写，第二天即被查封，发行人被判刑一年；《湖北日报》刊登了一幅湖广总督陈夔龙的漫画，陈看后说了声"讨厌得很"，该报就被查封；天津《北方日报》在广告中宣布以"监督政府，向导国民"为天职，清政府立即派人与租界交涉，创刊当日即被查封；更多的报刊被加以"诋毁宫廷""妄议朝政"之类莫须有的罪名而遭查禁。

对于清政府的控制，中国新闻界采取多种策略和办法与之对抗：或在外国租界办公，或请洋人代为发行人，或用化名注册，或采用伪装封面编辑发行，或在报纸版面上开"天窗"等。

1906年清政府宣布"预备立宪"后，中央政府和地方政府办的官报多了起来。1907年中央考察政治馆创办《政治官报》，1911年改名为《内阁官报》，这是清政府的正式机关报。同时，商务部和学务部创办了《商务官报》和《学务报》。一些地方政府先后办起了许多教育官报、政法官报和实业官报。这些官报的内容主要是公布法律、命令、文案等，且大多是免费发到各级衙门和学校的，与一般读者无缘，并没有起到左右舆论的作用。

慈禧太后在推行所谓"新政"的过程中，不仅创办了新式官报，还表示要制定"集会言论出版之律"。当时，国内不仅有洋人办的报刊，挂洋人旗号的私营报刊，各党派也纷纷创办了一些有影响的报刊。1905年同盟会成立后，革命报刊有数百种，对清王朝的统治开始有了实质性威胁。于是，清政府为了延续其统治，为查禁《苏报》这样的革命报刊提供法统依据，一些限禁报刊出版、发行的法律、法规相继出笼。

"戊戌以后，杂志勃兴，即日报亦常装订成册，定价发售。"1906年7月，清政府颁布《大清印刷物专律》，这是清政府第一次制定有关报刊出版的专门法律，对报刊等一切印刷物的注册、审批、处罚等都作了较为宽松的规定。例如，若印刷物中有"令人阅之有怨恨或侮慢，或加暴行于皇帝、皇族或政府，或煽动愚民违背典章国制者"，即构成"讪谤"罪，处以 10 年以下监禁或 5 000 元以下罚款或二者并罚。值得注意的是，这里没有将死刑作为"欺君犯上"的处罚选项。

《大清印刷物专律》还授权地方官吏，使其可对印刷物指控、逮捕报人和查封报馆。

1906 年后，清政府巡警部颁布了《报章应守规则》，作为前一法律的补充。其中规定：凡新开报馆必须经过巡警部批准，严禁报刊刊登"诋毁宫廷""妄议朝政""妨害治安""败坏风俗"和涉及内政、外交秘密的文字。

1908 年 3 月，清政府颁布《大清报律》，其中规定：报纸在创刊前除了须向"由该管地方官衙门申报本省督抚，咨民政部存案"外，还必须交纳 250～500 银元不等的保押金，每期报纸发行前必须将样品呈送"巡警官署或地方官署"审查；禁止刊登未经官报、阁抄、公报发布的谕旨和奏章；在国外出版的报刊违反以上规定者，由海关没收销毁。

《大清报律》禁止报纸刊登"诋毁宫廷""淆乱政体""扰害公安"的言论，违者永远禁止发行，有关发行人、编辑人、印刷人"处六月以上二年以下之监禁，附加二十元以上二百元以下之罚金；其情节较重者，仍照刑律治罚"。这种处罚似量刑更为宽松。

《大清报律》还规定："诉讼事件，经审判衙门禁止旁听者，报纸不得揭载。""预审事件，于未经公判以前，报纸不得揭载。""外交海陆军事件，凡经监管衙门传谕禁止登载者，报纸不得揭载。"

从条文上看，《大清报律》不但允许私人办报，而且准入门槛较低。该法第二条规定，若想成为报纸的发行人、编辑人、印刷人，仅需具备如下三项条件："一、年满二十岁以上之本国人；二、无精神病者；三、未经处监禁以上之刑者。"

值得一提的是，《大清报律》对新闻失实、名誉权保护、著作权保护等也作出相应规定。

关于新闻失实的处理，《大清报律》第八条规定："报纸记载失实，经本人或关系人声请更正，或送登辨误书函，应即于次号照登，如辨误字数超过原文两倍以上者，准照该报普通告白例，计字收费。更正及辨误书函，如措辞有背法律或未书姓名住址者，毋庸照登。"第九条规定："记载失实事项，由他报转抄而来者，如见该报自行更正或登有辨误书函时，应于本报次号照登，不得收费。"

关于名誉权保护，《大清报律》第十五条规定："发行人或编辑人，不得受人贿属，颠倒是非。发行人或编辑人，亦不得挟嫌诬蔑，损人名誉。"

关于著作权保护，《大清报律》第三十八条规定："凡论说纪事，确系该报创有者，得注明不许转登字样，他报即不得互相抄袭。"第三十九条规定："凡报中附刊之作，他日足以成书者，得享有版权之保护。"

第四节　辛亥革命时期的新闻事业

1911 年 10 月 10 日武昌起义爆发。1912 年元旦，孙中山就任中华民国临时大总统，开启了民主共和的新纪元，清政府颁布的《大清印刷物专律》《报章应守规则》和《大清报律》等法律、法规随之失效。

新成立的"中华民国"及其各省政权机关在其所颁布的法令中，一般都写上了保障言论出版自由的条款。1911 年 10 月 16 日，湖北军政府颁布的《中华民国鄂州临时约法》中规定，允许"人民自由言论著作刊行并集会结社"。在《浙江军政府临时约法》《江西临时约法》中也有类似的规定。与此相应，各地军政府当局对出版发行也都采取支持的态度，一时出版许多报刊。

武昌起义爆发后，革命党人在武汉迅速创办了好几家报纸，其中影响较大的是《大汉报》和《中华民国公报》。

《大汉报》在 1911 年 10 月 15 日由胡石庵创办于汉口。武昌起义后，胡石庵利用其创办的大成汉记印刷公司的设备，创办了起义后的第一家革命报纸《大汉报》，报道革命人民保卫武汉的情况。创刊号就印了 1 万多份，一周后增至近 5 万份。各地读者争相购阅，以至在清廷控制下的京、津地区，一份《大汉报》竟卖到"五十金"，不少地区的报纸纷纷转载《大汉报》消息，或翻印成传单秘密散发。在汉口保卫战中，胡石庵一面带记者到火线上采访，一面组织报馆员工积极支前，一直坚持到 11 月 2 日汉口陷落，炮火将报馆摧毁，牺牲了 3 名员工，才不得不转移。3 天后，《大汉报》在武昌复刊。12 月初，汉阳失守，武昌告急。军政府都督黎元洪和民军总司令黄兴出走。大汉报馆被炮火击中，但仍然坚持出报，并在一日之内连发 6 份号外，报道民军获胜的消息，起到了鼓舞士气、稳定民心的作用，对保卫革命成果发挥了巨大作用。当时武昌城里传出这样的童谣："大汉报，真个巧，见了它，胆大了。"不久，南北议和，武昌得以保全。民国成立后，黎元洪曾以副总统名义亲题"赤手回澜"匾额赠送《大汉报》，并给胡石庵颁发"一等嘉禾勋章"，以追念前功。

《中华民国公报》1911 年 10 月 16 日创刊于武昌。它是中国历史上第一个资产阶级政权的机关报，由牟鸿勋出任第一任社长。每期发行 4 000 份，分别寄各机关、学校和在街上张贴，"不取阅者分文"。该报主要内容是刊载军政府和下属各部门以及各革命团体的公告，报道有关武昌起义及各省光复的消息，评论革命形势和军政府的政策法令等。1912 年元旦，"中华民国"正式成立后，南京临时政府另创公报，《中华民国公报》遂成为黎元洪控制下的舆论工具。

武昌起义后的半年内，全国的报纸由 100 多家猛增至 500 家，总销数达到 4 200 万份。新闻界出现了前所未有的短暂繁荣，甚至有人称它为"报界的黄金时代"。

1912 年 3 月 4 日，南京临时政府内务部制定了《暂行报律》，在正式宣布废除《大清报律》的同时，与报界约法三章，基本内容为：1. 出版报刊必须履行登记手续；2."流言煽惑，关于共和国体有破坏弊害者"应受惩处；3."调查失实，污毁个人名誉者"应受处罚。

3 月 6 日，上海报界俱进会代表十几家报纸专电南京临时政府表示坚决反对。3 月 7 日，章太炎在上海各报同时刊出《却还内务部所定报律议》一文，指出立法之权在国会，内务部无权制定法律，且民国始造，杀人行劫之律未定而先定报律是本末倒置。孙中山知道此事后，于 3 月 9 日下令撤销《暂行报律》，指出："该部所布暂行报律，虽出补偏救弊之苦心，实昧先后缓急之要序……，甚无谓也。""民国此后应否设置报律，及如何订立之处，当俟国民会议决议。"这一反抗的胜利，加快了西方新闻自由思想在国内的传播，促进了各党派、社会团体和民间办报的热情。

受此影响，湖南、四川两省都督府也将类似律令撤销了。1912年3月12日，南京临时政府颁布了具有宪法性质的《中华民国临时约法》，其中规定："人民有言论著作刊行及集会结社之自由。"人民群众的言论出版自由，第一次载入了国家根本大法。

民国成立后，在"政党政治"的影响下，短时间内全国出现了大大小小三百多个政党。其中有不少只是昙花一现，有的有名无实。经过一段时间的分化组合，到第一届国会选举之前，基本上形成了"同盟会—国民党"与"共和党—进步党"两大系统。它们为了在国会中占有更多的席位，争相创办机关报来进行宣传，出现了政党报刊蜂起的浪潮。

同盟会在1912年8月联合一些小党派改组成为国民党，成为全国最大的政党。民国初年，同盟会—国民党系统的报纸遍布于各大城市。《民立报》仍然被认为是同盟会—国民党系统的机关报。此外，还有上海的《天铎报》《太平洋报》《民国新闻》《中华民报》等，北京的《国风日报》《亚东新报》，天津的《民意报》《国风报》等。

1912年5月9日，民社、统一党、国民协进会、国民公会等合并为共和党，选举黎元洪为理事长。1913年5月，该党与民主党、统一党合并为进步党。这一时期，属于共和党—进步党系统的报刊也遍布各地，其中主要有上海的《时报》《时事新报》《大共和日报》《神州日报》，北京的《共和日报》《国民公报》《中国日报》《亚细亚日报》，天津的《庸言》《大公报》《民兴报》等。

"同盟会—国民党"与"共和党—进步党"对国内外一切事务的主张都针锋相对，互不相让，因而两党报刊也互相攻击，争论不休。除了对政治问题的争论外，两派报刊还互揭老底，互讦阴私，甚至发展到殴打报人、捣毁报馆的地步。在北京，《国民公报》因攻击南京临时政府，同盟会方面的《国光新闻》等7家报纸的工作人员数十人便捣毁了《国民公报》馆，打伤该报主笔徐佛苏和蓝公武。

同一政党的各报之间，也经常争论。例如，被视为同盟会—国民党系统机关报的《民立报》，就公开反对孙中山建都南京。即使同一报纸，对一些重大问题的意见也前后不一致。《民立报》1911年11月2日曾发表《驳议和论》一文，反对南北议和；继而又毁版重排，另发一篇《檄文中之檄文》，支持议和。两种版本的报纸都流入了社会，暴露了报社内部意见分歧，也损害了同盟会的声誉。

除了同盟会—国民党和共和党—进步党两大政党的报刊外，一些小政党、政治团体和个人也办起了不少报刊。中国社会党在上海创办了《社会日报》和《新世界》杂志，广州晦鸣学会创办了《晦鸣录》周刊，但出版时间均不长。此外，康有为在上海办的《不忍》杂志，以君主立宪的卫道士的姿态，猛烈抨击民国成立后的政局，竭力为皇室复辟制造舆论。

1912年3月28日，同盟会中一些激进分子在上海创办了《民权报》，由戴季陶、何海鸣任主编。该报以言论激烈闻名于世，像"以暴易暴，惨无人道，欲真共和，重在改造"和"报馆不封门，不是好报馆；主笔不入狱，不是好主笔"这样的口号，便是这家报纸提出来的。尤其是5月20日，该报刊出了戴季陶以"天仇"为笔名写的短评《杀》，指责窃取民国胜利果实的袁世凯总统可杀。"熊希龄卖国，杀！唐绍仪愚民，杀！袁世凯专横，杀！章炳麟阿权，杀！此四人者，中华民国之公敌也。欲救中华民国之亡，非杀此四人不可！"结果，租界以鼓吹"杀人主义"将戴季陶逮捕。该报于1914年1月21日被迫停刊。

《中华民报》于1912年7月20日创刊，创办人为邓家彦。以拥护共和，防止专制复活为宗旨，揭露袁世凯专制独裁，言辞激烈。此外，同一年创刊的《民国新闻》与同在上海出版风格激进的《民权报》《中华民报》，被人们称为"横三民报"。它们与《大共和日报》和《民立报》公开争论，成为当时的"激进派"报纸。

北京是当时的政治文化中心，新创办的报纸最多，有50家。北京之外，各地新创办的报纸分布如下：上海40多家，天津35家，广州30家，浙江20多家，四川20多家，湖南11家，武汉9家。报纸的急剧增加，反映了在社会大变动期间人们对新闻的渴求。有的报纸为了抢时间，多发稿，增出午刊和晚刊，有的一接到电报立即印发号外。

民国初年，中国报刊出现了非常短暂的繁荣局面，但好景不长，随着辛亥革命的胜利果实很快被袁世凯窃取，仍然强大的封建顽固势力又开始压制甚至摧残舆论。

思考与练习

1. 我国第一份中文近代报刊《东西洋考每月统记传》的主要特点有哪些？
2. 王韬对我国新闻事业的发展做出了怎样的贡献？
3. 简述"《苏报》案"的经过与主要影响。
4. 简述梁启超的新闻思想。

第五章　北洋军阀统治下的新闻事业

📂 **本章要点**

　　◆从辛亥革命后到南京国民政府成立，这一历史时期主要是北洋军阀统治时期。北洋军阀采取收买和镇压的手段，制造了新闻史上臭名昭著的"癸丑报灾"。

　　◆五四运动前后，随着马克思主义在中国的传播，出现了无产阶级报刊。中国共产党成立后，把创办报刊作为团结与指导全党和全国工农运动的锐利武器，党的新闻事业在险恶环境中艰难发展。由于党在指导思想上的不成熟，报刊宣传中也曾出现过一些错误倾向。

　　从1911年清朝封建统治崩溃，至南京国民政府1927年成立，其间虽有"中华民国"之名，有中央政府（首都北京），有总统、总理，但全国处于军阀割据、未实现真正统一的分裂状态。

　　北洋军阀由袁世凯掌权后的"北洋新军"主要将领组成，分为皖系、直系、奉系三大派系。各派军阀在各省建立势力范围，名义上接受北京政府的支配，实际上控制着北京政府。因此，当时的北京政府，也被称为北洋军阀政府（简称北洋政府）。

　　由于中央政府无力控制，各派军阀忙于混战，允许私人创办新闻机构，中国的新闻事业在北洋军阀统治时期得以持续发展。

第一节　概　况

　　1923年1月，美国商人奥斯邦（Osborn）携带一套无线电广播设备到上海，与《大陆报》合办中国境内第一座广播电台，即大陆报－中国无线电公司广播电台，呼号XRO，发射功率50瓦。该电台于1月23日开播，每晚播出《大陆报》提供的新闻及娱乐节目，26日播出了孙中山当天发表的《和平统一宣言》。由于没有经过北洋政府批准，当年4月被迫停播。

　　1924年8月，北洋政府交通部颁布了《装用广播无线电接收机暂行规则》，这是我国第一个关于无线电广播的专门法规，对安装广播接收机（收音机）的程序、费用、罚则等都有规定。法规允许民间装设收音机，从而改变了原来严加禁止的做法，客观上促进了广播事业的发展。

　　北洋政府颁布广播法规的同时，开始筹办官方电台。

　　1926年10月1日，哈尔滨广播电台开始广播，呼号XOH，发射功率100瓦，后增加到 1 000 瓦，播音内容有新闻、音乐、演讲和物价报告等。这是奉系军阀官办电台，也是中国人自办的第一座广播电台。

随后，上海、北京等地出现了民营商业电台，1927 年 3 月上海新新公司广播电台开播，发射功率 50 瓦，主要播送唱片，转播南方戏曲，以推销无线电器材；1927 年年底，北京燕声广播电台开始播音。

到 1928 年，全国约有各式收音机 1 万台，其中，上海就集中有几千台。当时，一台矿石收音机售价高达大洋 80 多元，拥有收音机的多为外侨、官僚、买办、富商。

中国的通讯社事业在 1913 年到 1918 年有了较大的发展，新创办的通讯社不下 20 家，包括北京的北京通讯社和新闻编译社，上海的国民第一通讯社，武汉的湖北通讯社和武汉通讯社，长沙的湖南通讯社、大中通讯社和中华通讯社等。

1915 年 7 月，邵飘萍在日本留学期间组织成立东京通讯社，它首先向国内读者报道了袁世凯政府和日本政府秘密商议中的"二十一条密约"的详细内容，对国内的反袁斗争起到了一定的推动作用。新闻编译社是邵飘萍 1916 年 8 月创办的，"每日总有一二特殊稿件，颇得各报好评"。

1920 年 7 月，"中俄通讯社"（简称"华俄社"）创办，由共产国际来华代表团翻译杨明斋主持，向《新青年》、上海《民国日报》等提供介绍十月革命后苏俄情况的稿件，并选择京沪报纸有关中国的消息译成俄文，用电讯形式发往莫斯科。1917 年俄国十月革命爆发的第三天，北京《晨钟报》、上海《民国日报》等报纸就以大字标题报道了这个消息。

据统计，1926 年全国有通讯社 155 家（有些挂着招牌领津贴、不发稿），其中影响较大的是国闻通讯社。

国闻通讯社于 1921 年 8 月在上海成立，9 月 1 日开始发稿，胡政之任总编辑，是中国第一家全国性的通讯社。胡政之是 1919 年采访报道巴黎和会的唯一中国记者，这也是我国记者第一次采访重大的国际事件。

1925 年 4 月，国闻通讯社特聘日本东京通讯员 1 人，国人自办通讯社从此开始设驻外记者。1926 年 9 月 1 日，胡政之与吴鼎昌、张季鸾创办新记《大公报》，国闻通讯社从上海迁到天津，成为《大公报》的附属事业。1936 年，国闻通讯社在辗转迁移中停办。

1921 年，全国定期报刊共 1 137 种，其中日报 550 种，1926 年日报增为 628 种，以私营报纸居多数。由于允许民间办报，一些私营报纸办出了自己的特色，在读者中产生了较好的影响。其中有较大社会影响的民营报纸主要有：《申报》《新闻报》《京报》《晨报》《世界晚报》等。

第二节　私营大报的发展

列强的侵略和封建军阀的统治，使中国新闻事业在经济上、言论上的独立没有保障，困难重重。但是，由于社会发展的需要，加上新闻界的努力，全国新闻事业仍然缓慢地发展着。一些私营大报办出了自己的特色，在读者中产生了不同程度的影响。

　　北洋军阀统治时期，上海是全国的经济中心，加上租界的特殊环境，私营报纸发展较快、历史悠久的《申报》和《新闻报》，资金日渐雄厚，开始向现代企业化报业方向迈步。

　　《申报》在1912年史量才接办初期，销数只有7 000多份，到1922年平均日销5万份，1926年超过10万份。《新闻报》1921年发行5万份，1924年超过10万份。《申报》总经理史量才和《新闻报》经理汪汉溪，都致力于经营报业，取得显著成绩。两报共同的特点是：开拓广告和发行业务，广告收入成为报纸的主要经济支柱；加强基础建设，不断更新技术设备；扩大版面，由日出3大张扩为5～7大张，增设多种专栏，专刊、附张、增刊；报纸内容趋向综合化、杂志化，加大广告、商业经济、文化娱乐方面的版面，同时削减时事评论的篇幅，对评论的写作持谨慎态度，尽量避免以言论取祸。

　　1921年元旦，《商报》创刊，以报道评论经济新闻，介绍国内外金融行情为主。主笔陈布雷以笔名"畏垒"撰发的评论，受到广泛注意。该报逐渐成为上海大报之一。同年，《时报》易主，仿效美国大众化报纸，突出报道社会新闻、体育新闻和图片新闻。《申报》《新闻报》向现代企业化报业发展，突出了营利的目的，报纸的编辑方针、新闻业务、经营管理等均以是否赢利为转移。戈公振评论指出，它们由于"商业色彩渐浓，日渐失去舆论指导精神"。但是，大报企业化标志着我国报业向现代报业迈步。它们在经营管理和新闻业务改革方面的经验，为新闻界、为政党报纸提供了有益的借鉴。

　　《申报》自史量才1912年接办后，进行了一系列企业化改革，才逐步成为有重要影响的大报。《申报》实行不偏不倚、轻言论重新闻的编辑方针，大量采访国内外重大事件和社会新闻，著名记者黄远生、邵飘萍都先后被《申报》聘为北京特别通讯记者，他们的新闻与通讯都为《申报》增色不少。还招罗了一批鸳鸯蝴蝶派文人，主持副刊《自由谈》，连载才子佳人小说，吸引了不少读者。史量才尤其注重开拓广告业务，这是《申报》起飞的关键，他一改坐等广告上门的报纸作风，筹办广告推广和设计部门，率先采取中缝广告，报沿广告等形式，广告最多的时候竟占报纸版面的70%。《申报》还突破报纸邮递的传统投递模式，采用报童自办发行，发行量由1912年的7 000份上升到1922年的5万份；史量才在上海建造了一栋现代化的六层《申报》报业大楼，并从国外引进了最先进的印刷机器。英国《泰晤士报》总编辑参观《申报》大楼后感叹，只有《泰晤士报》能跟《申报》媲美。随着《申报》的发行量和影响力的增长，史量才还当选为世界报业协会副会长。1927年，史量才又购买了《新闻报》的股权，成为上海名副其实的报业大王。

　　成舍我开始创立成氏报系事业。他原名成勋，曾在上海《民国日报》任校对，助理编辑，北京《益世报》任编辑、总编辑。他于1924年4月创办《世界晚报》，1925年2月创办《世界日报》，同年10月出版单张《世界画报》，开办经费曾得到军阀政府资助。他重视报纸的特色，《世界晚报》标榜"主张公正，消息灵确"；《世界日报》以军事政治新闻为主，兼重教育新闻，还设有多种副刊、专刊；《世界画报》先以时事照片为主，后以美术作品为主。《世界晚报》的《夜光》和《世界日报》的《明珠》两个姊妹副刊，连载张恨水写的多部长篇言情小说，吸引了众多读者。他又重视经营管理，把印刷、发行、广告等工作组织得井井有条。报纸日销最多达四五万份，成为北方著名的报系。1926

年8月8日，成舍我被奉系军阀逮捕，经保释后，报纸转趋保守。

辛亥革命爆发后，邵飘萍赴杭州寻机办报。1911年11月被《汉民日报》聘为主笔，时年25岁。邵飘萍对新生的"中华民国"热情歌颂，对袁世凯的专制卖国口诛笔伐。1913年5月9日在评论《鸣呼共和国人民之生命财产》一文中，列举了浙江当地官员残害百姓现象后，严厉谴责"人但知强盗之可怕，不知无法无天的官吏比强盗更可怕"。因此得罪官府，他们派人行刺邵未果。1913年8月又以"扰害治安罪"查封《汉民日报》，逮捕主笔邵飘萍。出狱后邵飘萍东渡日本留学，在日本组织成立了东京通讯社，为国内报刊提供稿件，与李大钊等人以揭露袁世凯卖国"二十一条"而逐渐出名。

1916年，邵飘萍回国后被聘为著名《申报》驻京特派记者，他广泛交游，洞察精微。1917年，围绕是否对德宣战，中国政府举棋不定，中外记者欲获知段祺瑞政府的态度而不可得。邵飘萍设法得见段祺瑞，获得对德宣战的细节这一独家新闻，立即以密码发电报至《申报》，沪上立发"号外"几十万份，邵飘萍名声大振。邵飘萍之采访手段神出鬼没。徐世昌任总统的就职宣言共2 000言，而在其就职的前一天，邵飘萍就将其全文电达《申报》，同行震惊，徐世昌本人也大为诧异。邵飘萍所写的"府院之争""大借款""揭发段内阁""张作霖截枪案"等重大新闻均比其他报早或者更为详尽。任《申报》驻京记者两年里，邵飘萍采写的近200篇《北京特别通讯》风靡全国。

1918年10月5日，邵飘萍在北京创办《京报》，发刊词宣称："必使政府听命于正当民意之前，是即本报之所为作也。"该报是为"供改良我国新闻事业之试验，为社会发表意见之机关"。五四运动期间，因多次刊发激烈言论抨击北洋政府的卖国行径，1919年8月21日《京报》被北洋政府查封。邵飘萍再次流亡日本，在《朝日新闻》研习期间，撰写了《综合研究各国社会思潮》《新俄国之研究》等专著，宣传介绍马克思主义。

段祺瑞政府倒台后，1920年9月，邵飘萍回国复刊《京报》，努力向现代化报纸方向改进。先后在上海、杭州等大中城市派驻访员、设立分馆，创办印刷局，建起新馆舍。努力改革业务，力求多发新闻，并讲求时效，加强对时局的报道评论，支持人民的反帝爱国斗争。1923年5月5日马克思诞生纪念日，《京报》公开发行马克思主义研究会编辑的《纪念马克思特刊》，用四个版的篇幅刊出纪念马克思的文章、诗词和照片，次日又详细报道了马克思主义学术团体举行的纪念活动；《京报》把中国共产党的机关刊物《向导》每一期的详细目录以广告的形式刊登出来，热情地予以介绍；《京报》还发表过李大钊、瞿秋白等人的文章，引起热烈反响。1924年，邵飘萍秘密加入了中国共产党。

京报副刊进行的改革也很成功。它刊登广告，征求有组织的社会团体为报纸开办一些不同性质的周刊。主要依靠名人和社会力量办副刊的做法很快获得了成功。如孙伏园主编的《京报副刊》、鲁迅主编的《莽原》、北大经济学会编辑的《经济半月刊》等，先后创办了13个专刊、副刊，销量很快达到5 000份以上。

办报成功的邵飘萍受邀周末到北京大学新闻学研究会讲课。当时也是新闻学研究会会员的毛泽东听过他的课，评价说："在新闻学会里……特别是邵飘萍，对我帮助很大。他是新闻学会的讲师，是一个自由主义者，一个具有热烈理想和优良品质的人。"①邵飘萍著有《新闻学总论》和《实际应用新闻学》，后者是我国历史上第一部研究新闻采访的专著。

第三节　北洋军阀对新闻业的控制

1912年3月，掌握北洋军阀力量的袁世凯窃取辛亥革命胜利果实，成为中华民国大总统，并一度复辟帝制。袁世凯统治的4年，是中国近代新闻史上最黑暗的时期。

早在1912年1月，北洋军阀将领冯国璋上书要求以更严厉的手段绞杀革命宣传，说辛亥革命主要是由于报馆革命宣传所致，"此次乱事之兴，首恃报馆鼓吹之力"。要求北洋政府"凡南方构乱各报，一律禁止行销。即悖谬之函电等件，亦应一律取缔"。

此后不久，北洋军阀在多地展开了对进步新闻事业的残酷迫害。

在北京，袁政府的内务总长赵秉钧指使军警捣毁《中央新闻》报馆，绑走经理、主笔和工作人员11人。

在天津，勾结租界当局将《民意报》逐出租界。

在武汉，副总统黎元洪捏造罪名相继查封了《大江报》《民心报》《民听报》《民哭报》和《民言报》等报纸。

在湖南，长沙《大汉民报》因对军人有所批评，报馆被旧军人捣毁；《岳阳日报》因对当地筹饷局的政策有所异议，就被当局查封，主笔被捕。

在福建，福州《民心日报》因在消息中揭露了当地官吏的不法行为而被查封，发行人被通缉；《群报》也由于同样原因被封，总编辑被杖责收押，两名记者遭暗杀。

在四川，《四川公报》《中华国民报》《蜀报》《蜀醒报》等拥护共和的报纸被当地军阀查封或唆使军人捣毁，《蜀报》记者朱山被扣以"企图炮轰都督府"的莫须有罪名杀害。

为推翻袁世凯的统治、再造共和，国民党1913年发动"二次革命"（又称"癸丑之役"），不幸失败。随后，袁世凯宣布解散国民党和国会，孙中山再次东渡日本。

1913年，从宋教仁被刺到讨伐袁世凯的"二次革命"过程中，国民党系统的报刊都以大量篇幅声讨袁世凯。"二次革命"失败后，袁世凯对国民党系统的报刊和其他各种反袁报刊进行了疯狂镇压。北京、天津、武汉、广州、长沙、成都、福州、南昌、开封等地的国民党报刊全部以"敌党报纸"的罪名被查封，有的主笔被捕。

在广州，军阀龙济光就一次查封了《中国日报》《平民报》《中原报》《民生报》《讨袁日报》《觉魂日报》六家报纸。

在上海，《民立报》《民权报》《民强报》《天铎报》《国民日报》等国民党报纸因为在租界出版，不能直接查封，袁世凯便明令各地"禁止售卖"，采取在租界以外禁止发行的办法，迫使这些报纸停刊。

除国民党系统的报纸外，其他反袁报纸、报人也受到迫害。

广州的教会报纸《震旦报》因言论激烈而被封，发行人康仲荦被杀。甚至连一向"拥

① ［美］埃德加·斯诺：《西行漫记》，127页，北京，生活·读书·新知三联书店，1979。

护中央"的《粤声报》《民治报》和《公论报》也被查封，原因只是怀疑它们与国民党的粤军有关联。

北京《超然报》本是军阀办的报纸，但因撰文揭露黑幕而被查封；《正宗爱国报》编辑丁宝臣在一篇评论中说了"军人为国家卖命，非为个人卖命"等话语，而被冠以"迹近通匪，煽惑军心"的罪名枪杀。

开封《民立报》编辑敖瘦蝉仅仅因为写了一副悼念宋教仁的挽联"目中竟无拿破仑，宜公先死；地下若逢张振武，说我即来"即被枪决。

据统计，到1913年年底，全国继续出版的报纸只剩下139家，比1912年年初的500家少了2/3，同时有大批报人受迫害。这是中国近代新闻史上最黑暗的时期，1913年是农历癸丑年，因而有"癸丑报灾"之称。

镇压"二次革命"后，袁世凯企图复辟帝制，为此，他创办御用报纸，收买报纸报人，制定法律、条例限制言论出版自由，用暴力手段迫害报人和报刊。

据不完全统计，袁世凯执政期间直接或间接收买的报纸在125家以上。

在北京，袁世凯创办了《国权报》《金刚报》和《亚细亚日报》；在上海，袁世凯接办了《神州日报》；在广州，接办了《时敏报》；在长沙，袁世凯创办了《国民新报》。

北京的《国华报》《黄钟日报》《大自由报》和《新社会日报》，上海的《大共和日报》和《时事新报》，长沙的《大公报》，广州的《华国报》等，都被袁世凯收买。

在执政期间，袁世凯先后颁布了《戒严法》《治安警察法》《报纸条例》和《出版法》，对报刊的登记、出版、发行、言论、采访、编辑等活动横加干涉。《戒严法》和《治安警察法》都赋予警察机关以随时禁止报纸出版的权力。

1914年4月颁布的《报纸条例》共35条，其中规定：禁止军人、官吏、学生办报；报纸出版须到警察机关登记并交纳保证金；禁止报纸刊登"淆乱政体""妨害治安"和各级官署禁止刊载的一切文字；每天的报纸在发行前须呈送报样给警察机关备案。

1914年12月，袁政府颁布《出版法》，对包括报纸在内的一切文字、图画印刷物都作了规定。

有些地方的官府在执行新闻法的过程中，还提高了对报刊业的限制条件。如法律规定报纸在发行前须送警方备案，有的地方在执行中发展成了发行前的预审制度；法律规定交纳保证金是100～350元，一些地方提高到700元，无力交纳者即勒令停刊；法律规定25岁以上的人才能办报，有的地方则改为35岁以上等。

袁世凯执政期间，迫害报人、报刊的事件层出不穷。

天津的《公民日报》《赤县新闻》和《新天津报》，上海的《民国日报》《民信日报》《中华新报》和《共和报》，长沙的《湖南通俗教育报》等一批新出版的反袁报纸，都被扣以"逆报"的帽子查封或禁销。

原本拥护袁世凯的报纸，如北京的《新社会日报》、上海的《时事新报》等，因对复辟帝制发表不同意见，都被扣以"妨害治安"等罪名查封或禁邮。

北京《民主报》主笔仇亮、原《国风日报》主笔吴蕴、汉口《大公报》编辑余慈舫等，都被冠以"暗助党人""煽惑军心"等罪名杀害。

《大汉报》的胡石庵、《民立报》的张季鸾、《湖南通俗教育报》的何雨农、《四川新闻》的魏绰云等，都因触犯禁令而坐牢。

　　据统计，在1912年4月至1916年6月袁世凯统治时期，全国报纸至少有71家被封，49家受到传讯，9家被反动军警捣毁。全国报纸总数始终维持在130~150家，形成了持续四年的新闻事业的低潮。新闻记者中至少24人被杀，60人被捕入狱。

　　袁世凯给我国新闻事业带来的灾难是深重的。黄远生在《忏悔录》一文中曾痛心地说："余于前清时为新闻记者，指斥乘舆，指斥权贵，肆其无法律之自由，而乃无害。及于民国，极思尊重法律上之自由矣，顾其自由不及前清远甚。岂中国固只容无法律之自由，不容有法律之自由乎？"

　　但是，复辟帝制终究不得人心，大多数报刊、报人都站到了袁世凯的对立面。《申报》曾公开发表声明，拒绝接受袁世凯的贿赂，指责帝制活动是"无端自扰""实难赞同"。

　　梁启超写了一篇反对复辟帝制的《异哉所谓国体问题者》，袁世凯派人送去20万元收买，被梁启超拒绝。这篇文章在《大中华》杂志发表后，各报争相转载，影响很大。

　　1916年3月，袁世凯被迫取消帝制，6月在绝望中去世。

　　袁世凯死后的1916年6月，黎元洪接任大总统，通令恢复民国初年的《临时约法》，恢复国会。

　　1916年7月，内务部通告取消对《民国》杂志、《爱国报》等报刊的禁令，其他一些停办的报刊也纷纷复刊。一些新的报刊纷纷创刊，如国民党的《甲寅日刊》《中华新报》《东大陆民报》，进步党系统的《晨钟报》等。到1916年年底，全国发行的报刊达到289种，比前一年明显增加。

　　但是，段祺瑞执政后，宣布袁世凯时期颁布的《出版法》等新闻法律继续有效，并从1917年5月26日起实行报刊邮电检查。1918年10月，段祺瑞政府颁布了有30项条文、内容苛细的《报纸法》，以加强对新闻事业的控制。

　　从1916—1919年五四运动前，全国至少有29家报纸被封，17名记者遭到枪杀或判刑。到1918年年底，全国报刊总数剧降到221种。

　　1921—1927年，先后执政的皖、直、奉系军阀政府，除继续推行《出版法》《报纸法》外，还颁布了不少命令和补充条例，如1919年的《查禁俄过激派印刷物函》，1920年的《为防止过激主义电》，1925年制定的《管理新闻营业条例》等，对新闻出版事业尤其是进步新闻业进行种种限制。

　　北洋军阀及其控制下的北京政府，对新闻事业还采取控制、收买的手段。

　　接受各派军阀和政客资助并受其控制的报刊主要有：北京《甲寅》周刊、《黄报》《东方时报》，天津中文《泰晤士报》，河南《联军官报》，上海《新申报》，杭州《大浙江报》等。

　　1925年，北京政府参政院等6单位组成的"联合办事处"，就曾一次拨出2万元"宣传费"，津贴全国新闻机关125家。

　　1925年4月，段祺瑞政府即下令一次查禁《向导》等20种报刊。1925年，奉系军阀张宗昌先是在青岛杀害《公民报》记者胡信之，继而又在济南威胁各报社、通讯社记者说："你们的报上登载的消息，只许说我好，不许说我坏。如有哪个说我坏，我就以军法从事。"济南半数以上的报馆因此被迫停刊。

北洋军阀统治下，"新闻界日在中外官厅控告、逮捕、罚金、监禁、枪毙、封禁报馆、干涉言论及记载的状况中生活"。北京、上海等地新闻文化界曾先后结社、集会，呼吁废除《出版法》，争取言论出版自由。1926年1月，北洋政府被迫通过废止《出版法》决定。可是不久以后，著名报人邵飘萍、林白水就被奉系军阀杀害。

1920年皖系军阀倒台后，邵飘萍从日本回国，复刊《京报》。1925年，邵飘萍秘密加入中国共产党。1926年，"三一八"惨案发生后，他用《京报》全力揭露惨案真相，抨击当局罪恶，被列入通缉黑名单。1926年4月24日，奉系军阀张作霖进占北京的第三天，邵飘萍被诱骗逮捕，不经审讯，以"宣传赤化"罪名，于4月26日凌晨，被枪杀于天桥刑场。

1926年8月5日，北京《社会日报》主持人、著名报人林白水，因在该报发表时评《官僚之运气》，触犯奉系军阀，被诬指为"通敌有据"，8月6日凌晨1时被捕，3小时后即被杀害。

第四节　无产阶级新闻事业的创建

五四时期是我国历史上重要的转折时期，是由旧民主主义革命向新民主主义革命的过渡时期，这个时期的重要特点是在动荡的政治环境下，新文化、新思想、新道德与旧文化、旧思想、旧道德的斗争成为时代的主题。国际上，随着俄国十月革命的胜利，巴黎和会中国外交的失败，马克思主义加速传入中国，推动了中国新闻事业的发展，为中国共产党的建立准备了条件。这一时期，革命报刊的大量创办，无产阶级报刊的出现，报刊从内容到形式方面的新闻改革，是五四时期新闻事业的重要特征。

报刊成为五四新文化运动的宣传阵地，白话文逐渐成为报刊运用的主流文字；版面的编排由竖排变为横排；为适应国内外形势的迅速变化，新闻述评这种报章文体日益成熟，出现了《每周评论》等三大评论报刊；报纸副刊由过去不关心时政的"花前月下"内容改革成为传播新思想新文化、反对封建主义的重要阵地，北京《晨报副刊》《京报副报》、上海《民国日报》的副刊《觉悟》和《时事新报》的副刊《学灯》是五四时期最负盛名的四大副刊；因此，五四时期新闻事业的这些变化在我国新闻史上有重要影响。

一、陈独秀与《新青年》

《新青年》（第1卷名《青年杂志》），1915年9月15日创刊于上海。它的出现标志着新文化运动的开始。在新文化运动中，《新青年》成为主要阵地。《新青年》杂志是16开月刊，每出满6号为一卷，从创刊到1922年7月止，共出刊9卷54号。

陈独秀在《新青年》创刊号上发表《敬告青年》一文，这篇带有发刊词性质的纲领性政论，针对封建思想文化的束缚，提出六方面要求，希望青年自觉奋斗：(1)自主的而非奴隶的；(2)进步的而非保守的；(3)进取的而非退隐的；(4)世界的而非锁国的；(5)实利的而非虚文的；(6)科学的而非想象的。他向读者疾呼："国人而欲脱蒙昧时代，羞为浅化之民也，则急起直追，当以科学与人权并重。"鲜明地提出了科学、人权、自由、民主等资产阶级民主主义思想。

《新青年》第1卷影响不大，每期印数仅千份。它出满一卷后即暂告休刊。经过半年调整，1916年9月从第2卷起，陈独秀把"改造青年思想，辅导青年修养"的宗旨和现实的社会政治、青年的思想实际逐渐结合起来，从此，影响日益扩大。

1917年年初，陈独秀被聘为北京大学文科学长，《新青年》也随迁到北京。陈独秀团结了一批进步教授、学者，《新青年》也由个人主办发展为编辑部同人刊物。1918年1月，第4卷第1号开始，实行轮值主编制。陈独秀、钱玄同、刘半农、胡适、李大钊、沈尹默等先后任主编，重要撰稿人还有鲁迅、周作人、高一涵、陶孟和、王星拱、陈大齐、张申府等。《新青年》高举民主与科学的旗帜，以大无畏精神倡导和发起了一场以反对旧道德提倡新道德、反对旧文学提倡新文学为主要内容的新文化运动。

五四运动之前，《新青年》的宣传贡献影响最大的主要集中在以下三个方面。

第一，批判封建旧思想、旧道德，抨击尊孔复辟逆流，提倡民主、自由、平等、博爱的新道德、新思想。

1916年9月，康有为向北洋军阀政府上书，要求把孔教定为"国教"，载入宪法。陈独秀立即在《新青年》上发表了一系列政论：《驳康有为致总统总理书》《宪法与孔教》《袁世凯复活》《复辟与尊孔》《再论孔教问题》等，阐释批孔的必要性。如他在《宪法与孔教》一文中疾呼："欲建设西洋式之新国家，组织西洋式之新社会，以求适今世之生存，则根本问题，不可不首先输入西洋式社会国家之基础，所谓平等人权之新信仰，对于与此新社会、新国家、新信仰不可相容之孔教，不可不有彻底之觉悟、勇猛之决心，否则不塞不流，不止不行。"陈独秀阐述了西方资产阶级自由平等的政治道德观念，把思想上反对封建伦理道德和政治上要求实行民主共和结合起来进行宣传。他对孔学的大力批判，逐渐引起社会共鸣，《新青年》上的通信专栏为讨论孔学问题一下活跃起来。

易白沙在《新青年》第2卷第6号上发表的长篇政论《孔子平议》，是该刊的第一篇批孔文章。另一主要撰稿人吴虞写了《家族制度为专制主义之根据论》《吃人与礼教》等多篇文章，比较深刻地揭露了封建家族制度与君主专制制度的内在联系，被誉为"四川省只手打孔家店的老英雄"。李大钊于1918年年初被聘为北京大学图书馆主任，参加《新青年》编辑部工作，在《新青年》上写了《今》《新的！旧的！》等文章，反对颂古非今和安于现状的人生态度，反对尊孔复辟。《新青年》上的大量文章和读者通信栏关于"孔教"的辩难，汇成了"打倒孔家店"的强烈舆论。

第二，提倡科学、反对迷信。

1917年秋，上海中华书局开设"盛德坛"，组织"上海灵学会"，出版《灵学丛志》，公开宣扬"鬼神之说不张，国家之命遂促"。《新青年》发表了一系列文章，痛斥所谓"灵学"，从多方面论证鬼神为无稽之谈，进行唯物主义的无神论宣传。钱玄同、刘半农发挥他们精通文字音韵的特长，揭露"盛德坛"搞的先秦诸子"临坛"作七绝诗等违反常识并揭露了其作伪手段；陈大齐、王星拱等人以丰富的自然科学知识，介绍西方所谓"灵学"的兴衰史，驳斥他们关于鬼神迷信的无知妄说；鲁迅以其特有的辛辣、幽默的笔调讽刺灵学派；易白沙在《诸子无鬼论》中针锋相对地指出："鬼神之势大张，国家之运告终。"在科学的诘难面前，喧嚣一时的《灵学丛志》毫无招架之功，只好关门大吉。

陈独秀撰写《偶像破坏论》，提出要打破一切"宗教上、政治上、道德上自古相传的虚荣，欺人不合理的信仰"。提倡科学，反对迷信，《新青年》专门介绍自然科学知识的文章不多，更重要的是倡导用科学的观点来看待社会和人生，反对偶像崇拜、迷信盲从、主观武断。

第三，发起文学革命，提倡新文学、反对旧文学，提倡白话文、反对文言文。

就在批孔斗争进行之际，一场文学革命运动也拉开了序幕。早在留学美国期间，胡适就形成了他的文学革命主张。受陈独秀约稿，1917年1月1日，胡适在《新青年》第2卷第5号上发表了著名的《文学改良刍议》。该文倡导"八不主义"，即"一曰须言之有物。二曰不模仿古人。三曰须讲求文法。四曰不作无病之呻吟。五曰务去滥调套语。六曰不用典。七曰不讲对仗。八曰不避俗字俗语"。胡适发起了对旧文学的挑战，而且他对白话文的提倡突破了一般只用来针对群众宣传的做法，把白话文树立为主流，他还用白话文创作了不少文学作品。

陈独秀在第2卷第6号上发表《文学革命论》一文，提出文学革命的三大主义："曰，推倒雕琢的阿谀的贵族文学，建设平易的抒情的平民文学；曰，推倒陈腐的铺张的古典文学，建设新鲜的立诚的写实文学；曰，推倒迂晦的艰涩的山林文学，建设明了的通俗的社会文学。"陈独秀提出了文学的社会功能问题，批判"文以载道"和"代圣贤立言"的为封建主义服务的旧文学。

鲁迅从1918年应邀开始为《新青年》撰稿，并参加编辑工作。他给《新青年》写的第一篇白话小说《狂人日记》（首次署名鲁迅），揭露了封建制度和封建礼教的"吃人"本质。他还用"唐俟""俟"的笔名接连写了《我之节烈观》《我们现在怎样做父亲》等论文和小说、杂文，共五十多篇，鞭挞封建主义，痛斥尊孔复辟势力，鼓舞青年投身反封建斗争。

《新青年》反对封建主义，倡导民主与科学的思想启蒙宣传，好似春雷初动，惊醒了一代青年。读者纷纷来信赞扬《新青年》。广大青年推崇陈独秀是"思想界的明星"。1917年，《新青年》最高销数每期达15 000份。1919年又再版第1～5卷，以满足读者的需求。

封建顽固势力把《新青年》看成洪水猛兽，大肆诬蔑、攻击，严禁青年学生阅读，甚至借助军阀政权的力量诬陷迫害陈独秀。1919年《新青年》第6卷第1号上发表了陈独秀撰写的《本志罪案之答辩书》，理直气壮地向社会宣称："本志同人本来无罪，只因为拥护那德莫克拉西（Democracy）和赛因斯（Science）两位先生，才犯了这几条滔天的大罪。要拥护那德先生，便不得不反对孔教、礼法、贞节、旧伦理、旧政治；要拥护那赛先生，便不得不反对旧艺术、旧宗教；要拥护德先生又要拥护赛先生，便不得不反对国粹和旧文学。"因为"只有这两位先生，可以救治中国政治上、道德上、学术上、思想上一切的黑暗"。文章结尾说：为了宣扬倡导民主与科学，"一切政府的压迫，社会的攻击笑骂，就是断头流血，都不推辞"。

陈独秀是《新青年》的主要撰稿人，他一共撰写发表了一百多篇政论、专论和杂文，通信专栏署名记者的答疑辩难文章大都是他写的。他在主持《新青年》的7年中，一次被捕入狱，两次被抄家罚款，平时还经常受到来自社会封建顽固旧势力的恶毒咒骂和人身攻击，但他始终不为艰难困苦所动，坚持《新青年》的革命方向，并和读者一起前进。《新青年》成为五四时期最著名的舆论重镇，和陈独秀的精心编撰、改革创新是分不开的。

二、马克思主义宣传的先驱李大钊

李大钊是我国最早接受和传播马克思主义的宣传家，是中国共产党的创始人之一和杰出领导。李大钊在北京大学成立了马克思主义研究会，参加五四学生爱国运动并成为领导人之一，发起成立了北京共产主义小组，受党委派帮助孙中山改组国民党，以自身实践促进了马克思主义与中国工人运动的结合。1927年4月6日被奉系军阀逮捕，在狱中和法庭上，他坚贞不屈，4月28日从容就义。

俄国十月革命胜利立即引起了中国人民的关注，以李大钊为代表的初具共产主义思想的先进分子，以《新青年》《每周评论》等报刊为主阵地，揭开了我国报刊宣传马克思主义的新篇章。

1918年7月至1919年1月，李大钊先后公开发表了《法俄革命之比较观》《庶民的胜利》《布尔什维主义的胜利》《新纪元》等一系列重要文章，对十月革命的性质和伟大意义做了比较正确的解释。他指出十月革命是社会主义性质的革命，它的胜利是"庶民的胜利"，是"世界劳工阶级的胜利"。十月革命开辟了"人类历史的新纪元，这个新纪元是世界革命的新纪元，是人类觉醒的新纪元"。他认为中国只有走十月革命的道路，才能获得解放和新生。"吾人对于俄罗斯今日之事变，惟有翘首以迎其世界新文明之曙光，倾耳以迎其建于自由、人道上之新俄罗斯之消息，而求所以适应此世界的新潮流，勿徒以其目前一时之乱象遂遽为之抱悲观也。"这些文章标志着马克思主义在中国的传播，是中国先进分子用无产阶级世界观观察国家命运的开端。

李大钊认为20世纪的群众运动是不可阻挡的潮流，它将冲破历史上一切腐朽反动势力而最后获得胜利。十月革命的道路是各国革命的必由之路，是不可抗拒的历史潮流，共产主义一定能在全世界实现。在1918年11月发表于《新青年》的《布尔什维主义的胜利》一文中，他欣欣鼓舞地指出："在这世界的群众运动的中间，历史上残余的东西，——什么皇帝咧，贵族咧，军阀咧，官僚咧，军国主义咧，资本主义咧，——凡可以障阻这新运动的进路的，必挟雷霆万钧的力量摧拉他们。他们遇见这种不可当的潮流，都像枯黄的树叶遇见凛冽的秋风一般，一个一个的飞落在地。由今以后，到处所见的，都是Bolshevism战胜的旗。到处所闻的，都是Bolshevism的凯歌的声。人道的警钟响了！自由的曙光现了！试看将来的环球，必是赤旗的世界！"

他还认识到帝国主义，尤其是日本帝国主义是中国人民最危险的敌人。1919年元旦发表的《大亚细亚主义与新亚细亚主义》一文，揭露了日本帝国主义宣扬的所谓"大亚细亚主义"，就是"吞并中国主义的隐语"，"是侵略的主义"，"是吞并弱小民族的帝国主义"。

五四运动发生不久，5月18日，李大钊在《每周评论》第22期发表评论《秘密外交与强盗世界》，指出不仅日本帝国主义是中国人民的敌人，而且"一切强盗行为"的帝国主义都是我们的仇敌。这种彻底的反对帝国主义的精神为五四运动指明了方向，推动了五四运动的发展。文中说："日本所以还能拿他那侵略主义在世界上横行的缘故，全因为现在的世界，还是强盗世界。那么不止夺取山东的是我们的仇敌，这强盗世界中的一切强盗团体、秘密外交这一类的一切强盗行为，都是我们的仇敌啊！我们若是没有民族自决、世界改造的精神，把这强盗世界推翻，单是打死几个人，开几个公民大会，也还是没有效果。我们的三大信誓是：改造强盗世界，不认秘密外交，实行民族自决。"

五四运动促进了马克思主义的广泛传播，但是当时缺乏系统介绍马克思主义基本理论的文章。为此，李大钊把轮值主编的《新青年》第 6 卷第 5 号编成《马克思研究》专号，并在 1919 年 5 月、11 月《新青年》第 6 卷第 5 号、第 6 号上发表了长篇论文《我的马克思主义观》，第一次比较全面系统地介绍马克思主义的政治经济学、唯物史观和社会主义三大组成部分的基本原理，向读者推荐马克思主义是"世界改造原动的学说"。此外，针对各种伪社会主义、改良主义等反马克思主义的谬论，李大钊还写了《中国的社会主义与世界的资本主义》《再论问题与主义》等文章进行驳斥，坚定地捍卫了马克思主义，指出中国走社会主义道路的必然性。

尽管有些提法并不十分准确，但李大钊坚定不移地宣传十月革命和马克思主义，把五四新文化运动推向了新阶段，为中国共产党的建立准备了思想基础，也逐渐影响和改变了陈独秀，正是在五四运动前后，陈独秀转变到无产阶级立场。有了《新青年》《每周评论》等"带强烈刺激性的出版物作晨钟暮鼓，一向消沉的青年，也就不能不从睡梦中惊醒，思想解放自是当然的结果了"。尤其使那些寻求真理的先进分子迅速觉悟起来，很快抛弃了资产阶级民主共和的思想，走上十月革命的道路。

三、《每周评论》等"三大评论"

第一次世界大战结束后，中国民众，特别是青年日益关注国内外时事。这就迫切要求报刊加强时事政治的报道和评论。陈独秀、李大钊等《新青年》同人决定另外创办小型政治时事评论报纸《每周评论》。《新青年》"重在阐明学理"，《每周评论》"重在批评事实"。两者共同"输入新思想"，"提倡新文学"，把思想文化斗争和政治斗争紧密结合起来。

《每周评论》是五四时期最有影响的报纸之一。它于 1918 年 12 月 22 日在北京创刊，1919 年 8 月 31 日被北洋军阀政府查禁，共出刊 37 期。在《每周评论》的影响下，当时全国各地曾相继出版了一批和它相类似的时事评述性周报，如湖南的《湘江评论》、上海的《星期评论》、浙江的《钱江评论》、成都的《星期日》等。其中《每周评论》与《湘江评论》《星期评论》影响最大，并称为五四时期的"三大评论"。

《每周评论》的宗旨是"主张公理，反对强权"。前 25 期由陈独秀负责主编，他和李大钊都是主要撰稿人，鲜明地宣传反帝反封建思想，并倾向社会主义。从第 26 期起，因陈独秀被捕，李大钊出走，在胡适接手主持下，挑起"问题与主义"的论战，成为宣传实用主义的刊物。

《每周评论》高举反帝反封建军阀的旗帜，对五四前后的国内外政治事件都有评述。

如李大钊的《秘密外交与强盗世界》、陈独秀的《山东问题与国民觉悟》等深刻揭露了巴黎和会成为列强的分赃会议。对于五四运动的报道,《每周评论》尤其起了舆论先导的作用。五四运动发生后,《每周评论》从第21号起一连五期用全部或大部分篇幅详细报道和评论这一场伟大的爱国运动,密切关注运动的进展。新开辟专栏"对于北京学生运动的舆论",发表了《学生无罪》《学生示威感言》《五四运动的精神》等有影响的评论。《每周评论》第一次把这场伟大的群众爱国运动称为五四运动,赞扬它是中国学生和中国人民的一个创举。它第一次提出学习五四运动的精神,即在关系中国民族危亡的时候所表现的"学生牺牲、社会制裁和民族自决"的精神。此外,"名著"等专栏还摘译过《共产党宣言》,介绍与宣传俄国革命及苏维埃各项法规与政策,如《俄国的新宪法》《俄国的土地法》《俄国的婚姻制度》等文章一时影响颇大。《每周评论》在五四时期具有重要的思想启蒙与政治启蒙意义。

《湘江评论》1919年7月14日创刊于长沙,是湖南学生联合会机关报,由毛泽东主编。《湘江评论》是一张4开4版的小型周报,主张以平民主义来打倒强权。毛泽东在该报先后发表近40篇政论、述评、杂文。尤其是长篇政论《民众的大联合》(连载第2~4号)阐述"民众大联合"的策略思想和主张,反映了毛泽东革命统一战线思想的萌芽。当时,上海、北京、成都、浙江的一些报刊对于《民众的大联合》一文,相继全文转载或推荐。《每周评论》赞扬该文"眼光远大,议论也很痛快,确是现今的重要文字"。李大钊评价《湘江评论》是全国最有分量、见解最深的刊物。1919年8月上旬,该刊第5号正在付印时,就遭到了湖南军阀张敬尧的武力查封。

《星期评论》1919年6月8日创刊于上海,也是五四运动时期著名的刊物之一。1920年6月6日停刊。它是在孙中山和中华革命党(后改名为中国国民党)的指导与支持下出版的。主编为戴季陶和沈玄庐,参与撰稿的还有孙中山、李汉俊、李大钊等。该刊侧重研究、介绍各种新思潮,包括社会主义与劳工运动问题,重视反映中国工人的劳动生活和罢工斗争,对提高中国工人觉悟、促进中国工人运动的发展起到了积极作用。它对马克思和马克思主义也进行了大量宣传和评介。

四、《新青年》的改组

1919年6月11日,陈独秀因散发《北京市民宣言》传单被捕,经各方营救,9月16日获释。10月5日,《新青年》编辑部决定此后由陈一人编辑。经历五四爱国运动,在马克思主义广泛传播和工农运动迅猛发展的新形势下,陈独秀日益倾向社会主义。12月,他在《新青年》第7卷第1期写的《本志宣言》中指出,"我们相信世界上的军国主义和金力主义已经造成了无穷的罪恶,现在是应该抛弃的了",开始把批判的矛头指向帝国主义。

1920年2月,李大钊护送陈独秀南下时,两人相约筹建中国共产党。5月,陈独秀在共产国际代表的帮助下,积极筹建中国共产党上海发起组。他把第7卷第6期编成《劳动节纪念号》,这是《新青年》宣传马克思主义与工人运动相结合的一个里程碑,也是新文化运动发展的"新的集合点"。这期专号的篇幅有360多页,比平时扩大一倍以上。它发表了陈独秀的《劳动者的觉悟》、李大钊的《"五一"May Day 运动史》和大量全国各地工人劳动、生活状况的调查报告及材料，包括数十幅照片，揭露在资本主义剥削下广大劳工牛马不如的奴隶生活。这些材料有相当部分是《新青年》的通讯员和各地进步学生团体深入工人群众调查得来的，还有几篇就是工人自己写的稿子和题词。

1920 年 8 月，中国共产党上海发起组成立，决定将《新青年》改为上海党小组的机关刊物。因此，从 9 月出版的《新青年》第 8 卷第 1 期起，由民主主义性质的刊物改组成为中共上海发起组领导的社会主义刊物，刊物性质的改变与陈独秀思想立场的转变和他的积极建党活动分不开。

首先，组织领导方面，编辑部虽然由陈独秀继续主持，但这时陈独秀已经由激进民主主义立场转换到无产阶级立场上，并成为中共上海发起组的负责人。中共上海发起组成员李汉俊、陈望道等也加入了编辑部，成为编撰骨干。在印刷发行上，成立新青年社，独立印刷发行。这就从组织上、经济上加强了中共上海发起组对《新青年》的领导。其次，编排形式和宣传内容方面的明显变化。从第 8 卷第 1 期起，《新青年》的封面正中绘制了一幅地球图案，从东西两半球上伸出两只强劲有力的手紧紧相握。这一设计"暗示中国人民与十月革命后的苏维埃俄罗斯必须紧紧团结，也暗示全世界无产阶级团结起来的意思"。同时，从这一期起，中共上海发起组成员的文章明显增加，而胡适等人的文章明显减少。还开辟《俄罗斯研究》专栏，到第 9 卷第 3 期，共发表 36 篇文章，全面地介绍苏俄的社会制度、经济政策、农业制度、婚姻制度、平民教育、儿童教育和职工运动等各方面的情况。这一专栏的设置，为读者了解马克思主义和俄国革命提供了丰富材料，树立了旗帜。

在言论上，改组后的《新青年》，刷新论说、通讯、随感录等栏目，用社会主义、马克思主义的思想政治方向来引导读者。陈独秀发表了《社会主义批评》《马克思学说》《谈政治》等文章，抛弃了先前崇仰的西方资产阶级的民主共和政治，转而拥护马克思主义的无产阶级革命和无产阶级专政。《新青年》还组织了对各种非马克思主义的思想观念的批判，出版了两个有重要影响的专辑《关于社会主义的讨论》（第 8 卷第 4 号）和《讨论无政府主义》（第 9 卷第 4 号），为中共建党清除了思想障碍。

改组后的《新青年》，仍然保持原来新文化运动统一战线的面貌，与在北京的编者作者保持联系，照旧采用他们的来稿。这样，既争取了原有民主主义作者读者逐步跟上来，同时也避免打出纯粹的马克思主义的旗号而招来反动当局的注目。

1920 年 12 月，陈独秀到广州后，《新青年》实际主持人为陈望道。1921 年 7 月中国共产党第一次全国代表大会后，《新青年》成为中共中央的理论刊物。1921 年 9 月，陈独秀重任主编，只出一期即休刊。1922 年 7 月又出一期后停刊。

改组后的《新青年》，向广大读者进行了彻底的民主主义和马克思主义思想的启蒙教育，激励、团结一代新人走向马克思主义的道路，为中国革命做出了重大贡献。毛泽东高度评价说："五四运动替中国共产党准备了干部。那个时候有《新青年》杂志，是陈独秀主编的。被这个杂志和五四运动警醒起来的人，后头有一部分进了共产党。这些人受陈独秀和他周围一群人的影响很大，可以说同他们集合起来，这才成立了党。"①

第五节　中国共产党红色新闻事业的发展

1922年7月，中国共产党第二次全国代表大会后，我党相继创办了中央一级机关报刊《向导》《新青年》《前锋》，充分发挥了舆论向导作用。

《向导》是中共中央第一个政治机关报。1922年9月，在上海创刊。它是时事政治评论性的周报，16开本。1927年7月停刊，共出201期。它是在陈独秀为首的中共中央领导下出版的。蔡和森是第一任主编。《向导》一创刊，就集中宣传党的二大制定的民主革命纲领——打倒帝国主义，打倒封建军阀，统一中国为真正的民主共和国。

《向导》用大量事实报道和马克思列宁主义理论，分析、揭露各国帝国主义竞相控制中国政治、经济命脉，操纵军阀内战，压榨中国人民的真相；论述帝国主义是造成中国贫穷落后、战乱不安的一大根源，明确指出打倒帝国主义是中国人民民主革命的基本任务之一。《向导》从第64期起辟《外患日志》一栏，逐日刊载帝国主义侵略中国的罪行，使中国人民永志不忘。

《向导》十分注重开展反对帝国主义新闻侵略的宣传斗争。

第一次世界大战后，帝国主义在华的新闻机构有所扩充。主要有英国的《字林西报》和《京津泰晤士报》，美国的《大陆报》，日本的《顺天时报》等。1921—1922年，英国的路透社，日本的东方社，美国的中美社、美联社，德国的海通社等，相继在中国建立了分社，占据垄断地位。它们依据不平等条约和雄厚的资本，竭力为帝国殖民侵略政策作辩护，蒙骗中国人民，反对中国的民族民主革命运动。

《向导》在创刊的头两年中，发表揭露列强在华新闻活动的文章三十多篇，指出这是一种"新闻的侵略"，并对列强的造谣惑众进行了驳斥。它还主张对帝国主义在华的新闻机构予以制裁和取缔，号召"以全国人民的公意，对付他们"。

《向导》同时大力进行了打倒封建军阀的宣传。它通过事实报道和理论分析，说明封建军阀是造成中国贫穷落后、战乱不安的另一根源；明确指出打倒封建军阀是中国人民民主革命的又一基本任务。它揭露了各派军阀依附帝国主义，以"武力统一"或"联省自治"为旗号，连年混战、祸国殃民的罪行以及丧权辱国、出卖民族利益的罪恶活动，激发人民对封建军阀的仇恨。同时，对安徽、江西、湖南等地人民反对军阀的运动给予热情的支持。

1923年6月，中国共产党第三次全国代表大会确定了与国民党建立革命统一战线的政策。《向导》发表了许多文章，评述国民党的现状及面临的抉择问题，积极宣传国共合作的有利条件与良好前景。诚恳地帮助孙中山总结经验教训，抛弃对帝国主义和某些军阀的幻想，转向相信和依靠人民群众。

---

① 《中国共产党第七次全国代表大会的工作方针》（一九四五年四月二十一日），中共中央党史研究室、中央档案馆编：《中国共产党第七次全国代表大会档案文献选编》，137页，北京，中共党史出版社，2015。

《向导》还批驳了各种错误思想与主张。1922 年 5 月，胡适在北京创办《努力周报》，10 月在这个刊物上发表《国际的中国》一文，反对《向导》有关打倒帝国主义的宣传，说这种宣传"很像乡下人谈海外奇闻，几乎全无事实上的根据"。他认为"外国投资者的希望中国和平与统一，实在不下于中国人民的希望和平与统一"。他又说："政治混乱的时候，中国陷入无政府的时候，或者政权在武人奸人手里的时候，人民只觉得租界与东交民巷是福地，外币是金不换的货币，总税务司是神人，海关邮政权在外人手里是中国的幸事。"所以，他"奉劝"人们"不必在这个时候牵涉什么国际帝国主义的问题"。《向导》发表专文，批驳胡适的观点，指出胡适"完全为美帝国主义辩护"，明确地回答胡适："租界和东交民巷只有官僚、政客、安福系、交通系、帝制派觉得是福地，外币也只有少数富翁觉得是金不换的货币，总税务司只有少数银行家觉得是神人，胡先生或者也这样觉得，我们小百姓倒不觉得这样。"《向导》还批评了《努力周报》关于"好人政府"的主张，指出：一切改良主义的主张都是有害的幻想。

《向导》经过两年多持之以恒的宣传，终于使"打倒帝国主义""打倒军阀"的口号深入人心，成为全国人民的政治常识。1925 年 1 月，中国共产党第四次全国代表大会评价指出：在中国民族革命运动中，《向导》"立在舆论的指导地位"。

中外反动势力对《向导》进行了种种迫害。上海租界的巡捕武力搜查上海大学《向导》通讯处，北洋军阀政府通过邮局暗中没收它，下令查禁它。但是，《向导》却受到广大人民群众的支持和爱护。它的发行数量由开始的两三千份很快增至 2 万份、4 万份，最高达 10 万份。读者不仅遍布国内，而且远及越南、日本、德国和法国等海外各地。读者赞扬《向导》的创办是中国"两千年来历史上破天荒的荣誉作业"，称赞《向导》是当时中国新闻界中"真敢替受压迫的工农阶级呼冤而确能指示民众以革命大路"的唯一报纸，把《向导》看作"黑暗的中国社会的一盏明灯"。

蔡和森是《向导》的首任主编，1922 年当选为中共中央委员，负责筹办出版《向导》。他担任《向导》主编 32 个月，不顾体弱多病，埋头阅读和写作，在《向导》发表了 160 多篇文章(其中署名"和森"的 130 篇，和向警予合署"振宇"的 36 篇，不包括用"记者""本刊同人"等名义发表的文章)。这些文章，有对现实问题作系统分析的每篇五六千字的政论，也有每篇仅两三百字的精悍有力的短论；内容广涉国内外政治、经济、文化、外交等各方面。蔡和森有很高的马克思列宁主义理论修养。他的文章能抓住重要的实际问题，提到理论高度来分析，具体地、生动地宣传党的纲领和政策。

继《向导》之后创办的中共中央机关刊物还有《新青年》季刊(1924 年 6 月—1926 年 7 月)，它是中共中央理论机关刊物，创刊于广州，后实际上是不定期刊，共出 9 期。《前锋》月刊(1923 年 7 月—1924 年 2 月)创刊于上海(封面假托在广州)，共出 3 期。上述两刊均由瞿秋白主编。两刊和《向导》的定位略有不同：《向导》主要通过对国内外政治时事的及时报道和评论来反映和指导政治斗争；《新青年》季刊侧重于马克思列宁主义的理论思想宣传；《前锋》着重对中国及世界政治、经济的一些专门问题进行系统的调查分析和论述。三者相互配合，共同宣传、贯彻党的纲领路线，扩大党的影响，有力地推动民主革命胜利发展。瞿秋白写的《〈新青年〉之新宣言》是中共新闻事业发展的重要论述。

一、中国社会主义青年团中央报刊的创办

中国社会主义青年团地方组织创办了最早的一批团刊，如天津团组织的《劳报》(后改名《来报》《津报》)，成都团组织的《人声》周刊，广东团组织的《青年周刊》。北京团组织于1922年2月15日创办的《先驱》半月刊，因北洋政府的查禁，从第4期起，迁往上海出版，同年5月，中国社会主义青年团中央机构建立，《先驱》改组成为团中央的第一个机关报。1923年8月15日，出版第25期后停刊。旅欧团组织在法国巴黎办有油印的《少年》月刊(1923年8—12月)，共出13期停刊。

1923年8月，团中央举行第二次全国代表大会，决定创办《中国青年》作为团中央的机关刊物。

1923年10月20日，《中国青年》在上海创刊，周刊，32开，经常发行1万多份，最多时2万份，出至1927年10月停刊，共出8卷3号。恽代英、萧楚女、李求实等先后担任主编。《中国青年》在发刊词中宣称，它是"为中国一般青年服务的"，是供给青年以"忠实的友谊的刊物"，要引导一般青年到活动的、强健的、切实的路上。在大革命时期，《中国青年》是办得最出色、影响很大的刊物之一。它的宣传内容有以下几个方面：重视青年的要求，从内容到形式，适合青年的需要，是《中国青年》的特色。它所需要的是"有益而有味的稿子"，编排生动活泼。《中国青年》在一段时间里每期都有《本期研究题目》，启发读者思考，如每当寒暑假开始时，它就对学生们提出建议：回家做些什么事情，看些什么书，思考些什么问题，等等。它所载文字，一般都是明白流畅的，并有图画、诗歌、小说等。它同读者建立了直接联系，组织读报组，开展讨论。许多青年就是从阅读《中国青年》开始走上革命道路的，他们称赞它为"良师益友"。

恽代英、萧楚女为办好《中国青年》付出了大量心血，是最受读者欢迎的编撰人。

恽代英，字子毅，笔名但一等，1921年参加中国共产党。1923年当选为团中央委员，担任团中央宣传部长兼《中国青年》主编。1924年国共合作后担任国民党上海市执行部工农部秘书，主编《新建设》月刊，领导上海《民国日报》副刊部工作，同时仍主编《中国青年》。1926年赴广州担任黄埔军校政治教官，任《黄埔日刊》编撰。

作为《中国青年》的创办者、首任主编、主要撰稿人，恽代英亲自处理读者来信，在《中国青年》上发表文章百余篇、通信四五十封。他和萧楚女还以记者名义撰写回复读者信和《新刊批评》栏稿件。他们的作品代表了《中国青年》的文风，即热情加说理。既洋溢着革命激情，又有求实精神。恽代英的文章，如同朋友之间谈心，用革命理论分析现实问题，深入浅出、亲切感人。读者说，每读他的文章，"浑身就像火烧一样的发热"。恽代英有强烈的事业心，手不释笔，患病时还请人代写。他在生活上十分俭朴，待人热情。萧楚女常说，恽代英像墨子，摩顶放踵而利天下。

萧楚女，原名萧秋，笔名楚女、初遇、抽玉、匪石、丑侣等，湖北汉阳人，从少年时代起，他当过木行学徒、报童、茶馆跑堂、轮船伙夫、新军士兵。后由朋友帮助入武昌新民实业学校(农桑专业学校)学习，在武昌中华大学旁听时结识恽代英。五四运动前后，曾任汉口《崇德报》主笔、《大汉报》副刊主笔，参加利群书社工作。1922年

参加中国共产党。1923年赴四川任中学教师兼《新蜀报》主笔。两年中撰文近千篇，鞭挞邪恶腐朽的封建主义、帝国主义势力，被青年誉为黑暗社会中的开路人。1924年5月当选为团中央委员。1925年赴上海，参加团中央工作，担任《中国青年》编辑，主持《新刊批评》专栏。他在《中国青年》上发表了许多文章，热烈地鼓励青年要有"入世宏愿"，勇于变革现实。同年8月，主编河南《中州评论》。1926年赴广州，先协助毛泽东编《政治周报》，担任黄埔军校政治教官，为《黄埔日刊》撰写《政治解答》专稿，后在农民运动讲习所任专职教员。1927年广州"四一五"政变中被国民党反动派杀害。他通过勤奋自学和社会实践掌握了马克思主义理论和广博的科学文化知识，写得一手漂亮的文章，其文情理交融、分析深刻，感人至深。

二、工人团体报刊的创办

中国共产党领导的中国劳动组合书记部及其地方分支部，为开展工人运动，从1921年下半年到1923年年初，陆续创办了一批工人报刊。其中最著名的是上海的《劳动周刊》和北京的《工人周刊》。

《劳动周刊》(1921年8月—1922年6月)是中国劳动组合书记部的机关报，也是中共领导下的第一张全国性的工人报纸。创刊于上海，4开小型报。期发行数最多时达5 000份，前后累计印行16.5万张。它受到工人们的欢迎，发行到全国许多地方。《共产党》月刊称赞它"是教育训练劳工们一个最好的机关报"。后被上海公共租界工部局以"登载过激言论""鼓吹劳动革命"的罪名勒令停刊，仅出41期。

《工人周刊》(1921年7月—1926年年底)，中国劳动组合书记部北方分部机关报，创刊于北京，曾被誉为"北方劳动界的一颗明星"。1924年2月，改为新成立的中华全国铁路总工会的机关报。因受北洋军阀政府的迫害，曾多次停刊。期销2 000~6 000份。

中国劳动组合书记部在各地的支部，创办了一批刊物，如济南《劳动周刊》、长沙《劳动周刊》、武汉《劳动周报》、香港地区《劳动周刊》等。在各地工人运动中，出版有汉口《真报》《陇海路总罢工》《京汉铁路日刊》《唐山潮声》《安源旬刊》等。

工人报刊的宣传报道中心是：向工人群众通俗地介绍马克思列宁主义理论，反映工人群众的生活和工会组织的活动，号召工人阶级团结起来，进行反对帝国主义、反对封建军阀的斗争。《劳动周刊》《工人周刊》等，把工人争取政治经济权利的斗争同民主革命的基本任务结合起来，引导工人运动沿着正确的道路前进。

在1921年1月至1923年2月我国第一次罢工运动高潮中，工人报刊发挥了宣传鼓动作用和组织作用。许多报刊及其工作人员，在罢工运动中进行了英勇的斗争。如汉口《真报》，1922年10月10日创刊，由湖北省工团联合会主办，林育南主编。它积极报道与支持工人的斗争。1923年2月4日京汉铁路全线总罢工开始后，《真报》成为罢工工人的喉舌。2月7日发生镇压工人的惨案，8日《真报》被捣毁、查封。封条上写着"扰乱地方，鼓动工潮"8个字。它的编辑之一施洋，7日被捕，15日即被军阀杀害。

"二七"惨案以后，全国工人运动转入低潮，工人报刊中多数被迫停刊或被查封，能够坚持出版的为数极少。《工人周刊》编者坚定地表示："一本愚衷，始终奋斗。"

三、统一战线报刊的活跃

1924年1月国民党改组后，加强对民众的宣传组织工作，创办了一批报刊。共产党员毛泽东担任了国民党中央宣传部代理部长，主持全面整顿国民党报刊宣传系统工作，一批共产党员参加国民党报刊和通讯社工作。一些由共产党员主持、用国民党名义出版的具有统一战线性质的报刊活跃起来，在人民群众中产生了广泛的影响。

《政治周报》（1925年12月—1926年6月），是国民党中央机关报，国民党中央宣传部主持出版，创刊于广州。16开本期刊。由毛泽东筹办并任第一任主编。第5期起，由共产党人沈雁冰、张秋人接任主编。毛泽东撰写发刊词《〈政治周报〉发刊理由》，并以子任、润之等笔名撰发政论、新闻、时评、通讯近20篇。它主要刊载国民党中央和广东革命政府的重要会议报道、文件、报告及知名人士的专稿，有部分新闻报道材料，辟有《反攻》专栏，刊发短小犀利的时评。注重用事实说话，通过大量事实报道和评论，宣扬广东革命政府领导下在政治、经济、文化、教育方面的成就，工农群众反帝反封建斗争的业绩，揭露国民党右派勾结帝国主义和军阀势力的阴谋活动，揭示右派分裂的必然性，反击敌对新闻工具的反革命宣传，为维护国共合作的统一战线和巩固广东民主革命基地，发挥了重要作用。每期发行数达4万份，共出14期。

国民党中央农民部出版的《中国农民》月刊和《农民运动》周刊，也是主要由共产党员经办的。《中国农民》是理论刊物，于1926年1月在广州创刊。毛泽东的《中国社会各阶级的分析》、李大钊的《土地与农民》、彭湃的《海丰农民运动报告》等文章，都是在《中国农民》上发表的。《农民运动》是通俗性刊物，它刊载有关农民运动的论文、宣传材料报道，批驳对农民运动的诬蔑。1926年8月1日创刊于广州，后迁武汉。现在所见最后一期为1927年6月出版的第29期。

国民党中央和各省的工人部在共产党员主持下，出版了《革命工人》周报、《湖南工人》周刊等工人报刊。国民党地方党部出版的《楚光日报》和《汉口民国日报》都是由共产党员主持的；《楚光日报》于1926年在汉口创刊，是国民党湖北省党部机关报，创办人董必武（用化名担任社长），总编辑宛希俨、陈潭秋曾为它写作社论，报馆工作人员仅四五名，都是共产党员。

董必武主持下的《汉口民国日报》于1926年11月创刊，国民党湖北省党部机关报，后兼作武汉国民政府、国民党中央言论机关。经理毛泽民，先后担任主编的是宛希俨、高语罕、沈雁冰。编辑部几名成员，大多是共产党员。它的编辑方针、宣传计划、经营管理实际上均由中共中央宣传部指导。日出对开3张。创刊初，期发4 000份，最高达1万份。

《楚光日报》和《汉口民国日报》积极报道工人运动、农民运动和北伐战争的形势，宣传中国共产党的主张和孙中山的联俄、联共、扶助农工三大政策。1927年上半年，正在蓬勃开展的湖南农民运动遭到无端的攻击与诬蔑，《汉口民国日报》发表新闻与评论，报道真相，支持农民群众的斗争。它还转载了湖南《战士》周报上发表的毛泽东的

《湖南农民运动考察报告》一文。从5月起，增出《民众运动》专版。

上海《民国日报》1924年改组为国民党上海执行部机关报后，毛泽民、恽代英分任经理、编辑，一些共产党人和国民党左派共同组成副刊部，积极改进副刊工作。共产党人主持编务的国民党机关报刊还有上海《新建设》月刊，湖南《新民》周报，北京《国民新报》《民报》，广州、南昌的《民国日报》，汕头的《岭东民国日报》等。1924年4月1日，国民党中央宣传部在广州创办中央通讯社，1926年6月迁往武汉。

从总体上看，在武汉"七一五"政变前，共产党人和国民党左派联合主办的统一战线报刊兴旺发展，占据优势。1925年11月后，上海《民国日报》受到国民党右派控制向右转时，当即受到国民党中央的党纪处分，并受到《政治周报》等革命报刊的严厉批判。

第六节　群众团体的进步报刊

工农运动的蓬勃发展，促使各界进步群众团体创办了一批报刊。

工人团体的报刊主要有《中国工人》月刊，中华全国总工会机关刊物，邓中夏是主要编撰人。它以指导工人运动的复兴作为首要任务。它引导工人把争取目前利益的斗争和国民革命结合起来，把斗争矛头指向帝国主义和军阀。其第2期上发表的邓中夏的《我们的力量》一文，针对陈独秀的右倾观点，充分阐明了工人阶级是中国民主革命的主要领导力量的观点。

《工人之路特号》(1925年6月—1927年4月)，省港大罢工中出版的省港罢工委员会机关报，全国总工会宣传部长、省港罢工委员会党团书记邓中夏兼任主编。他为该报题写报头，设计版面，撰写重要稿件，要求报纸办得通俗易懂，生动活泼。这张4开4版的日报，初印3 000份，后最多增至日发1万份。1927年广州"四一五"政变前夕被迫停刊。现存最晚一期的编号是第616期。它是大革命时期工人报刊中出版最久的一张日报。

农民团体的报刊主要是各省农民协会办的，有广东的《犁头》旬刊(后改周刊)，湖北的《湖北农民》和《湖北农民画报》，江西的《江西农民》《锄头》和《恤潮画报》，湖南的《农友》，山东的《山东农民》和《山东农民画报》，陕西的《耕牛》等。在农民运动活跃的湖南、湖北、广东、江西等省，许多县、区的农协都办有油印小报，大量的墙报、传单、标语、漫画、小册子，遍布革命农村。

农民报刊的特点是通俗、活泼，从内容到标题都适应农民的需求，文字明白如话。如《湖北农民》第8期(1926年11月16日出版)，曾发表《吴佩孚又在郑州杀人》，揭露封建军阀的罪行。它还刊有《革命军大败孙传芳》《武汉人力车夫罢工胜利》等报道，让农民从事实中看到"我们百姓的力量真大"。《湖北农民》还用歌谣、故事等形式来宣传革命道理，发表过《农工牵手歌》《地主与农夫》《团结好》《劣绅自叹》等作品。这些新闻报道和文艺作品，都受到农民的欢迎。它创刊时销售5 000份，到1927年年初超过2万份。

1923年后，各地学生联合会和全国学生联合总会普遍恢复，广泛开展活动，学生报刊也随之有了新的发展，到北伐前夕，能统计到的各地学联的刊物约有50种。这些报刊和共青团刊物的宣传相配合，着重宣传中共打倒帝国主义、打倒封建军阀的主张，成为中国共产党团结教育广大学生的重要宣传阵地。其中主要有中华全国学生总会的机关报《中国学生》（销数达 8 000 份），《北京学生联合会日刊》，广东《新学生》半月刊，《北京学生》，上海学联的《上海学生》等。

北伐战争前后，一批军队报刊涌现并分化。国共合作后，1924 年 6 月在黄埔创办国民党陆军军官学校。1925 年 7 月孙中山领导的广州国民政府成立，设军事部，统一军队编制，建立 6 个军，称国民革命军，以苏联红军为榜样，建立了党代表制度和政治工作机构，出版报刊，加强军队的政治思想工作。一批共产党人被派往黄埔军校和各军担任政治工作，其中不少人成为军队报刊的主要编撰人。据不完全统计，从国民革命军成立到北伐前的一年中，出版的军人报刊有 30 多种。它们分别由国民党中央军事机关、各军政治部、黄埔军校和军人团体主持出版。其中影响较大的有黄埔军校校部主办的《黄埔日刊》，萧楚女为它写了《政治解答》栏专稿千余条。《中国军人》，1925年 2 月创刊，初为旬刊，从第 7 期起改为月刊。它是中国青年军人联合会的会刊。由共产党员王一飞担任主编。它的宗旨是"鼓吹革命精神，团结革命军人，唤醒全国军人，促起全国军人的觉悟"。它以军校师生为主要读者，还向各军寄送，发行达两万多份。《军人日报》，由国民党中央军事委员会政治训练部主办，1926 年 4 月 1 日创刊，对开大报。它的宗旨是"提高军人之政治观念"，"提倡军民合作"，"促进国民革命"。它报道各军活动，反映军人的生活与要求，介绍全国工农运动发展情况，揭露帝国主义与封建军阀相互勾结的罪恶。同年 8 月北伐中，它在衡阳改组为《革命军日报》，由北伐军总政治部主办，先后迁长沙、南昌、武汉出版，郭沫若、潘汉年、杨贤江相继任主编。上述报刊在建设革命军队和北伐战争中，发挥了重要的宣传鼓动作用，受到官兵欢迎。也有一些军队报刊，在国民党右派的影响和控制下，打击军内进步势力，反对孙中山联俄、联共、扶助农工的三大政策，后来成为国民党新军阀的宣传工具。如黄埔军校国民党右派组织孙文主义学会出版的《国民革命》周刊、由蒋介石控制的黄埔同学会出版的《黄埔潮》周刊等。在北方，李大钊选派一批共产党员帮助冯玉祥领导的西北国民革命军，于 1925 年 10 月下旬出版了《西北日报》，1926 年改名《中山日报》。"四一二"反革命政变后停刊。

1925 年 5 月 15 日，上海日本纱厂资本家枪杀工人顾正红，打伤工人十多人，激起全市工人、学生、知识分子和市民的愤怒。30 日，上海学生 2 000 多人在公共租界内集合声援工人斗争，要求收回租界，英国巡捕逮捕讲演学生 100 多人。随即，群众万余人在公共租界南京路巡捕房门前集会，要求释放被捕者。英国巡捕对群众开枪，打死十多人，打伤数十人，逮捕数十人，造成"五卅惨案"。当晚，中共中央举行会议，号召上海人民开展罢工、罢课、罢市，抗议帝国主义暴行。由此，掀起了中国人民伟大的民族解放运动——五卅运动。

中共报刊《热血日报》《向导》周报和各界群众团体出版的报刊一起，组成上海新闻界广泛的反帝爱国统一战线，共同报道运动形势，揭露国际帝国主义新闻机构的欺骗宣传，批评资产阶级大报的软弱妥协行径，大长了民族志气。

《热血日报》，是中国共产党为加强五卅运动的宣传专门出版的，是中国共产党创办的第一张日报，共出刊 24 号。这张 4 开 4 版的政治性报纸，每期可容 1 万字，设有《社论》《本埠要闻》《国内要闻》《紧要消息》《国际要闻》《舆论之裁判》等栏和副刊《呼声》。它具有通俗化、群众化的特色。主编瞿秋白，当时是中共中央委员，五卅运动"行动委员会"的主要成员之一。他用维摩、维一等笔名撰写社论、政论共计 21 篇，还写有 20 多篇小品文及大众化文艺作品。编辑有沈泽民、何味辛、郑超麟等。

五卅惨案发生后，英、日、美等各国帝国主义者施展其惯用的封锁消息、造谣挑拨的新闻宣传手法，颠倒是非，掩盖事实真相。在上海租界出版的《时报》《新闻报》等 9 家中国人自办的报纸，屈服于租界当局的政治经济压力，有的对事件轻描淡写，有的回避或歪曲事实，表现出妥协、动摇甚至媚外倾向。

《向导》周报从 5 月 17 日起，开始披露事件真相，及时刊发中国共产党的《为反抗帝国主义野蛮残暴的大屠杀告全国民众书》（以下简称《告民众书》），指出这次暴行绝不是偶然事件，而是帝国主义的侵略政策造成的，解决办法也决不能只要帝国主义惩凶、赔偿、道歉、换几个人便可以了事，而应该以"废除一切不平等条约，推翻帝国主义在中国一切特权为其主要目的"。

《热血日报》弥补了《向导》时效上的不足，它打破舆论的沉寂和封锁，以发扬"民气"，"作被压迫民众的喉舌"为职志，及时报道评论运动形势，引导群众斗争。创刊号《发刊词》表达了中国人民凭着沸腾的满腔热血敢与帝国主义搏斗的正气。发表长篇新闻综述《上海外国巡捕屠杀市民之略述》，并依据《告民众书》精神撰写社论《外人屠杀之反抗运动方针》，提出赔偿死伤损失、应允工人罢工条件、取消工部局和领事裁判权等 8 项要求，在报头左侧以《我们的要求》为题，每天醒目刊出，唤起社会舆论极大的关注。《热血日报》通过大量新闻报道和评论努力使中共的方针融化为工商学联合会等革命团体的实际斗争行动，它大力揭发军阀政府勾结帝国主义破坏人民革命斗争的罪行，全力反映上海、汉口、广州、青岛各地民众的反抗斗争，报道第三国际和各国人民对五卅事件的声援。它面向群众，各种新闻专栏和副刊充满来自普通工人、店员、学生、商人、记者甚至警察、日本海员的声音，汇成一股被压迫民众觉醒的反抗声。

《热血日报》社的社址在上海闸北，编辑部只是一间小小的客堂间，当中放着一张白木长桌，四周摆着几条长凳，狭小闷热，极其简陋。编辑部的工作人员虽然只有三五人，但每天接到的来稿来信数以百计，报纸销数 3 万多份，不少读者义务帮助推销并捐款支援它。

在五卅运动中，上海一些群众团体愤于大报的沉寂，纷纷出版专门报道宣传运动的报刊。在《热血日报》创刊的同一天，上海学生联合会机关报《血潮日刊》出版，发行量达到 1 万多份。为了对外宣传，上海学联还创办了《英文周报》，共出 9 期。1925 年 6 月 11 日，上海总工会机关报《上海总工会日刊》创刊。12 日，上海工商联合会主办的《工商学联合会日刊》创刊。上海学术界对外联合会，早在 6 月 3 日就创办《公理日报》，由叶圣陶、郑振铎、胡愈之主编，得到学生和职工的支持，最高发行量达到 2 万份。

上海一些大学出版了宣传五卅运动的铅印或油印报刊。上海工商界出版了以提倡国货为主要内容的报刊，如《国货周刊》《国货日报》《国货评论报》《爱国报》《中华国货旬报》等。《东方杂志》也刊载了宣传五卅运动的文章和 40 多幅新闻图片，并出版了《五卅事件临时增刊》。邵飘萍主持的北京《京报》和《京报副刊》以大量篇幅对五卅事件进行连续报道。

全国各地出现很多为响应上海五卅运动而办的刊物、壁报、传单。这实际上形成了以无产阶级报刊为主导的新闻界广泛的爱国反帝统一战线。

帝国主义者配合他们的屠杀政策，发起一场反革命宣传。各国驻华公使团训令其在华新闻机关："尽量宣传学生与俄人联络，使世人不同情于此次学生运动。"路透社，美国人在上海办的《大陆报》，英国人在上海办的《字林西报》《文汇报》，日本的一些报纸，大肆散布中国被"赤化"及"过激派煽动"的谣言，企图用反苏反共来分裂和破坏工商学各界联合反帝阵线。《血潮日刊》《工商学联合会日刊》等与之进行了针锋相对的斗争。《热血日报》专辟《舆论之裁判》专栏，撰发《请看外国报纸破坏我们的言论》《外报造谣之技穷》等十多篇文章，予以有力的揭露。上海外国报馆的中国工人也群起罢工进行抵制，迫使《字林西报》《文汇报》等不得不缩减篇幅，或改出油印报。

上海公共租界工部局专门成立"出版处"，编印出版《诚言》——类似传单的铅印宣传品。它不固定篇幅，不署出版机关，出过 3 期。关于这个宣传品的出版动机，美国人沛登·格利芬在写给上海大英银行经理向普金的信中写道："《诚言》宣传的目的可以是在煽动分子之间和他们的盲目追随者之间制造分裂，要达到这样一个目的，最好的方法是将前者包围在不信任、怀疑的气氛之中。"他还批评《诚言》"印得太好，一看就知道是外国人的东西"，建议"仿造中国式样，采用一般廉价的中国刊物所常用的那种粗糙的铅字，以及印在中国人一般惯常使用的劣质纸上"。真可谓机关算尽！但是，蒙骗不了中国群众。群众把宣传品上的"诚言"涂改成"谣言""贼言"，把"看《诚言》"涂改成"不看《贼言》""不看《谣言》"。当时工部局还以克劳广告公司的名义要上海《申报》和《新闻报》刊登《诚言》。两报利令智昏，竟然于 7 月 11 日在广告版用大字刊出了《诚言》第 1 期。这一严重事件，立即引起上海人民的极大愤慨。《血潮日刊》《中国青年》《工商学联合会日刊》等纷纷发表文章予以痛斥。《血潮日刊》刊行了《反对申、新两报特号》。上海学生联合会立即取消该会在两报所登广告，通电全国以激烈手段对付两报，并在租界以外地区扣留这两家报纸。几百群众涌到《申报》馆门前提出抗议。上海学生联合会等团体派人与《申报》《新闻报》交涉。在爱国力量的舆论压力和说服下，《申报》在 1925 年 7 月 17 日刊登向全国人民道歉的启事和《辟〈诚言〉》全文，并印发《〈诚言〉是英国人的谣言》传单 20 万份。这一"《诚言》事件"，标志着帝国主义报刊欺骗宣传的再次破产；同时也说明，中国任何报刊都必须坚持反帝、爱国的方向，否则必将为人民群众所唾弃。

五卅运动后，反帝反军阀的革命宣传深入人心，引起中外反动势力的惊恐。国际帝国主义不惜花费巨额资金，一面充实装备在华外国新闻机构；一面扶持、收买中国报刊，掀起"反赤"运动。

据《向导》披露，1926 年 2 月 20 日《字林西报》"伦敦通信"称："目下英国家银行，已寄款 60 万英镑，交汇丰银行，以为在东方开始广大宣传战胜中国的民族主义与苏维埃宣传的费用。"

以上海《字林西报》和路透社为主干的外国新闻机构扩充起来。在北京，日本人办的《中文顺天时报》此时已拥有资本 15 万元，比北京任何一家中国报纸的资本都要雄厚。《醒狮》周报继续鼓吹国家主义,上海《民国日报》被右派控制,打出了戴季陶主义的旗帜。京、津、沪、汉及香港地区的中外反革命派宣传机关,联手向革命力量发动进攻。《向导》《中国青年》《政治周报》《政治生活》等革命报刊奋起"向反革命宣传反攻",针锋相对地揭露帝国主义新闻宣传机关的造谣中伤及其新闻文化侵略的实质,抵制军阀政客走狗报刊追随帝国主义主子的反动鼓噪,严厉批判反共的戴季陶主义和国家主义。其中,代表性文章有:瞿秋白在《向导》上发表的政论《五卅运动中之国民革命与阶级斗争》《中国国民革命与戴季陶主义》,萧楚女的长篇政论《国民革命与中国共产党》,毛泽东用子任笔名在《政治周报》发表的评论《国民党右派分离的原因及其对于革命前途的影响》《上海民国日报反动的原因及国民党中央对该报的处置》。《中国青年》从1924年11月开始批判国家主义派和它的《醒狮》周报,先后发表了五六十篇文章,还出版了萧楚女的《显微镜下之醒狮派》等小册子。

在北方,受国民革命蓬勃发展的影响,鲁迅为首的革命知识分子以《语丝》《莽原》《猛进》和《国民新报》副刊、《京报副刊》等为阵地,在政治思想战线上展开了对《甲寅》派和《现代评论》派的斗争。鲁迅撰写大量杂文,深刻地揭露北洋政府司法总长兼教育部长章士钊主办《甲寅》周刊,提倡读经复古,反对新文化运动的宣传,揭露胡适、陈源等出版的《现代评论》周刊,献媚于当权统治者,欺骗民众的"灰色"本质,把他们的本来面目公之于众。

1926年,段祺瑞政府一手制造了"三一八"惨案,反诬请愿群众是"暴徒",下令通缉李大钊等,鲁迅也被列入50人的黑名单。鲁迅悲愤地在《语丝》《国民新报》副刊和《京报副刊》上接连写了一篇篇檄文《无花的蔷薇之二》《死地》《可惨与可笑》《纪念刘和珍君》《大衍发微》等,直书惨案真相,警告军阀政府,"墨写的谎言,绝掩不住血写的事实,血债必须用同物偿还",激励被压迫群众奋起抗争。

在这场持续3年之久的舆论斗争中,革命报刊的宣传始终处于进攻的态势,在群众中进行了生动的马克思主义思想教育,削弱了反革命的宣传。

第七节　反革命政变后的革命报刊

1927年4月12日,蒋介石在上海发动反革命政变,屠杀共产党员和革命群众。中国共产党的报刊一概被查封,国民党左派报刊被查封或改组,反动报刊却活跃起来。上海帝国主义势力扶持的外报兴高采烈。一度停刊的上海《民国日报》,在国民党右派的掌握下恢复出版。《时事新报》拿到蒋介石"准予照常出版"的手谕。《醒狮》周报表示国家主义者和国民党"为铲除共同的敌人共产党……应该站在同一条战线上来"。蒋介石和国民党右派还对《申报》《新闻报》施加压力,使得这两家大报也附和"反共"。

上海的革命报刊转入地下坚持革命宣传。上海市总工会机关报《平民日报》被封闭后,改用《满江红》《孙逸仙》等化名继续出版,还秘密出版《新世界》杂志,揭露蒋介石勾结帝国主义,骗缴工人纠察队枪支,非法解散总工会,进行"四一二"反革命屠杀的种种真相。《向导》在上海于4月6日出版第193期后即被迫中断。5月1日在武汉恢复出版。

在江西南昌，《红灯》周刊等革命报刊，不顾反动派的迫害，对蒋介石的反革命罪行进行了系统的揭露，号召群众武装起来和蒋介石进行斗争。蒋介石篡夺了南昌《民国日报》，该报的工人举行罢工，曾使该报一时不能出版。

在湖南长沙，《湖南民报》等报刊连续发表了郭沫若写的《请看今日之蒋介石》和《我离开蒋介石以后》等文章。湖南人民对反动报刊还采取了坚决镇压的态度，封闭了国民党右派控制的长沙《民国日报》和长沙《大公报》。

革命报刊的出版中心转到武汉。《向导》《中国青年》等都迁到了武汉，加上这里原有的《楚光日报》《汉口民国日报》《党声》杂志以及工人、农民、青年、妇女等方面的报刊，形成了强大的革命舆论宣传阵地。武汉国民政府和国民党中央执行委员会决定罢免蒋介石国民革命军总司令及各种兼职，开除其国民党党籍，通令全国声讨蒋介石的反革命罪行。以共产党人和国民党左派报人为主力成立的武汉新闻记者联合会，通过《质问蒋介石摧残革命舆论》《肃清新闻界反动分子》等项决议，并发起召开全国新闻记者联合会，团结力量，广泛运用报刊，形成了声势浩大的讨蒋舆论。《汉口民国日报》《向导》《中央日报》《革命生活》《楚光日报》《中国青年》《汉声》纷纷发表新闻通讯和文章，一致呼吁打倒背叛革命、残杀工农的蒋介石。

正当《楚光日报》等积极报道反映迅猛发展的工农群众运动时，在陈独秀右倾机会主义指导下作出的中共中央五月决议，却要求共产党员在国民党报社中听从国民党的命令，不得有独立的主张。这是新闻宣传工作中的一种严重的投降主义错误。右倾机会主义的领导还命令新闻记者党团在《汉口民国日报》上发表文章批评农民运动。他们掌握的中央宣传部竟印发宣传大纲，纠正农民没收土地等所谓"过火"行为，赞成解散黄冈县农民协会。《向导》周报还发表陈独秀的文章，非难湖南农民运动是"幼稚行为"。

《向导》从第195期起的最后7期，由瞿秋白取代彭述之再次主持编务，曾接连刊发上海总工会通讯和湖南民众请愿团长篇报告，支持工农运动。瞿秋白还和董必武等一道，支持沈雁冰主笔的《汉口民国日报》坚持继续报道工农群众斗争。《中国青年》则抵制右倾机会主义领导的错误意旨，鲜明地驳斥农民运动过火的谬论，主张坚决镇压反革命并指责了武汉政府对反革命的姑息。湖南的《战士》周报、《湖南工人》等也进行了建立工农民众武装的正确宣传。面对武汉内部危机加剧的局势，7月8日，沈雁冰为《汉口民国日报》撰写最后一篇社论《讨蒋与团结革命势力》后，辞去报社职务，同经理毛泽民一起转入地下活动。不久，该报被迫改组。

1927年7月15日，汪精卫叛变，公开宣布宁汉合流，倒向蒋介石。7月18日，《向导》出版最后一期，刊登《中国共产党中央委员会对政局宣言》，强烈谴责汪精卫武汉国民党中央和国民政府对革命的背叛，宣布撤回参加国民政府的共产党员，同时声明：中共将继续支持反帝反封建的革命斗争，愿意同全国一切革命分子合作战斗。《楚光日报》在汪精卫叛变后发表宣言，揭示武汉政变是反革命性质，离开了孙中山的革命道路，召唤一切革命同志继续奋斗。从"四一二"到"七一五"这一段时期，大批共产党员和革命分子在血腥屠杀中遇难。其中有优秀的共产党员和无产阶级报刊宣传活动家、政论家萧楚女、陈延年、赵世炎等。中国共产主义运动的先驱、中国无产阶级新闻事业的创建者李大钊亦被北洋军阀残酷杀害。

革命报刊蓬勃发展的局面虽然因反革命的政变而遭到破坏，但是，大革命时期革命报刊反帝反封建军阀的宣传在全国亿万民众中播下了永不熄灭的火种。革命报刊经过胜利与失败的反复，初步积累了正反面经验。短短几个月之后，共产党、共青团的中央机关报在白色恐怖下的上海重新秘密出版。

思考与练习

1. 袁世凯及北洋军阀政府是如何控制新闻事业的？
2. 新文化运动中《新青年》的宣传内容主要有哪些？
3. 李大钊在促进马克思主义在中国的传播方面做出了怎样的贡献？
4. 简述《向导》的创办经过及其主要宣传内容。
5. 五四时期我国新闻事业的重大变革主要表现在哪些方面？

第六章　南京国民政府初建与苏维埃革命时期的新闻事业

本章要点

◆南京国民政府成立后，通过颁布法令，建立了以一社、一报、一台，即中央通讯社、《中央日报》和中央广播电台和为核心的新闻事业网，这一新闻事业网成为南京国民政府控制舆论的中心。

◆革命根据地的新闻事业在中国共产党的领导下获得了显著发展，尤其是中华苏维埃临时中央政府成立后，红中社、《红色中华》《红星》报等新闻媒体发挥了重要的宣传和组织作用。

1927年，国民党反动派违背与中国共产党的合作盟约，发动"四一二""七一五"政变，以暴力镇压手段重组政权。1928年2月，在南京召开的国民党二届四中全会，确立了以蒋介石为首的国民党南京政府。为了将全国置于自己的统治之下，蒋介石政府一方面与其他军阀混战；另一方面，指挥军队攻打中国共产党领导下的红色根据地（苏区）。因此，直至抗战全面爆发，中国长期处于内战状态。

第一节　国民党政府的新闻事业

刚刚上台的蒋介石集团为了打击党内其他派系，巩固对全国的统治，加紧对新闻舆论的控制。1928年6月，出台了《设置党报条例》《指导党报条例》《补助党报条例》三个条例，通过这些法令，国民党南京政府建立了以一社、一报、一台为核心的新闻事业网，即中央通讯社、《中央日报》和中央广播电台和等中央宣传机构，是国民党新闻事业的中心。

中央通讯社（简称中央社）于1927年5月迁往南京，1932年改组建立总社，萧同兹任社长。到1936年止，中央社先后在上海、汉口等各大城市设立了11个分社，在昆明、西宁等省会和重要城市派驻通讯员30余人，初步形成了一个全国通信网络。同时，在东京、日内瓦、新德里派驻通讯员。中央社又与路透社、哈瓦斯社、合众社、海通社等签订互换新闻的合同，这些通讯社的电讯，均由中央社统一抄收编发。这样中央社既垄断了新闻来源，又拥有无线电传播新闻的专用权，成为国民党新闻事业的支柱。到1937年抗战全面爆发前夕，中央社向全国250家报社发稿，日发中文电讯稿8 000万到12 000万字。

《中央日报》于 1928 年 2 月在上海创刊。1929 年 2 月 1 日迁南京复刊,由国民党中央宣传部长叶楚伧兼任社长。1932 年实行社长负责制,首任社长程沧波。该报还陆续出有多种地方版。"九一八"事变后,《中央日报》成为宣传蒋介石"攘外必先安内"政策的急先锋。程氏整顿社务,致力于业务改进,提出实现报纸营业化、学术化、效率化的口号,该报由对开 2 张扩为 3 张,销数从不到万份增至 3 万份。1937 年 12 月,南京沦陷前夕西迁,1938 年 9 月 1 日在重庆复刊。抗战胜利后,复刊南京版。《中央日报》是国民党最重要的喉舌之一,但由于大多秉承蒋的旨意,往往背离民意,因此影响力有限。其实,《中央日报》的创办可以追溯到 1927 年 3 月,由于有共产党人参与采编,进步倾向明显,因此,不被南京政府认可。

中央广播电台(简称中央台),1928 年 8 月在南京建立。1932 年 11 月该台的发射功率由 500 瓦增加为 75 千瓦,呼号改为 XGOA,是当时亚洲地区发射功率最大的一座电台。收听范围可达东南亚。到 1937 年全面抗战前夕,国民党还先后办了 20 多座地方广播电台,从而组成了一个广播网络。

国民党较有影响的报纸还有军方的机关报《扫荡报》。1932 年 6 月 23 日在江西南昌创刊,社长刘泳尧,当时正值国民党军队对红军进行"围剿"。其前身是国民党军事委员会南昌行营出版的《扫荡三日刊》。《扫荡报》发刊词公开以"攘外必先安内,抗日必先剿共"为宗旨。红军长征后,1935 年 5 月 1 日,迁武汉出版,开始扩充版面,拓宽报道范围,对社会公开发行。全面抗战爆发后,该报宣传重心有所调整,开始将抗战宣传摆在重要位置,影响力有所扩大。抗战胜利后,改为《和平日报》继续出版。

此外,国民党地方党部办了地方党报、政府机关报,各派系及大小军阀也都办有自己的报纸,这样,国民党组成了从中央到地方的新闻事业网,在全国新闻出版业中处于垄断地位。除了这些国民党报刊外,其他组织机构也创办了一些报刊,如新月社 1928 年 10 月创刊的《新月》、再生社 1932 年 5 月创刊的《再生》、中华书局 1933 年 1 月创刊的《新中华》等。不以组织机构名义出版的刊物也有一些,如胡适等 1932 年 5 月创办的《独立评论》、林语堂 1932 年 9 月创办的《论语》等。据 1936 年出的《全国报馆刊社调查录》统计,当时国统区报刊种类有 2 700 多种。

国民党在建立自己的新闻事业网的同时,采用各种办法加强新闻统治,钳制社会舆论。它制定新闻出版法令,剥夺人民的言论出版自由,打击异己势力,迫害进步报刊。1930 年 12 月,国民党颁布《出版法》,为其反动新闻统治披上合法的外衣。随后出台的《日报登记办法》《出版法施行细则》《宣传品审查标准》等法令,在新闻界推行越来越严厉查追究惩罚制度。1933 年前后,由于抗日民主运动的高涨,国民党改变策略,对新闻出版由事后追惩制度前移变为进一步加强事前审查制度。1933 年 1 月,国民党通过了《新闻检查标准》和《重要都市新闻检查办法》。根据这些法令,国民党先后在南京、上海、北平、天津、汉口等重要城市设立了新闻检查所,要求当日出版的报刊,包括增刊、特刊、号外以及通讯社稿等,在发稿前将全部稿件一次或分次送检。对不经检查或不服检查的报纸详细规定了严厉的惩处办法。由此,遭人们所痛斥的新闻检查制度公开化、制度化。1934 年,新闻检查制度由报纸扩展到一切出版物。1935 年成立中央新闻检查处,至此形了成严密的新闻检查网。

与新闻检查制度并行的是严厉的图书杂志检查制度。1929年1月，国民党中央《审查宣传品条例》要求对包括报纸、杂志、图书、教材、标语口号、广告在内的宣传品实施严厉的审查。而1934年公布的《国民党中央宣传部图书杂志审查办法》变本加厉，"凡在中华民国境内之书局、社会团体或著作人所出版之图书杂志，应于付印前……将稿本呈送中央宣传部图书杂志审查委员会声请审查"，"内容如有不妥，得令饬依照审查意见删改"，如有严重"错误"则"将原作扣呈中央宣传委员会核办"。同年专门成立"中央宣传委员会图书杂志审查委员会"及其地方机构，在上海首先施行出版前原稿审查制度。

国民党还把这套新闻检查制度运用于广播邮电事业。1929年在各地设邮件检查所，实行邮电检查。先后出台《民营广播无线电台暂行取缔规则》《指导全国广播电台播送节目办法》《播音节目内容审查标准》等，依据这些法令，在短短几年时间内，撤销民营电台9座，暂停播送4座。

国民党还笼络收买报界，假意俯顺舆情，以控制利用民办新闻媒体。其中，最有代表性的就是蒋介石1929年12月27日发出的"大公报并转全国各报馆"的通电。在这则通电中，蒋介石通告全国各报，从1930年4月1日起，"于国事宜具灼见，应抒谠言"，对于国民党当局的"党务、政治、军事、财政、外交、司法"各方面，"以真确之见闻，作翔实之贡献，凡弊病所在……亦请尽情批评"，表示"凡属嘉言，咸当拜纳，非仅中正赖以寡尤，党国前途亦与有幸焉"。他摆出了一副"礼贤下士"，"俯就舆情"，扶持"正当言论机关"的面孔。与此相配合，南京政府于1932年1月通令取消电报新闻检查，1933年8—9月，又发出《保障正当舆论》和《切实保障新闻从业人员》的通令。在一个时期内，在一些民间报纸中，造成了放宽言禁保障舆论的假象。国民党政权就是通过这样的硬软两手政策，对全国新闻事业进行垄断、控制和迫害的。

第二节　中国共产党地下报刊的创办

大革命失败后，转入地下的中国共产党，着手重建自己的报刊系统，秘密出版地下报刊，继续传播革命声音。其中，影响较大的是《布尔塞维克》与《红旗日报》。

《布尔塞维克》1927年10月在上海出版，是中共中央政治理论机关刊物，瞿秋白任编委会主任。1932年7月出至第5卷第1期停刊，共出52期。为了蒙蔽敌人、躲避查禁，《布尔塞维克》采取了伪装封面和目录及化名出版，曾用过《中央半月刊》《新时代国语教授书》《中国文化史》《金贵银贱之研究》《经济月刊》《中国古史考》《平民》《虹》等化名。

1927年8月，中共中央在瞿秋白的主持下召开了著名的八七会议。会后，瞿秋白通过《布尔塞维克》宣传了八七会议确定的土地革命和武装反抗国民党反动派的总方针。它用大量篇幅，热情报道了八一南昌起义的消息，总结了起义的意义和教训，歌颂海陆丰农民运动和广州起义，进一步肯定了毛泽东在井冈山进行"工农武装割据"的经验。它还特辟了《我们的死者》专栏，先后报道了张太雷、向警予等百余名先烈的战斗生平和英勇殉难的事迹，以激励生者踏着烈士的血迹前进。

《布尔塞维克》全力揭露国民党叛变革命的真面目。《发刊露布》指出，"四一二"反革命政变后的国民党"已经不是从前的革命的国民党，而是屠杀工农民众，压迫革命思想，维持地主资本家剥削，滥发钞券紊乱金融，延长祸乱荼毒民生，屈服甚至于勾结帝国主义的国民党"，并指出"此后中国的革命，只有无产阶级的政党能够担负起领导的责任"。

《布尔塞维克》对于国民党改组派和托陈取消派的反革命谬论进行了批驳。它发表了瞿秋白写的《论国民党改组派》《托洛茨基派和国民党》，蔡和森写的《论陈独秀主义》等评论，分析了这些政治派别的阶级本质，批判了他们的政治观点，指出他们的反动作用，对全党提高认识，坚定革命斗争方向起了积极作用。

但是，由于受到"左"倾错误的影响，《布尔塞维克》在宣传中强调革命形势的高涨，主张以城市为中心在一省或数省首先实行暴动的盲动策略，混淆民主革命和社会主义革命的界限，看不到"九一八"以后国内阶级关系的变化，打击了中间势力，给革命事业造成了重大损失。

《红旗日报》于1930年8月15日在上海创刊，是中共中央机关报。由《红旗》三日刊和《上海报》合并组成。第162期起改为中共中央和江苏省委机关报。李求实等主编，内容有消息、评论、中共中央文件，还刊载革命根据地来信、莫斯科通讯、欧洲通讯，设有副刊《红旗俱乐部》。发刊词《我们的任务》指出："在现在阶级社会里，报纸是一种阶级斗争的工具。"它出版一个月后发行达1.2万份，影响广泛。在白色恐怖下，《红旗日报》屡遭迫害，先后有四五十名发行员被捕，承印单位多次被查封，一部分订户的住址也被搜查。1931年3月8日出版第182期后停刊。它在"左"倾错误领导下，宣传扩散了"左"倾错误路线的主张，宣传工作方式盲动冒险，脱离实际和群众。

此外，中共地下报刊还有：1928年11月创刊于上海的《红旗》，初为周刊，后改为三日刊，1930年8月停刊，共出126期。《上海报》，通俗小型报，1929年4月创刊，1930年8月停刊，共出385期，李求实主编。它以新闻报道为主，还采用读者来信、问答、诗歌、照片、插图等多种形式宣传，被称为"上海工人阶级自己唯一的报"。《中国青年》和《中国工人》，这时也先后复刊。《中国青年》改名《无产青年》和《列宁青年》。一些地方党团组织也出版了地下报刊。

中共中央重视对党报工作的领导，成立了中央党报委员会，多次作出有关报刊工作的决议、指示，强调全党要利用党报来教育党员、联系群众、指导斗争。列宁关于建立全俄政治报纸的论述，尤其是"报纸不仅是集体的宣传员和集体的鼓动员，而且是集体的组织者"的著名论断，就是《布尔塞维克》和《红旗》最早介绍给中国读者的。

在国民党统治区，中国共产党领导了左翼文化运动。这个运动的中心在上海，以报刊作为重要阵地。1932年3月20日，左翼新闻记者联盟（简称"记联"）成立。"记联"成立后，通过各种方式，团结新闻界，开展进步宣传活动，出版机关刊物《集纳批判》周刊（"集纳"为英文Journalism新闻事业一词的音译，仅出4期）。

"记联"倡导的"集纳批判"，解释为"广泛的新闻文化运动批判的实践"，目的是争取言论出版自由，批判反动新闻事业，探讨无产阶级新闻学，建立代表大众利益的新闻事业。"记联"创办了"国际新闻社"和小型报纸《华报》，编发抗日稿件。盟员利用职业身份公开活动，他们通过一些报刊、通讯社向读者报道了中共提出的在立即停止进攻革命根据地等三个条件下，愿和国内一切军队订立抗日协定的主张，以及红军北上抗日等重要消息。它还组织记者团集体采访漕河泾监狱，揭露虐待政治犯的真相。

1934年夏，"记联"的外围组织上海记者联谊会的人员被逮捕后，"记联"的活动全部转入地下。1935年秋，又建立了公开组织"中华新闻社"，一直活动到1936年5月。全面抗战开始后，"记联"的一些成员参加了中国青年记者协会。

左翼文化团体通过报刊和多种新闻活动，在国民党统治区扩大了马克思主义的影响，批判了"民族主义文学"等反动文化思想派别，宣传了中国共产党的抗日主张。

第三节　革命根据地的新闻事业

1927年于汉口召开的八七会议，确定了武装反抗国民党反动派和实行土地革命的方针。1928年4月，毛泽东和朱德会师井冈山，创建了中国工农红军第四军，建立了第一个革命根据地。

1929年12月红四军党的第九次代表大会通过的毛泽东起草的决议案（即"古田会议"决议），阐明革命宣传的重要性，认为这是建设人民军队，发展人民革命战争不可缺少的"第一个重大的工作"，制定了红军宣传工作的任务和基本原则。"古田会议"决议对于指导中央根据地新闻事业的发展起了重要作用。其中规定各军及纵队均应办一壁报并统一命名为《时事简报》，主要是报道国际国内政治消息、游击地区群众斗争和红军工作情况；一般每周编写张贴一张，手抄壁报形式。1931年3月，中央军委总政治部主任毛泽东签发了一份《普遍地举办〈时事简报〉》的通令，并附有《怎样办〈时事简报〉》的小册子，要求红军和地方工农民主政权普遍经办这用大黑墨字抄写的大张壁报，认为它"是苏维埃区域中提高群众斗争情绪、打破群众保守观念的重要武器"。

1931年9月，中央主力红军取得第三次反"围剿"的胜利后，赣西南、闽西革命根据地连成一片，形成以江西瑞金为中心的中央革命根据地。11月，中华苏维埃共和国临时中央政府（又称中央工农民主政府）在瑞金成立。毛泽东当选为中央政府主席，朱德当选为中央革命军事委员会主席。从此，革命根据地的新闻事业翻开了新的一页。

据《中国苏区辞典》介绍，中央苏区有包括《青年实话》在内的报刊44种。其中，影响较大的是红色中华社和《红色中华》报、《红星》报、《青年实话》《斗争》等报刊。"《红色中华》报发行0.3万~4万份；《青年实话》发行2.8万份；《斗争》仅在江西苏区每期发行2.7万份；《红星》发行1.73万份。"①

一、红色中华社和《红色中华》报

红色中华社，简称"红中社"，由中央工农民主政府主办，肩负着报、社合一的双

---

① 详见 http://www.chinabaike.com/article/sort0525/sort0543/2007/20070801157106.html，访问日期：2021-06-08。

重任务，1931年11月7日成立于江西瑞金。

1931年11月7日，在瑞金召开的中华苏维埃全国代表大会开幕声中，刚组建的"红中社"冲破敌人的封锁，向全国、全世界首次报道大会胜利召开的消息，播发了大会的重要文告、宣言，庄严宣告中华苏维埃共和国临时中央政府的诞生。"红中社"新闻广播的呼号是CSR(Chinese Soviet Radio)，1937年改名为"新华通讯社"时仍使用这一呼号。因此，11月7日被定为"新华通讯社"诞生纪念日。

"红中社"成为中国共产党在革命根据地创建的第一个以现代无线电通信手段收发新闻的新闻社。创建伊始，"红中社"便担负起抄收国民党中央电信及塔斯社英文广播，编译刻印"参考消息"和《无线电日讯》（又称《每日电讯》）。当时将抄收的新闻，选编成油印单页资料，每天刻一两张蜡纸，印四五十份，供中央机关负责同志参考。

与繁重的任务形成对比的是"红中社"严重缺乏物资设备和技术人员，红军在第一次反"围剿"战斗中缴获了国民党军队的两台无线电收报机和一台发报机，教育改造了俘房的电台报务人员，在此基础上建立起中国工农红军的第一个电台。"红中社"就利用红军电台抄收新闻并对外广播。

"红中社"设置了一个新闻台，只有一部收报机收抄外部电讯，没有发报机，向外发稿是借用军委电台以"红中社"名义播出。"红中社"用无线电明码播发新闻，每天五六条，有时还播发中央工农民主政府的一些声明、通告和宣言。湘鄂赣、鄂豫皖、湘鄂西、闽浙赣、川陕等革命根据地的报刊和上海地下党的报刊，经常抄收刊登电头为"红色中华社电"或"红中社讯"的消息。这样，在中央红军与设在上海的党中央之间，在中央苏区与其他苏区之间，建立起沟通的桥梁。

1931年12月11日，中央工农民主政府的机关报《红色中华》在瑞金创刊。《红色中华》报的第一任主笔是周以栗，报头是他题写的，不久他因病长期休养。先后负责主持编务的有王观澜、李一泯、沙可夫、瞿秋白等。红色中华社成立了5人编委会，负责领导报纸和通讯社业务工作。

《红色中华》报是根据地人民政权下第一张出版时间较长的中央级铅印报纸。这张4开小型报办得比较通俗生动。一般出4～6版，初为周刊，后改为三日刊、双日刊。红军获大胜时，发行号外。它设有多种栏目：《红色区域建设》《中央革命根据地消息》《党的生活》《赤色战士通讯》《工农通讯》《红色小辞典》《工农民主法庭》等，还设有不定期文艺副刊《赤焰》，常有漫画插图。《红色中华》报日益成为党和政府用来组织战争和经济动员的有力工具。它发行到根据地的各个角落，从开始时的数千份增至4万多份。

"红中社"是在艰难困苦的环境中创办起来的，人手少，条件差，要突破敌人的封锁，自己动手，努力克服纸张、器材和印刷发行方面的种种困难。它的编辑部包括新闻台在内，最多时也只有12个人。在每人每天只配给半斤糙米的条件下，他们依旧自觉地日夜奋战，编辑部工作人员做编辑又兼记者，一面组织稿件、编辑稿件，一面外出采访，还要兼做校对和部分译电及刻写油印工作。他们在号召读者节省开支支援前线中，还先从自身做起，每天只吃两餐杂粮，自己开荒种菜，节约粮食，捐献被毯、衣服甚至部分津贴，送给前方红军。他们辛勤建立通信网，使通讯员从开始时的

200多人增加到400多人，还选聘了特约通讯员。就这样，他们把《红色中华》报由周刊逐渐办成了三日刊甚至双日刊。1933年8月，《红色中华》百期纪念时，中央领导同志特别提出：《红色中华》向困难作顽强斗争的精神，值得全苏区的党政工作同志学习！

1933年春，王明领导的中共临时中央由上海迁到瑞金，受王明"左"倾错误领导的影响，《红色中华》报也宣传了"左"倾错误主张，如过"左"的土地政策，过"左"的工商业政策和肃反政策，特别是第五次反"围剿"中军事上的"左"倾冒险主义主张，给党和人民的革命事业造成了重大损失。

1934年10月红军主力被迫长征，"红中社"随军转移，《红色中华》报暂时停刊。直到1935年11月25日，长征胜利后在陕北瓦窑堡复刊，"红中社"新闻电信广播也在陕北重新恢复。1937年1月，西安事变后，鉴于国共第二次合作和抗日民族统一战线的初步形成，"红中社"改名为新华通讯社，《红色中华》改名为《新中华报》。

二、《红星》报

1931年12月11日，《红星》报与《红色中华》报同时在江西瑞金创办，《红星》报是中国共产党领导下的人民军队创办的第一张中央级报纸，由工农红军总政治部（1932年1月以前为"中央革命军事委员会总政治部"）负责编辑出版。《红星》报大多时候是铅字印刷，有时（战时、行军途中）是手抄油印。文字均系繁体，从右到左排字，以竖排为主。

作为工农红军军事委员会的机关报，《红星》表现出鲜明的军报特色，设置了"捷报""前方电讯""军事测验""红军生活""红军家信""铁锤"等许多栏目。报道红军贯彻执行中共中央和中央军委各项决议的情况，指导红军加强组织建设和思想建设，大力宣扬英雄模范人物事迹。当时中共中央和中革军委许多领导人，都为之撰写过社论、通讯和文章。①

邓小平主编《红星》报时，为激发红军战士的斗志，利用赣南的山歌民谣，设置了"红军歌曲""红军歌谣""红军诗歌"等特色栏目。其中一首山歌是后方群众写给前方红军的：

一双草鞋一片心，难为后方姐妹们；
穿上草鞋跑得快，红军哥，赶快冲上南昌城。

前方的红军战士收到了后方妇女送的草鞋，看到了《红星》报上刊登的山歌，更加激发了斗志。《红星》第15期上发表了他们给后方姐妹写的山歌：

多谢姐妹一片心，百万草鞋送我们；
穿上草鞋打胜仗，同志妹，缴枪十万谢你们。

---

① 龚育之：《中国二十世纪通鉴》，2003页，北京，线装书局，2002。

到了红军长征途中，《红星》报编辑部一共只有四五人。其中主编 1 人（遵义会议之前为邓小平，遵义会议后由陆定一接任），赵发生刻蜡版，一人搞油印，两人挑报箱。赵发生回忆说："《红星》报工作人员用两条扁担，挑着 4 个铁皮箱子，随着中革军委日夜行军，挤出时间办报。铁皮箱子里装着办报的全部设备：1 台钟灵牌油印机（因为太重，走到湖南时就把它扔掉了，买了 1 台轻便的手滚油印机）、几盒油墨、几筒蜡纸、两块钢板、几支铁笔和一些毛边纸等。一到宿营地，铁皮箱子就是办公桌。"

《红星》非常重视通讯作品的刊登，先后开设"前线通讯""东方战线通讯""南方战线通讯""军团通讯""赣南通讯"等栏目，刊登了大量的通讯稿件，如毛泽东以"子任"为笔名撰写的《吉安的占领》一文，详细报道了红军攻打和占领江西吉安的战斗经过和教训。

《红星》的评论主要在"社论"和"铁锤"栏目及头版头条位置刊登。社论署名的有博古、周恩来、杨尚昆、聂荣臻、滕代远、陈云等，"铁锤"栏目的作者多为基层工作人员，而且其中有不少批评性报道。

《红星》上的国际新闻不多见，常常整期报纸都没有一篇国际新闻。稿件一般不打官腔，不说套话，比较口语化。《红星》的广告主要刊登于中缝，内容除书报刊出版发行的广告外，还涉及招生广告、遗失启事、寻人启事、领取股票及红利的启事。

《红星》报的发行量，1933 年仅在中央苏区就达 17 300 份。"当时《红星报》的发行是由总政治部发行科负责，它的主要读者是红军指战员及根据地的人民群众。长征途中的《红星报》……发到连队。"[1]1934 年 10 月《红星》报随着中国工农红军主力部队开始了举世闻名的二万五千里长征。长征后，"每期印数 700～800 份，一直坚持 10 天左右出版一期"[2]。在中国报刊史上，《红星》是唯一的参加过长征的中央级报刊[3]。

三、《青年实话》

《青年实话》是中国共产主义青年团苏区中央局（以下简称团中央局）机关报，它的发行量在中央苏区排名第二，是一份影响力很大的报纸。

《青年实话》1931 年 7 月 1 日在江西省永丰县创刊（后迁至瑞金），这天正是蒋介石纠集 30 万兵力发动第三次"围剿"进攻中央苏区的日子，《青年实话》真可谓在战火中诞生。由于战争的影响，《青年实话》出版两期就休刊了，第三次反"围剿"胜利后又继续出版，最后一期是 1934 年 9 月 30 日，此后长征开始。

《青年实话》开始时仅仅是便于张贴的油印 8 开壁报形式，后改为周刊，每期增加到约 2 万字。《青年实话》创刊时由团中央局宣传部长陆定一兼任主编。编辑包括阿伪（魏挺群）、张爱萍、胡耀邦、黄亚光等。它是团中央局成员集体智慧的结晶。《青年实话》曾刊登团中央局书记博古（秦邦宪）、何克全（凯丰），中国工农红军总政治部青年部

① 金耀云：《长征途中的〈红星报〉》，载《新闻研究资料》，1979(1)。

② 金耀云：《〈红星〉报伴随红军长征到延安》，载《新闻与写作》，2005(10)。

③ 红军长征后，由于战事紧张，在中央苏区出版的《红色中华》《斗争》等报刊停刊，唯有《红星》报坚持出版，因此显得格外重要。

长高传遴等领导干部的文章。

创刊时《青年实话》的文字全系繁体，一直都是从右往左竖排。但到第 99 期(1934 年 7 月 15 日出版)时，《青年实话》的报型已经不再是 8 开或 32 开的小型报，文字排版变成横排，目录也变成导读，被置于报眼位置，与当今报纸形式几乎完全类似。

创办初期，《青年实话》仅有"轻骑队""自我批评"等少数栏目。后来在《青年实话》的目录页，开始出现比较多的栏目名称，如"红军中的青年工作""两条战线上的斗争""轻骑队""儿童栏"等。由于不是日报，《青年实话》的消息类稿件比较少，时效性普遍不强，往往没有按照"倒金字塔"结构突出地写明新闻发生的日期。《青年实话》刊登了不少通讯作品，而且这些作品大多是由通讯员撰写的，篇幅不长，一般不超过 2 页。

第二次国内革命战争时期，苏区群众利用民歌开展政治宣传，创作了大量革命民歌，如《妇女解放歌》《识字运动歌》《卫生运动歌》《苏区干部好作风》《做双草鞋送红军》《千担万担送公粮》等。县和各乡镇经常运用民歌对唱、大演唱等形式进行宣传鼓动，推动土改、支前、参军、生产等各项工作。《青年实话》刊登了不少红色歌曲，以扩大其影响力和传播范围。

揭发"工作中的错误和缺点，及一切不正确的倾向"，是主办者和读者给《青年实话》设定的功能。舆论监督类的批评性稿件是《青年实话》非常重视的，刊发的数量比较多。有关稿件主要刊登在《轻骑队》《自我批评》《批评与建议》等栏目中。《青年实话》第 11 期"轻骑队"栏目刊登《反封建？还是替反革命造机会?》和《努力过年》两篇文章，引起有关单位的来信回应。第 15 期刊登了《少共上杭县委来信》，对前两篇文章中的批评作出辩解、更正。

有时《青年实话》还配有生动活泼的图画。包括独立的插画、配图、画刊、"青年实话画报""红孩儿"连环画。

《青年实话》第 20 期新开辟"儿童栏"。"从本期起，特开这个儿童栏。专登载关于儿童的论文、通讯、革命故事、谜语、插画、歌曲等。投寄这类稿件来，我们很欢迎。"《青年实话》不仅面向成年人征稿，而且也重视向儿童征集稿件，这点也许值得当今青年报刊学习。

"组织读书班、读报团和识字运动"是《青年实话》发行工作中的一种促销手段。儿童团员们也被发动起来，从事叫卖《青年实话》的发行工作。到 1933 年 11 月发行量增加到 28 000 份。

四、其他报刊

《斗争》，1933 年 2 月创刊于瑞金，中国共产党苏区中央局机关刊物，铅印 16 开本，初为旬刊，同年 8 月第 22 期起改出周刊，1934 年 9 月 30 日出第 73 期后停刊。它的内容主要是登载中共中央的决议、指示和中共中央负责人的文章，因而突出地宣传了王明"左"倾错误思想，对实际工作伤害极大。但它刊载了马、恩、列、斯论述革命的重要译文，发表了毛泽东写的《长同乡调查》《才溪乡调查》两篇典型调查报告，这对根据地党的建设起了重要指导作用。它限在根据地内发行，1933 年年底仅在江西中央根据地的期发行数至少为 2.7 万份。

工农武装割据初期，红军攻占一些城市之后，在其他革命根据地创办了一些面向工农兵大众的油印、石印甚至铅印的报纸。

《红军日报》是红军报刊中第一张也是唯一的一张铅印对开大型日报，1930 年 7 月 29 日创刊于长沙，8 月 4 日停刊，共出版 6 期。7 月 28 日，彭德怀率领红三军团攻占长沙后，接收国民党的长沙《国民日报》报社的房屋、印刷厂、纸张等全部设备、物资，立即出版《红军日报》。这是剥夺反动报纸的印刷设备来装备出版人民报纸的最早尝试。8 月 5 日，红三军团退出长沙。这张报纸面向工农兵大众，宣传共产党的纲领政策，消息容量大，言论富有鼓动性，还出有独具特色的综合性副刊《红军》专页。当时长沙《大公报》就曾钦佩地写道，红军戎马倥偬"犹知注重报纸宣传，不稍疏懈，吾人对之，宁无愧色乎"。

思考与练习

1. 简述国民党政府实行的新闻检查制度。

2. 简述《红色中华》报、《红星》报的创办及其宣传特色。

3. 简述革命根据地新闻事业的意义。

第七章　抗日战争时期的新闻事业

本章要点

◆抗日救亡运动中，史量才、邹韬奋、范长江等国统区著名报人的进步新闻活动。

◆在抗日根据地，新华社通过调整、充实得到了较大发展，延安新华广播电台的创建在中国广播史上具有重要的意义。

◆1942年《解放日报》改版的经过、做法和意义，《解放日报》改版成功标志着中共党报理论日益成熟。

◆对张季鸾领导下的新记《大公报》编辑方针的历史评价。

◆在国统区，周恩来领导下的《新华日报》同国民党顽固派的斗争。

1931年，"九一八"事变爆发，中国进入抗日战争时期。其间，中国新闻业经历了战争的洗礼，为抗战的最后胜利做出了应有的贡献。

第一节　抗日救亡运动中的新闻事业

1931年9月18日，发生了震惊中外的"九一八"事变。日本帝国主义的野蛮侵略遭到中国军民的奋起反抗，从"九一八"到1937年"七七"事变，其间相继发生了"一·二八"淞沪抗战、"一二·九"学生运动、西安事变等重大事件。抗日救亡逐渐成为全国新闻媒体宣传报道的核心议题，尽管国民党政府仍然实行严格的新闻检查，查封了一批报刊，制造了"七君子"事件这样的冤狱，但这段时期也创办了一批以促进抗日救亡为使命的报刊，出现了反映抗日救亡活动的新闻广播和新闻电影。全国绝大多数新闻媒体都或积极或被动地融入了抗日救亡的洪流中。

抗日救亡运动中大江南北都创办了一批以爱国救亡为主旨的报刊。在北平，除中共领导下的"中华民族解放先锋队"创办的《我们的生活》《民族解放》外，还有清华大学《觉民报》、北京大学《北大周刊》、燕京大学《燕大周刊》以及群众救亡团体创办的《华北呼声》《北平妇女》等。在上海，有全国各界救国联合会《国难新闻》、上海文化界救国会《上海文化界救国会会刊》以及进步人士李公朴主编的《读书生活》、成舍我创办的《立报》、金仲华主办的《永生》、毕云程主编的《世界知识》等。

1935年，中国共产党在法国出版《救国时报》，廖焕星、李立三先后任主编。该报编辑部设在莫斯科，航运纸型到巴黎印刷发行。该报创刊时名《救国报》，10月1日第10期首先在海外刊发中共中央"八一宣言"，即《为抗日救国告全体同胞书》，号召全国人民团结起来，停止内战，一致抗日。同月，出第 15 期后被法国当局停止邮寄；中共派吴玉章赴法交涉，指导改名《救国时报》，重新于同年 12 月 9 日出刊，出至 152 期，于 1938 年 2 月 10 日停刊。《救国时报》是中国共产党在海外从事抗日宣传的机关报，发行 43 个国家及国内各地，销数达 2 万份，影响遍及国内外。天津《大公报》刊出广告，称它是"唯一铅印的西欧侨胞的喉舌"。

1937 年 4 月 24 日，中共中央的政治理论机关刊物《解放》周刊创办，使党的宣传抗日救国主张的阵地得到加强。创刊初期，它以争取民主为中心的宣传，为实现全国团结抗战做出了重要贡献。

一、史量才与《申报》进步改革

史量才是一个爱国进步的民族资本家、报业家。1912 年 10 月，32 岁的史量才在友人的支持下，以 12 万元买下了已有 40 年历史的《申报》，从此踏上办报之路。正是他对报纸的系列改革，使《申报》成为内战时期最有影响的报纸之一。

1927 年后，他对新建立的蒋介石国民党政权曾抱有幻想，希望从此国家能逐渐统一繁荣，发展自己的实业。因此，《申报》一度立于拥蒋立场。"九一八"前后，《申报》开始改变先前保守的政治态度和单纯营业性质，转向爱国进步立场，要求抗日和民主，批评国民党的不抵抗政策。史量才努力参加抗日救亡活动，当选为上海抗日救国会委员。"一·二八"淞沪抗战中，他发起组织上海市民地方维持会，担任会长，帮助稳定上海金融社会秩序。他拿出准备购买《申报》用纸的大笔外汇储金，资助十九路军抗战，救护伤员、难民。他积极支持、参与宋庆龄、蔡元培等组织的中国民权保障同盟的活动。他说："人有人格，报有报格，国有国格，三格不存，人将非人，报将非报，国将不国！"顶住了国民党当局施加的种种压力。

为纪念《申报》1932 年创刊 60 周年，他聘用进步人士陶行知、黄炎培、戈公振等组成《申报》总管理处，进行全面改革。他采纳陶行知的建议，重点抓一"头"一"尾"。陶行知说："当前《申报》的革新要抓住评论这个'头'和副刊这个'尾'或'屁股'，继续推进其他方面。"

改革后的《申报》有了不少明显的变化。首先，抓住时评这个"龙头"，紧密联系当时争取民主、联合抗日的形势，言论态度旗帜鲜明，力图"传达公正舆论，诉说民众痛苦"。

1931 年 12 月，国民党左派领袖邓演达被蒋介石秘密杀害了。12 月 19 日，《申报》独家刊登了宋庆龄的抗议声明：中国国民党早已丧失其革命集团的地位，至今日已成为不可掩蔽之事实，抨击忙于派系斗争的宁粤双方"皆依赖军阀，谄媚帝国主义，背叛民众，同为革命之罪人"。声明一发表，海内外震惊。

1932 年 6 月，国民党对革命根据地进行第四次军事"围剿"，《申报》连发三篇时评表达鲜明的反对内战的主张：《"剿匪"与"造匪"》《再论"剿匪"与"造匪"》《三论"剿匪"与"造匪"》。时评中说"一部分'剿匪'军队，剿匪其名，而剿民其实……实则兵之扰民，尤甚于'匪'，民之畏兵，亦甚于'匪'"。其言论之大胆激烈招来国民党政府的忌恨。通过这些时评我们可以看到，《申报》这一时期的进步政治倾向是十分明显的。

其次，革新副刊《自由谈》，聘请刚从法国留学归来的青年作家黎烈文任主编，改变长期庸俗的趣味主义编辑方针，主张文艺的进步与近代化，把《自由谈》办成"一种站在时代前面的副刊"。此前，《自由谈》20年来一直是"鸳鸯蝴蝶派"文人的"栖息地"，黎烈文上任伊始，立即停止连载张资平的长篇小说《时代与爱的歧路》，"制造了"轰动文坛的"腰斩张资平案"。同时，大量刊登鲁迅、瞿秋白、茅盾、郁达夫、叶圣陶等进步作家的杂文。鲁迅在《自由谈》上先后用40个笔名发表了143篇笔锋犀利的杂文，逐步扩大了杂文的影响，从而在报纸上确立了杂文这种新型的报章文体。

最后，聘请李公朴等主持开展社会文化服务事业，相继举办了申报流通图书馆、新闻函授学校、业余补习学校等，培养大批青年走向进步，参加抗日救亡运动。此外，还创办《申报月刊》，发行《申报年鉴》。这一系列改革既服务了社会，又增强了报纸声誉，促进了报纸销路。国民党政府忌恨史量才的舆论影响力，对他软硬兼施，企图笼络制服他，均未奏效。1934年11月13日，蒋介石亲令军统特务趁史量才回乡省亲时在沪杭公路上杀害了他。

史量才被害后，《申报》言论又趋保守。1937年12月一度停刊，1938年10月在沪、港同时复刊，1941年12月为日伪控制，抗战胜利后为国民党接收，1949年5月上海解放时停刊。

二、邹韬奋的新闻活动

邹韬奋是中国现代著名报人、记者、政论家。

1925年10月11日，中华职业教育社在上海创办《生活》周刊，作为职业教育的园地。办刊一年后，1926年10月改由邹韬奋主编。他一接手就新开辟《读者信箱》专栏，发表读者的意见、希望和编者的答复，成为编者与读者交流的平台。邹韬奋总是仔细阅读、认真答复读者的每一封来信，后来读者来信数量迅速增多，他雇了4个人专门处理来信，但每封复信他都要认真看过，并亲自签名后再发出。他制作了许多卡片，上面记载了读者的姓名、地址。他重视为读者服务，1930年9月创办了书报代办部，1932年7月，在此基础上创办了生活书店。后来，生活书店在全国发展到61个分店。

邹韬奋认为办好报刊不仅要有服务的精神，还要有创造的精神。他在《〈生活周刊〉究竟是谁的》中袒露了自己的办报思想：

> 我们办这个周刊，心目中无所私于任何个人，无所私于任何机关，我们心里念念不忘的，是要替社会造成一个人人的好朋友。你每逢星期日收到这一份短小精悍的刊物，展阅一遍，好像听一位好朋友谈天，不但有趣味，而且有价值的谈天……

短小精悍的评论和有趣味、有价值的材料是《生活》周刊选题的原则；多年来一直坚持在《读者信箱》专栏中议论读者提出的种种问题成为周刊的一大特色；同时，对于编排方法的新颖和相片插图的生动也很重视。在邹韬奋主持该刊的7年里，《生活》周刊从一个不起眼的小刊物，一跃发展成为有广大影响的刊物，发行量最高达到 15 万份，创造了当时期刊发行的纪录。

"九一八"事变后，邹韬奋在《我们最近的思想和态度》一文中，宣布"本刊最近已成为新闻评述性质的周报"。此时《生活》周刊由原来探讨个人职业生活转变为讨论社会政治生活为主的报刊。日本侵略中国东北后，国难当头，《生活》周刊立即号召大家奋起抗日救国，编印了《生活国难惨相画报》，发起援助东北抗日战士捐款运动，此举在全国产生很大反响。1932 年淞沪抗战开始后，《生活》周刊立即连续发行《紧急临时增刊》，发表了《痛告全市同胞》《上海血战抗日记》；增印《上海血战抗日画报》，积极声援淞沪抗战前线。并以实际行动为十九路军等爱国志士筹集资金，奔走呼号。此外，他还以犀利的笔锋，对国民党当局的妥协退让政策及其卖国行径进行猛烈抨击。《生活》周刊高举"抗日救国"的旗帜，成为以宣传团结抗战、谴责投降卖国为中心内容的舆论阵地。

《生活》周刊鲜明的进步政治倾向和如此大的发行量，引起了国民党当局的仇视和忌恨，邹韬奋及《生活》周刊遭遇的迫害接踵而至，国民党特务对他进行恐吓、诽谤，接着是检查、扣留刊物，并密令邮局禁止邮寄、发行。1933 年 6 月，中国民权保障同盟总干事杨杏佛被国民党特务暗杀，身为中国民权保障同盟执行委员的邹韬奋也名列"黑名单"，不得不于 7 月出国流亡。12 月 16 日，《生活》周刊被国民党政府以所谓"言论反动，思想过激，毁谤党国"的罪名查封。

邹韬奋在这两年的国外流亡期间，先后考察了英、法、德、美、苏联等国，途中不断把通讯寄回国内发表，后集成《萍踪寄语》三集。通过考察这些资本主义国家与苏联社会主义国家，他更加自觉接受了马克思主义思想，加深了对新闻事业阶级性的认识。

1935 年，邹韬奋回国后，11 月 16 日在上海创办《大众生活》周刊，在《创刊辞》中他明确提出办刊的三大目标即"力求民族解放的实现、封建残余的铲除、个人主义的克服"，将新闻事业自觉融入国家和民族解放的时代洪流中。不久"一二·九"学生爱国运动爆发，邹韬奋在报刊上接连发表评论，痛斥国民党当局的卖国行径，并对学生的爱国救亡运动进行大力宣传和热情支持。他高度赞扬了学生救亡运动，认为"这是大众运动的急先锋，民族解放前途的曙光"！呼吁凡是确以民族解放斗争为前提的人们，应该"共同擎起民族解放斗争的大旗以血诚拥护学生救亡运动，推动全国大众的全盘的努力奋斗"！《大众生活》以其鲜明的政治立场和无畏的战斗风格，对这场如火如荼的抗日救亡运动给予了强有力的支持和援助。《大众生活》受到广大民众的热烈欢迎，虽然只出版了 3 个多月，共 16 期，但发行量却激增到 20 万份，最高时甚至达 30 万份，创造了民国时期期刊发行量的最高纪录。1936 年 2 月 29 日，《大众生活》被国民党政府查封。邹韬奋决定暂避风头，前往香港地区。

1936 年 6 月 7 日，邹韬奋在香港地区出版《生活日报》。在发刊词中，邹韬奋明确提出："本报的两大目的是努力促进民族解放，积极推广大众文化"，力求"从民众的立场，反映全国民众在现阶段内最迫切的要求"。该报问世后，积极宣传抗日救亡思想。出版至 7 月 31 日，邹韬奋决定将其移至上海出版，但国民党政府一直不给予登记，只好停刊。

《生活日报星期增刊》是与《生活日报》在香港地区同时创刊的，《生活日报》最终未能在沪发行，但《生活日报星期增刊》却仍在香港地区续出。1936 年 8 月 23 日起，更名为《生活星期刊》继续在上海发行。

1936 年 11 月 22 日，震惊中外的"七君子"事件发生，国民党政府以"危害民国"罪，逮捕了邹韬奋、沈钧儒、李公朴、沙千里、史良、章乃器、王造时 7 位救国会领导人。直到"七七"事变抗日战争全面爆发后，在全国人民的强大压力下，1937 年 7 月 31 日，国民党政府不得不将邹韬奋等 7 人释放出狱。

1937 年 8 月，邹韬奋出狱后，立即在上海创办了《抗战》三日刊，1938 年 7 月该刊与柳湜主编的《全民》周刊合并，更名为《全民抗战》三日刊。这个刊物猛烈抨击国民党片面抗战与消极抗战的方针，积极宣传全面抗战，注重通俗性与系统性，最高销数达30 万份，在当时影响较大。

抗日救亡运动期间，邹韬奋在上海、香港、武汉等地创办《生活》周刊、《大众生活》《生活日报星期增刊》《抗战》《全民抗战》《生活日报》"五刊一报"。其中，《生活》周刊出版时间最长，影响最大。

关于"生活"精神，邹韬奋自己归纳为："一曰坚定；二曰虚心；三曰公正；四曰负责；五曰刻苦；六曰耐劳；七曰服务精神；八曰同志爱。"

毛泽东把邹韬奋报刊活动的精神归纳为："热爱人民，真诚地为人民服务，鞠躬尽瘁，死而后已，这就是邹韬奋先生的精神，这就是他之所以感动人的地方。"

三、范长江的西北旅行通讯

1925 年，年仅 16 岁的范长江（原名范希天）从四川一个乡绅家庭离开，怀着报考黄埔军校的梦想来到重庆，却错过了考期，先后辗转进入吴玉章的中法大学重庆分校和蒋介石亲任校长的南京中央政治学校，因热衷于组织和参与学生运动，退学后北上，1932 年进入北京大学，过着艰苦的工读生活，经常参加抗日救亡活动。1933 年开始向《北平晨报》《世界日报》和天津的《益世报》《大公报》投稿。

1935 年 5 月，范长江以天津《大公报》特约通讯员名义，深入中国西北地区进行为期 10 个月的考察采访。从成都出发，经川西、陇东、祁连山、河西走廊、贺兰山，到内蒙古……他走遍大半个中国，采写了大量通讯报道，不仅真实地记录了国民党官吏的腐败、西北人民的苦难生活，还第一次向国统区人民报道了红军的行踪和真相，引起轰动。

一直对军事问题极有兴趣的随军记者范长江，尽管没能遇到红军，但对前线现场的观察分析，却有着非同寻常的洞察力。他写道：

隔江油十余里处东山上，即发现徐向前围江油时所筑之环山大堡寨。要路口层层障碍，随山路之曲折，于射击点上节节作成土垒。环山大堡寨，以竹竿及松柏等枝干，交叉编成篱垣。环山三十余里，无一处有空隙可入。同行有通晓军事之某君，睹此布置，亦叹徐向前用兵之能，而恍然于川军之非其敌手。

这些报道使蒋介石的欺骗宣传谎言不攻自破。范长江第一次在报道中使用"红军"来称呼这支共产党军队,第一次使国统区人民知道红军并非流寇,而且还有好几万人。

在国民党的封锁下,不可能直接采访红军,但范长江通过材料分析,报道了红军中出现的张国焘与毛泽东、朱德等中央红军分裂的事实,并且准确预言:红军下一步极有可能转陇南入陕北与刘志丹会合。他是当时唯一报道此事的记者。

1936年8月,他将这次旅行中创作的通讯汇集成《中国的西北角》一书出版,读者争相购买,1936—1939年该书加印了8次,足见其影响。这些通讯揭露了日本帝国主义的侵略危机和西北人民的苦难生活。第一次客观真实地报道了红军长征的行踪和影响,揭穿了国统区的欺骗宣传。他的通讯作品,为我国新闻通讯写作提供了新经验,以其特有的风格和广泛的影响,在我国新闻史上占有一席之地。

1936年12月,西安事变爆发,已成为《大公报》名记者的范长江历经艰辛到达西安,在杨虎城将军的公馆见到了周恩来,他向周恩来提出去延安采访毛泽东同志。延安次日复电表示同意。范长江是第一个经过中共中央批准进入苏区采访的国统区记者。在延安,他见到了毛泽东:

> 书生外表,儒雅温和,走路像诸葛亮"山人"的派头,而谈吐之持重与音调,又类村中学究,面目上没有特别"毛"的地方,只是头发稍微长一点。

晚上,毛泽东与他作了彻夜长谈,向他详细介绍了中央革命根据地五次反"围剿"的经过以及中国现阶段革命的性质,中国共产党的抗日民族统一战线政策等。

回到《大公报》后,范长江发表了著名的"违检"文章《动荡中之西北大局》,第一次向人们介绍了中国共产党提出的抗日民族统一战线的主张,引起社会各界的广泛关注:

> 双十二以来全国人士对于西北方面之政治了解,要不外"人民阵线""联合阵线""立即抗日"等流行政治宣传,而实际上西北领导的理论不但不同于上述各说,而恰与之相反。彼等之政治动向,为反人民阵线的民族统一战线,为在某种政治商讨之下拥护国民政府,与服从蒋委员长之领导,至于对外应有一定步骤与充分准备一点,在和平统一的前提之下,除少数感情冲动者外,实无人加以反对。

蒋介石看到这篇文章后大为光火,把《大公报》总编辑张季鸾训斥了一通。而毛泽东看到后很高兴,给范长江写了一封亲笔信,信中说:"你的文章,我们都看到了,深致谢意。"

1937年11月,范长江和羊枣、徐迈进等发起并创建了中国青年新闻记者协会(即中国记协的前身),并被推选为"青记"的总干事之一。1939年加入中国共产党。抗战时期,他还参加了香港地区《华商报》的创办工作。1949年7月,与胡乔木等新闻界知名人士在北京成立中华全国新闻工作者协会筹委会。新中国成立后历任新华社总编辑,解放日报社社长,人民日报社社长等职。

为纪念范长江对我国新闻事业的卓越贡献,1991年中国记协设立了范长江新闻奖。

2005 年该奖与韬奋出版奖合并为长江韬奋奖。

第二节　抗日根据地的新闻事业

西安事变以及随后抗日战争全面爆发，蒋介石政府表面承认国共合作联合抗日，根据国共谈判的结果，红军改编为国民革命军第八路军，苏维埃中央政府改组为陕甘宁边区政府。但是，国民党反共派实行"攘外必先安内"的方针，消极抗日，积极反共。

全面抗战时期，延安是中共中央所在地，也是全国倡导联合统一战线推动抗日战争走向胜利的政治中心。党的新闻事业在这里第一次获得了空前的发展。从初期的小型报发展到大型报，从单一的报刊扩大到拥有《解放日报》、新华通讯社和延安新华广播电台等多种新闻媒体兼备的初具规模的新闻事业。《解放日报》的创办和成功改版，为我国党报建设树立了新的榜样，标志着我国无产阶级新闻理论走向成熟；延安新华广播电台的开播，开创了人民广播事业的新篇；新华通讯社也获得了较大的发展，初步形成了包括各根据地在内的全国通信网。它们宣传中共中央的路线、方针、政策，传播马列主义理论，指导根据地建设和全国人民进行抗日战争，发挥了重大作用。

抗日战争全面爆发初期，中共中央加强了延安原有的《解放》（1937 年 4 月）周刊和《新中华报》（1937 年 1 月）的工作。《解放》周刊曾在国民党统治区的西安、上海、武汉等地一度设有分销处，翻印发行。1941 年 8 月停刊，共出 134 期。

1937 年 1 月，鉴于国内抗日形势的变化，"红中社"改名为新华通讯社，《红色中华》改名为《新中华报》，当时报、社一家，以报为主。9 月，《新中华报》从油印改为铅印出版，由苏维埃政府机关报改为陕甘宁边区政府机关报。

从 1939 年到 1940 年，延安报刊有一个较大的发展。《新中华报》1939 年 2 月 7 日改组为中共中央机关报，仍兼陕甘宁边区政府的机关报，这改变了当时延安没有党中央机关报的状况，加强了中共中央的宣传力量。1940 年 2 月 7 日，该报新刊一周年时，毛泽东在纪念文章中表扬说："这个小型报，依我看，是全国报纸中最好的一个。其主要的原因，一是共产党办的；二是在民主政治下。"[1]并为该报指明了政治方向，那就是坚持抗战、团结、进步，反对投降、分裂、破坏、倒退。《新中华报》在反对国民党顽固派斗争中发挥了重要作用，特别是在反击第二次反共高潮中，它和新华社、《解放》周刊共同战斗，取得了重大胜利。

《八路军军政杂志》（月刊），1939 年 1 月 15 日创刊，八路军总政治部出版。毛泽东撰写发刊词，指出它出版的意义是"为了提高八路军的抗战力量，同时也为了供给抗战友军与抗战人民关于八路军抗战经验的参考材料"[2]。1942 年 3 月停刊，共出 39 期。

《中国青年》（半月刊），1939 年 4 月 16 日创刊，全国青年联合会延安办事处主办。毛泽东的论文《五四运动》和讲演《青年运动的方向》发表在该刊的第 2、3 期上。1941 年 3 月停刊，共出 3 卷。

---

① 《毛泽东新闻工作文选》，49 页，北京，新华出版社，1983。

② 同上书，42 页。

《中国妇女》(月刊),1939 年 6 月 1 日创刊,中共中央妇女运动委员会主办。毛泽东为它的出版题了词。1941 年 3 月停刊,共出 2 卷 10 期。

《共产党人》(月刊),1939 年 10 月 20 日创刊,中共中央出版的以党的建设为中心的党内刊物。毛泽东写了《〈共产党人〉发刊词》,指出"统一战线、武装斗争、党的建设"是中国共产党在中国革命中战胜敌人的三大法宝,这是对中国共产党 18 年来革命经验的系统总结。1941 年 8 月停刊,共出 19 期。

《中国工人》(月刊),1940 年 2 月 7 日创刊,中共中央职工运动委员会主办。毛泽东为它写了《〈中国工人〉发刊词》,提出办好一个报纸,"不但是办的人的责任,也是看的人的责任"。要"多载些生动文字,切忌死板、老套,令人看不懂,没味道,不起劲"。希望它"应该成为教育工人、训练工人干部的学校"。① 1941 年 3 月停刊,共出 13 期。

《中国文化》(月刊),1940 年 2 月 15 日创刊,陕甘宁边区文化协会主办。毛泽东在创刊号上发表了重要论著《新民主主义论》。该刊 1941 年 8 月停刊,共出 15 期,第 3 卷 2、3 期合刊为终刊号。

《边区群众报》,1940 年 3 月 25 日创刊,陕甘宁边区文化协会主办。1941 年成为中共中央西北局机关报。初为 4 开 2 版石印旬刊,后改为 4 开 4 版铅印周报。读者称赞它"念着顺口,听着顺耳",是群众欢迎的通俗小报。

除了在延安创办的这些中央级报刊外,中国共产党在华北、华中、华南等敌后抗日根据地,也创办了大批抗日、进步报刊。1938 年秋,中国共产党第六届中央委员会第六次全体会议上,毛泽东指出要在敌前和敌后创办各种地方性的通俗报纸,以提高人民的民族觉悟和文化水平,动员一切力量争取抗战胜利。平津失守后,抗日的小型报刊首先在华北根据地迅速发展。武汉沦陷后,这种小型报刊在华中、华南根据地又大量涌现。从 1937 年末到 1939 年,仅华北和华中根据地抗日小型报刊至少有 700 多家。1941 年 7 月,中共中央宣传部指示进一步调整各根据地报刊网,集中精力办好各地政治性报纸(党委机关报),面向广大群众的通俗报等 5 种报刊。

在华北(包括晋察冀边区、晋冀鲁豫边区、山东抗日根据地、晋绥边区 4 个敌后抗日根据地)创办的抗日报刊主要有:

《晋察冀日报》,是中共中央晋察冀分局的机关报。社长、总编辑是邓拓。它的前身是 1937 年 12 月在河北阜平创刊的《抗敌报》,晋察冀军区政治部主办,是敌后出版最早的抗日报纸,初为油印或石印 4 开三日刊。1940 年 11 月 7 日改组成为《晋察冀日报》,铅印 4 开 4 版日刊。为了应对日寇的围攻和"扫荡",邓拓带领晋察冀日报社的同志们把笨重的铁制印刷机改成木制的轻便印刷机,把 5 000 多字的笨重字盘改为只有 3 000 个常用字的轻便字盘。敌人来了,全部印刷器材用八匹骡子驮上就走,隐蔽下来,装好机器就出报,这就是中共新闻史上著名的"八匹骡子办报",即游击办报经验。在敌人的"梳篦扫荡""铁壁合围"中,邓拓带领大家历尽千难万险,始终坚持出报。由于不断革新改进,它的发行数由数千份增至 5 万份。出至 1948 年 6 月 14 日停刊。6 月

---

① 《毛泽东选集》第 2 卷,728 页,北京,人民出版社,1991。

15 日，延续至今的中共中央机关报《人民日报》创刊，班底就是《晋察冀日报》与依托新华社总社创办起来的《人民日报（晋冀鲁豫）》。

《新华日报》（华北版），是中共中央北方局的机关报。1939 年 1 月 1 日在山西沁县创刊。4 开 4 版隔日刊，是当时敌后第一份铅印的抗日报纸。1939 年 7 月在反"扫荡"中，该报出了东线、南线、西线、北线四个版的油印报或石印报，1941 年在游击战中还出版了小型铅印报。1943 年 10 月，改为《新华日报》（太行版），成为中共中央太行分局机关报。它培养并输送了大批新闻工作人员，推动了敌后抗日新闻事业的发展。首任社长兼总编辑何云，1942 年 5 月 28 日在山西辽县反"扫荡"中壮烈牺牲。

《大众日报》是中共中央山东分局机关报，1939 年 1 月 1 日在山东沂水县创办。初为油印 4 开三日报，后改铅印日报。首任社长、总编辑是刘导生、匡亚明。发刊词说，它将本着坚持持久战，广泛开展敌后游击战争，巩固与扩大抗日民族统一战线，驱逐日寇出中国的信念和原则，"为大众服务"，"成为他们自己的喉舌，更成为他们所热诚支持的最公正的舆论机关"。在日寇扫荡中，报社以印刷工人为基干组成游击队，编辑、记者一手拿枪，一手执笔，在战斗间隙写稿、编报、出版，在战斗中许多人献出了宝贵的生命。

《抗战日报》，是中共中央晋绥分局机关报。1940 年 9 月 18 日在山西兴县创刊。初为 4 开 4 版三日报，铅印，后改为日刊。创办人和第一任总编辑是赵石宾。1942 年他积劳成疾，病逝时才 28 岁。1944 年 12 月 20 日，毛泽东指示《抗战日报》："本地消息，至少占两版多至三版。排新闻的时候，应以本地为主，国内次之，国际又次之。对于外地与国际消息，应加以改造。对新华社的文章不能全登，有些应摘要，有些应印成小册子。不是给新华社办报，而是给晋绥边区人民办报，应根据当地人民的需要（联系群众，为群众服务），否则便是脱离群众，失掉地方性的指导意义。"[①]这对办好地方报纸具有普遍意义。

在华中（包括豫鄂边、皖南、苏北、豫皖苏等根据地）有：《江淮日报》，1940 年 12 月 2 日在苏北盐城创刊，初是中共中央中原局的机关报。次年 5 月中原局合并成立华中局后，成为华中局的机关报。初为对开 1 张，后改 4 开 1 张，华中局书记刘少奇（胡服）兼任社长，王阑西任副社长兼总编辑。它报道抗战和根据地建设，尤其是及时报道皖南事变真相，揭露国民党顽固派制造事变，破坏团结抗战的罪行。发行数由初期的 5 000 份，增至后来的 1.5 万份。除华中根据地外，还秘密发行到日伪占领区。1941 年 7 月 22 日停刊，1942 年 7 月改出《新华报》。

此外，1938 年 5 月在皖南创办的新四军军部机关报《抗敌报》，1938 年 9 月在河南确山彭雪枫领导新四军四师创办的《拂晓报》，1939 年 7 月创办的鄂豫皖边区党委的机关报《七七报》，1943 年 4 月在苏北盐城创刊的通俗化《盐阜大众》报，也是重要报纸。

在华南，广东东江抗日根据地出版的《东江民报》1942 年春改名《前进报》，后来成为广东人民抗日游击队东江纵队的机关报。在海南岛，中共琼崖特委办有《抗日新闻》。

① 《毛泽东新闻工作文选》，120 页，北京，新华出版社，1983。

一、新华社与延安新华广播电台的创建

1937年1月，"红中社"改名为新华通讯社，博古（秦邦宪）作为中共中央组织部长兼任新华社社长。工作人员20多人，主要包括负责外电翻译的廖承志，负责中文译电的李柱南和负责编辑的向仲华等人，日常工作主要是抄收国民党中央社和少量外国通讯社的电讯，然后编写稿件。每天播发2 000字左右的文字电讯稿，还负责编辑油印《参考消息》。1938年，《参考消息》改为《今日新闻》，主要供中共中央领导和各大机关参阅。

抗战全面爆发后，新华社发稿范围逐渐扩大，中共中央宣言、声明、决议、《解放》周刊和《新中华报》的重要社论都经新华社传播。在业务上，新华社开始重视组建通讯员网络。逐渐在华北、晋察冀、山东、华中等敌后抗日根据地建立了分社，但仍与地方党报一体。当时各抗日根据地被敌人封锁，中共中央方针政策的及时传播，各根据地情况的交流在很大程度上靠新华社。

1939年年初，中共中央决定新华社脱离《新中华报》成立独立的编辑部，任命向仲华为社长。由于业务的发展，人员增加到30多人，新华社内部机构也作了较大的充实，设立了编辑科、通讯科、译电科、油印科、广播科。新华社已初具规模，开始成为独立的新闻机构，与《新中华报》一样，共同接受中央党报委员会的领导。1940年12月，新华社开始口语广播，创立延安新华广播电台。1941年5月，党中央发出《关于统一各根据地内对外宣传的指示》，各地方报纸附设的通讯社都改为新华社的某地分社，接受新华社总社的直接领导。5月15日，在《解放日报》创刊前一日，毛泽东为中共中央书记处起草的《关于出版〈解放日报〉和改进新华社工作的通知》中要求，"一切党的政策，将经过《解放日报》和新华社向全国宣达。《解放日报》的社论，将由中央同志及重要干部执笔。各地应注意接收延安的广播"①。这样，进一步确立了新华社在中共中央领导下新闻发布的权威地位。

1941年5月，中央决定由《新中华报》与《今日新闻》合并，出版《解放日报》。新华社也搬迁到延安清凉山上，与《解放日报》报社在一起，报与社成立统一的领导机构，博古兼任新华社社长。1942年，新华社工作人员也参加了延安整风运动，提高了党性原则和业务能力。为了扩大国际影响，1944年8月，新华社成立了英文广播部。9月1日，第一次正式对外播发英文电讯稿。这是红中社改组为新华社7年来真正对外新闻报道的开始，对象主要是美国旧金山。到1945年，新华社每天发稿从全面抗战初期的三四千字逐步增加到近万字；工作人员由抗战开始的20多人，发展到仅总社就有110多人；在各抗日根据地组建有9个总分社，40多个分社，成为统一的独立的通讯社。这样既增强了中央宣传力量，也加强了党对整个宣传工作的统一领导。

1948年春，新华社在捷克斯洛伐克首都布拉格建立了第一个国外分社，稍后又在伦敦建立了分社。

① 《毛泽东新闻工作文选》，54页，北京，新华出版社，1983。

延安时期，新华社有了较大的发展，更为重要的是，它在原有文字广播的基础上，新开辟了口语广播，即创办了延安新华广播电台。

1940年12月30日，中国共产党创建的第一座广播电台，延安新华广播电台开始播音，呼号为XNCR。这是中国无产阶级广播事业的开端，是当时抗日根据地新闻事业发展中的一个重大事件。

1940年3月，周恩来从苏联治病回延安时，带回一部共产国际援助的广播发射机。这是建立广播电台的最核心设备，此外还要有发射塔、电动机房和其他播音设备。为此，中共中央成立广播委员会，由周恩来任主任，负责领导筹建广播电台的工作。5月，周恩来去重庆后，由朱德主持筹建。中央军委三局（通讯局）抽调一批无线电技术人员组成九分队，负责安装电台。那部发射机是拆卸装箱，空运到新疆，然后转运到延安的。由于长途颠簸受到损坏，经多次改装调试，才使它适合广播电台使用，实际发射功率约300瓦。当时，延安没有发电厂，便把汽车上的引擎改装成发动机，用来带动发电机发电。没有汽油，就利用烧木炭产生的煤气代替。没有钢材，就用几根木头连接成十几米高的"木塔"，代替"铁塔"来架设发射天线。

广播电台的台址设在延安西北的王皮湾村，在半山腰中开凿出两孔窑洞作为发射机房和动力间，播音室设在河对岸村子的土窑洞内，只有一张木桌、一个话筒、一本字典、一台老旧的手摇唱机。门上墙上钉着延安生产的灰色羊毛毡，用来隔音。当时，广播电台属于新华社的一个部门，即口语广播的部分，广播稿由新华社的广播科提供。

最初每天晚上播音一次，1941年4月后，每天两次，每次一小时。广播内容主要有：中共中央重要文件、重要社论、国内外新闻、名人讲演、科学常识、革命故事等。1941年12月3日开办以侵华日军为主要对象的日语广播节目，由一位日本女同志每星期五用日语广播一次，这是延安台创办外语广播节目的开始。也有简单的文艺节目，一般是播音员自己在话筒前演唱抗日革命歌曲或吹口琴。

中共中央对延安广播台十分关心和重视，多次指示各根据地党组织按时收听。1941年5月25日，中共中央在《关于统一各根据地内对外宣传的指示》中提出："各地应经常接收延安新华社的广播，没有收音机的应不惜代价设立之。"同日，中共中央宣传部在《关于电台广播工作的指示》中强调："电台广播是各抗日根据地前对外宣传最有力的武器。"同年6月20日，中共中央宣传部又在《关于党的宣传鼓动工作提纲》中，强调了在中国交通工具困难的情况下发展广播事业的重要意义。

延安新华广播电台不仅加强了中央与各敌后抗日根据地之间的联系，而且从空中突破了国民党统治区的新闻封锁。1941年《新华日报》在报道皖南事变真相上受到国民党的刁难和阻拦时，刚刚建起的延安广播电台及时反复播出毛泽东写的中共中央军事委员会《为皖南事变发表的命令和谈话》及有关报道，在全国人民面前揭露了国民党顽固派反共反人民的行径。延安台广播，令国民党当局非常惊恐，1941年3月至7月，国民党中央宣传部曾密令中央广播事业管理处等监测延安台播音，要求"每日指定专员收听，逐日具报"，并且布置河南广播电台"就近干扰"，甚至利用特务侦察台址，企图破坏。国统区听众来信，称赞延安台是"黑夜里的一盏明灯"。由于环境艰苦，无线电器材来源困难，延安台设备时出故障，断断续续坚持两年多，1943年春，因电子管损毁停止广播。直到 1945 年 8 月抗日战争胜利前夕恢复播音。

在艰苦环境下创办的延安新华广播电台,揭开了人民广播的第一页,打破了国民党反动派对现代先进新闻通讯事业的封锁,为宣传抗战做出了积极贡献。

二、博古与《解放日报》改版

中共中央机关报《解放日报》,1941 年 5 月 16 日在延安创刊。1947 年 3 月 27 日,因国民党军攻占延安停刊。这是在抗日民主根据地出版的第一份铅印对开大型日报,也是从抗战到解放战争初期对革命根据地影响最大的一份报纸。尤其在延安的整风改革中,《解放日报》发挥了重要影响,并以自身的新闻改革奠定了党的机关报的优良传统,从而在中共党报史上具有深远影响。

《解放日报》是由《新中华报》与《今日新闻》合并后出版的。当时的中共中央机关报《新中华报》是每周出两期的 4 开小型报,时效性差;《今日新闻》是延安唯一一份小型日报,8 开油印,主要供领导干部参考,已不能适应形势发展的需要。皖南事变后,在国统区出版的《新华日报》受到越来越严重的迫害,宣传中共中央的路线方针政策受到很大的限制。为了加强中共中央的领导与宣传,决定创办一份大型机关报,在《解放日报》创刊前后,由于敌人的封锁,延安经济十分困难,物资极其短缺,《中国青年》《中国工人》《中国妇女》《中国文化》《共产党人》《解放》周刊以及《八路军军政杂志》等都先后停办。

延安城东的清凉山是当时中共中央新闻出版机关的集中地,除《解放日报》报社外,新华社、新华广播电台、中央出版发行部和中央印刷厂等都先后搬迁到这里。《解放日报》的第一任社长博古同时兼任新华社社长、中央出版局局长,统筹新闻出版工作。抗战胜利后,1946 年 4 月 8 日,博古作为政协中共代表由重庆返回延安途中,因飞机失事,与叶挺、王若飞等同时遇难。

《解放日报》创刊初期,日出对开 2 版,9 月增为 4 版。毛泽东为《解放日报》题写报头和撰写发刊词。《发刊词》宣告:"本报之使命为何?团结全国人民战胜日本帝国主义一语足以尽之。这是中国共产党的总路线,也就是本报的使命。"[①]明确指出了党报的主要任务和宣传目标。

《解放日报》创刊之初,博古想把它办成一份有影响的大报,学习苏联《真理报》和上海《大公报》《新闻报》的一些做法。他认为《解放日报》是党中央机关报,是大报,不能像过去打游击时办的油印小报那样,只登自己党政军民的活动,而应该具有世界眼光,关注正在进行的第二次世界大战,因而把国际新闻放在首位。

当时正是抗日战争进入艰苦卓绝的战略相持阶段,为了抗日的最后胜利,1942 年春开始,中国共产党在全党范围内进行了一次整风运动。主要任务是:反对主观主义以整顿学风,反对宗派主义以整顿党风,反对党八股以整顿文风。

新闻事业的整风改革是全党整风运动的一个组成部分,中共中央首先抓《解放日

---

① 《毛泽东新闻工作文选》,55 页,北京,新华出版社,1983。

报》的文风。1942年3月16日中共中央宣传部发出《为改造党报的通知》（以下简称《通知》），提出要根据毛泽东整顿三风的号召来检查和改造报纸。《通知》指出："报纸的主要任务就是要宣传党的政策，贯澈党的政策，反映党的工作，反映群众生活，要这样做，才是名符其实的党报，如果报纸只是或者以极大篇幅为国内外通讯社登载消息，那末这样的报纸是党性不强，不过为别人的通讯社充当义务的宣传员而已，这样的报纸是不能完成党的任务的。"①通知发出后，从延安到各抗日根据地，新闻界掀起了整风改革的热潮。

《解放日报》走在抗日根据地新闻界整风改革的最前面。1942年3月31日，毛泽东和博古在杨家岭中共中央办公厅召开改版座谈会。博古首先发言，对报纸创刊以来10个月的工作进行了小结和自我批评。毛泽东在改版座谈会上作了讲话，他提议："利用《解放日报》，应当是各机关经常的业务之一。经过报纸把一个部门的经验传播出去，就可推动其他部门工作的改造。我们今天来整顿三风，必须要好好利用报纸。"毛泽东的讲话明确要求各机关要重视和利用报纸宣传党的路线政策，统一思想指导，传播工作经验，"在共同的目标上，一致前进"。② 在改版期间，博古为《解放日报》撰写了《致读者》《党与党报》《本报创刊一千期》等许多重要社论，讨论了什么是党报以及如何办好党报的问题，全面总结了党报的改版过程和成功经验，为我国无产阶级党报理论增添了光辉。

1942年4月1日，《解放日报》发表改版社论《致读者》，标志着《解放日报》将成为一张"完全的党报"。《致读者》写道：

今天我们的版面以新的形态呈现在读者面前，我们愿乘此机会来总结一下过去十个月来的工作及提出今后本报的方向。

什么是党报？一提起这个问题的时候，大家必然会想起"报纸不仅是集体宣传者和集体鼓动者，而且还是集体的组织者"（列宁）、"报纸是我们最锐利和最有力的武器"（斯大林）这一类的名言。但是试问报纸到底如何才能成为集体宣传者集体鼓动者集体组织者呢？……那么，必须：第一，贯彻着坚强的党性。这里不仅要"在估计任何事变的时候必须公开地和直接地站在一定的社会集团的立场上"（列宁）；不仅要在自己一切篇幅上，在每篇论文，每条通讯，每个消息……中都能贯彻党的观点、党的见解，而且更重要的是报纸必须与整个党的方针、党的政策、党的动向密切相联，呼吸相通，使报纸应该成为实现党的一切政策，一切号召的尖兵、倡导者。第二，密切地与群众联系、反映群众的情绪、生活需求和要求，记载他们的可歌可泣的英勇奋斗的事迹，反映他们身受的苦难和惨痛，宣达他们的意见和呼声。报纸的任务，不仅要充实群众的知识，扩大他们的眼界，启发他们的觉悟，教导他们，组织他们，而且要成为他们的反映者、喉舌，与他们共患难的朋友。第三，洋溢着战斗性。党报必须是为着党的革命方针路线而奋斗的战士；报纸必须根据当前的政治事变而进行热忱的鼓动，而鼓

---

① 中央档案馆编：《中共中央文件选集 第十三册（一九四一——一九四二）》，358页，北京，中共中央党校出版社，1991。

② 《毛泽东新闻工作文选》，90页，北京，新华出版社，1983。

动的成功，则极有赖于明朗锐利的揭露一切黑暗和腐败，抨击一切有害于抗日团结的阴谋和企图。尤其是在思想战线上，报纸应进行经常的坚持的思想斗争，宣传共产主义的民主主义的思潮，反对一切反动、复古、黑暗、愚昧。同时，报纸亦应该是我们党手中的有力的自我批评的武器，对于自己队伍中的错误和弱点，党报应该以实事求是的同志的态度加以批评和指摘，帮助其克服和改正。第四，响应党的、政府的号召，或者根据党的方针提倡各种群众运动，经常注视和指导运动的展开，具体地帮助各种群众运动和工农大众的斗争。党报决不能是一个有闻必录的消极的记载者，而应该是各种运动底积极的提倡者组织者。①

社论中旗帜鲜明地表达了党性、群众性、战斗性、组织性是党报的基本性质，认真检查了《解放日报》在这些方面存在的问题，表示今后要努力改进，"使《解放日报》成为真正战斗的党的机关报"。

同时，《解放日报》的版面进行了重大调整。原来一、二版主要是国际新闻，三版主要是国内新闻，四版是陕甘宁边区新闻和副刊。这样的版面安排，必然把党中央的重大决策和延安根据地的重要新闻"夹"在报中。比如，它把毛泽东《整顿党的作风》《反对党八股》等重要指导性文件安排在三版末端。报纸这种先国际后国内的做法，脱离了党的中心工作和根据地军民生产斗争的实际，正如党中央所批评的"党性不强"的表现。版面调整后，第一版主要是反映各抗日民主根据地的要闻版，第二版是陕甘宁边区版，第三版是国际版，第四版是副刊和各种专论。各抗日根据地新闻大大增加，版面安排上也得到了保证；在内容宣传上，党的中心工作如大生产运动、整风运动、军事斗争的报道成了宣传重点。

改版后的《解放日报》紧紧围绕党的中心工作来组织宣传报道，对实际工作发挥了重要的宣传、鼓动和组织作用，这种优良传统为后来的党报所继承和发扬。《解放日报》正确地宣传了大生产运动，突出"自己动手、丰衣足食"的报道，大力表扬了大生产运动中的先进集体和模范人物，报道了边区军民广泛展开生产竞赛的消息。如1942年4月30日，报纸头版头条刊登农业劳动模范吴满有"连年开荒收粮特多"的消息，并配发《边区农民向吴满有看齐》的社论，后来还进行跟踪报道，吴满有成为当时延安家喻户晓的劳动英雄，这是我国党报史上首次大规模、有系统的典型报道，其意义不言而喻。《解放日报》十分重视军事斗争宣传和对各种错误思想的批判，成功击溃了国民党制造的反共宣传浪潮。1943年5月以后，蒋介石国民党趁共产国际宣布解散的机会，制造反共舆论，大肆叫嚷"解散共产党"，"取消陕甘宁边区"，同时准备武装进犯陕甘宁边区，掀起第三次反共高潮。《解放日报》立即组织反击，发表了毛泽东撰写的社论《质问国民党》："许多国民党人肆无忌惮地天天宣传共产党'破坏抗战''破坏团结'，难道尽撤河防主力，倒叫做增强抗战吗？难道进攻边区，倒叫做增强团结吗？"②尖锐揭露

---

① 中共中央文献研究室、中央档案馆编：《建党以来重要文献选编（一九二一——一九四九）第十七册》，北京，中央文献出版社，2011。

② 《毛泽东选集》第3卷，903～904页，北京，人民出版社，1991。

和声讨了国民党顽固派的反共阴谋。在数月中发表了博古、范文澜、艾思奇等人的文章和资料200多篇，除用事实进行揭露外，还对国民党顽固派发动第三次反共高潮的理论基础，即蒋介石的《中国之命运》进行了深刻的批判，指出它是反共、反人民、反革命的哲学，是极端唯心主义的愚民哲学。与此同时，各类新闻评论互相配合，国内外形成了强大的反内战舆论。同时延安军民紧急动员，准备迎头痛击来犯之敌。在这种形势下，蒋介石国民党不得不声明"误会"，宣布退兵。

在社论写作方面，报社成立了社论委员会，创办伊始，《解放日报》学《真理报》，每日一篇社论。陆定一继杨松成为总编辑后，认为《解放日报》社论是代表党中央和党报发言的一种形式，要有针对性地解决社会上出现的重大问题。否则不如不发。后来，毛泽东表态，《解放日报》社论必须精心写作，对党负责，对群众负责，最好是经常有社论。

《解放日报》在加强党性、联系群众方面也取得了很大进步。《解放日报》又是中共中央西北局的机关报。1942年9月，西北局作出《关于解放日报工作问题的决定》，强调"各级党委要把帮助与利用《解放日报》的工作当作自己经常的重要业务之一"，并责成各级党组织在党内进行关于党报的教育，指出对党报漠不关心的态度是党性不强的一种表现，而经常看党报，帮助党报发行和组织党报的通讯工作，是每个党员应当努力尽到的责任。决定还规定中共中央西北局吸收报社负责人参加会议，西北局也派人出席报社编辑会议，各级党委要定期检查自己对《解放日报》所做的工作并向西北局报告，各分区党委及县委的宣传部长担任《解放日报》的通讯员并负责组织所属地区的通讯工作等。同时中共中央书记处给各中央局、中央分局的指示中，要求仿照西北局的办法，加强党对报纸的领导，这就从组织上落实了"全党办报"的方针。《解放日报》配合这个决定的贯彻执行，发表题为《党与党报》的重要社论，比较全面、准确地阐述了全党办报的思想。到1944年，《解放日报》在各级党组织中培养了600多人的通讯员队伍，"全党办报"进一步有了组织上的保障。因而《解放日报》的稿源丰富，版面充实，加强了报纸与实际工作、与群众生活的联系。

从1942年4月1日开始，到1944年2月16日发表社论《本报创刊一千期》总结新闻改革成功经验，《解放日报》改版告一段落。《解放日报》的改版成功，不仅整顿了文风，加强了党对报纸的领导，确立了"全党办报"的指导思想，继承和发扬了联系实际、联系群众，开展批评与自我批评等一系列党报优良传统。在中共党报理论发展上有了质的飞跃，丰富和发展了我国无产阶级新闻理论。

《解放日报》改版后，各敌后根据地报刊也先后行动起来。《新华日报》(华北版)、《抗战日报》，甚至新华社和重庆的《新华日报》也都以《解放日报》为榜样，进行整风和新闻改革。经过整风改革，抗日民主根据地新闻事业加强了对党的方针政策和党的中心工作的宣传，比较深入地反映了群众斗争的实际，加强了思想斗争，加强了对于敌对思想的批判，大大提高了党报的党性、群众性、组织性和战斗性。

三、《解放日报》改版成功与中共党报理论的成熟

《解放日报》在整风改革中，发表了一系列关于新闻工作的重要文章，系统地总结

了党报的创办过程和新闻工作经验,对于办党报的方针和基本原则,对党报的性质特征、作用功能、使命、工作原则、方法、文风等都进行了具体而深入的探讨,对于马克思主义新闻学的基本原理和重大问题,都作了精辟的论述。关于党报是党、政府和人民的喉舌,要坚持党性原则,坚持实事求是,新闻必须完全真实,要实行"全党办报",密切联系实际和联系群众,要建立新的文风,这些原则都是在《解放日报》改版时期逐步确立的。可以说,中共党报理论在这一时期逐渐成熟。许多文章对一些重大的新闻理论问题进行了深入阐述,批判了教条主义和资产阶级新闻观点,丰富和发展了我国无产阶级新闻思想。具体来说主要有:

第一,阐述了党报的作用、功能和使命。

《解放日报》创刊伊始,毛泽东撰写的发刊词中就庄严宣告:"本报之使命为何?团结全国人民战胜日本帝国主义一语足以尽之。这是中国共产党的总路线,也就是本报的使命。"①宣传贯彻党在各个历史时期的总路线,这是党报的历史使命,由它开辟的这一传统一直延续至今,成为我国党报不可动摇的原则之一。

改版前夕,中共中央宣传部《为改造党报的通知》中指出:"报纸是党的宣传鼓动工作最有力的工具,每天与数十万的群众联系并影响他们,因此,把报纸办好,是党的一个中心工作。""报纸的主要任务就是要宣传党的政策,贯彻党的政策,反映党的工作,反映群众生活,要这样做,才是名符其实的党报。"②党报就是要以宣传党的方针政策为己任,不允许出现与中共中央政策唱反调。但在纷纭复杂的斗争中,一些党报却难以做到这一点。因此,毛泽东反复强调各级党委要提高对党报重要性的认识,并尽力帮助办好党报。1944年3月22日,毛泽东在陕甘宁边区文化教育工作座谈会上又进一步指出:"(报纸)作为组织一切工作的一个武器,反映政治、军事、经济又指导政治、军事、经济的一个武器,组织群众和教育群众的一个武器。"③这就把报纸的作用与功能更加具体化了。

第二,强调党性、群众性、战斗性、组织性是党报的基本特征。其中党性是党报的本质特征。

《解放日报》改版社论《致读者》中明确阐述了党报要成为"集体的宣传者和集体的鼓动者,而且还是集体的组织者",就必须旗帜鲜明地强调党性、群众性、战斗性、组织性,这是党报的基本属性和重要特征,并且对如何增强党性、群众性、战斗性、组织性进行了详细的描述。

在复杂多变的抗战期间,毛泽东尤其强调报纸要增强党性,1942年10月28日,毛泽东在给各级党委的指示中再次强调,务必要使通讯社及报纸的宣传完全符合党的政策,使我们的宣传增强党性,拿《解放日报》所发表的关于如何使报纸增强党性的许多文件去教育我们的宣传人员,克服宣传人员中闹独立性的错误倾向。不仅强调了新

---

① 《毛泽东新闻工作文选》,55页,北京,新华出版社,1983。

② 中央档案馆编:《中共中央文件选集 第十三册(一九四一——一九四二)》,358页,北京,中共中央党校出版社,1991。

③ 《毛泽东新闻工作文选》,113页,北京,新华出版社,1983。

闻宣传要增强党性，而且说明，《解放日报》上发表的许多关于新闻工作的文章，从根本上来说，都是要增强党性的。

利用报纸来推动党和政府在各个历史阶段的中心工作的开展，逐渐成为党报重要的经验和传统。在延安整风改革时期，《解放日报》围绕大生产运动、整顿三风、军事斗争等中心工作来组织新闻报道和评论，鼓舞和推动了实际工作，取得了显著成绩。

第三，确立"全党办报"的指导思想，党报成为党的机构的重要组成部分。

1944年2月16日《解放日报》社论《本报创刊一千期》中总结道："我们的重要经验，一言以蔽之，就是'全党办报'四个字。"全党办报不仅指思想上，而且还要从组织上得到落实。比如《解放日报》同时成为中共中央西北局机关报后，西北局吸收报社负责人参加会议，西北局也派人出席报社编辑会议，各分区党委及县委宣传部长担任《解放日报》的通讯员并负责组织所属地区的通讯工作等。后来，军队也提出"全军办报"，《新华日报》提出"大家来办报"都是"全党办报"的具体体现。

《解放日报》在社论《党与党报》中，对全党办报的思想作了比较完整而深刻的阐述，指出列宁"报纸不仅是集体的宣传员和集体的鼓动员，而且是集体的组织者"这句著名论断中的这个"集体"，对于党报来说，不能只看作"报馆同人"，如果这样就会不顾党的路线、方针、政策，一切依照个人意见、个人兴趣办事。"办报办到这样，那就一定党性不强，一定闹独立性，出乱子。"既是党报，就要由全党来办，不是依靠少数人就可以办好的，因此所谓"集体"，"是指整个党的组织而言的集体"。在党报工作的同志要认识到自己是整个党组织的一分子，自觉地把自己融入党的集体之中。不允许与党离心离德，更不允许与党唱对台戏。

这个"集体"，也是党领导下的专业新闻记者和广大工农通讯员队伍相结合的集体。党报同时也是群众性的报纸，代表着群众的利益。因此，"我们的报纸就不仅需要有能干的编辑与优秀的记者，而尤其需要有生活在广大人民中间的、参加在各项实际工作里面的群众通讯员"。总之，全党办报的实质就是：办报要在党的领导下走群众路线。

第四，指出党报的文风应该是生动活泼、新鲜有力的马列主义文风，反对党八股。

毛泽东在《反对党八股》一文中集中深刻地论述了这个问题，划清了两种文风的界限，党八股是主观主义形式主义的东西，窒息革命的精神，危害党，危害革命。马克思列宁主义的文风把马克思列宁主义的理论和中国革命的具体实践密切结合起来，具体问题具体分析，为群众喜闻乐见，具有民族的、科学的、大众的优点，可以有力地推动党领导的革命事业不断前进。

当时报纸的读者对象主要是文化程度不高的工农群众，因此，中共中央宣传部《为改造党报的通知》中要求："各地党报的文字，应力求通俗简洁，不仅使一般干部容易看懂，而且使稍有文化的群众也可以看。通俗简洁的标准，就是要使那些识字不多而稍有政治知识的人们听了别人读报后，也能够懂得其意思。"

第五，要求党报坚持马克思主义新闻观，主张新闻必须完全真实。

1943年9月1日，《解放日报》发表了陆定一的理论文章《我们对于新闻学的基本观点》，阐述了无产阶级新闻学的基本问题，科学地回答了新闻的定义，揭示了新闻与事实的关系以及新闻如何能够真实。他指出："唯物论者认为，新闻的本源乃是物质的东西，乃是事实，就是人类在与自然斗争中和在社会斗争中所发生的事实。因此，新闻的定义，就是新近发生的事实的报道。"对新闻的定义简洁明了，至今仍为我国新闻界所认同。他还明确揭示了新闻与事实的关系："新闻的本源是事实"，事实是第一性的，新闻是第二性的，因此唯物主义的新闻工作者在采写时，在编辑中，必须尊重事实。唯心主义的新闻工作者却恰恰相反，他们认为新闻的本源乃是某种"性质"的本身，如什么"时宜性与一般性"以及"政治性""文艺性""趣味性"等，这就否定了新闻报道中事实是第一性的，从而为不真实新闻开了大门。这样从哲学根本观点上划清了唯物主义新闻观与唯心主义新闻观的界限。在回答"新闻如何能够真实"时，文章先肯定了资产阶级新闻学中新闻必须具备时间、地点、人物等"五要素"的观点，同时又指出，仅有五要素是不够的，不能保证新闻的真实性，还必须把尊重事实与革命立场结合起来，联系实际、联系群众，才能写出真实新闻。

《解放日报》社论《新闻必须完全真实》又进一步阐明了无产阶级新闻事业真实性的根本原则。

第六，发扬党报联系实际、联系群众、批评和自我批评的优良作风。

1945年4月，毛泽东在《论联合政府》报告中指出："以马克思列宁主义的理论思想武装起来的中国共产党，在中国人民中产生了新的工作作风，这主要的就是理论和实践相结合的作风，和人民群众紧密地联系在一起的作风以及自我批评的作风。"①5月16日，《解放日报》发表社论《提高一步》，指出这三项"是全党的作风问题，但同时也就是我们报纸的作风问题"，是我们报纸今后提高一步的努力目标。

中国共产党的这三大作风经过延安整风得到丰富和发展并总结和上升为理论，进一步成为党的新闻工作者更加自觉遵循和不断发扬的优良作风。

第七，在政治与技术的关系问题上，党报提倡"政治第一，技术第二"。

做新闻工作需要一定的技术，如写作、编排、校对等。没有一定的技术技巧，是搞不好的。但当时一些人却过分夸大技术的作用，或者把技术神秘化，得出"技术第一"的错误观点。在整风改革中，对这种有害思想进行了批判，《解放日报》社论《政治与技术》论述了两者的关系。它指出，技术的作用和可贵，就在于好的技术能把正确的政治内容完善地表达出来，坏的技术就做不到这点，甚至会起相反的作用。技术是为政治服务的，如果政治立场坚定了，技术的进步是可以求得的，也是必须求得的。"技术第一，政治第二"是反对党性、群众性、组织性、战斗性的口号，也是毁灭技术的口号。政治与技术关系的正确解决，使广大新闻工作者的政治方向明确，工作积极性增强，技术上严格要求，精益求精。

总之，《解放日报》改版的成功经验，标志着中共的党报思想逐渐成熟，它丰富和发展了中国无产阶级新闻理论；经过延安整风，促进了新闻工作者的思想改造，推动了党的新闻事业与无产阶级革命事业的融合。

---

① 《毛泽东选集》第3卷，1093～1094页，北京，人民出版社，1991。

第三节　"大后方"的新闻事业

1938 年 10 月，武汉失守，重庆成为国民党政府的战时"陪都"，也是国民党统治区的新闻出版中心。其中，有共产党和进步的新闻报刊，如《新华日报》《群众》周刊、《全民抗战》等均从武汉迁来，中国青年记者学会总会从桂林迁来，国际新闻社在重庆设有办事处。国民党的新闻事业单位《中央日报》、中央广播电台、国际广播电台、中央通讯社、《扫荡报》等，先后从长沙、南京、武汉迁来，军委会西南行营办有《西南日报》。还有一些重要的报纸，如《大公报》《时事新报》《新民报》等亦迁来这里。原在重庆出版的报纸有《新蜀报》《商务日报》《国民公报》等。

全面抗战初期，国民党军队与日寇正面作战，第二次国共合作初步实现，重庆等"大后方"的新闻界出现了短暂的团结抗战局面，甚至 1939 年 5 月 6 日，《中央日报》《西南日报》《商务日报》《大公报》《新华日报》等重庆各报组成各报联合委员会，发行《联合版》。但由于各报代表不同的政治派别和利益集团，《联合版》难免有些摩擦，因此创办 3 个多月后停刊。

抗战进入相持阶段后，国民党顽固派"消极抗日，积极反共"，1939 年发布了《限制异党活动办法》，尤其是国民党五届五中全会确立"防共、限共、溶共、反共"方针，为国共合作蒙上了阴影。1941 年年初国民党军制造皖南事变，国共矛盾几乎达到白热化程度，国共两党领导下的新闻事业的矛盾斗争也日益公开化。其中最直接的表现就是国民党《中央日报》和中共领导下的《新华日报》的斗争。

"大后方"新闻界当时都曾着力于抗日宣传，但他们的政治倾向很复杂，斗争也复杂。国民党顽固派的御用新闻单位是一方，共产党领导的进步新闻单位是一方，形成两种不同的势力。而其他的一些民营新闻单位，一般来说是处于二者之间的中间势力。有的偏左，有的偏右。在顽固派的新闻单位中，情况也有所不同，有的主持人是顽固的，但其中的编辑、记者却有进步人士；有的报纸一、二、三版是反共的，而其副刊却有进步倾向；有的报纸一个时期进步，而另一个时期却反共；有的新闻单位虽属国民党系统，但其中也有共产党员。中国共产党在这种复杂的情况下开展了广泛的统一战线工作和斗争，通过《新华日报》，热情团结了各报抗日进步报人。如对比较进步的《新民报》，党的统一战线工作就做得很好。

1938 年 5 月，重庆《新民报》准备出特刊，周恩来应邀为特刊作了"全民团结，持久斗争，抗战必胜，建国必成"的题词。毛泽东、周恩来在会见《新民报》编辑人员时，还不断给予指导和鼓励。这家报纸虽然采取言论上"居中偏左，遇礁即避"的编辑方针，但它是《新华日报》的朋友。皖南事变发生后，他们同情共产党，并直接或间接地给予支持，有些文章和消息《新华日报》不便发表，《新民报》也曾接过发表。又如《大公报》，当时它也是一份中间报纸，但有时对国民党抱着"小骂大帮忙"的态度，曾跟着国民党进行攻击共产党的宣传。中共和《新华日报》对它采取善意批评和团结争取的做法，充分肯定它坚持抗日宣传的贡献。1941 年 9 月 6 日，该报总编辑张季鸾病逝于重庆，在延安的毛泽东等 5 人联名发唁电，称赞他"在历次参政会内坚持团结抗日，功在国家"。在重庆的周恩来等中共参政员在联名唁电中，推崇他是"文坛巨擘，报界宗师"。由于

《新华日报》的热忱团结和关怀，不少报人成了共产党的朋友。对于被国民党特务控制的《商务日报》，中共采取了巧妙的斗争手法，利用特务内部派系矛盾，派地下党员和进步青年一个个地"挤"进去，把特务一个个地"挤"出来，到抗战后期，就使该报完全掌握在共产党员和进步人士手里，坚持"在商言商"的编辑方针，揭露官僚买办阶级的垄断和腐败，为民营工商业代言，很受工商界欢迎。

桂林也是重要的新闻出版地。进步新闻事业利用广西地方实力派和蒋介石的矛盾，在桂林得到了发展。《新华日报》在此设立分馆。《救亡日报》在广州沦陷后迁到桂林。国际新闻社总社也设在这里。当时影响较大的综合性时政刊物《国民公论》迁到桂林复刊。桂系的《广西日报》和当地民间的《力报》也都对进步报刊比较友好。当时桂林有"文化城"之称。

国民党当局加紧对进步新闻事业的控制，制定《战时新闻检查办法》《修正战时新闻禁载标准》《修正战时图书杂志原稿审查办法》等一系列法规，严厉限制新闻出版自由。在重庆设立"战时新闻检查局"，在各省市和重要县市遍设新闻、图书检查机构，普遍实行法西斯新闻检查制度。皖南事变后，《救亡日报》《全民抗战》"国新社""青记"等进步新闻机构，或被当局查封，或被迫解散。1942年这一年里，被国民党当局查封的抗日报刊竟有500多种。

《新华日报》是国共第二次合作时期，中国共产党在国统区公开出版时间最长、影响最大的一份大型机关报，1938年1月在汉口创刊，每日对开一张。开始由中共中央长江局领导，不久改为中共中央南方局领导，南方局书记周恩来兼任董事长。社长是潘梓年，总编辑先后是华岗、吴克坚、章汉夫，总经理为熊瑾玎。在创刊词中它庄严宣告"本报愿在争取民族生存独立的伟大的战斗中作一个鼓励前进的号角"，更将"为巩固与扩大抗日民族统一战线而效力"，成为"一切抗日的个人、集团团体、党派的共同的喉舌"。报纸一出版就受到读者热烈的欢迎，很快行销全国。它在宣传抗日，开展群众运动，传播中共中央抗日民族统一战线等方面取得了显著成绩。1938年10月25日因武汉沦陷而停刊，次日立即在重庆复刊，前后衔接紧密。为扩大影响，该刊还在桂林出版桂林版，在华北敌后抗日根据地出版华北版。

《新华日报》自创刊直到1947年2月28日被国民党封禁为止，在国民党统治中心英勇战斗了9年1个月又18天。在这9年中，国民党一方面让《新华日报》公开发行；一方面又加以种种迫害。《新华日报》在中共中央南方局和周恩来的领导下，同国民党展开了多方面的斗争。它高举"坚持抗战，反对投降；坚持团结，反对分裂；坚持进步，反对倒退"的旗帜，坚持"有理、有利、有节"的斗争原则，采取"有所为，有所不为"的方法，进行合法与"非法"相结合的两手斗争。

在武汉，《新华日报》创刊不久，国民党特务、暴徒二三十人闯入报社骚扰、破坏。在重庆期间，《新华日报》围绕着反对新闻检查，反对封锁新闻来源，反对破坏发行工作，争取言论出版自由方面，与国民党展开了长期、艰苦的斗争。

国民党当局利用所谓"战时新闻管制"，普遍实行新闻检查，规定报纸杂志原稿送审，任意删改、扣压稿件，并给违检者各种处分。针对这种情况，《新华日报》在通常的宣传中，充分利用国民党宣布的政策中表面抗日的词句，进行合法宣传，同时又采用多种方法进行斗争，首先是采用"暴检"的办法，即对被检查"免登"的稿件，《新华日报》就在报上公布某某文章或报道免登，或者留下题目，大开"天窗"。对被"删登"的部分，《新华日报》就在"删登"的地方打上"××"符号，或者小开"天窗"，或者注明"被略""遵检""以下奉令删登"等字样，有时还采取刊登更正或启事的方式，将被删处刊出，用以公开暴露国民党摧残言论自由的行径。其次，经常采取给它"算账"的方式，过些时候就写一些社论、短评、消息和杂感，评论国民党统治区的言论自由，用国民党压制言论自由的事实揭露国民党表里不一的做法。最后，利用矛盾。有时利用国民党新闻检察机关内部的派系斗争，有时把要发的稿件混在激烈的言论稿件中同时送审，让国民党的新闻检察机关自己造成"违检"事件。毛泽东的《在延安文艺座谈会上的讲话》就是分编成三篇文章，又分别和激烈的短评放在一块送检的，结果被"检讫"放行，全部发表出来。《新华日报》在重大问题上坚持原则，斗争到底，甚至不惜以报纸被罚被封为代价去争取胜利。1939年10月19日，《新华日报》发表《毛泽东同志与中央社等记者谈话》一文，就是采用"违检"的方法刊登出来的。

1941年1月，国民党制造了震惊中外的皖南事变，宣布新四军为叛军。《新华日报》揭露皖南事变真相的报道和评论全被禁止发表。《新华日报》按照周恩来的指示，针锋相对地进行斗争。1月18日，就在国民党宣布取消新四军番号的同一天，《新华日报》排印两种版面，用没有题词的版面躲过当晚在报社的新闻检查人员的监视，另一版面刊出了周恩来为皖南事变写的两个题词："为江南死国难者志哀！""千古奇冤，江南一叶，同室操戈，相煎何急？！"向国民党统治区人民透露了皖南事变的消息，抗议国民党顽固派破坏抗战、反共反人民的罪行。国民党当局派出大批宪警去拦劫刊有题词的《新华日报》，但大量报纸已经发行出去了。

《新华日报》为争取出版的斗争，使国民党当局大伤脑筋。1941年6月，国民党新闻检查局的一次报告中写道："渝市13种报纸，无一报无违检者。《新华日报》在6个月中就违检154次。"他们更哀叹的是："各报纵使违检被罚停刊，且认为光荣，读者复多予同情，每每一报被禁，立即身价十倍。"到了抗战快要胜利的时候，《新华日报》更加不理国民党的新闻检查，将一些稿件径直刊出，并拒绝了他们提出的"监印"报纸的无理要求。新闻检查当局束手无策，一再向上告急："监版遭拒，苦于无计对付"，"既加重惩罚之不能，更加强管制之无计"。这场斗争随着抗战胜利，以《新华日报》的胜利告一段落。

《新华日报》反对封锁新闻来源的斗争也搞得很有成绩。当时国民党中央通讯社垄断了新闻来源，不让《新华日报》的记者到重庆以外的地方去采访，即使在重庆，采访活动也受到了蛮横阻挠，对《新华日报》的投稿人也进行迫害，妄图从新闻来源上卡死《新华日报》。为了突破国民党的新闻封锁，《新华日报》首先依靠中共驻重庆代表团，从内部电台抄收重要文件以及延安和敌后抗日根据地的一些新闻材料。其次，依靠地下党组织在读者中物色可靠的通讯员以及知名人士为报纸写稿。再次，利用国民党、敌占区和敌后抗日根据地的报刊材料重新编写新闻稿件。最后，做好新闻界统一战线工作，努力从其他同情和支持自己的报社那里获得一些新闻线索和材料。

《新华日报》反对国民党破坏发行的斗争也搞得非常出色。当时国民党当局规定党政军人不能订阅《新华日报》，派报工会不得派送它，邮局对它进行检扣，还派出宪兵警察特务到处没收和撕毁它，甚至殴打它的送报人员，迫害它的读者。

《新华日报》为了开拓销路，除派自己的工作人员上街发行外，专门组织了自己的发行队伍。报社招收培养了一批穷苦劳动人民出身的报童、报贩，在党的教育下，他们慢慢懂得了《新华日报》的性质和对读者的作用，懂得了国民党为什么害怕和迫害《新华日报》，因此他们能够克服艰难困苦，冒着挨打、被捕的危险，始终坚守发行岗位。这支队伍开始只有七八个人，四五年后发展到100多人，他们积累了丰富的斗争经验，成为一批革命的报纸发行战士。与此同时，《新华日报》还通过同情它的邮局职工，采取伪装、分散邮寄的办法，把报纸寄到外埠读者手中。《新华日报》在发行工作中，十分注意保护自己的读者，订户的名单对外是保密的，送报也是机智灵活的，尽力不暴露进步读者。1945年2月12日，毛泽东在给博古的信中说："当《新华》发表（《民主同盟宣言》一文）时，当局动员没收，但由于报童勇敢，大部分发出去了；最后没有了，卖到200元一份，可见民众情绪。"

1942年5月，《新华日报》在周恩来的领导下开始了整风运动。发表《敬告本报读者》的社论，宣布：在中共中央和毛泽东主席号召整顿三风以来，报纸开始作全面检查，改进工作，并诚恳欢迎党外人士批评，欢迎他们揭露报社工作中的缺点和错误。为此，报上还增设了《团结》整风专页，周恩来亲自写了发刊词。《新华日报》经过整风和新闻改革，增强了党性、群众性、组织性和战斗性。《新华副刊》更是整风改革的硕果，曾单独预订发行。它于1942年9月18日创办，是文化性的综合副刊，重视新闻性、知识性、可读性。它反映各阶层人民的生活，许多著名的作家、艺术家、科学家、学者都为它写稿。它的《谣言门诊部》专栏，揭露和驳斥国民党制造的谣言；它的《新华信箱》专栏，发表读者最为关心的问题和编者的答复；它的《社会服务》专栏，不仅解答读者的问题，还想方设法为读者代办一些生活上迫切需要解决的事情。在重庆，经常可以看到这样的情景，报童拖着长长的音调叫卖"新华（《新华日报》）——""扫荡（《扫荡报》）——""中央（《中央日报》）——"，在他们长长的竹竿后挂着些纸包，送报的同时为读者代买食品、图书等。《新华副刊》办得很有特色，起到了团结、教育人民，孤立和打击国民党顽固派的作用。《新华日报》最高发行量达5万份，在国内外产生了重要影响。国统区人民称它为"灯塔""北斗报"，毛泽东称赞说可以抵得上一个方面军。

《新华日报》在非常艰难和复杂的斗争中，创造了独具特色的风格，它的许多做法和经验都具有重要意义。

首先，在复杂的斗争中坚持无产阶级党性原则，是《新华日报》取得成功的基本经验。党报必须体现鲜明的党性原则，必须执行党的路线与政策，必须同党中央在政治上保持一致。《新华日报》在以周恩来为首的中共中央南方局的正确领导下，宣传党的总路线，宣传党的抗日民族统一战线政策，同时进行"有理、有利、有节"的斗争，从而对抗战做出了巨大的贡献。

其次，有一支团结战斗的队伍，是《新华日报》取得成功的重要因素。周恩来直接领导《新华日报》的工作，报社的负责人如社长、总经理、总编辑等，都是久经考验、富有斗争经验的革命干部，他们形成了一个战斗指挥部，能够对付风云突变的复杂形势。《新华日报》的写作班子各有所长，又博学多才，如乔冠华的国际评论，夏衍的时事评论，石西民、陆治的新闻报道和通讯，司马牛①的杂感等在当时都很有影响。他们也能写其他新闻体裁的作品，能够根据形势及时开展报道工作。值得一提的是，它建立了一支由穷苦孩子组成的报童队伍，总能机智勇敢地与军警特务斗争，顺利完成发行任务。

再次，在国统区实行最广泛的统一战线，是《新华日报》成功的重要条件。坚持团结抗战，但针对不同对象，采取不同方法。如《新华日报》曾用国民党军政要员和国民党报刊的语言来宣传抗战，在国际报道上采取"以外喻内"的策略揭露国民党，揭露黑暗社会现实。为了巩固与发展广泛的抗日民族统一战线，上至国民党军政要人和各界知名人士，下至普通职员工人，《新华日报》都注意团结他们，国民党元老于右任曾为它题写报头，而郭沫若、沈钧儒、陶行知、沈雁冰、黄炎培、翦伯赞、许德珩、冯玉祥、马寅初等都曾为《新华日报》写稿或接受过该报的采访。它的《友声》专栏团结了各界人士。

最后，反映群众呼声，真诚为人民服务，使《新华日报》的成功具备坚实的基础。它精心编辑，内容丰富，真实具体地反映了抗日战争和人民群众的生活。曾辟过《读者园地》《生活的海》《生活一角》《生活线上》《劳动人民生活》《青年信箱》等专栏专页，发表工人、农民和城市贫民的来稿，发表记者通讯员的文章，控诉土豪劣绅、特务警察对他们的残酷迫害，反映了国民党的黑暗统治。它还以消息、通讯、评论文章等多种体裁真实具体地报道了台儿庄血战、百团大战、棋盘陀上五壮士，歌颂抗日军民的爱国主义精神，从而受到读者的欢迎。它在编印技术上精益求精，成功地实现了中共中央南方局提出的"编得好、印得清、出得早、销得多"的目标。按铅字、印刷、纸张、出版条件，《新华日报》无法和《中央日报》《扫荡报》相比，但在重庆新闻界技术评比中，《新华日报》在排字、浇版、上机印刷等方面都获得了第一名，优良的技术是《新华日报》战斗和胜利的一个重要保证。

第四节　沦陷区的新闻事业及海外华侨华人的抗日报刊

1931年日本强占中国东北，1932年扶植成立伪满洲国。"七七"事变后，汪精卫集团公开投敌，在南京建立汪伪政权。日寇更是加紧侵略，致使我国大批国土沦丧。在沦陷区，日寇以及它所扶持的伪满洲国和汪伪政权创办了大批报刊、通讯社和广播电台。这些敌伪新闻事业横行一时，严禁抗日进步报刊的出版。日伪的法西斯文化专制严重束缚了人民的言论出版自由，妄图从思想文化上进一步奴役和残害中国人民。

日寇控制的伪满洲国，从1932年起就逐步加强对新闻出版事业的反动管制。在伪满洲国实行"一个国家一个通讯社"政策，建立"满洲国通讯社"，简称"国通社"，1937年"国通社"与日本"同盟社"签约，成为其事实上的分支机构。出版中文《康德新闻》、

---

① 司马牛是夏衍在《新华副刊》上发表杂文用的笔名，在1945年9月他离开重庆后成为《新华日报》部分人员的集体笔名。

日文《满洲新闻》和《满洲日日新闻》三大报，垄断东北的报刊发行。1937年成立"国务院弘报处"，控制舆论。1941年，伪满洲国又颁布"弘报三法"，即《通讯社法》《新闻社法》《记者法》，用立法的强制手段直接控制新闻事业。广播方面，日本关东军设立的"新京广播电台"，1933年4月正式开播。同年8月，"满洲电信电话股份有限公司"（简称"电电"）成立，成为日伪控制垄断东北广播事业的中心。日寇和伪满政权，一方面，利用新闻工具宣扬奴化思想和殖民政策；另一方面，严禁抗日报刊的出版和关内抗日报刊输入东北。

汪伪政权的直属报纸有：南京的《中央导报》《民国日报》《新南京报》等，上海的《中华日报》《平报》《新中国日报》等。汪伪政权还办了一些地方报纸，如《苏州新报》《杭州新报》《蚌埠新报》等。日本同盟社的华文部是日伪报刊的主要新闻来源。汪伪政权的"中华通讯社""中央电讯社"同日本同盟社建立直接联系，参加为日寇宣传的"大东亚广播"活动。南京日伪广播电台有1938年建立的"南京广播电台"，1941年3月该台改称为"中央广播电台"。

此外，日寇还在沦陷区大肆掠夺、收买原有的报刊、广播，或直接创办新的报刊，为其侵略摇旗呐喊。北平有日本"北支派遣军报道部"和伪治安总署的机关报《武德报》；《新民报》是日伪组织"新民会"夺占成舍我的《世界日报》后出版的一份日伪大报；小型报《实报》投敌成了汉奸报纸。1944年5月，上述各报奉令停刊，集中创办《华北新报》，成为华北唯一的一家日伪报纸。日伪劫夺原北平广播电台并将其改建为"北京中央广播电台"，于1938年1月1日起用日语、汉语广播。在上海，著名的《申报》《新闻报》也被日军控制，成为日伪政权的宣传工具。《新申报》是日军指挥部出资创办的大型日报，是日寇侵略的中国重要舆论工具。日寇还利用原国民党上海广播电台的设备建起伪"大上海广播电台"。

总之，日伪新闻事业为日本帝国主义灭亡中国和奴化中国人民的法西斯政治服务，它们大肆宣传"建立东亚新秩序""中日提携""和平救国""反共救国"等法西斯和汉奸卖国谬论，无耻造谣诬蔑，任意虚报"战绩"，并挑拨离间国民党和共产党的关系，破坏抗日民族统一战线。如在天津，以国民党名义出版的《新华报》，造谣攻击共产党；在上海，假借共产党名义出版的《红旗》，攻击重庆国民政府。日伪报刊还宣传极端腐朽的人生哲学。日伪电台还播送靡靡之音来消磨中国听众的意志。总之，日伪的新闻事业就是想用反动腐朽的宣传内容来欺骗、麻醉和奴役沦陷区的人民，但它遭到了中国人民的强烈抵制和激烈反抗。在沦陷区也出现了一些可歌可泣的抗日进步报刊。

一、上海"孤岛"时期的抗日报刊

太平洋战争爆发之前，上海尚未被日寇占领的公共租界和法租界被称为"孤岛"。一些爱国民主人士利用英、美、法和日本帝国主义之间的矛盾，假借外国人的名义，创办了一批中文抗日报刊。这些报刊聘请外国商人担任发行人，避免了日本帝国主义的新闻检查和租界当局的阻挠，继续进行抗日宣传。这种挂出洋人旗号的做法，被称作办"洋旗报"。太平洋战争爆发后，香港地区以及上海的各租界也被日军占领，"洋旗报"被勒令停刊。当时影响较大的进步报刊主要有《译报》《每日译报》《文汇报》等。

《译报》，创刊于1937年12月9日，是夏衍受中共江苏省委指派主持创办的。它的全部新闻稿件都是从外文报刊翻译过来的，这使租界当局找不到干涉的借口。由于内容充实，编排新颖，深受读者的欢迎，销售曾超过2万份。在日寇的威吓下，12月20日出至第12期即被迫停刊。

1938年1月21日，《译报》改名为《每日译报》，打起英商的名义又出版了。真正的负责人是中共作家梅益、林淡秋、王任叔等人。该报最初为4开小型报，每天一张，内容与《译报》基本相同。出版一个月后，它改变编辑方针，除了刊登外报的译文外，增加刊登自己编写的新闻、专栏、专刊和副刊。它通过各种专刊、副刊联系和团结各阶层人民，扩大了宣传效果。它的"特讯""专电"，经常报道广大群众所关心的共产党、八路军、新四军的消息，这是为其他报刊所少有的。它刊登中国共产党的文件和领导人的文章、讲话，这更是上海沦陷区人民极难看到的。它的论文、特稿曾经引起国内外新闻界的重视，经常被汉口、广州、香港等地报刊所转载，上海有些外国通讯社经常将它的重要稿件译发欧美各国。《每日译报》的读者来信、来稿不断增加，有时日收来信达100多封。

1939年，日寇、汪伪政府与租界的帝国主义势力勾结，用金钱收买了英籍发行人。5月18日，公共租界当局借口《每日译报》刊登全国生产会议新闻未经送审，迫令停刊两周，从此再也不准复刊。《每日译报》编辑部还出有《译报周刊》，出版至第2卷第10、11期合刊，被迫停刊。发行量超过2万份，销量居上海定期刊物中的第一位。

在共产党的领导下，1938年4月2日以英商名义创办了《导报》，该报后来还出了《导报增刊》（周刊），由恽逸群等主办。

1938年1月25日，《文汇报》创刊，创办人是爱国人士严宝礼等人，徐铸成任主笔。他们集资7 000元做开办费，为了避开日方的检查，报社不惜高价雇用了英国人克明担任发行人，由他出面向租界登记，用"英商文汇有限公司"名义出版发行《文汇报》。它致力于抗日宣传，编排活泼生动，不畏日伪恐吓，坚持民族正气。创刊5个月，发行量即超过5万份，很受读者喜爱。

日寇及汪伪政权将租界抗日报纸视为眼中钉，又难以取缔这些报纸，便采用威胁恐吓、武装袭击、绑架暗杀等恐怖手段，加以疯狂迫害、摧残。被通缉的报人达43人，被袭击暗杀的报人有10人。上海爱国的报人，针锋相对地同日伪展开了英勇顽强的斗争。

例如，《文汇报》创刊仅两周，就多次收到日伪的恐吓信，信中扬言如果继续宣传抗日，"将杀害报馆人员"。该报当即遭暴徒投掷手榴弹，炸伤两名工作人员。《文汇报》严正发表社论《写在本报遭暴徒袭击之后》，痛斥日伪卑劣行径。同时，该报遭到暴徒多次袭击，但它不屈不挠，坚持宣传抗日救国。该报和许多报馆都装上铁栅门，布满沙袋、铁丝网，雇用保镖看守，以防不测。1939年日伪用巨款收买了《文汇报》发行人克明，该报被迫停刊。

1939年5月，敌伪特务机关以"中国国民党铲共救国特工总指挥部"名义，向各家抗日报刊的主持人、编辑、记者分别投寄恐吓信，声言如"冥顽不灵，依然抗日"，"即缺席判以死刑"。《大美晚报》副刊《夜光》编辑朱惺公在接到恐吓信后,立即在《夜光》上发表了公开信《将被"国法"宣判"死刑"者之自供》,指斥恐吓信为绑票式之"判决书",昂然表示:"民不畏死,奈何以死惧之!"警告敌伪:"贵'部'即能杀余一人,其如中国尚有四万万五千万人何!"表现了宁死不屈的英雄气概和抗日必胜的信念。1939年8月,日伪特务暗杀了朱惺公。上海进步新闻工作者与日伪进行的英勇不屈的斗争,表现了崇高的爱国主义精神和伟大的民族正气。

这一时期,我党还利用"苏商"名义出版中文《时代》周刊,它的主要内容是报道苏联的社会主义建设和反击德国法西斯的卫国战争的胜利进展,给生活在奴化毒化宣传中的上海民众以很大鼓舞。

二、香港地区的抗日报刊

从全面抗战开始到日军攻占之前的香港地区,由于政治、地理环境特殊,成为抗日进步新闻事业的一个重要基地,为抗日宣传做出了独特贡献。

全面抗战开始,香港地区原有的报纸《华侨日报》《华侨晚报》《工商日报》《工商晚报》《华字日报》等,很快投入了抗日宣传报道。随着平津、沪宁等大城市的相继失陷,这些地区的一些爱国新闻工作者纷纷南下香港地区,或将内地报纸迁入,或创办新报,或参与当地新闻工作。1937年冬,上海国际宣传委员会最早迁到香港地区,改名国际新闻社,由恽逸群负责。该社以香港地区为基地,向海外数十家华侨办的中文报纸发稿,深受欢迎。1938年3月1日,上海《申报》迁香港地区出版,它大力报道台儿庄大捷和敌后游击战,宣传全民团结抗战。到1939年7月停刊,在香港地区共出版一年零三个月。同年4月1日,上海《立报》迁港复刊。复刊后的近半年中,由于得到香港地区我党组织的政治关怀和经济援助以及总编辑萨空了等人的努力,积极反映各界民众的抗日呼声和民主进步要求,介绍陕北和各敌后抗日民主根据地的新气象,鲜明宣传我党团结抗战的真诚愿望,对青年读者影响不小。1938年9月,萨空了被迫离去,该报的政治倾向转趋保守,1941年年底停刊。同年8月13日,《大公报》创办香港版,11月增出《大公晚报》;它及时、系统地揭露汪精卫叛国投敌的宣传,很受社会关注;它的《文艺》副刊,在女作家杨刚的主持下,大力倡导抗战、团结、进步。同年8月,重要国际时事刊物《世界知识》亦迁香港地区出版。

1938年6月,宋庆龄领导的"保卫中国同盟"在香港地区成立并出版中英文会刊《保卫中国同盟新闻通讯》,英文版由爱泼斯坦和贝特兰负责编辑,中文版由邹韬奋、金仲华等负责编辑。该刊的任务是宣传团结国际进步人士和海外华侨援助中国抗战。它刊登了宋庆龄写的不少文章和致国际友人的信。它大量介绍八路军、新四军、敌后抗日民主根据地和国民党统治区的抗日活动情况,成为世界人民了解中国抗战的一个重要窗口。

1938年8月1日创刊的《星岛日报》,聘请进步人士金仲华任总编辑,杨潮(羊枣)为军事评论员,作家夏衍、沙汀等常为其副刊《星座》写稿,一度成为宣传团结抗战的进步新闻阵地。1941年6月1日,在国民党特务的干扰、破坏下,金仲华、羊枣等被迫辞去该报职务。

1941年年初皖南事变后，国统区进步报刊处境艰危，一些进步的新闻界人士纷纷转移到香港地区办报。他们以这里为基地，既向海外华侨宣传抗日，又积极影响内地的政局。其中最有影响的是《华商报》晚刊和邹韬奋主编的《大众生活》周刊。

《华商报》晚刊，1941年4月8日创刊，是中共领导创办的爱国统一战线报纸。日出对开一张，每日下午5时出刊。爱国人士、华比银行经理邓文田及其兄弟邓文创积极支持，分任督印人兼正副总经理。主要筹办人范长江亦任副总经理，主持日常事务，张友渔任总主笔。它以团结抗日为办报宗旨。创刊开始即连载邹韬奋写的长篇纪实报告《抗战以来》，3个月共发表七十余篇。后来集印成单行本发行，两个月连印3版，销数达1.5万册，广销东南亚各地。该书列举作者置身国民参政会四年中亲历的大量事实，揭露国民党顽固派"表面和骨子脱节"的黑暗政治真相，用光明磊落的公开言论，唤起国内外社会舆论，制止国民党当局破坏团结抗战的倒行逆施。同时，热烈歌颂中华民族在抗战中的觉醒和不断滋长的新生力量，鼓舞海内外民众坚持抗战到底的信心。众多读者深受它的影响。随后，该报还发表了范长江写的《祖国十年》等佳作。

《大众生活》周刊，1941年5月17日复刊，重新计号，到1941年12月，出版新30号后停刊。邹韬奋主编。它以宣传团结抗日，呼吁建立民主政治为宗旨，多期社评出自韬奋的手笔，主张言论要写得"及时、讲透、有针对性"。《大众生活》设有《信箱》《大众之声》等栏目，尽量刊登读者来信来稿，韬奋仍然用最大的精力处理读者来信，他主持《简复》专栏，尽其所能为读者答疑解难。《大众生活》复刊新号反映和形成了海外侨胞渴望抗日胜利和振兴祖国的强烈舆论，揭露和抵制国民党顽固派伸向华侨的魔爪和欺骗宣传，在广大海外读者中播下了爱国、正义、进步的种子。它的平均期销数高达10万份。夏衍曾回忆道，"《大众生活》和《华商报》紧密合作，实行对内要求团结、民主、进步，反对分裂、独裁、倒退，对外反对英美对日妥协"，揭批其绥靖政策和"东方慕尼黑"阴谋的办报方针，在宣传战线上起了很大作用。

太平洋战争爆发后，邹韬奋被广东东江游击队抢救脱险，后来转到新四军苏北根据地。1943年因患癌症被秘密护送回上海治疗，不幸于1944年7月24日病逝。中共中央在致韬奋家属的唁电中，表示接受韬奋临终遗嘱的请求，追认他为中国共产党党员。

香港地区出版的抗日报刊还有：中国民主政团同盟（简称"民盟"）的机关报《光明报》（1941年9月18日创刊，社长梁漱溟，总编辑俞颂华，督印人和总经理萨空了）；中华职业教育社创办的《国讯》旬刊等。

三、海外华侨华人的抗日报刊

据统计，从第一次世界大战结束到"七七"事变前，世界各地华侨增至约 1 000 万人，其中80％以上分布在东南亚地区。这里华侨办的报纸最多。到抗战前这里出版的59 种报纸中，就有41 种中文报纸。在抗日救国运动中最活跃的新加坡等地，从1937年到1941年出版了29 种中文报刊。其中，胡愈之、郁达夫在东南亚的抗日宣传活动最具影响。

1940 年年底，著名新闻出版工作者胡愈之受中共中央的指派，赴新加坡开辟海外抗日宣传阵地。同年 12 月 1 日，他应聘担任新加坡爱国侨领陈嘉庚创办的《南洋商报》的编辑主任。1941 年 1 月 2 日，他正式接手编辑出版该报，立即推行报纸革新计划。首先，加强报纸言论，他几乎每天撰写一篇 1 500 字左右的社论，针对华侨救亡运动中的问题和华侨最关心的事件，具体阐述抗日民族统一战线的方针政策，宣传团结抗战和民主进步，批驳分裂投降和专制倒退的论调。文笔深入浅出，雅俗共赏。其次，实行采编合一，改进报道工作，他组成采访委员会，深入社会各阶层各行业，重点报道抗日救亡活动。最后，与香港地区国际新闻社保持联系，大量采用有关祖国和世界各地的专稿、专电。他还通过报纸组织群众性的爱国活动。经过仅一年的努力，他把《南洋商报》办成了"民众喉舌，舆论前驱"。该报日销数由原来的 2 万份增至 5 万份，成为当时东南亚最畅销的报纸。这种声势和作用，直到 1942 年日寇攻陷新加坡为止。

另一位华侨领袖胡文虎在新加坡创办的《星洲日报》，亦大力宣传抗日救国。例如，1939 年，它刊登了该报特派战地女记者黄该采写的《活跃在华北敌后》和《晋察冀边区访问记》等百余篇连载通讯，歌颂祖国军民英勇抗日的事迹，揭露日寇侵华罪行。

1938 年年底，著名作家郁达夫应《星洲日报》报社聘请赴新加坡。次年 1 月起，他担任该社早报副刊《晨星》和晚报副刊《繁星》的主编。后来又兼编《文艺》《教育》周刊和《星洲》半月刊，还参与编辑纪念该报创刊 10 周年的大型年鉴式特刊《星洲十年》。1941 年他兼任新加坡英国当局出版的《华侨周刊》主编。从 1938 年年底到 1942 年年初的 3 年中，郁达夫以上述报刊为阵地，以惊人的勤奋撰写了大量宣传抗日的政论、短评、杂文和诗词，广泛传播爱国主义思想，坚定海外华侨抗战必胜的信念，为祖国的抗战新闻文化事业做出了贡献。1942 年 2 月新加坡沦陷后，郁达夫和胡愈之等撤退到苏门答腊。1945 年 9 月 17 日，郁达夫惨遭日本宪兵杀害。

此外，马来西亚的《星按日报》、菲律宾的《救国导报》、泰国的《华侨日报》、缅甸的《中国新报》《侨商报》等中文报刊，都报道了中国的抗日战争。

在美洲地区，1940 年 7 月 7 日，《美洲华侨日报》在美国纽约创刊，它是由梅参天、徐永英等和纽约华侨衣馆联合会的一些会员创办的。首任社长冀贡泉、总编辑唐明照。它积极响应中共抗日民族统一战线的号召，致力于报道祖国正面战场和敌后开展游击战争的情况，帮助华侨了解祖国和抗战真相。它还发动华侨捐款赠物，支援祖国抗战。它的销数达 5 000 份，受到华侨读者的欢迎和支持。

欧洲地区的中文报刊也投入了抗日宣传。如全欧华侨抗日救国会在法国巴黎创办《联合战线》《祖国抗日情报》等报刊，都以宣传抗日救国为自己唯一的使命。

抗日战争时期，世界各地华侨、华人办的中文报刊，不论原有政治立场和背景如何，此时都同仇敌忾，积极宣传抗日救国，为发动侨胞捐款捐物和抵制日货，支援祖国抗战，做出了贡献。

思考与练习

1. 简述邹韬奋的新闻活动，他值得学习的精神是什么。

2. 阅读《中国的西北角》一书，说说其值得学习的写作特色。

3. 《解放日报》改版取得了哪些成就？

4. 《新华日报》是如何同国民党顽固派斗争的？

5. 评述"八匹骡子办报"经验。

第八章　解放战争时期的新闻事业

本章要点

◆《晋绥日报》率先发起的反"客里空"运动的背景、经过与历史意义。

◆毛泽东发表的著名的《对晋绥日报编辑人员的谈话》中指出的新闻工作的基本原则、作用和任务。

◆国统区新闻出版界为争取新闻自由的斗争。

1945 年抗战胜利后不久，蒋介石政府再次发动了旨在消灭中国共产党的内战，中国人民解放战争从此拉开序幕，中国新闻事业随之起伏沉浮。

第一节　国统区为争取新闻自由的斗争

1945 年 8 月抗日战争胜利后，国统区新闻事业的中心向上海、南京一带转移。这是抗战胜利后新闻事业发展出现的第一个动向。

以蒋介石为首的国民党统治集团，抢先在收复区接收敌伪新闻设备扩展自己"党化"新闻事业网。1945 年 9 月，国民党政府颁布了《管理收复区报纸通讯社杂志电影广播事业暂行办法》，规定："敌伪机关或私人经营之报纸、通讯社、杂志及电影制片、广播事业，一律查封，其财产由宣传部会同当地政府接收管理。"根据这一法令，敌伪报馆、电台、通讯社等各类新闻机构全部成了国民党的囊中之物。9 月 5 日，国民党中央机关报《中央日报》总编辑陈训悆以出席南京受降仪式为名，由重庆飞回南京，接收了汪伪《中央日报》《申报》和兴中印刷所的设备与资财，在战前旧址重建起《中央日报》馆。接着，国民党军报《扫荡报》于 11 月 12 日改名为《和平日报》在南京出版；1946 年 4 月，国民党中央通讯社由重庆迁至南京。在广播事业方面，国民党"中央广播事业管理处"，也同时派员分赴各地接收日伪电台，并将其改建为国民党的官办电台。至 1946 年 5 月，国民党当局接收并改建的广播电台共 21 座，大小广播发射机 41 部，总发射功率为 274 千瓦。

上海历来是中国新闻事业的中心。在战前，《申报》《新闻报》等民营商业性大报地位巩固，影响广泛，国民党报纸根本无力与之竞争，成了国民党当局的一块心病。抗战胜利后，国民党不仅恢复出版自己的报纸，还抓住上海民营大报为敌伪所劫持的把柄，将它们改造成国民党的准党报，使上海成了国民党党报的天下。蒋介石亲自审批国民党中宣部拟定的《上海敌伪报纸及附逆报纸处置办法》，并对如何处置《申报》《新闻报》多次作出指示。据此，国民党中宣部拟定了《管理申报新闻报办法》和《申报新闻报报务管理委员会组织规程》等文件，在名义上保留了《申报》《新闻报》的名称，同意两报恢复出版，但必须组建由国民党要人任主任的报务管理委员会。《申报》的报务管理委员会主任由潘公展担任，《新闻报》的同一职务由肖同兹担任。通过这一措施，国民党实际上接管了申、新两报及其附属新闻事业。

至1946年5月国民党政府宣布还都南京时，国民党在接收敌伪新闻机构的基础上，重建起一个较战前更为庞大的国民党新闻事业网。国民党报团组织的出现，是抗战胜利后国民党党营新闻事业发展的一个重要现象。战后，国民党集团重新制订了党报企业化计划，实施企业化政策。《中央日报》社等中央级新闻机构，均按照《公司法》改组为企业组织，并逐步发展为报团组织。例如，《中央日报》社在战后发展成一个拥有12个分社的报团组织，在南京、上海、重庆、贵阳、昆明、桂林、长沙、福州、厦门、海口、沈阳、长春12个城市同时出版报纸，影响遍及全国；《和平日报》社也拥有9个分社，在南京、上海、汉口、重庆、兰州、广州、沈阳、台北、海口9个城市同时出版报纸。《武汉日报》《中山日报》《东南日报》等也发展成小型的报团组织，在其他城市也出有分版。

面对国民党集团大肆抢夺新闻阵地的情势，中国共产党采取了针锋相对的方针。9月14日，正在重庆同国民党谈判的中国共产党领导人毛泽东、周恩来致电中共中央并转华中解放区负责人，指示华中解放区尽快派人去上海、南京等地办报："上海《新华日报》及南京、武汉、香港等地以群众面目出版的日报，必须尽速出版。根据国民党法令，可以先出版后登记。早出一天好一天，愈晚愈吃亏。""除日报外，其他报纸、杂志、通讯社、书店、印刷所、戏剧、电影、学校、工厂等方面无不需要，就近请即先到上海工作，在今后和平时期中有第一重大意义，比现在华中解放区的意义还重要些，必须下决心用最大力量经营之。"[1]

根据毛泽东、周恩来电报的精神，《新华日报》社于1945年年底派人至上海、南京两地设立筹备处，筹划上海版和南京版的出版事宜。由于国民党当局百般阻挠与刁难，致使两地的《新华日报》始终未能面世。中共中央决定先将《群众》杂志由重庆迁至上海。1937年12月11日，《群众》在汉口创刊，1938年12月迁重庆出版，1946年6月3日迁来上海，并由半月刊改为周刊。由潘梓年任编辑兼发行人。主要内容为揭露国民党反动派发动内战的阴谋，报道人民群众为争取和平所作的努力，刊载中共中央的部分文件和中共中央派驻南京代表的讲话，同时还揭露国民党统治区通货膨胀、民不聊生的情况。《群众》的革命立场，立即引起国民党政府的敌视，1947年3月2日，《群众》出版第14卷第9期后被迫停刊。

在上海，早在1945年8月16日，中共上海地下党组织就领导创办了《新生活报》，9月1日改名为《时代日报》。该报以苏联塔斯社主办的俄文《新生活报》中文版的名义出版，并聘请苏商匪开莫担任发行人，但实际负责人则是中共党员姜椿芳。毛泽东、周恩来电报发出后，中共中央南方局和华中解放区立即派出一批新闻文化战士赴沪，同

① 《毛泽东新闻工作文选》，131页，北京，新华出版社，1983。

沦陷时期留沪坚持斗争的同志一起，又创办了一批报刊。其中比较重要的有：《联合日报》，1945 年 9 月 21 日创刊。根据中共中央南方局提出的争取在上海办一份民间日报的建议，由重庆派至上海的原重庆中外出版社负责人刘尊棋、王纪华等人筹建，而发行人却是美国新闻处的。该报声称"以纯粹民间资本，无党派立场，发挥民间舆论精神"。11 月 30 日，该报被国民党当局指令停刊，后经中国共产党的努力，又于 1946 年 4 月 15 日改名《联合晚报》恢复出版。1945 年 10 月 10 日《救亡日报》改名《建国日报》复刊，报头栏标有"上海文化界救亡协会主办，社长郭沫若，总编辑夏衍"一行字样，以示其与抗战初期创刊的《救亡日报》一脉相承。周恩来还就该报的办报方针与宗旨作了重要指示：要争取公开合法，重点放在反对内战，争取民主；是民报，与党报分开。这张 4 开的报纸一出版，即因其内容充实、文字简短、敢于说话等特点而吸引了大批读者，但仅出版了 15 天，24 日就被国民党上海市党部查封。《文萃》周刊，1945 年 10 月 9 日创刊。该刊是一份文摘性刊物，以转载重庆、成都等地报刊的进步文字为主，旨在将内地之民主运动扩展至上海。初由孟秋江主持编务，1946 年 6 月由黎澍接手，后又陆续吸收陈子涛等参加刊物工作，并逐步改版为时事政治性刊物。《消息》半周刊，1946 年 4 月 7 日创刊，该刊以报道时事政治新闻为主，姚溱等主编，在形式上独具一格，具有报纸与杂志的双重特点。在此期间，中共上海地下组织还在民营电台纷纷申请复业之际，创办了中共在国统区唯一的一家广播电台"中联广播电台"，呼号 XGCA，以上海市文化运动促进会的名义开办，1946 年 3 月初开始播音，至 8 月间被国民党当局借口整顿而查封。

在北平，国共两党于 1946 年 1 月签订停战协定，成立军事调处执行部。接着，中国共产党利用在北平可以公开活动的合法地位，立即筹办党的新闻事业。2 月 22 日，中共在华北地区公开出版的机关报《解放》报创刊，初为三日刊，不久改为双日刊，由徐特立任社长；该报宣称"以致力于和平民主建设为宗旨"，其发行量高达 5 万份，甚至一度超过《大公报》。同日，新华社北平分社也宣告成立，钱俊瑞任社长。但是，北平《解放》报和新华社北平分社自创建第一天起就遭到国民党特务的钳制与破坏。4 月 3 日，国民党当局竟以"查户口"为名，逮捕了北平《解放》报和新华社北平分社的数十名工作人员，后经全国新闻界抗议和中国共产党的交涉，才被迫释放。5 月 29 日，北平《解放》报和新华社北平分社被国民党当局查封。

抗日战争胜利后，其他进步人士和民主党派的报刊也纷纷创刊或复刊。在重庆，中国民主同盟创办了《民主报》和《民主》(星期刊)，人民救国会创办了《民主生活》周刊，民主建国会创办了《平民》周刊。《民主》(星期刊)创刊于 1945 年 10 月 5 日，是中国民主同盟的机关刊物，邓初民任主编，陶行知任发行人。《民主报》创刊于 1946 年 2 月 1 日，初为 4 开小报，后扩版为对开大报，为中国民主同盟总部的机关报，由张澜任发行人，罗隆基任社长，马哲民任总编辑。在上海，民主进步力量出版的报刊主要有：《文汇报》，是上海"孤岛"时期创刊的著名抗日报纸，于 1945 年 9 月 6 日正式复刊；《周报》于 1945 年 9 月 8 日创刊，唐弢、柯灵主编；《民主》周刊创刊于 10 月 13 日，由生活书店出版，郑振铎任主编。

资产阶级民营商业性报刊在夹缝中求生，也有一定程度的发展。战前在上海、北平、天津、南京等大城市出版的一批著名商业性大报，在抗战胜利后纷纷迁回原地，其中不少报纸还在其他城市增设分社，出版分版，力谋事业上的发展。《大公报》在战后发展成为一个拥有4个分版（上海、天津、重庆、香港）的报团组织。陈铭德、邓季惺夫妇主办的《新民报》战前仅在南京一地出版，抗战期间在重庆、成都两地同时出版，战后发展成为拥有南京、上海、北平、重庆、成都5个分社和日、晚刊8种的报团组织，报纸总销数约12万份。成舍我的"世界"报系、天津天主教报纸《益世报》等，也都有一定的发展。

为了遏止民营电台的发展势头，国民党政府交通部于1946年2月公布了《广播无线电台设置规则》，对电台的设置、公布、数量、功率以及广播内容等各方面均详加限制。国民党交通部上海电信局还奉命自3月起对上海民营电台进行整顿。6月，中央广播事业指导委员会决定，"由交通部限制上海民营广播电台数目，绝对不得超过二十座"，并"由交通部指令十个周率（在七百千周以上）分配以上二十台轮流使用"，"余由淞沪警备司令部执行封闭"。据此，上海54家民营电台被封闭，仅剩的22家民营电台中绝大多数电台必须同其他电台合用一个频率。

但是，到了1946年6月国共和谈彻底破裂，全面内战爆发，国统区的进步新闻事业遭到了大肆摧残，国民党新闻统治在内战中进一步强化。据1947年4月22日重庆《世界日报》报道：各地国民党当局以"登记未准"或"尚未办竣登记手续"为由而查禁的报刊有100种以上。1947年5月19日，国民党政府为了镇压南京、上海等地学生掀起的"反饥饿、反内战、反迫害"运动，公布了修正后的《戒严法》，规定在戒严地区停止集会结社，"取缔言论、讲学、新闻杂志、图画、告白、标语暨其他出版物之认为与军事有妨害者"。人民解放军转入反攻后，国民党当局下达所谓"戡乱动员令"。7月19日，国民党政府公布《动员戡乱完成宪政实施纲要》，规定"对于煽动叛乱之集合及其言论行动，应依法惩处"。12月25日，国民党政府公布《戡乱时期危害国家紧急治罪条例》。1947年10月31日，国民党政府公布《出版法修正草案》，规定报刊等出版物违法，均按《刑法》规定惩处。这一时期，有关新闻出版活动的重要法令还有《白报纸配给标准》，旨在通过纸张供应的控制来扼杀进步新闻活动；《特种营业管制方法》，将书刊印刷行业列入特种行业严加控制。

根据上述反动法令，国民党当局动用大批宪兵、特务，捣毁报馆，捕杀报人，在新闻界实行白色恐怖。1947年2月中旬，国民党当局在北平市对中共地下党员、民主人士及其他"嫌疑分子"实行大逮捕，几天之内就逮捕了2000多人。《新华日报》和《群众》杂志，是国民党在全面内战爆发后首先要摧残的对象。国共合作破裂前，国民党当局即散布谣言，说新华日报社藏有武器，并多次派军警宪特进行搜查。新华日报社所在地重庆化龙桥，是一片洼地，国民党军队在四周山上构筑了工事，将报社人员的行动置于严密监视之下。更为卑劣的是，他们还让特务、警官办起了一张报名相近的《新华时报》，以图鱼目混珠。国共合作破裂后，国民党当局于1947年2月28日凌晨，派军警宪特包围了《新华日报》馆，宣布"限令"中共人员从当天上午3时起停止一切活动。3月9日，《新华日报》重庆馆和成都营业分处的工作人员，乘飞机离渝返回延安，昆明营业分处的工作人员，则转道上海前往晋鲁豫解放区。

为了在国统区坚持进步宣传，中国共产党领导下的报刊在国共合作破裂后，转入地下出版。上海《文萃》杂志自 1947 年 3 月 20 日起，转入地下出版，并改名《文萃丛刊》，每期都更换封面，往往以一篇文章的篇名作书名，如第一期名《论喝倒彩》，由 16 开改为 32 开本。同年 7 月第 10 期准备发行时，文萃丛刊社被国民党特务查获被迫停刊，该刊负责编辑、发行的吴承德、陈子涛、骆何民三人被捕，后在新中国成立前夕惨遭杀害，称"文萃三烈士"。

民主党派进步团体与个人主办的报刊，也遭到了国民党当局的限制、迫害与摧残。中国民主同盟机关报《民主报》，多次遭国民党特务的袭击和威胁，但它顶住压力，坚持正义立场，并于 1946 年 8 月 1 日起由原来的 4 开 1 小张扩版为对开正大张，增加新闻报道与副刊。该报同《新华日报》密切配合，相互支持，不仅为民主运动做宣传鼓动，还多次发起或参与签名、抗议、请愿等进步民主活动。1947 年 3 月，《民主报》被国民党当局勒令停刊。其他被国民党查封的中国民主同盟主办的报刊，还有重庆《民主（星期刊）》、桂林《民主（星期刊）》、成都《民众时报》等。在享有中国新闻事业中心之称的上海，遭国民党当局迫害与摧残的报刊为数更多。马叙伦主编的综合性学术杂志《昌言》，1946 年 5 月 4 日创刊后一个月即被国民党当局勒令停刊。唐弢、柯灵主编的《周报》，郑振铎主编的《民主》，也分别于 1946 年 8 月 24 日和 10 月 31 日被勒令停刊。1947 年 5 月 24 日，上海《文汇报》《新民报》和《联合日报晚刊》三家报纸在同一天被国民党查封。此后，《新民报》于 7 月 30 日复刊，但其总编辑一职被国民党派来的人员占据。

北平、上海等地进步学生出版的报刊，成为反对国民党反动统治的第二条战线上的新闻尖兵。其中影响较大的有《中国学生导报》《学生报》《燕京新闻》等。《中国学生导报》是抗战以来国统区出版时间最长的一份学生报纸，1944 年 12 月 22 日在重庆创刊，复旦大学等大中院校学生主办。抗战胜利后，出版重庆版和上海版，1947 年 6 月被迫停刊。《学生报》于 1947 年 6 月 1 日在上海创刊，其前身是上海民治新闻专科学校、中国新闻专科学校的实习报纸《学生新闻》，该报是刚成立的上海市学生联合会的机关报，三日刊（后改为旬刊），秘密发行。在重大事件发生时还出版"快报""号外"以及传单等。《燕京新闻》是燕京大学新闻系出版的实习报纸，前身是 1932 年创刊的《平西新闻》，后改称《燕京新闻》，抗战时迁至成都出版，1946 年回北平复刊，并走向社会，成为一份时政与新闻刊物，充当学生运动的战斗号角，坚持出版到北平解放。1946 年 12 月沈崇事件发生后，《燕京新闻》针对国民党当局的造谣宣传，发表《沈女士访问记》《重访沈女士》等新闻通讯，报道了事件的真相，在全国各地影响广泛，并为解放区、国统区以及香港地区报纸所转载。

此外，鼓吹"第三条道路"报刊的出现，是解放战争时期国统区新闻界出现的一个重要现象。抗战胜利后到 1948 年，一些代表资产阶级和上层小资产阶级利益的民主党派和民主人士，希望中国走"第三条道路"，既反对国民党的独裁统治，又反对共产党的人民政权，鼓吹英美式的资产阶级政治制度。这些政治上的中间派，也创办了一批报刊，其中具有代表性的有《观察》《时与文》《新路》《世纪评论》等，《大公报》《文汇报》等报刊也发表了不少鼓吹"第三条道路"的文章，将"第三条道路"运动推向高潮。

《观察》于 1946 年 9 月 1 日在上海创刊，其前身是抗战胜利后重庆出版的《客观》周刊，储安平创办并任主编。该刊以"民主、自由、进步、理性"为宗旨，从西方自由主义理念出发，对国民党法西斯统治表示失望与不满，发表过不少揭露国民党腐败统治的文章，同时对中国革命运动也缺乏认识，反对共产主义和中国共产党，认为共产党胜利，只能是"以暴易暴"。但它还是为国民党当局所不容，1948年12月24日被取缔。《时与文》1947年3月14日创刊于上海，为综合性周刊，程博洪担任发行人。主要撰稿人大多是比较著名的中间派人士。1948年9月24日因触怒国民党当局而停刊。国民党政府中一部分负责工业生产的官员和一些学者教授，也于1948年3月1日在北平创建"中国社会经济研究会"，5月15日创办该组织的机关刊物《新路》周刊，宣传走改良主义的"新路"，即"第三条道路"。1948年7月，国民党"立法委员"刘不同等人在南京创办《大学评论》周刊，也打出了"第三条道路"的招牌。这些刊物声称既反对共产党的人民革命，也反对国民党的腐败无能，反映了国民党统治集团内部一部分力量借"第三条道路"的幌子进行政治投机的图谋。

即使是鼓吹"第三条道路"的宣传活动，濒临崩溃的国民党当局也采取法西斯高压政策，大肆迫害与摧残。国民党当局1947年10月下令解散民主同盟，在事实上堵塞了"第三条道路"。倡导自由主义新闻理念的《观察》周刊也由于国民党反动真面目的暴露而改变政治立场，不再发表批评共产党的文章，还公开揭露该刊受国民党压制的情形，为一些失去舆论阵地的民主人士如吴晗、张志让等人提供讲坛。1948年12月，国民党当局下令查封《观察》周刊，主编储安平愤而离沪去解放区，投身于人民新闻事业。新中国成立前夕美帝国主义者寄予厚望的"第三条道路"彻底破产，其宣传活动也戛然告终。

一、新闻出版界的"拒检运动"

抗战胜利初期，国民党当局在国内外要求和平，反对内战的强烈呼吁下，表面上开始了与中国共产党的和平谈判。但对新闻传播，仍沿用战时的一套审查制度，严密控制新闻界。国统区新闻界利用"和谈"的有利时机，掀起了一次又一次争取新闻自由的浪潮。其中以1945年八九月间发生的"拒检运动"声势最大。

8月7日，重庆国讯书店自行出版黄炎培撰写的《延安归来》一书，以此为标志拉开了"拒检运动"的序幕。该书是作者应国讯书店之请，将访问延安的见闻整理成书，书中翔实记载了国统区人民最关心的中国共产党的方针政策以及延安边区政治、军事、经济等方面的情况。为了避免国民党审查官员的任意删节，国讯书店在其他进步出版机构的支持下，决定不送国民党当局审查而自行出版该书，"拒检运动"由此开始。

8月17日，《宪政》月刊、《国讯》杂志、《中华论坛》《民主与科学》《新中华》《东方杂志》等16家杂志社联合发表重庆杂志界宣布"拒检"的联合声明，宣布自9月1日起不再送检，并将这一决定函告国民党中宣部等官方机构。同时，《宪政》月刊、《国讯》杂志、《中华论坛》《东方杂志》《新中华》等10家杂志社还决定出版一份不向当局登记和送检的《联合增刊》。8月27日，重庆杂志界联谊会集会，在拒检声明上签名的杂志社增至33家。9月，《宪政》月刊、《国讯》杂志等10家杂志社联合出版，国讯书店发行的4开报纸《联合增刊》问世。随后，中国共产党领导的机关刊物《群众》杂志也宣布自即期起不再送检。

重庆 16 家杂志社拒检声明一发表，不仅立即得到了整个文化界的支持与响应，还得到了中国共产党的支持和声援。由生活书店、国讯书店等 19 家出版社组成的新出版业联合总处宣布坚决支持重庆杂志界的拒检声明，叶圣陶等进步人士发表了《我们永远不要图书杂志审查制度》等文章。9 月 1 日记者节这一天，中国共产党领导的《新华日报》发表社论《为笔的解放而斗争》，反映国统区新闻文化界的意愿与呼声，抨击国民党当局实施的原稿审查制度，号召新闻文化界为争取新闻出版与言论自由而斗争。9 月 4 日，《新华日报》社论《走向和平的新中国》再次呼吁："现时的一切束缚人民的言论、出版、结社集会自由的法令必须立即废除。"

到了 9 月，"拒检运动"由出版界扩大到新闻界，范围也由"陪都"重庆扩展到整个西南地区。9 月 8 日，成都《华西晚报》等 16 家新闻出版机构集会，一致决定响应重庆的拒检斗争，宣布报纸通讯社自即日起、杂志自即期起不再送交任何机关检查，自负言论报道之责，并发表《致重庆杂志界联谊会公开信》予以声援。9 月 17 日，成都 27 家新闻出版机构集会，决定成立成都文化新闻界联谊会，推举叶圣陶、黎澍、沈志远等人为执行委员，发表宣言，提出争取"发表的自由"等主张。在昆明，《民主周刊》等11 个新闻出版单位也于 9 月 15 日集会，宣布一致响应重庆、成都两地的拒检斗争。22 日，昆明《大路》周报等 11 个新闻出版单位联合宣布自即日起不再送审。此外，桂林、西安等地的新闻出版界也纷纷投入拒检运动。

此时，国共和谈正在重庆举行，国统区和平民主运动日趋高涨，而蒋介石集团发动内战的时机尚未成熟，国际上各国政府纷纷取消战时新闻检查制度。在这种情况下，为了缓和矛盾，国民党当局被迫于 9 月 12 日由国民党中宣部长吴国桢出面向外国记者宣布自 10 月 1 日起废止战时新闻检查制度，但收复区在军事行动尚未完成以前除外。9 月 22 日，国民党正式通过了《废止新闻出版检查制度的决定与办法》。至此，"拒检运动"获得了巨大的胜利。

为了巩固"拒检运动"的胜利成果，国统区进步新闻文化界在中共的倡导下，进一步提出了新的斗争目标。10 月 1 日，国民党废止新闻出版检查的第一天，重庆《新华日报》发表社论《言论自由初步收获》指出，首先，检查制度在大后方是废止了，收复区却还在继续；其次，报纸杂志的创刊须经登记核准，这一制度还没有废止；最后，这是很重要很迫切的，邮电检查制度也没有废止。社论号召国统区进步新闻出版界为争取更多的民主自由而继续斗争。10 月初，昆明《民主周刊》《人民周报》《大路周刊》、天野社、诗与散文社、北门出版社、孩子们社、进修教育出版社等十余家新闻出版团体联名发表宣言，提出了新的斗争目标，如废除收复区新闻检查制度，"取消中央社的新闻垄断政策，民营通讯社和报馆有自由采访、收发新闻和翻译外国新闻的自由权利""保障民营出版机构"等。11 月，上海 91 名新闻文化界人士联名发表宣言，要求废止收复区的新闻检查制度，实现言论出版自由。1946 年 1 月 8 日，重庆生活书店、新知书店、读书出版社等联名致函即将召开的政治协商会议，提出废止出版法、取消期刊登记办法、撤销收复区检审办法、明令取消一切非法检扣、取缔寄递限制五项要求。

为了继续玩弄"和谈"阴谋，国民党当局再次摆出让步的姿态。1945 年 10 月 10 日，蒋介石在被迫签订的《国共双方会谈纪要》上写道："一致认为政府应保证人民享受一切民主国家人民在平时应享受的身体、信仰、言论、出版、集会、结社之自由，现行法令，当依此原则，分别予以废止或修正。"1946 年 1 月 10 日政治协商会议开幕式上，蒋介石又宣布"人民享有身体、信仰、言论、出版、集会、结社自由"等项诺言，政协会议通过的《和平建国纲领》更进一步明确规定废止战时实施的新闻出版检查办法，修正《出版法》，"扶助"报刊通讯社的发展等有利于新闻出版事业发展的条文。

但是，国民党政府的这些承诺，只是一纸空文，并没有改变其新闻高压统治的实质。在"赐予"某些新闻自由的同时，仍在想方设法加强新闻统治，甚至公然查禁进步报刊，袭击暗杀进步报人。国民党经常以中宣部名义，向报刊发出有关宣传工作的指示，对于重大事件的新闻言论的处理方法与尺度作出具体规定。凡是有关国际、国内重大问题的社论，也由国民党中宣部组织撰写，交中央通讯社统一播发。有时还由中宣部单独发稿给某一特定地区或报社。国民党各地党部也经常召集当地国民党新闻机构的负责人开会，传达有关宣传指示，统一各报言论。上海、重庆等地还专门建立新闻党团聚餐会制度，主要任务是控制新闻发布，由国民党宣传要员主持，规定哪类稿件不能发表，要求各报按此办理。

此外，国民党当局还以各种理由公然查禁进步报刊，如 1945 年 10 月，国民党上海当局就以"重行登记"为借口，强令《建国日报》停止出版。11 月 30 日，又以同样借口迫令《联合日报》停刊。1946 年 5 月 29 日，国民党北平当局一夜之间就查封了《解放》报、新华社北平分社等七十余家新闻机构。国民党还指使特务、密探对进步新闻事业进行捣乱。1946 年 2 月 22 日，《新华日报》《民主报》营业部为国民党特务所捣毁；成都《华西晚报》曾在 5 天内收到恐吓信两封，并遭特务袭击；西安《秦风工商日报联合版》曾一夜之间被纵火 3 次；西安《民主导报》主编李敷仁被特务绑架，险遭暗杀。1946 年 1 月 11 日，就在蒋介石在政协开幕式上宣布保证人民享有身体、信仰、言论、出版、集会、结社之自由时，著名进步记者、军事评论家羊枣（原名杨潮）在杭州狱中被虐身亡。国民党的倒行逆施，说明国民党统治下人民不可能获得真正的新闻言论自由。

二、中华民国新闻统制的终结

全面内战爆发后，国民党当局在大肆摧残国统区的进步新闻事业的同时，不断强化自己的新闻事业，使 1947 年、1948 年国统区的新闻事业几乎为国民党一党所独占。

国民党党政军系统主办的报纸遍布全国。据 1947 年国民党中央宣传部的统计，国民党中央直辖党报已发展到 23 家，总销数为 45 万份。其中以《中央日报》命名的有 12 家，分布在南京、上海、重庆、贵阳、昆明、桂林、长沙、福州、厦门、广州（后迁海口）、沈阳、长春 12 个大城市。除中央直辖党报外，尚有国民党各省党部主办的地方党报 27 家，总销数约 14 万份。在省级党报之下，各地县级党部主办的报纸则为数更多，几乎占全国报纸总数的一半，如湖南省所有的县和江苏省 2/3 的县都办有县党部机关报。国民党军事系统主办的报纸也为数众多，在 1947 年已发展到 229 家，如

《党军日报》《黄埔日报》《阵中日报》等。老牌国民党军报《扫荡报》此时已发展到 9 家，分别在南京、重庆、上海、汉口、兰州、广州、沈阳、台北、海口 9 个城市出版。该报虽在抗战胜利前一年宣布改制，名义上不再隶属于国民党军委会，抗战胜利后改名《和平日报》，但在宣传上仍一如既往继续与人民为敌。1949 年 7 月 1 日，该报恢复了《扫荡报》原名。国民党在抗战胜利后还通过投资、改组等方式，使一批有影响的民营报纸沦为国民党的准党报，由国民党宣传大员出任要职。如胡健中主持的上海、杭州两地的《东南日报》、潘公展主持的上海《申报》、程沧波主持的上海《新闻报》等。据统计，这类报纸的总销数也大约有 40 万份。抗战时期已经出现的国民党特务主办的"内幕新闻性"刊物，这时也十分流行，除抗战中出版的《新闻天地》外，尚有新办的《新闻内幕》等多种。

国民党的新闻通讯事业也在这一时期进入鼎盛时期。国民党中央通讯社的国内分社发展到 43 家，其中战后新创建的有 25 家，另有分社下设的办事处 9 家；国外分社和特派员办事处发展到 25 家，其中战后新建的有 13 家；全社工作人员人数为 2 653 人，较战前增加一倍。国民党系统的广播电台在战后发展到 100 多家，其中国民党中央广播事业管理处直辖的电台有 41 家。

颂扬法西斯统治，大力宣传内战，是国民党新闻机构共同的反动特征。国民党新闻机构惯用的宣传手法，一是颠倒是非，混淆黑白。早在抗战胜利之初，就企图把内战的责任推给中国共产党，宣传只有"戡乱"，没有内战。国民党发动全面内战后，又诬陷中国共产党"依旧迷信暴力""称兵叛乱"。而在人民解放军由防御转入进攻之后，国民党当局更是开动了所有的宣传机器，全力以赴进行"戡乱总动员"。二是歪曲事实，造谣中伤。内战爆发前，国民党的报刊、电台和通讯社对中国共产党及其领导的解放区竭尽造谣诬蔑之能事。内战爆发后，更多的是炫耀其"赫赫战功"，甚至有些国民党军官在战场上已向人民投降，而国民党报刊上却在悼念他们"为党国捐躯"。在人民解放军发起全面反攻后，国民党军队节节败退，但国民党新闻机构仍然是一片"胜利"之声。在辽沈、淮海、平津三大战役中，国民党报刊、电台和通讯社把丢盔弃甲的全线溃逃说成是英明果断的"战略转移"。直至大势已去，蒋介石"引退"求和时，《中央日报》还在大喊大叫"不迁都""打到底""安定京沪""固若金汤"之类的谎言。

但是，随着国民党统治末日的来临，刚刚发展到顶点的国民党新闻事业即开始走向崩溃。

第二节　解放区的新闻事业

解放战争期间，中国共产党领导的人民新闻事业经历了一个曲折发展历程。随着解放战争的全面胜利，中国共产党领导的人民新闻事业也获得了空前的胜利。

抗战胜利初期，中国共产党领导的人民军队迅速收复了大片国土，解放区迅速扩大。至 1946 年年初，中国共产党领导下的解放区面积发展到近 300 万平方千米，占全国总面积的 1/4，人口约 1.4 亿，占全国总人口的 1/3。在广大的解放区内，人民新闻事业迅猛发展，报刊的出版条件大为改善，绝大多数由油印改为铅印，不少扩版或改版为大型日报。随着一些城市和工矿区的被解放，城市报刊和工矿报刊也应运而生，成为抗战胜利后解放区报业发展的一个最令人瞩目的新现象。

在华北，原在阜平出版的中共中央晋察冀分局机关报《晋察冀日报》，于1945年9月12日迁至张家口市出版，并改为对开4版，成为解放区第一份在城市出版的大型日报；中共晋冀鲁豫边区中央局机关报《人民日报》，于1946年5月15日在邯郸市创刊，日出对开4版。在山东，中共中央山东分局机关报《大众日报》，于1945年8月15日由双日刊改为日刊；《烟台日报》《新威日报》分别在烟台、威海卫两个重要城市出版。在华中，中共中央华中分局机关报《新华日报》(华中版)，于1945年12月9日在苏北淮阴创刊，初为4开4版小报，1946年3月1日起扩版为对开4版的大型日报。在东北，中共吉林省委机关报《吉林日报》，于1945年10月10日在吉林市创刊；中共中央东北局机关报《东北日报》，于1945年11月1日在沈阳创刊，但报头所标出版地点为"山海关"，后迁本溪、海龙等地出版，自1946年5月28日起在哈尔滨市出版。

人民广播事业也出现了前所未有的发展，人民广播电台网初具规模。1945年8月，延安新华广播电台恢复播音。新华社编辑科内专设日播组，负责编写延安台所需的广播稿件。人民军队收复关内和东北地区的一批中小城市后，这些城市中的人民广播电台在没收、利用日伪广播电台设备的基础上创建。至1946年6月，哈尔滨、张家口、大连、长春、鞍山、吉林、齐齐哈尔、承德等地先后出现了人民的广播电台。

1946年6月，国民党当局发动全面内战后，由于人民解放军不争一城一地的得失，以消灭敌军有生力量为主要目标，主动放弃了一些地方，解放区人民新闻事业由发展转为收缩。许多报刊被迫从城市迁回农村出版，由大报改为小报，由铅印改为油印，由日刊改为双日刊、三日刊、周刊以至不定期刊，发行范围与数量也由大变小，还有一些报刊被迫停刊。1946年6月24日，中共中央中原局机关报《七七日报》发表《停刊启事》；10月11日，解放军撤出张家口市，《晋察冀日报》迁回阜平出版，并由对开1张改为对开半张；12月26日，中共中央华中分局机关报《新华日报》(华中版)被迫停刊。1947年3月后，国民党当局对陕甘宁解放区发动重点进攻。延安《解放日报》3月13日在延安出版了最后一期后报社人员撤离，3月27日出至第2130号后停刊。延安新华广播电台以及其他地区的人民广播电台也被迫迁址或停播。

1947年下半年人民解放战争由战略防御转入战略进攻阶段后，解放区人民新闻事业才度过了艰难的岁月，获得了新的更大发展，工作重心开始由农村向城市转移。1947年11月，《新石门日报》在华北重镇石家庄创刊，后改名《石家庄日报》。1948年1月，《内蒙古日报》在乌兰浩特出版；3月15日，《吉林日报》迁回吉林出版；10月1日，《新民主报》在山东济南创刊；12月12日，《东北日报》迁回沈阳出版。1948年6月15日，中共中央华北局机关报《人民日报》在河北平山创刊，系《晋察冀日报》和晋冀鲁豫《人民日报》改组而成，后来它迁往北京，成为中共中央机关报。

抗战胜利后，新华社进入了一个新的发展阶段，在组织建设方面，新华社总社的工作机构较前扩大充实，分为国内新闻、国际新闻、英文广播、口语广播4个编辑部门。各解放区的总分社、新的解放区和重庆、北平、南京3个大城市的分社也先后建立。至1946年4月，新华社在国内已建成总分社9个、分社40多个。在业务建设方面，新华社总社提出了提高报道水平、改进新闻写作、加紧业务学习等新的任务与要求。

1947年3月国民党军队对陕甘宁解放区发动全面进攻后，新华社兼解放日报社社长廖承志率领两社大部人员于3月14日撤出延安，3月27日《解放日报》停刊后，中共中央进一步加强新华社的工作，使新华社同时担负起党中央机关报、通讯社和广播电台的三重任务，不仅报道新闻，还代表党中央发表时事政治评论。接着，中共中央又把新华社分成两支工作队伍，以适应战时需要。一支队伍由廖承志率领，包括了新华总社大部分人员，于3月20日东渡黄河赴太行山地区，实行战略大转移；另一支队伍由新华社副总编辑范长江率领，由新华总社少数精干人员41人组成，同年11月发展至107人，番号为"四大队"，留在陕北，在毛泽东、周恩来率领的中央纵队身边从事新闻宣传工作。其主要任务是：收译国内外通讯社电讯，为党中央及时提供信息；负责党中央同太行新华总社之间的电台联系，传送指示、报告与文稿；抄收新华总社的文字广播，加上外国通讯社的电讯，编印供中央机关阅读的《新闻简报》与《参考消息》；代表总社就近指导新华社西北总分社和西北野战军前线分社的报道工作。在新华总社向太行山区转移之时，中共中央还紧急指示中共晋冀鲁豫中央局迅速抽调晋冀鲁豫《人民日报》、新华社晋冀鲁豫总分社、太行分社等单位的部分干部，组建新华社临时总社，临时接替在转移中的新华总社的工作。新华社临时总社建立后，每天24小时同陕北党中央保持联系，在范长江的直接指导下，播发中共领导人的讲话和为新华社写的评论或社论，中共中央发言人的谈话，以及人民解放战争的胜利消息。1947年7月上旬，廖承志率领的新华总社大部人员历时3个月，行程2 000多千米，胜利抵达河北涉县，在太行山区重建新华总社。新华临时总社的任务完成，其人员除少数参加总社工作外，大部分回到原来的工作单位。

为了适应人民解放军转入反攻时期的宣传报道需要，新华总社编辑部门的建制扩大，将原来的科、组、室调整扩充为部，设立了解放区部、国民党区部、国际部、语言广播部、英文广播部、英译部等。在工作业务方面，7月下旬起抄收外电工作恢复到延安时期的规模；8月1日起恢复了半月一次国内外的述评性新闻；文字广播增加"新闻情报"项，供中央领导机关及前方部队指挥员参考；口语广播增加了简明新闻，供行动中的野战部队收听；9月11日，新增国内英语口播新闻。

1948年3月，党中央决定东渡黄河，向河北平山县转移。新华总社也分批离开太行山区向平山转移。6月初，新华社最后一批人员抵达平山。此后，中共中央恢复与加强了对新华社的直接领导，组织机构进行了调整与充实，原来的总社社务委员会扩大为管理委员会，由廖承志、胡乔木、范长江等组成，廖为社长，胡为总编辑，下设编辑部和广播管理部，分别由范长江和廖承志（兼）任部长。10月，总社又成立了编委会，由胡乔木负责，处理宣传方针、编辑业务及对各总分社工作的领导。各地总分社和分社发展到20个。在新华总社迁至党中央所在地河北平山的同时，陕北新华广播电台也迁至平山，自1948年5月23日起在平山播音。

在解放战争时期，军事宣传报道是人民新闻工作的一项基本内容。为了做好军事宣传报道工作，新华社的军事报道网迅速发展。1947年6月24日，中共中央军委和中宣部联合发出《关于建立野战兵团新华分社改进发布战报办法的指示》，要求"各野战兵团均须成立新华分社"。此后，人民解放军各部队普遍建立军事分社或支社，形成了一个强大的军事报道网，在解放战争中发挥了极为重要的作用。1949年3月5日，中共中央军委、总政治部与新华总社发出《关于野战军各级新华社名称、任务的规定》。据此，各野战军新华分社扩充为总分社，各兵团设分社，各军设支社。

新华社成功地报道了许多重大战役与战斗场面，产生了不少激动人心的战地报道、通讯、评论，其中不少成为中国革命史上的珍品。尤其是毛泽东为新华社撰写了一系列新闻报道与评论，如《中原我军占领南阳》《我三十万大军胜利南渡长江》等消息；《中国军事形势的重大变化》《将革命进行到底》《评战犯求和》《丢掉幻想，准备斗争》《别了，司徒雷登》等评论，笔调豪放，有一股撼人心灵之气。

新华社和新华广播电台还成功组织了瓦解敌军和争取蒋军家属的宣传报道。1946年7月，原国民党上尉刘善本第一个驾机起义飞抵延安后，延安新华广播电台播发了刘善本对国民党空军官兵的广播演讲《赶快退出内战漩涡》。自1947年1月20日起，延安台又每天播发放下武器、脱离内战的国民党军官的名单。9月5日，陕北台正式开办《对蒋军广播》节目(后改称《对国民党军广播》节目)，每天半小时。邯郸台、东北台等也有过类似的节目。这类节目以蒋军官兵为主要对象，采用多种宣传形式，向他们宣传中国共产党对时局的主张和宽大处理放下武器人员的政策，报道人民解放军不断胜利的形势，揭露国民党当局的造谣欺骗，晓之以理，动之以情，号召他们弃暗投明。

一、《晋绥日报》与反"客里空"运动

1946年5月4日，中共中央发出《关于土地问题的指示》，将抗战时期实行的减租减息政策，改变为没收地主土地分配给农民的政策。1947年9月，中共中央召开全国土地会议，进一步制定了《中国土地法大纲》，规定了彻底消灭封建以及半封建剥削的土地制度，实行耕者有其田的制度。于是，土地改革运动在解放区全面展开，并成为新华社和解放区的其他报刊、电台宣传报道的重要内容。

但是在土改运动中一度出现右的倾向，土改宣传报道也犯了不少右倾错误，主要是没有充分反映农民群众的要求，却宣传地主主动"献地"，"献地"后马上变成"劳动人民"，受到政府赞扬、群众感激，这种"和平"土改的虚幻景象与全局情况不符。报纸上的失实新闻报道也为数不少，出现了一些凭空制造的"英雄"与"模范"。这一切，不仅妨害了土改运动的展开，还损害了人民新闻事业的形象，广大农民对报纸产生了不信任的情绪。

对此，在中共中央晋绥分局领导下，《晋绥日报》首先着手检查新闻报道中的问题，采用在报纸上公开进行批评与自我批评的方式，反对"客里空"，揭露虚假报道。1947年6月15日，《晋绥日报》第四版用整版的篇幅刊登苏联剧本《前线》中有关"客里空"的情节。客里空是一个惯于弄虚作假、吹牛拍马的战地特派记者，从不深入战场，而是待在总指挥部，根据从总指挥部听到的一星半点材料胡编乱造，最后终于暴露了马脚，被广大红军官兵从前线轰走了。《晋绥日报》在编者按中说："我们的编者作者应该更加

警惕，并勇敢地严格地检讨与揭露自己不正确的采访编写的思想作风，更希望我们每一个读者都起来认真、负责、大胆地揭发客里空和比客里空更坏的新闻通讯及其作者，在我们的新闻阵营中，肃清客里空。"新华社总社的一些业余文艺爱好者排练了有关"客里空"的情节，向群众演出。由此拉开新闻界反"客里空"运动的序幕。

1947年6月25日至27日，《晋绥日报》以《不真实新闻与"客里空"之揭露》为题，连续刊登报社自我检查出的或群众揭发检举出的失实报道。接着，一些记者、通讯员也响应号召，对自己采写的报道失实之处作自我检查与自我批评。许多读者也热情地向报社提供口头的或书面的材料，一些县区的基层政权组织还帮助报社开展运动，发动群众检举"客里空"。《晋绥日报》勇于自我批评的精神，受到了广大读者的赞扬。

《晋绥日报》的反"客里空"得到党中央的肯定，通过新华社的宣传报道，它被推广到各解放区新闻界。1947年8月28日，新华社发表署名总社编辑部的专论《锻炼我们的立场与作风——学习〈晋绥日报〉检查工作》，指出"《晋绥日报》这次的反对'客里空'运动，在人民新闻事业建设过程中是有历史意义的"，"各解放区的新闻工作单位、部门及个人，均应普遍在公开的群众性的方式下，彻底检查自己的立场与作风，要由此开展一个普遍的学习运动"。8月29日，新华社又发表社论《学习〈晋绥日报〉的自我批评》，分析了解放区新闻工作者的立场与作风发生问题的阶级根源与历史根源，指出很多知识分子出身于地主富农家庭，如果不和封建地主划清界限，就必然会发生立场和作风问题。再次要求解放区的新闻工作者学习《晋绥日报》的自我批评精神，检查自己的立场与作风。此后，反"客里空"运动向纵深发展，由新闻报道失实现象的纠查深入到新闻工作者立场与作风的检查。

1947年9月18日，《晋绥日报》在其创刊7周年纪念之际，同晋绥新华社总分社联名发表《关于"客里空"的检查》，连载4天，将检查的重点指向报社的领导人员，报纸指出："'客里空'之所以能够出现，又是和'戈尔洛夫'（即剧本《前线》中的指挥官）分不开的，'客里空'的笔是替'戈尔洛夫'写的。"提出把肃清"客里空"与检查端正领导作风结合起来。

自1947年9月起，各个解放区的新闻界普遍展开反"客里空"运动，晋冀鲁豫《人民日报》和新华社晋冀鲁豫总分社、太岳《新华日报》和新华社太岳分社、《东北日报》和新华社东北总分社等新闻单位都先后做出学习《晋绥日报》自我批评精神的决定，认真检查新闻报道工作和新闻工作者立场作风等问题。

由《晋绥日报》发起并在各个解放区新闻界展开的反"客里空"运动，一直持续到1948年春季才告一段落。它发扬了批评与自我批评的优良传统，检查、纠正了新闻报道失实现象，维护了新闻真实性原则；克服了土改宣传中的右的倾向，改造了新闻工作者的立场与作风，提高了新闻工作者的政治素质。

但是，在发动群众揭批"客里空"运动中后来出现了过"左"的偏向。《晋绥日报》等不少报纸宣传了"查三代"来划分阶级成分的错误做法；孤立地片面强调"走贫雇农路线"，排斥与打击中农和其他工商业者，对土改运动起了误导作用；在对待干部与群众关系问题上，过分宣传"群众要怎么办就怎么办"，不讲党的领导，助长了宁"左"勿"右"的情绪。

　　所幸的是，这一情况迅即为党中央所察觉。1948 年 2 月 11 日，毛泽东为中共中央起草了党内指示《纠正土地改革宣传中的"左"倾错误》，要求各地党的领导机关、新华总社和各地总分社以及各地报纸工作人员，根据马克思列宁主义原则和中央路线，检查过去几个月的宣传工作，发扬成绩，纠正错误。根据这一指示的精神，解放区新闻机构于 1948 年春普遍开展了一次对于政策宣传中"左"倾错误的检查活动。

　　在不到一年的时间里，解放区新闻工作者经历了反右和反"左"两条战线的斗争，受到了教育和锻炼，总结了经验教训，改正了宣传工作中的错误，新闻工作有了显著改进。

二、毛泽东著名的《对晋绥日报编辑人员的谈话》

　　1948 年 3 月下旬，随着中国共产党领导的人民军队由战略防御转入战略进攻，毛泽东和中共中央离开陕北赴晋察冀解放区，途经晋绥地区住兴县蔡家崖村。4 月 2 日，毛泽东接见了《晋绥日报》编辑部人员，在听取报社工作汇报后作了重要谈话，即著名的《对晋绥日报编辑人员的谈话》。

　　……马克思列宁主义的基本原则，就是要使群众认识自己的利益，并且团结起来，为自己的利益而奋斗。报纸的作用和力量，就在它能使党的纲领路线，方针政策，工作任务和工作方法，最迅速最广泛地同群众见面。

　　在我们一些地方的领导机关中，有的人认为，党的政策只要领导人知道就行，不需要让群众知道。这是我们的有些工作不能做好的基本原因之一。我党二十几年来，天天做群众工作，近十几年来，天天讲群众路线。我们历来主张革命要依靠人民群众，大家动手，反对只依靠少数人发号施令。但是在有些同志的工作中间，群众路线仍然不能贯彻，他们还是只靠少数人冷冷清清地做工作。其原因之一，就是他们做一件事情，总不愿意向被领导的人讲清楚，不懂得发挥被领导者的积极性和创造力。他们主观上也要大家动手动脚去做，但是不让大家知道要做的是怎么一回事，应当怎样做法，这样，大家怎么能动起来，事情怎么能够办好？要解决这个问题，根本上当然要从思想上进行群众路线的教育，同时也要教给同志们许多具体办法。办法之一，就是要充分地利用报纸。办好报纸，把报纸办得引人入胜，在报纸上正确地宣传党的方针政策，通过报纸加强党和群众的联系，这是党的工作中的一项不可小看的、有重大原则意义的问题。①

　　毛泽东的讲话，对包括《晋绥日报》在内的解放区新闻宣传工作中经历的反右和反"左"两条战线的斗争做了全面总结。毛泽东称赞说反右斗争有了很大进步，充分反映了群众运动的实际情况。但也指出《晋绥日报》在土改宣传中，后来出现的缺点主要是"'左'的偏向"。同时鼓励道，"总结了反右反'左'的经验，使头脑清醒起来，你们的工作就会有改进"。在总结解放区党报宣传经验教训的基础上，毛泽东批评了那些一出现错误就全盘否定成绩的做法，"在我们纠正偏差的时候，有的人把过去的工作看得毫无成绩，认为完全错了。这是不对的"。并且指出对待工作应该采取的正确态度是

---

　　①　《毛泽东选集》第 4 卷，1318～1319 页，北京，人民出版社，1991。

"对于我们的工作，对于群众的事业，应当采取分析的态度，不应当否定一切"。这样的分析和评价，让《晋绥日报》等解放区新闻记者放下了思想包袱，积极投身于党的新闻事业。

这篇谈话中，毛泽东在总结解放区新闻宣传经验教训的基础上，还从马克思主义理论的高度精辟地阐述了无产阶级新闻理论的几个基本问题，包括报纸的作用与任务，办报的路线、方针，党报的风格等。这些理论概括是对延安《解放日报》改版以来党报理论的继承与发展，对指导我国新闻事业的建设与发展具有极其重要的影响。这是一篇在中国新闻史上具有重要文献意义的著名谈话。

第一，精辟概括了无产阶级党报的作用与任务。毛泽东指出："报纸的作用和力量，就在于它能使党的纲领路线，方针政策，工作任务和工作方法，最迅速最广泛地同群众见面。""善于把党的政策变为群众的行动"，"办好报纸，把报纸办得引人入胜，在报纸上正确地宣传党的方针政策，通过报纸加强党和群众的联系，这是党的工作中的一项不可小看的、有重大原则意义的问题"。总之，报纸是党和群众联系的桥梁和纽带，是党指导工作、教育群众以及反映工作、反映群众的重要工具。

第二，突出强调了办报的群众路线与"全党办报"的方针。毛泽东指出："我们的报纸也要靠大家来办，靠全体人民群众来办，靠全党来办，而不能只靠少数人关起门来办。"要求努力克服新闻宣传中脱离群众脱离实际的各种"左"的和右的错误倾向。并且指出，要解决这个问题，"根本上当然要从思想上进行群众路线的教育，同时也要教给同志们许多具体的办法。办法之一，就是要充分地利用报纸"，"通过报纸加强党和群众的联系"。毛泽东反复强调，办好报纸必须走群众路线，只有走群众路线才能办好报纸。

第三，特别要求无产阶级党报要保持旗帜鲜明的战斗风格。鼓励《晋绥日报》要保持旗帜鲜明的战斗风格，"应当保持你们报纸过去的优点，要尖锐、泼辣、鲜明，要认真地办。我们必须坚持真理，而真理必须旗帜鲜明"。

第四，关于党报工作者的学习与修养问题，毛泽东认为报纸工作人员大多是知识分子，对于实际事物往往没有经历或经历很少。因此，他告诫新闻记者要下功夫研究材料，想方设法向群众学习，向实际学习，由不懂变真懂。

三、人民新闻事业全面胜利

进入 1948 年，辽沈、淮海、平津三大战役先后打响，中国共产党领导的人民解放军战略进攻的步伐加快，随着全国大批城市的解放，人民新闻事业的重心开始由农村转移到城市。对此，中国共产党及时提出了城市办报方针的问题。

自 1948 年下半年起，中共中央、中央宣传部、新华总社总结了党在城市报纸宣传工作中的经验教训，发出了一系列有关城市新闻工作方针的指示与决定。8 月 15 日，中共中央宣传部发布《关于城市党报方针的指示》，提出了关于城市党报工作的三大注意事项：（1）报纸主要为工农兵服务，但同时也要为干部、工商业者和知识分子服务；

（2）报纸以报道农村与工厂的消息为主，同时兼顾市场、学校以及其他地方；（3）报纸副刊，必须宣传马克思主义，深入浅出地对读者做教育工作。

1949年3月5日至13日，中国共产党在河北平山县西柏坡召开了七届二中全会，毛泽东在会上代表党中央作了报告，明确指出"从现在起，开始了由城市到乡村并由城市领导乡村的时期"，"从我们接管城市的第一天起，我们的眼睛就要向着这个城市的生产事业的恢复和发展"，城市中的各项工作，包括报纸、通讯社、广播电台的工作，"都是围绕着生产建设这一个中心工作并为这个中心工作服务的"。① 这一报告，从理论上解决了党的工作重心由农村转向城市，党的工作重心也由解放战争转移到生产建设上来。为即将到来的新中国成立后党的中心工作规定了基本方针与任务。这一报告也为党在新的历史阶段的新闻事业指明了新方向。

为了适应即将到来的全国解放的新形势，中国共产党加强了新闻工作者的政治与业务修养，开展了新闻业务的学习与研究活动。1948年9—10月，中共中央在其所在地河北平山县西柏坡举办由华北人民日报社、新华社华北总分社的部分记者参加的学习班。10月2日，刘少奇亲自去学习班作长篇讲话，即著名的《对华北记者团的谈话》。刘少奇在讲话中表达了党中央对新闻工作的重视，为新闻工作者适应新的形势、完成新的任务提出了明确的努力方向。一是深刻阐明了新闻工作的作用与任务。二是提出了党和人民的新闻工作者必备的四个条件：第一要有正确的态度，作为党和人民联系的桥梁，要如实报道与反映实际情况；第二必须独立地做相当艰苦的工作，要到处去看、去问，做许多研究工作，独立地进行思考、分析和判断；第三要有马列主义理论修养，要学习唯物史观、认识论，学习阶级分析的方法；第四要熟悉党的路线和政策，要经常学习、研究，时刻注意党的各项方针政策的执行情况。

随着大中城市特别是新闻事业发达的大城市的陆续解放，清理、接管旧有新闻事业的工作也在1948年后被提上了议事日程，旧有新闻事业的清理与接管，是一项很复杂、政策性很强的工作。为此，中共中央颁发了一系列文件，从清理、接管工作的基本原则、政策界限到具体的工作方法，都作了明确的指示与规定。1948年11月8日，中共中央颁布了《关于新解放城市中中外报刊通讯社处理办法的决定》（以下简称《决定》），指出：清理、接管工作的基本出发点是"报纸刊物与通讯社是一定的阶级、党派与社会团体进行阶级斗争的一种工具，不是生产事业，故对于私营报纸、刊物与通讯社，一般地不能采取对私营工商业同样的政策"。清理、接管工作的基本原则是"保护人民的言论出版自由，剥夺反人民的言论出版自由"。《决定》对清理、接管工作的政策界限与具体方法也作了明确规定。11月20日，中共中央又颁布了《对新解放城市的原广播电台及其人员政策的决定》，规定了清理、接管原有广播事业工作的政策。

根据中共中央的决定与指示，各地党和政府有关部门，以既严肃又慎重的态度，开始着手清理、接管旧有新闻事业，并按照不同的情况，采取不同的处理办法。对于国民党党政军系统和反动党派所主办的报刊、通讯社和广播电台，一律由人民政府接

---

① 《毛泽东选集》第4卷，1427～1428页，北京，人民出版社，1991。

管，没收其一切设备与资财，不准以原名复刊或发稿。对于各民主党派、人民团体主办的报刊与通讯社，不仅允许其向人民政府登记后继续刊行与发稿，并予以保护与支持。对于私人经营的报刊、通讯社与广播电台，既不采取无限制放任的政策，以防止它们为反动政治势力所利用，也不采取简单地一律取消的政策，而是根据不同情况，区别对待。对长期坚持进步态度的报刊、通讯社，予以保护，准其向人民政府登记后继续营业；对中间的不禁止其依靠自己的力量继续营业，但须依法登记；对反动的则予以没收，停止其继续营业。对于民营广播电台，因其直接联系群众，且可能为敌人作通信联络之用，故在军管期间一律归军管会统一管理，在军管会管理之下准其继续营业；私营的短波广播电台，则一律停止其播音。对于外国人在华的新闻事业，人民政府根据不同的情况，采取不同的处理方法。对帝国主义国家在华设立的新闻机构，一律予以封闭。1949 年 7 月，人民政府下令停止美国新闻处等帝国主义国家在华设立的新闻机构，8 月下令外国通讯社停止活动，禁止它们对中国报纸发稿。对外国私商主办的报刊，如上海的《字林西报》《大美晚报》《密勒氏评论报》，则准其继续出版。对于旧有新闻事业的工作人员，采取区别对待、妥善处理的政策。除少数查有实据的特务分子、反革命分子依法处理外，其余均由人民政府安排，明显的进步分子与确有学识的中间分子留用；一般的编辑与记者，其比较容易改造者，应经过短期教育后分别留用，然亦不应轻易使其担任编辑与记者工作，其思想顽固、生活腐化不易改造者，应听其或助其转业；出版、经营、广播等方面的技术人员则按对待一般技术人员的方针办理；私营新闻单位的工作人员，原则上由原单位自行处理。

1949 年是中国人民解放走向全面胜利的一年，也是人民新闻事业走向全面胜利的一年。1 月 31 日，北平和平解放后，中共中央领导的新闻机构陆续迁至北平。2 月 1 日，华北《人民日报》北平版内部试刊，2 月 2 日公开出版。3 月 15 日，华北《人民日报》迁入北平出版。8 月，中共中央决定该报为中共中央机关报，胡乔木、范长江先后任社长，邓拓任总编辑。新华通讯社于 1949 年 3 月 25 日随中共中央迁入北平，并根据中央决定，逐步调整全国各地的分社组织，在各大区建立总分社，各省区建立分社，在解放军部队中也建立总分社、分社、支社各级组织，努力组建一个统一的集中的国家通讯社。6 月 24 日，新任社委会成立，社长由胡乔木兼任，副社长为范长江、陈克寒（兼任总编辑）。在新华社迁入北平的同一天，陕北新华广播电台也迁入北平，改名为北平新华广播电台，向全国播音。6 月 5 日，中共中央将原新华社的口语广播部，扩充为中央广播事业管理处，廖承志任处长，领导与管理全国的广播事业。此后，广播事业与新华社脱离，独立发展。9 月 27 日，北平新华广播电台再次改名为北京新华广播电台。在此前后，其他全国性报刊也陆续迁至北平出版，或在北平创刊。1949 年 7 月 13 日，中华全国新闻工作者协会筹备会在北平成立，胡乔木任筹备会主任，胡愈之、廖承志任副主任，萨空了、徐迈进分别任正、副秘书长，解放区和国统区两支进步新闻工作队伍胜利会师。筹备会还推出 12 名正式代表、2 名候补代表，代表国统区和解放区的新闻界参加新政协，共筹建国大计。

思考与练习

1. 什么是反"客里空"运动？为什么要进行反"客里空"运动？

2. 简述《对晋绥日报编辑人员的谈话》的主要内容。

3. 鼓吹"第三条道路"的代表性报刊有哪些？其结局如何？

4. 简述国统区新闻出版界发起的"拒检运动"的经过与意义。

5. 简述刘少奇《对华北记者团的谈话》的主要内容。

第九章 社会主义建设初期的新闻事业

本章要点

◆新中国成立初期，新闻总署召开的全国报纸经理会议的主要内容及其影响。

◆新中国成立后我国新闻界学习苏联新闻工作经验的历史背景、经过和经验教训。

◆1956年《人民日报》改版的经过、主要内容和积极意义。

◆我国第一座电视台的建设与开播。

1949年10月1日到1978年，我国新闻事业完成了社会主义改造，建立了以各级党报为核心的新闻体系，形成了以《人民日报》、新华社、中央人民广播电台为中心的比较完善的新闻事业网络，新闻事业得到显著发展。但是，1957年以后我国经历了"反右派斗争"严重扩大化以及被极左思想主导的"大跃进"和"文化大革命"，由于党在指导思想上的严重"左"倾错误，新闻事业的发展遭受了重大挫折。

第一节 社会主义过渡时期的新闻事业

1949年10月1日新中国成立到1956年生产资料私有制的社会主义改造基本完成，是我国社会主义过渡时期。

新中国成立之初，百业待举。北平解放后，我国在接收、清理、整顿的基础上，迅速创办了一批重要报刊。《人民日报》在1948年6月15日创刊于河北平山县，初为中共中央华北局机关报，1949年8月1日，在北平改组为中共中央机关报，首任社长胡乔木，总编辑邓拓。《人民日报》由地方性报纸变为全国性报纸后，发行量直线上升，由1949年的9万多份，激增到1956年的近90万份，成为全国最大的报纸，并向国外发行。

新中国成立初期，全国有华北、东北、西北、中南、华东、西南六大行政区，除华北区外，其他五大区分别创办了区党委的机关报：《东北日报》《群众日报》《长江日报》《解放日报》《新华日报》；各省(市)、自治区一级的党委机关报到1952年发展到30家。此外，1949年6月16日创刊的《光明日报》是中国民主同盟的机关报；1949年7月15日创刊的《工人日报》是中华全国总工会机关报；1951年4月27日创刊的《中国青年报》是中国共产主义青年团的机关报；还有复刊的有影响的民营报纸《大公报》《文汇报》《新民报》等。

当时，私营报纸仍占有一定的比重。1950年3月，全国共有报纸281家，其中私营报纸有58家。新闻总署对全国的报纸进行整顿，各报刊有分工，又规定了发行区域，在这种新形势下，民营报纸广告大减，尽管党和政府进行了扶助，但经营十分困难。到1950年年底，民营报纸还剩34家，1951年8月，又减为25家。到1952年年底，所有私营报纸除停刊外，全部实现了公私合营。不久又逐渐退还私股，完全成为公营报纸。1953年后，以民间面目出现的公营报纸和民主党派的报纸全国只有《大公报》《文汇报》《光明日报》等5家。

经过这样的调整，以共产党机关报为核心的多种人民报业并存的新中国报业结构基本形成。报纸按不同地区、不同读者对象实行统一分工，各有侧重。报刊发行量迅速增加，1954年年初全国报纸发行总量比1950年年初增加两倍以上。

对报刊进行调整和改造的同时，中央加强了对新闻出版业的管理体制建设。1949年11月1日，中央人民政府政务院（后改名国务院）新闻总署正式成立，胡乔木任署长，范长江、萨空了任副署长。该署下辖一厅（办公厅）、一社（新华社）、三局（广播事业管理局、国际新闻局和新闻摄影局）、一校（北京新闻学校）。新闻总署成立后，认真贯彻中央政府有关政策法令，调整和发展社会主义新闻事业，召开全国新闻工作会议，研究指导新闻事业改革，成效显著。

针对党报发行面不广、经营困难的局面，1949年12月，新闻总署在北京召开全国报纸经理会议，着重研究改善报纸的经营管理，会议制定了两大重要措施：一个是报纸经营实行"企业化"方针；一个是报纸发行实行"邮（递）发（行）合一"的方针。1950年2月，邮电部和新闻总署发出《关于邮电局发行报纸暂行办法》，为"邮发合一"拟定了细则，邮政成为报刊最重要的发行渠道。通过这两条方针的实施，各地报纸经营状况开始好转。1950年8月，全国有33家公私营报纸由亏损转变为财政全部自给甚至有盈余。到1953年，《人民日报》等中央报纸及省级以上报纸相继实现经费自给。

1950年3月29日—4月16日，新闻总署在北京召开全国新闻工作会议，毛泽东接见了全体会议代表并作了重要讲话。根据中央指示精神与会议讨论意见，会后新闻总署连续发布了三个决定，即4月22日《关于建立广播收音网的决定》，要求在全国建立广播收音网，两三年后广播成为教育宣传群众最有力的工具；4月22日《关于改进报纸工作的决定》，要求全国报纸在新的历史时期，发扬联系实际、联系群众、开展批评和自我批评的优良传统；以及4月25日《关于统一新华通讯社组织和工作的决定》，新华社逐渐在组织、思想、业务上成为统一的国家通讯社。

根据中央人民政府政务院第114次政务会议决定，1952年2月12日，新闻总署被撤销。此后，新华社改由政务院文化教育委员会直接领导，国际新闻局改为外文出版社，全国新闻事业开始长期由中宣部领导。

此外，中央还颁布了其他一些有关新闻出版的法规、条例、决定，对形成我国社会主义新闻出版体系，以及新闻媒介经营管理的基本原则也具有重要影响。1949年12月9日，中央人民政府政务院颁布《关于统一发布中央人民政府及其所属各机关重要新闻的暂行办法》。1950 年颁布的《全国报纸杂志登记暂行办法草案》，规定了报刊申请、登记、审核的办法，以及报刊必须遵守的纪律。1952 年 8 月，中央人民政府政务院又颁布了《期刊登记暂行办法》《管理书刊出版印刷业发行业暂行条例》。1956 年 2 月，颁布《中共中央关于报纸和期刊的创办、停办或改刊的办理手续的几项规定》。

1950 年 4 月 19 日，中共中央发布《关于在报纸刊物上展开批评和自我批评的决定》，这个决定指出在党取得政权的新形势下开展批评和自我批评具有重要意义，提出要"区别正确的批评和破坏性的批评"，提倡"以促进和巩固国家建设事业为目的的、有原则性有建设性的、与人为善的批评"，为保障新闻批评和自我批评的实施，还作了几项规定。在《人民日报》的带头示范下，这一时期的新闻批评广泛开展，并引起读者的强烈反响。

1952 年下半年，我国被战争破坏的国民经济得到恢复，镇压反革命、抗美援朝、三反五反取得了决定性的胜利，国家的经济状况基本好转；同时，三年恢复时期，还积累了许多社会主义改造的经验。可是如何建设社会主义仍然是摆在党和人民面前的一个崭新的时代命题。最直接的方法就是向"老大哥"苏联学习，随后，新闻界掀起了学习苏联的高潮。

直到 1956 年，《人民日报》首先意识到教条化的学习苏联新闻工作经验的一些错误做法，在中央的支持下，《人民日报》率先进行新闻改革，由此推动了全国新闻改革的进展。

新华通讯社提出了建设世界性通讯社的长远发展规划。首先向亚非地区派出了一批记者，建立报道网；1956 年，新华社相继在卡拉奇、金边、伦敦等地建立了 10 个国外分社，加强了国际报道。国内报道方面，新华社以省(市)分社为中心，在全国 36 处派出了常驻记者，发展了一批特约记者；7 月 1 日起，全社开始实行记者工作定额，对发稿的总量和稿件种类作了规定，并制定奖惩办法。经过改革，新华社在业务建设上取得较大成就，到 1956 年年底，国内分社发展到 31 个，国外分社 20 个，加上香港分社，共有采编业务人员 800 多人，其中驻外记者 28 人。国内外发出的稿件、图片的数量、质量和时效都有了提高，还开辟了北京与上海、广州、武汉之间，北京与莫斯科、柏林、孟买、斯德哥尔摩之间的无线电传真业务，新华社初步形成全国性通讯社，并开始向世界性通讯社方向迈进。

广播新闻的改革也同时进行，重点建设了对外广播和少数民族语言广播，把原来集中力量建设中央电台改为中央与地方并举的方针，并且根据广播的特点加强业务建设。到 1956 年年底，全国广播电台的发射功率比 1952 年增加了 4 倍，有线广播站发展到 1 458 个，广播喇叭 50.6 万支。中央人民广播电台第一、二套节目的播音时间增加到近 24 小时，加上少数民族语言广播和对台湾地区广播，每天播出时间达 38 小时 40 分钟；对外广播每天也达到 17 小时。

一、学习苏联新闻工作经验

新中国成立之初，时值全国学习苏联的高峰期，认真学习苏联新闻工作的经验，成为新闻事业建设的一个重要指导思想。这也是"冷战"时期，社会主义阵营政治上"一边倒"的必然选择。1950年1月4日，《人民日报》开辟《新闻工作》专刊（每两周1期），篇幅为一个整版，以系统地介绍苏联新闻工作经验为主旨，大量刊登译介列宁、斯大林和苏联新闻工作经验的文章。该刊成为介绍和学习苏联新闻工作的第一个重要园地，创刊号《编者的话》宣告，"大量地利用"苏联的"丰富经验"是我国创建人民新闻事业的一个便利条件。从1954年3月开始，《人民日报》翻译出版了一个内部刊物《真理报文选》，每周出两期，共出200多期。人民出版社翻译出版了《联共（布）中央直属高级党校新闻班讲义汇编》《布尔什维克报刊文集》等书籍，这些内部刊物和书籍成为我国新闻工作者和大学新闻专业师生的学习用书。

在大量译介报刊书籍的同时，还多次派出新闻代表团到苏联访问学习，邀请苏联代表团到国内讲学。1954年年初，人民日报社总编辑邓拓率"中国新闻工作者代表团"访问《真理报》，回国后在《人民日报》发表多篇学习收获的文章，后汇集成《学习"真理报"的经验》一书；7月，中央广播事业局代表团赴苏联访问，回国后编印了《苏联广播工作经验》；同年年底，新华社代表团访问苏联，回国后也编印了《塔斯社工作经验》一书。1954年10月，苏联报刊工作代表团到中国访问一个月，其间举行了多次专题报告会和座谈会。人民日报社随后把报告会和座谈会所作记录，编辑成《苏联报刊工作经验》一书。

我国新闻工作者经过一系列的学习借鉴，系统地学习了列宁、斯大林的新闻思想及报刊实践，对无产阶级新闻事业的党性原则有了更深刻的认识，这些最核心的思想原则成为新中国成立后我国新闻事业长期的指导思想，在此基础上形成我国新闻事业的基本体制；另外，通过学习，我国新闻采、写、编以及经营管理方面的水准也有所提高。

但是，学习苏联的过程中，出现了教条式的盲目照搬，脱离中国新闻传统与实际的做法，致使这一时期我国新闻事业在一些具体的新闻业务上存在不少毛病，主要表现在以下几个方面：

第一，认为从来不登更正的《真理报》，是一张没有错误的报纸。《人民日报》也要"为没有错误的报纸而奋斗"。访问《真理报》之后，中国的新闻工作者对此更加深信不疑。

第二，社论写作公式化，不管有没有必要，铁定每天一篇，而且一定按规格写满2 500字，置于头版头条的位置，致使绞尽脑汁写出的社论往往没有针对性，效果不好。同时，片面报道国际新闻，在国内报道中也出现了"报喜不报忧"的倾向。

第三，新闻内容枯燥，标题单调。认为凡是真理报的标题就是好标题，塔斯社的导语就是好导语。这一时期的经济宣传报道，片面强调报道的指导性与思想性，教育颇多，没有贴近群众，反映工人的生活；在政治报道方面运用"合理想象"，给新闻的客观真实性带来了挑战，而在思想文化的宣传上开展各种批判运动，扩散了社会主义建设时期阶级斗争日趋尖锐的"左"的观点，妨碍了学术文化研究的正常运作。

第四，业务范围越来越窄。由于《真理报》不刊登广告，所以中国的报纸也忽视广告的作用。减少甚至中断了广播中的批评性报道，片面强调"中央台为基础、地方台为补充"，没有调动地方广播的积极性与服务创新。

这些现象是当时新闻界普遍存在的问题，新闻改革于是势在必行。

二、《人民日报》的改版

1956 年国内外形势发生了重大变化。这一年，我国基本实现了新民主主义向社会主义的过渡，全党工作重心开始转移到经济建设上来。4 月，毛泽东提出"百花齐放、百家争鸣"的方针；还发表重要报告《论十大关系》，指出一切民族、一切国家的长处都要学，但必须有分析有批判地学，不能照抄照搬。国际上，2 月，苏共二十大会议公开批评斯大林的错误和对斯大林的个人崇拜。《人民日报》开始冷静地分析，意识到片面地学习《真理报》存在许多弊端。

于是，《人民日报》开始酝酿新闻工作改革，中共中央指示：《人民日报》要改进内容，扩大篇幅，以适应形势发展的需要。改版前夕，《人民日报》还对国内外报纸作了专题研究，以借鉴有益经验。

经过检查工作和听取读者意见，1956 年 6 月 20 日，人民日报社制定了改革方案，即由总编辑邓拓和副总编辑胡绩伟起草的《〈人民日报〉编辑委员会向中央的报告》（以下简称《报告》）。《报告》提出了改进意见：坚决克服教条主义和"党八股"习气，努力改进文风，讲究写作技巧；增加工作问题和思想学术问题的讨论，使各方面的不同意见能在《人民日报》上发表；增加新闻和通讯，改进版面安排，竭力满足读者的多方面需要；改进编辑部工作。《报告》还提出，报纸上的文字，除了党中央少数负责人的文章和少数社论以外，可以不代表党中央的意见，也可以不代表编辑部的意见，因此，都有讨论的余地。

《报告》得到了中共中央的肯定。1956 年 7 月 1 日，《人民日报》刊登由胡乔木执笔的改版社论《致读者》，正式宣布改版。

《人民日报》是党的报纸，也是人民的报纸，从它创刊到现在，一直是为党和人民的利益服务的。正因为这样，《人民日报》在创刊八年多来，备受广大读者的令人心感的支持，工作也逐年得到进步。但是我们工作中仍然有很多缺点。最近，我们将着重从以下三方面改进我们的工作。

第一，扩大报道范围。我们是生活在一个充满着变化的世界，各种不同的读者要求从不同的方面了解这个变化着的世界。尽量满足读者的多方面的要求，这是我们的天职。在过去，我们的篇幅比较小，不能容纳很多材料，这是一个困难。我们所以在目前纸张供不应求的情况下扩大篇幅，正是为了解决这个困难。但是问题并不尽在于此。我们没有努力在有限的篇幅中多发新闻，发多方面的新闻。生活里的重要的、新的事物——无论是社会主义阵营的，或者是资本主义国家的，是通都大邑的，或者是穷乡僻壤的，是直接有关于建设的，或者是并不直接有关于建设的，是令人愉快的，或者是并不令人愉快的，人民希望在报纸上多看到一些，我们也就应该多采集、多登载一些。在报纸改出八个版以后，我们的新闻在数量上将增加一倍半左右，在题材上也将尽量扩大范围，力求适应读者的需要。

第二，开展自由讨论。报纸是社会的言论机关。在任何一个社会里，社会的成员不可能对于任何一个具体问题都抱有同一种见解。党的和人民的报纸有责任把社会的见解引向正确的道路，但是为了达到这个目的，不应该采取简单的、勉强的方法……在开展讨论方面，过去我们的报纸是作得很不好的，因此也减少了报纸的生气。今后我们希望力求改进。为了便于开展自由讨论，我们希望读者注意：在我们的报纸上发表的文章，虽然是经过编辑部选择的，但是并不一定都代表编辑部的意见——这不是说代表编辑部的意见就不可以讨论，而是说，我们发表的某些文章的某些观点和编辑部的有所不同，这些文章的作者的观点彼此也不同，这种情形希望读者认为是正常的。这种情形不但不妨碍而且有助于问题的解决，无论问题是由于一种观点战胜了其他的观点而解决，或者是由于不同观点在争论中互相接近而解决。在我们的报纸上发表的事实，编辑部都力求经过调查证实，但是有时某些问题(特别是读者来信中提出的问题)在个别细节上不容易很快地查得一清二楚，却有必要及时地发表出来，以求迅速解决，那末，编辑部也将加以发表，而让它们的某些细节在实事求是的讨论的过程中弄清。这也是希望大家谅解的。

第三，改进文风。报纸是每天出版的，它每天都要用几万字去影响几百万读者，因此，报纸上的文字应该力求言之有物，言之成理，而且言之成章……

这篇在中国新闻传播史上具有重要地位的社论阐述了新闻改革的原则和方向。它旗帜鲜明地指出，"《人民日报》是党的报纸，也是人民的报纸"，是"人民的公共的武器，公共的财产"。它强调党性，同时十分重视报纸的群众性，任何时候把两者割裂开来，都可能走向僵化和教条；作为中共中央机关报它第一次公开承认"我们工作中仍然有很多缺点"，并准备从三方面改正工作。首先是要"扩大报道范围"，"尽量满足读者的多方面的要求，这是我们的天职"。它从世界变化和读者需求方面来改革新闻报道，强调报纸的"天职"就是要加强和做好新闻报道。其次是要"开展自由讨论"。它指出：(1)"报纸是社会的言论机关"，这就大大拓展了党报的内涵和功能。(2)报纸"不能设想自己是全知全能的"，不能"随时作出绝对正确的结论"。这表明党报工作者具有谦虚谨慎的态度和清醒的意识，事实上人们对同一事物有不同看法，乃至观点截然对立，都是正常的，也应该是允许的。(3)应提倡自由讨论，"害怕讨论的人总是可笑的人"，但是要求"党的和人民的报纸有责任把社会的见解引向正确的道路"，要求进行正确的舆论引导而不是害怕公开讨论问题。(4)党报上的文章并不全部代表党委或媒介的观点。

"报纸上发表的文章，虽然是经过编辑部选择的，但是并不一定都代表编辑部的意见。"最后强调要"改进文风"，文风问题实质上是作风问题，文风问题也会束缚报纸的生命力，这是革命年代以来报纸一直强调和努力改正的方面。这篇社论中提出的许多重要观点至今仍有着强大的现实意义。

《人民日报》由4版改为8版，版面内容也相应作大幅度调整，第一版仍为要闻版，第二、三版为国内经济版，第四版为国内政治版，第五、六版为国际版，第七版是学术文化版，第八版为副刊和广告。改版之后，《人民日报》的报道内容有了重大改变。改版后，不断收到读者的赞扬信，好评如潮，发行量增加。

改版后，《人民日报》摆脱了苏联《真理报》那种教条习气，把坚持共产党的党性原则和反映人民群众意愿相结合。新闻报道面扩大了，大量增加了反映经济建设和社会生活的新闻，头条新闻中，经济新闻占据首位，7月和8月的62篇头条新闻中，经济新闻31条，占50%；国际新闻报道中，克服了原来对社会主义国家"报喜不报忧"的片面性；在改革头版新闻、改进重大事件报道方式的基础上，发扬了革命年代"全党办报"、开展批评和自我批评的良好传统，读者的来信来稿明显增多，仅7月收到群众来信来稿3.1万件，平均每天上千件，其中被采用发表的292件，平均每天约10件；同时，言论明显改进，题材广泛，针对性强，短小精悍，尤其是发表的对"双百方针"的不同意见的讨论，鼓舞了广大知识分子。

《人民日报》的改版是新闻史上中共中央机关报第二次重大改革，它是以《致读者》为旗帜，以社会变化和人民需求作为改革的出发点的。《人民日报》的改版具有榜样效应，拉开了全国新闻改革的帷幕。改版的成果受到中共中央的关注，中共中央认为《人民日报》改版的方法是可行的，希望各地推广，于是在1956年8月1日向省、市、自治区转发了《人民日报》编委会的报告，借此推动全国新闻改革的发展。全国各级党报纷纷效仿，其他非党报也相继进行了有益的探索和尝试。

但是，由于国内外政治形势的急剧波动，几个月后，《人民日报》的宣传工作受到了批评。到了1957年6月，"反右"斗争普遍开展。曾在《人民日报》改版期间发表过争鸣文章的许多作者被错误地打成"右派"，《人民日报》改版被迫中断。

第二节　社会主义建设最初十年及"文化大革命"时期的新闻事业

从1956年全国社会主义改造基本完成到1966年"文化大革命"全面展开，这是我国社会主义建设最初的十年，其间经历过"反右派斗争"扩大化和脱离客观实际的"大跃进"运动，以及国民经济三年极端困难的时期，但我国新闻事业仍然在曲折中创新发展。

首先是创办了一批晚报、农民报、企业报和少数民族报刊，丰富了我国党报党刊体系。晚报业在原有的《新民晚报》和《天津晚报》的基础上有所扩展。1957年10月1日，《羊城晚报》在广州创刊，作为《南方日报》领导下的辅助和补充。1958年3月，

《北京晚报》创刊，为小型综合性晚报。此后至20世纪60年代初，又有一些晚报出现，其中大部分是市委机关报由日报改为晚报，包括《长沙日报》改为《长沙晚报》，《西安日报》改为《西安晚报》，《沈阳日报》改为《沈阳晚报》，《南宁日报》改为《南宁晚报》，《成都日报》改为《成都晚报》，《合肥日报》改为《合肥晚报》，《南昌日报》改为《南昌晚报》，同一时期创刊的报刊还有《武汉晚报》《郑州晚报》等。60年代初，为了加强农村社会主义教育运动，各省恢复或创办了一批农民报或农村版，中共陕西省委恢复出版了《陕西农民报》，北京、山西、安徽、江苏等省(区)都出版了农村版。

这个时期的政治期刊也有较大发展。1958年6月1日，中国共产党中央委员会主办的《红旗》杂志在北京创刊，总编辑为陈伯达。它是中共八届五中全会决定出版的中央理论刊物，初为半月刊，后改为月刊。其后，各省、自治区、直辖市也相继创办了一批各自的政治理论刊物。

《参考消息》的改版和扩大发行，使它迅速成为一份有重要影响的报纸。它原来是新华社编印的一份内部刊物，1956年12月18日，中央决定扩大订阅范围，县委委员以上或相当于他们的级别的党内外干部都可订阅。1958年12月，《参考消息》的读者范围进一步扩大到机关、团体、企业的干部和高校学生。经过两次扩大发行，《参考消息》的发行几乎没有了限制。改版后的《参考消息》为日报，4开4版，邮局发行。编译的内容也增加了经济、科技、文化、教育、体育、社会等，报道面更加扩大，成为观察国际风云的一个重要窗口。其发行量1957年改版时为13万，到1965年增加到85万。

这一时期广播发展很快，尤其是建设了较大规模的有线广播网。到1956年年底，全国广播电台的发射总功率比1952年增加了4倍，全国有线广播站发展到1 458个，广播喇叭50.6万支。中央电视台每天播音38小时40分，比1949年增加6.7倍，同时对外广播每天近17小时，语种增至14种。

1957年，丽的电视台(今香港亚洲电视)在香港地区开播。1958年5月1日，北京电视台(今中央电视台)建成，试播黑白电视，9月2日正式开播，这是中国内地电视事业的开始。此后，上海、黑龙江、天津、广东、吉林、陕西、辽宁、山西、江苏、浙江、安徽、山东、湖北、四川、云南等省市相继开办电视台或电视实验台。各台在建设过程中，积极采用国产器材组装设备，对发展中国电子工业起了促进作用。

1956年开始的全国新闻改革，到1957年反右派斗争开始后戛然而止，随后开展的"大跃进"运动更是给新闻事业带来严重冲击。那个年代，由于存在对新闻媒介单纯的政治工具的认识，新闻媒介反而成了推动政治运动和政治斗争的有力工具。

"反右派斗争"中，新闻界首先受到冲击的是《文汇报》和《光明日报》。1956年10月1日，新复刊的《文汇报》力求革新，试图打破苏联式老框架，贯彻"双百方针"，在"鸣放"过程中组织了"为什么好的国产片这样少"等公开讨论。1957年6月，中共中央作出反右派的决定。由此全国新闻界的反右派斗争普遍开展起来。

1957年年底，我国取得了超额完成第一个五年计划的巨大成绩。由于毛泽东等中央领导急于求成，夸大主观意志的作用，发起了"大跃进"运动。到1958年年底有所纠正，但1959年"庐山会议"后，又重点转向反右倾斗争，致使"大跃进"持续到1960年年底。

"大跃进"中新闻工作者充满热情，但受极左思想影响，"假、大、空"横行，反而损害了新闻媒介的公信力。报纸在整个1958年的宣传报道，以总路线、"大跃进""人民公社"为中心，声势大、变化快、调子高成为"大跃进"宣传报道的基本特征，脱离实际，违背了客观规律，如7月12日《解放日报》的报道《谁说增产能到顶，请看河南新卫星》，8月27日《人民日报》的报道《人有多大胆，地有多大产》就是这一时期的典型宣传。

在"大跃进"和"人民公社化"运动中，新闻界的极左宣传更加突出。1959—1961年三年困难时期，我国国民经济陷入严重困难。为了克服困难，中共中央提出了"调整、巩固、充实、提高"的方针，国民经济进入调整时期。

针对"大跃进"的一些脱离实际的错误做法，中央提出大兴调查研究之风，新闻界加强了调查研究的宣传，1961年1月29日，《人民日报》发表社论《大兴调查研究之风》；1961年第3、4期《红旗》杂志发表了社论《大兴调查研究之风，一切从实际出发》。同时，新闻记者在新闻报道过程中纷纷深入基层、深入群众，开展调查研究工作，产生了一批影响较好的新闻报道和典型宣传。

其中对雷锋的宣传是当时规模大、影响好的典型人物宣传报道。使雷锋于1962年8月因公殉职，1963年1月7日，国防部命名他生前所在班为"雷锋班"，2月，毛泽东题词"向雷锋同志学习"。在此前后，《人民日报》发表通讯《毛主席的好战士——雷锋》，《解放军报》发表通讯《伟大的战士》，《中国青年报》发表社论《论雷锋——五四中国青年节献辞》，新华社也发了通稿。随后，新闻界还集中报道了各行各业开展的向雷锋同志学习的事迹。对雷锋这个典型的宣传报道，使雷锋精神深入人心，影响非常深远。此外，这一时期的典型宣传还有焦裕禄、吴吉昌、向秀丽以及"工业学大庆""农业学大寨""南京路上好八连"等。

20世纪50年代，西方国家开始兴办电视，我国在困难的条件下也下决心研制电视发射与接收设备。早在1954年12月，毛泽东主席就提出，要加强对外广播，发展电视广播。1955年2月5日，中央广播事业局向国务院报告，提出于1957年在北京建立一座中等规模的电视台的计划。2月12日，周恩来总理在中央广播事业局的报告上批示："将此事一并列入文教五年计划中讨论。"

1957年8月17日，中央广播事业局决定成立北京电视实验台筹备处，还从中央电台和八一电影制片厂、中央新闻纪录电影制片厂调集了播音员和摄影师，为建台做好了组织上的准备。12月，中央广播事业局派出了以罗东、孟启予等人组成的中国电视工作者代表团，对苏联和民主德国进行为期3个月的访问，主要是考察两国电视节目的设置安排情况。同时，北京广播器材厂在清华大学的协助下，研制出了我国第一批电视发射和播控设备。1958年3月17日，天津无线电厂经过几个月的奋战，就成功装配了我国第一台黑白电视机。

1958年5月1日，我国第一座电视台北京电视台（中央电视台的前身）开始实验广播。试播当天播出的黑白电视节目有先进生产者的讲话、新闻纪录片、科教影片、诗朗诵和舞蹈等。实验广播期间，北京地区有电视接收机的观众每逢星期四和星期日19

点到 21 点可以经常看到电视台的实验性电视节目。

6 月 15 日，北京电视台播出了我国第一部电视剧《一口菜饼子》，它根据同名短篇小说改编，叙述了一个忆苦思甜的故事，塑造了一个承受生活重压，为救女儿而省下仅有的一口菜饼子，最后死在饥寒交迫之中的母亲形象。这部黑白电视剧全长 20 多分钟，播出后观众反响热烈。由于当时没有录像设备，它是由中央广播实验剧团现场演播的电视剧。6 月 19 日，北京电视台转播"八一"男女篮球队同北京男女篮球队的表演赛，这是我国电视台的第一次实况转播。

经过 4 个月的实践，9 月 2 日北京电视台转为正式播出，每周播出 4 次，每次 2~3 小时。当时的发射半径只有 25 千米，拥有的电视机也不多，为了解决电视收看问题，还从苏联进口了 200 台黑白电视机。20 世纪 50 年代末，全国有电视机 17 000 台，大多安设在公共场所供集体收看。

在建立电视台的同时，我国加强了电视人才的培养教育。1958 年 9 月，北京广播专科学校成立，这是中央广播事业局直属的第一所专科学校。12 月，中央广播大楼落成，除电视设备外，全套技术设备都是苏联供应的。

随后，上海电视台和哈尔滨电视台先后于 1958 年 10 月和 12 月建成试播。1958 年 12 月，中央广播事业局召开了全国电视台基建工作座谈会，决定从点到面，在全国各地建设电视台。到 1961 年年底，全国的电视台、试验台和转播台达 26 座。

1960 年 1 月 1 日，北京电视台开始设置固定时间播出的电视专栏，内容包括少年儿童、体育爱好者、电视新闻、祖国各地、故事影片等 10 多个电视固定栏目。1960 年 5 月 1 日，北京电视台办公楼交付使用，工作环境和播出条件明显改善。直到北京电视台开播 20 年后，1978 年 5 月 1 日，经中共中央批准，北京电视台改名为中央电视台。当年元旦，《新闻联播》也正式开播，播出时间为 20 分钟。

"文化大革命"时期，新闻事业遭到极大破坏。

据统计，1965 年全国邮局发行的中央级和地方级杂志共有 767 种，1967 年仅有 102 种；1965 年全国邮局发行的中央及地方报纸共 413 种，到 1968 年年底，全国报纸数量仅 42 种，全国性报纸只剩下 4 种，数量骤减，降为历史最低。

"文化大革命"之后，各地开始"拨乱反正"，新闻界也不例外，各地报刊清查和检讨了"四人帮"控制时期所发表的错误文章。新闻教育事业恢复并取得进展，在招生之余，还重新认识和学习刘少奇的新闻思想，掀起了新的学习热潮。此后，新闻界极力摆脱"左"倾思想，直到中共十一届三中全会之后，随着全国思想解放运动的展开，新闻界的改革也翻开了新的一页。

思考与练习

1. 中国新闻界学习苏联新闻工作经验，对后来的中国新闻事业发展有何影响？

2. 《人民日报》1956 年改版的主要内容是什么？

第十章　改革开放以来的新闻事业[①]

■ 本章要点

◆改革开放前夕，中国新闻事业已经开始变革。

◆改革开放以来，中国新闻事业取得了前所未有的发展成就。

◆改革开放以来，中国新闻事业经历了巨大的变化。

1978 年 12 月 18—22 日，中国共产党第十一届中央委员会第三次全体会议举行。全会批判了"两个凡是"的错误方针，高度评价关于实践是检验真理的唯一标准问题的讨论，确定了"解放思想、实事求是、团结一致向前看"的指导方针；果断地停止使用"以阶级斗争为纲"这个不适用于社会主义社会的口号，作出"把工作重点转移到社会主义现代化建设上来"和实行改革开放的决策。这些具有重大意义的转变，标志着我国进入了社会主义现代化建设的新时期。

此后的改革开放，使中国的媒体数量、品种大大丰富，形成了前所未有的媒介多样性，中国受众在这个领域的选择有了更多的自主性、独立性，在很大程度上满足了新闻需求、知识需求、发表自己见解的需求，以及与媒体互动等方面的文化需求。

实际上，在改革开放正式开始前，中国的新闻事业就开始了改革。

1978 年 1 月 1 日，《新闻联播》开播。

1978 年 5 月 1 日，北京电视台正式更名为中央电视台，我国电视事业开始复苏。

1978 年 5 月 11 日，《光明日报》刊发南京大学教师胡福明的文章《实践是检验真理的唯一标准》，掀起了全国范围的思想解放大讨论。

1978 年 8 月 11 日，上海《文汇报》在"笔会"版发表复旦大学大一学生卢新华的小说《伤痕》，开启了反思"文化大革命"的文学浪潮。

1978 年 9 月 11 日，《中国青年》正式复刊。

1978 年 10 月 7 日，《中国青年报》在停刊 12 年后复刊。

改革开放开始后，中国的新闻事业加快了走向市场、复兴新闻的改革步伐。

1978 年 12 月，国家出版局在全国报纸经理会议上正式宣布了"报社企业化经营"的决定。从此，中国新闻媒体走上了"事业单位，企业化管理"的新路。

1978 年，全国共有广播电台 93 座，发射台和转播台 455 座（农村装置有线广播喇

[①]　本章内容主要参考了郭全中的论文《中国传媒 30 年发展历程》和宋守山编著的《传媒三十年》。

叭的农户占总农户的 63%），电视中心台 32 座，1 千瓦以上的电视发射台和转播台 227 座。全国性和省一级地方性报纸全年发行 109.4 亿份，比上年增长 3.8%；各类杂志出版 7.6 亿册，比上年增长 36.3%。①

1979 年，全国共有广播电台 99 座，发射台和转播台 502 座，电视中心台 38 座，1 千瓦以上的电视发射台和转播台 238 座。全国性和省一级地方性报纸全年出版 130.8 亿份，各类杂志出版 11.8 亿册（份）。②

1979 年 1 月 4 日，《天津日报》率先恢复刊登商业性广告，广告主题是"天津牙膏主要产品介绍"，这是改革开放后中国内地的第一条工商产品广告。

1979 年 1 月 28 日（大年初一），上海电视台宣布"即日起受理广告业务"，并播出了"参桂养容酒"广告，这是中国内地最早的电视广告。同一天，中共上海市委机关报《解放日报》也恢复刊登商品广告——在第 2、3 版刊登了美能达相机的两条通栏广告。

1979 年 3 月，上海人民广播电台在中国内地电台中率先发布商品广告。

1979 年 4 月，财政部颁发《关于报社试行企业基金的实施办法》，再次明确报社是党的宣传事业单位，在财务管理上实行企业管理的方法。同月，《读书》杂志创刊。

1979 年 5 月 14 日，中共中央宣传部发文肯定了报刊恢复广告的做法。

1979 年 10 月 1 日，人民日报社创办第一张子报《市场报》，这是中国内地第一张经济类报纸，也是首家彩色印刷的报纸。

1979 年 11 月，中共中央宣传部发出《关于报刊、广播、电视台刊登和播放外国商品广告的通知》。

第一节　20 世纪 80 年代的新闻事业

1980 年，全国共有广播电台 106 座，发射台和转播台 484 座，电视中心台 38 座，1 千瓦以上的电视发射台和转播台 246 座，全国性和省一级报纸全年出版 140.4 亿份，各类杂志出版 11.2 亿册。③

至 1989 年年末，全国共有广播电台 533 座，广播发射台和转播台 657 座，电视台 469 座，1 千瓦以上电视发射台和转播台 935 座，全国性和省级报纸全年出版 155 亿份，各类杂志出版 19 亿册。④

1980 年，《足球》《世界经济导报》创刊，《北京晚报》《羊城晚报》复刊。《羊城晚报》确定的编辑方针是"反映生活、干预生活、引导生活、丰富生活"。

这年，《人民日报》《工人日报》、新华社等媒体对"渤海二号"钻井船翻沉事故进行了批评报道，成为改革开放后的新闻舆论监督范例。同年，《中国青年》杂志还开展了

---

① 参见《中华人民共和国国家统计局关于 1978 年国民经济计划执行结果的公报》。

② 参见《中华人民共和国国家统计局关于 1979 年国民经济计划执行结果的公报》。

③ 参见《中华人民共和国国家统计局关于 1980 年国民经济计划执行结果的公报》。

④ 参见《中华人民共和国国家统计局关于 1989 年国民经济和社会发展的统计公报》。

关于人生意义的"潘晓讨论",在全国引起较为强烈的反响。

1981年1月8日,《市场报》刊登了改革开放后的第一则征婚启事。4月,全国电视新闻座谈会在青岛召开,讨论"全国一盘棋,共同办好《新闻联播》"。从此,各省、自治区、直辖市电视台对《新闻联播》无条件供稿、转播。同年,《中国青年报》创办"星期刊",开了中国新闻界设立周末版、星期刊的先河。《读者文摘》《北京青年报》也在这一年创刊。

1982年元旦,《新民晚报》正式复刊。社长赵超构用"本报编辑部"名义写的复刊词写道:

> 我们将努力做到这样的报风:"千言只作卑之论"也就是"卑之,毋甚高论"。力戒浮夸,少说大话,实事求是,不唱高调,发表一些常识的、切实的、平凡的报道和论说。
>
> 作为一张地方性报纸,《新民晚报》既不是摩天飞翔的雄鹰,也不是搏战风雨的海燕,更不是展翅万里的鲲鹏。它只是穿梭飞行于寻常百姓之家的燕子。它栖息于寻常百姓之家,报告春天来临的消息,衔泥筑巢,呢喃细语,为国家分忧,与百姓同乐,跟千家万户同结善缘。
>
> 似曾相识的燕子,隔了十五年之后又归来了。归来伊始,首先要向我们的居停主人致意:祝新年快乐!

复刊第一天的《夜光杯》副刊上,赵超构以"林放"为笔名的杂文专栏"未晚谈"也开始与读者见面。在题为《暂别归来》的开篇中,林放充满感情地写道:

> 一个冬天的沉默,加上一个冬天的酝酿,《新民晚报》这棵饱历风霜的五十多年的老树,终于重发新枝,绿叶成荫,吸取阳光雨露,散发清新空气。

复刊当年年底,《新民晚报》发行数稳定在100万份以上。这份4开6版的报纸当时仅售3分,但每份报纸仍可挣到2厘5钱。

1982年5月24日,深圳市委机关报《深圳特区报》创刊。

1982年6—8月,《人民日报》《工人日报》《中国青年报》、中国社会科学院新闻研究所和北京广播学院,组织了全国首次大规模的受众抽样调查。

1983年元旦,《经济日报》创刊,发行量起点就有100万份。当年,全国晚报日发行量540万份。这年,崔恩卿从公务员岗位调任北京青年报社社长。此后13年,《北京青年报》成为全国报业市场化的潮流领导者。这一年,央视主办并直播了首届春节晚会。同年,第十一次全国广播电台工作会议提出"四级办电视"的思路和决定,数量惊人的地市、县级电视台迅速兴起。

1984年,《南方周末》创刊。同年,《新闻法》被提上日程,《今晚报》创刊。

1985年,《知音》《中国经营报》《中国企业家》创刊,《参考消息》公开发行,《洛阳日报》在内地报纸中率先自办发行。

1986 年，邓小平成为《时代》年度人物，《中国机械报》在率先采用激光照排印刷报纸（由经济日报印刷厂完成），告别"铅与火"编排，迎来"光与电"编排。

1987 年，新闻出版署成立。这年进行的报刊整顿，规定报刊必须有主办主管单位。这一年，《经济日报》开展了"关广梅现象"大讨论。

1987 年，北京大学的钱天白教授向德国发出第一封电子邮件，当时中国还未加入互联网。

1987 年 3 月 8 日，邓小平在接见外宾时指出，保持"国内安定团结的政治局面"，"有领导有秩序地进行社会主义建设"，是实现"三步走发展战略"的重要条件之一。6 月 29 日，他又指出："没有安定团结的政治环境，什么事情都干不成。"1989 年 2 月 26 日，他又说："中国的问题，压倒一切的是需要稳定。没有稳定的环境，什么都搞不成，已经取得的成果也会失掉。"[①]可以说，"稳定论"是邓小平新闻思想的核心。邓小平希望报刊成为"全国安定团结的思想上的中心"[②]，他的这个期待，落脚点是在"安定团结"上。"稳定论"对后来新闻工作的影响巨大，后来的"坚持正面宣传为主的方针"也是出于"稳定"的目的提出来的。

1989 年，新闻出版署发出《关于重新核发记者证的通知》。

第二节 20 世纪 90 年代的新闻事业

1990 年年末，全国共有广播电台 640 座，广播发射台和转播台 673 座，电视台 510 座，1 千瓦以上电视发射台和转播台 938 座。1990 年，全国性和省级报纸全年出版 158.7 亿份，各类杂志出版 19.1 亿册。[③]

到 1999 年年末，全国广播综合人口覆盖率 90.4％，电视综合人口覆盖率 91.6％。全国有线电视用户 7 700 万户。全年出版全国性和省级报纸 201 亿份，各类杂志 29 亿册。[④]

1990 年，国务院发布《外国记者和外国常驻新闻机构管理条例》，中宣部和新闻出版署联合下发《关于对报（刊）社记者站进行清理整顿和重新登记的通知》，新闻出版署公布《报纸管理暂行规定》。这年，中华全国新闻工作者协会设立范长江新闻奖。

1991 年，《解放日报》发表皇甫平系列言论，带动"中国改革开放后第二次思想解放大讨论"。这年，《北京青年报》副刊《青年周末》创刊，全国报纸自办发行联合会成立，首家"交通台"（上海人民广播电台交通信息台）开播，大陆记者（新华社范丽青和中新社

---

① 《"稳定压倒一切"》，人民网，http：//www.people.com.cn/GB/shizheng/252/5303/5304/20010626/497648.html，访问日期：2021-06-03。
② 《邓小平文选》第 2 卷，255 页，北京，人民出版社，2001。
③ 参见《中华人民共和国国家统计局关于 1990 年国民经济和社会发展的统计公报》。
④ 参见《中华人民共和国 1999 年国民经济和社会发展统计公报》。

郭伟锋)首次赴台湾地区采访。新华社记者唐师曾在战场成功报道1月17日打响的海湾战争。

1992年,邓小平视察南方发表重要谈话,《深圳特区报》陈锡添为此发表长篇通讯《东方风来满眼春》,全国各大媒体纷纷转载或转播,掀起改革开放的新高潮。这年,中国许多报纸扩版,新闻界发动监督假冒伪劣产品的"中国质量万里行"活动。

1993年,首届韬奋新闻奖揭晓,《精品购物指南》《时尚》创刊,《读者文摘》因国际商标权纠纷更名为《读者》,王志东创办北京四通利方信息技术有限公司(新浪网前身)。

中国最早的电子报纸是1993年12月6日由《杭州日报》创办的,但当时中国还未与国际互联网连接,正式上网是1995年10月20日《中国贸易报》的发布,揭开了中国网络新闻传播业的新篇章。

1994年,上海东方明珠股份有限公司在上海证券交易所上市,中国传媒业开始与资本市场接轨。

1994年1月24日,江泽民同志在全国宣传思想工作会议上发表讲话时指出:"舆论导向正确,人心凝聚,精神振奋;舆论导向失误,后果严重……坚持正确的舆论导向"[1],"导向论"对后来新闻工作的影响也很大,"祸福论"[2]其实也包含在内,此后"舆论导向"成为新闻宣传管理文件的常用语。

1994年3月,中国终于获准加入互联网,并在同年5月完成全部中国联网工作,且获得政府的认可。同年,《三联生活周刊》创刊,《焦点访谈》开播。

最早以都市报命名的城市综合性日报,是贵州日报社的《贵州都市报》(1993年8月1日创刊)。然而,直至四川日报社1995年1月创办的《华西都市报》在"敲门发行"和广告方面屡创佳绩,"都市报现象"才成为中国新闻界关注的焦点。同年,《大河报》等第一批都市报创办。10余年后,都市报已占据报业市场大半江山。

1995年,《中国青年报》创办《冰点》栏目,马云创办"中国黄页"网站,23岁的张向宁和哥哥张向东创办域名机构——万网。

1995年5月,张树新创立第一家互联网服务供应商瀛海威,中国老百姓开始进入互联网络。

1996年,《广州日报》率先成立报业集团,《南方周末》由文化娱乐类周报向时政类周报转型,央视《新闻调查》栏目开播,凤凰卫视在香港地区开播,《新周刊》创刊。

1997年,凤凰卫视从娱乐类媒体转型为新闻资讯类媒体。同年,湖南电视台开始通过卫星播出节目,凭借《快乐大本营》《玫瑰之约》《晚间新闻》等栏目,在全国电视界异军突起。执掌《成都商报》的何华章成立博瑞投资有限公司,丁磊在广州创办网易;《南方都市报》改为日报,《华西都市报》开展"敲门发行",小红帽发行公司全面代理《北

---

[1] 江泽民:《在全国宣传思想工作会议上的讲话》,《十四大以来重要文献选编》(上),653~654页,北京,人民出版社,1996。

[2] 江泽民同志在1996年9月26日视察人民日报社时指出:"舆论导向正确,是党和人民之福;舆论导向错误,是党和人民之祸。"参见《江泽民文选》(第一卷),563页,北京,人民出版社,2006。

京青年报》发行工作。

1998 年，朱镕基为《焦点访谈》题词："舆论监督，群众喉舌，政府镜鉴，改革尖兵"。这年，新浪网、搜狐网创办，马化腾成立腾讯公司，中国网民数量突破 100 万。

1999 年，成都、昆明、广州、武汉、南京、西安、济南等城市爆发晚报、都市报的报业大战，《半岛都市报》创刊，《南方周末》通过再次改版成为真正的严肃大报。这年，美国《财富》杂志在上海举行"全球财富论坛"。

1999 年 3 月 25 日，湖南电广传媒股份有限公司在深交所挂牌上市。

第三节　21 世纪初的中国新闻事业

2000 年，南京的《现代快报》《扬子晚报》等多家报纸燃起报纸价格战的战火。

2000 年，新浪、搜狐、网易在美国纳斯达克上市，新浪、搜狐获准开展登载新闻业务，阿里巴巴集团主席和首席执行官马云成为美国《福布斯》杂志封面人物；《中国新闻周刊》创刊。

2000 年，11 月 8 日被中国政府确定为记者节。

2000 年年末，全国共有中、短波广播发射台和转播台 732 座，广播综合人口覆盖率 92.1％，1 千瓦以上电视发射台和转播台 1 313 座，电视综合人口覆盖率 93.4％。全国有线电视用户 7 920 万户。全年出版全国性和省级报纸 203 亿份，各类杂志 28.5 亿册。[①]

2001 年，《21 世纪经济报道》创刊，得到上海复星集团投资；《经济观察报》创刊，得到山东三联集团投资；《人民日报》子报《京华时报》创刊，得到北大青鸟投资。

2002 年，是中国加入世界贸易组织的第一年。这年 2 月，美国的新闻集团旗下的星空传媒，与湖南卫视宣布结为战略联盟。

2002 年 8 月，方兴东创办"博客中国"网站，将博客概念引入中国，开启了 Blog 在中国的普及之路。

2002 年左右，《华商报》开始了异地扩张，其中在沈阳(经营《华商晨报》)、长春(经营《新文化报》)、重庆(经营《重庆时报》)三地进展顺利。

2002 年，中国出版集团在北京宣告成立；我国第一家期刊集团——家庭期刊集团在广州成立。

2003 年 3 月 28 日，中共中央政治局召开会议，讨论了《关于进一步改进会议和领导同志活动新闻报道的意见》，会议指出："新闻单位要坚持正确的舆论导向……努力使新闻报道贴近实际、贴近群众、贴近生活。"[②]此后，各省(市、区)都开始着力改进会议和领导同志活动新闻报道。

2003 年 5 月 1 日，中央电视台新闻频道开播。

---

① 参见《中华人民共和国 2000 年国民经济和社会发展统计公报》。

② 新华社北京 2003 年 3 月 28 日电　中共中央政治局召开会议，研究进一步改进会议和领导同志活动新闻报道等工作。

2003 年，中国渠道类媒体开始快速发展。当年 5 月，江南春创立分众传媒公司。

2003 年 6 月 27—28 日，全国文化体制改革试点工作会议召开，部分单位开始试点。国务院于 2003 年年末下发《国务院办公厅关于印发文化体制改革试点中支持文化产业发展和经营性文化事业单位转制为企业的两个规定的通知》。此后，文化体制改革成为新闻出版界的焦点。

2003 年 11 月 11 日，《新京报》在北京创刊，这是南方报业传媒集团和《光明日报》报业集团合作的产物。

2004 年，《新周报》《第一财经日报》《每日经济新闻》先后创刊。

2004 年 7 月 18 日，《中国妇女报·彩信版》正式开通，成为中国内地第一份手机报。

2004 年，中共中央办公厅、国务院办公厅 2003 年发出的《关于进一步治理党政部门报刊散滥和利用职权发行，减轻基层和农民负担的通知》被付诸实施：1 452 种报刊被纳入治理，其中 673 种停办，302 种划转，289 种管办分离，87 种改为免费赠阅。几乎同时，642 家记者站停办和注销登记，73 家非法设立的记者站类机构被查处、撤销。

2004 年 12 月 13 日，北青传媒在香港地区交易所上市。此前和此后，歌华有线、中视传媒、广电网络、电广传媒、东方明珠、博瑞传播、赛迪传媒、湖南投资、华闻传媒、新华传媒与分众传媒采取各种方式纷纷上市。

2005 年，中国的互联网行业回暖，博客大量出现，李彦宏创建的百度公司在美国纳斯达克上市。7 月 13 日，分众传媒公司在纳斯达克上市。

2005 年，《中国保险报》整体改制转企；《北京青年报》控股千龙网；《重庆日报》报业集团产业有限责任公司正式挂牌成立。同年，财政部、海关总署、国家税务总局下发《关于文化体制改革试点中支持文化产业发展若干税收政策问题的通知》，对政府鼓励的新办文化企业，免征 3 年企业所得税。这表明我国开始真正重视文化新兴产业。

不同于互联网的转强，中国报业 2005 年经历了罕见的广告下滑局面，吴海民提出"报业寒冬论"。

根据中国政府网数据，2005 年年末，全国共有广播电台 273 座，电视台 302 座（教育电视台 50 个），广播综合人口覆盖率 94.5%，电视综合人口覆盖率 95.8%。

2006 年，电子报出现，中国网民过亿，纸媒人士纷纷投身网络媒体，报网结合的《青年周末》创刊，《北京娱乐信报》转型地铁报，时尚杂志《夜北京》《风尚志》创刊。

2006 年，中国移动公司将手机报定义为自有业务，联合各大媒体力推，用户数迅速发展到千万级水平，其中付费用户达 350 万。

2006 年年底，中国手机用户达到 4.6 亿，每百人拥有手机量达到 35 部，2007 年，以月均增长 500 余万户的速度，我国手机用户数已超过了 5.2 亿，和全国电视拥有户数基本持平。

2007 年 2 月，中国移动与《人民日报》合作，推出《人民日报·手机报》，面向全国正式发行。

2007 年上半年，我国手机报的付费用户半年增加近 1 000 万，超过了 1 700 万。此时的手机报用户数已相当于 2005 年《中国报业发展报告》公布的全国日报平均期印量总和 9 860 万份的 1/6。

2007 年，中国传媒业企业上市成为一种潮流：整合广电、报纸的成都传媒集团上市，《解放日报》报业集团上市，"粤传媒"从三板成功转主板，网络游戏开发商巨人网络集团于 11 月在纽约证券交易所上市，阿里巴巴网络有限公司在香港地区证券所成功上市，终端渠道媒体巨头航美传媒在美国纳斯达克成功上市。

1978—2007 年，中国的报纸从 253 家发展到 2 202 家，电视台从 32 家发展到 369 家。

2008 年，中国传媒迅速而全面地报道了南方雨雪冰冻灾害、"5·12"汶川特大地震、北京奥运会等重大事件。

2008 年 6 月，世界报业协会发布"2008 年世界日报发行量前 100 名排行榜"①，中国共有 26 家报纸（其中大陆 25 家，台湾地区 1 家）进入世界日报发行量百强行列，是上榜报纸数最多的国家；平均日发行量 1.07 亿份，也是日报总发行量最高的国家。

2008 年 9 月 11 日，《东方早报》刊登记者简光洲的报道《甘肃 14 婴儿同患肾病　疑因喝三鹿奶粉所致》，揭开了"三鹿婴幼儿配方奶粉重大安全事故"的黑幕，食品免检制度被废止。

2008 年，全国出版期刊 9 821 种，是 1950 年的 33.3 倍，总印数达 30.2 亿册；报纸 1 943 种，是 1950 年的 5.1 倍，总印数 445 亿份。②

2008 年年末，全国共有广播电台 257 座，电视台 277 座，广播电视台 2 069 座，教育台 45 个。有线电视用户 16 342 万户，有线数字电视用户 4 503 万户，广播节目综合人口覆盖率为 96.0%，电视节目综合人口覆盖率为 97.0%。全年出版各类报纸 445 亿份，各类期刊 30 亿册。

截至 2008 年年底，我国网民数达到 2.98 亿，我国互联网普及率以 22.6% 的比例首次超过 21.9% 的全球平均水平；宽带网民数达到 2.7 亿，国家 CN 域名数达 1 357.2 万，三项指标继续稳居世界第一，显示出中国互联网的规模价值正在日益放大。

截至 2008 年年底，中国的网站数，即域名注册者在中国境内的网站数（包括在境内接入和境外接入）达到 287.8 万个。我国手机网民数达 1.137 亿。随着 3G 时代的到来，无线互联网将呈现出爆发式的增长趋势。

截至 2008 年年底，我国农村网民规模达到 8 460 万，较 2007 年增长 3 190 万，增长率超过 60%，增速远远超过城镇。农村网民规模大幅提升，信息传播领域的城乡差距逐步缩小，"世界是平的"逐渐在广袤的中华大地变成现实。

互联网事业在中国的不断发展，改变了中国原有的新闻事业格局，互联网媒体成为推进中国现代化进程的重要力量。

2009 年 3 月 30 日，有 30 年历史、曾辉煌一时的《市场报》停刊。同年 8 月 28 日，《中华新闻报》发布停刊清算公告，这是改革开放以来中国首次出现中央级报纸倒闭。

---

① 详见 http://www.yangtse.com/sytj/jqyz/200806/t20080616_457880.htm，访问日期：2021-06-03。

② 详见 http://www.gov.cn/test/2005-06/29/content_17997.htm，访问日期：2021-06-03。

截至 2009 年年底，中国有 188 种报刊以调整、兼并、重组、停办等方式退出。

2009 年，中国报业兴起改制潮。4 月中旬，广州日报社完成公司化改制。11 月 12 日，《中国文化报》成为我国首家整体转企改制的部委主管报社。12 月 4 日，《老年生活报》成为山东省首家实施整体转企改制的非时政类报纸。

2009 年 8 月，新浪网推出"新浪微博"内测版。11 月 9 日，新修订的《中国新闻工作者职业道德准则》审议通过并发布。12 月 28 日，中国网络电视台开播。

2010 年 4 月 30 日，主营有线数字电视业务的湖北广电网络上市。6 月 20 日，人民网股份有限公司成立。7 月 29 日，纳斯达克上市公司华友世纪宣布更名为"酷 6 传媒"，视频网站"酷 6"上市。

2010 年 6 月 28 日，湖南广播电视台暨芒果传媒有限公司在长沙正式挂牌成立。7 月 1 日，中国网络电视台推出全球首页和全新中文版首页，与央视网实现业务归并。

2010 年 8 月 9 日，华人文化产业投资基金(China Media Capital)宣布，收购新闻集团旗下星空卫视普通话频道、星空国际频道、Channel[V]大陆频道，以及 757 部星空华语电影片库业务。10 月，在世界报业与新闻工作者协会发布的 2010 年全球日报发行量前 100 名排行榜中，中国有 26 家报纸(中国大陆 25 家、台湾地区 1 家)进入百强行列。12 月 3 日，《中国日报欧洲版》(*China Daily European Weekly*)在英国伦敦创刊发行，这是中国在欧洲发行的首份国家级英文报纸。

2011 年 1 月 18 日，知音期刊集团完成整体改制。同年 5 月 19 日，山东大众报业集团半岛传媒股份有限公司挂牌成立。

2011 年 8 月 17 日，土豆网登陆纳斯达克。同年 9 月 29 日，浙江日报报业集团旗下"浙报传媒"上市。

2011 年 5 月 17 日，《新闻采编人员不良从业行为记录登记办法》正式颁布实施。

2011 年 7 月 12 日，《中国新媒体发展报告(2011)》指出，中国已成为世界新媒体用户第一大国。7 月 23 日 20 时，温州市发生动车追尾事故，微博在此次事件中成为民众获取信息最直接、最快速的信息渠道。

2011 年 9 月 14 日，中国新华新闻电视网英语台(CNC World)在美国时代华纳有线电视公司平台正式播出。

2012 年 3 月 11 日，优酷网和土豆网宣布合并。4 月 27 日，人民网正式登陆上海证券交易所。5 月 17 日，《京华时报》云报纸正式亮相。5 月 14 日，汶川县防震减灾局通过当地电视台向公众发布了当天中午在青川县发生的 1.3 级地震，是中国首次在电视屏幕上发布地震预警。截至 2012 年年底，中国视听新媒体市场总规模超 150 亿元。

2012 年 12 月 4 日，中共中央政治局审议通过关于改进工作作风、密切联系群众的八项规定，其中第六条规定："要改进新闻报道，中央政治局同志出席会议和活动应根据工作需要、新闻价值、社会效果决定是否报道，进一步压缩报道的数量、字数、时长。"

2012 年 12 月 14 日，《中国日报》非洲版在肯尼亚创刊发行，这是在非洲发行的首份中国英文报纸。

2013 年 6 月 25 日，《中国新闻周刊》正式在英国推出英语月刊《中国报道》(*China*

Report），这是中国新闻类杂志首次进入英国。

2013 年 6 月 26 日，河南日报集团购买直升机采编新闻，开中国报业先河。2013年 11 月 28 日，国内首个"新闻众筹"平台正式宣告成立，媒体记者和自媒体人可以通过这个平台发起新闻报道项目，接受网友的资助。

2013 年 10 月 28 日，解放日报报业集团与文汇新民联合报业集团合并后成立的"上海报业集团"正式挂牌，是中国最大的报刊集团。1999 年创刊的《新闻晚报》于 2014 年 1 月 1 日起休刊，成为上海报业集团成立后首张休刊的报纸。

2014 年"泛娱乐"这个概念被文化部、新闻出版广电总局等中央部委的行业报告收录并重点提及。

自 2014 年开始，一批纸质媒体逐渐陷入生存困境。2015 年，《杂文报》《上海商报》《生活新报》《长株潭报》《今日早报》《壹读》休刊。2016 年，《时代商报》《赣东都市报》《九江晨报》《河南青年报》《都市周报》休刊。2017 年，《东方早报》《京华时报》《武汉晚报》《重庆商报》《楚天金报》休刊。2018 年，《新疆都市报》《北京娱乐信报》《西部商报》《渤海早报》《球迷报》《大别山晨报》《皖南晨刊》《白银晚报》《台州商报》《湘潭晚报》《申江服务导报》《羊城地铁报》等报纸休刊。2019 年，《北京晨报》《北京文摘》《生活周刊》等报刊休刊。

2015 年全国两会期间，李克强总理在政府工作报告中提出制定"互联网＋"行动计划，泛娱乐迎来了发展的机遇。

2015 年 9 月 1 日，新修订的《广告法》正式施行。其修改幅度巨大，对广告主体、内容等限制更为严格。这版《广告法》还对广告词的用语作出了明确限制：主要是针对修饰语，如"最高级""国家级"等都不得使用。

人工智能（AI）技术逐渐被应用于新闻传播。2015 年 9 月 10 日，腾讯财经正式启用机器人新闻。2015 年 11 月，机器人"快笔小新"开始服务于新华社体育部、经济信息部和中国证券报。同月，无界传媒的机器人"小界"也正式曝光。2017 年 2 月 28 日，《光明日报》融媒体中心研发的"小明 AI 两会"正式上线，率先将人工智能和大数据技术用于两会报道，开创了两会报道新模式。2017 年 8 月 8 日，机器人用时 25 秒自动编写九寨沟地震消息。2018 年两会新华网引入"Star"生物传感智能机器人，新华社"媒体大脑"仅用 15 秒时间，就从 5 亿网页中梳理出了两会舆情热词，第一时间生产发布全球首条两会 MGC（机器生产内容）视频新闻。

2016 年 2 月，国务院客户端正式上线。用户可通过应用商店下载国务院客户端。国务院客户端共分为"首页""国务院""政务大厅"三部分。

2016 年前后，网红经济、内容创业开始兴起。2016 年年底，以 IP 为核心的粉丝经济整体规模突破 5 000 亿元，内容消费用户已达 10 亿人次。

2016 年 9 月，"抖音短视频"上线。此后，"抖音短视频"迅速拥有数亿用户。

2016 年被称作知识付费元年。2017 年知识技能共享的市场交易额达到 1 382 亿元，参与用户数大约为 7 亿人，喜马拉雅等一批知识技能共享平台的用户达到亿级规模。

2016 年 11 月 17 日，国内第一家全媒体集团——南方财经全媒体集团在广州正式揭牌成立。

2017 年全国两会期间，光明网全媒体报道可穿戴设备"钢铁侠"——多信道直播云台亮相。

截至 2017 年 9 月，每天平均有 9.02 亿人登录微信。微信平台在很大程度上改变了中国人传统的社交方式和信息传播方式。

2017 年 11 月 6 日，财新传媒正式启动财经新闻全面收费，成为国内第一家全面实施新闻收费的媒体。

思考与练习

1. 改革开放对中国新闻事业发展产生了怎样的影响？

2. 与改革开放之前相比，改革开放以来中国新闻事业取得了哪些进步？

3. 结合改革开放以来著名传媒人的成功经验，规划自己的新闻职业生涯。

第十一章 中国香港、澳门、台湾地区新闻事业史

本章要点

◆中国香港地区新闻事业史。

◆中国澳门地区新闻事业史。

◆中国台湾地区新闻事业史。

第一节 中国香港地区新闻事业史

香港位于广东省珠江口东岸，是国际大都市，也是亚洲传媒重镇。

香港地区最早的报纸是《香港钞报》，1841 年在中国澳门地区创刊，不久迁往香港地区。

《广东纪事报》是中国境内出版的第一家英文报刊，鸦片战争后迁往香港地区出版，改名《香港纪事报》。

香港地区出版的《孖剌报》（*Daily Press*），是中国境内出版的第一份英文日报。

1853 年 9 月，香港地区第一份中文报刊《遐迩贯珍》创刊。

1874 年 2 月，王韬在香港地区创办《循环日报》。

1900 年 1 月，兴中会机关报《中国日报》在香港地区创刊。与《中国日报》同期出版的香港地区报刊，还有《日日新报》《东方报》《社会公报》《真报》《新少年报》《人道日报》《珠江镜报》和《时事画报》（香港版）等。

1903 年，《时报》在香港地区创刊。

1903 年 11 月，《南华早报》（*South China Morning Post*）创刊。《南华早报》是香港地区现存历史最悠久、最大的英文报纸，发行量为 11 万份左右。

1904 年，《香港商报》创刊。

1908 年，《时事画报》迁往香港地区出版（辛亥革命后迁回广州）。

《工商日报》1925 年创刊。1984 年，《工商日报》停刊。

1936 年 6 月，邹韬奋在香港地区出版《生活日报》。

全面抗战爆发后，香港地区原有的报纸《华侨日报》《华侨晚报》《工商日报》《工商晚报》《华字日报》等，很快投入了抗日宣传报道。上海《申报》、上海《立报》、《世界知识》先后迁港复刊，《大公报》创办香港版并增出《大公晚报》。

1938年，《星岛日报》由胡文虎①在香港地区创刊，《星岛日报》还在美国、加拿大、欧洲、澳大利亚等地同时发行8份日报。

1938年6月，宋庆龄领导的"保卫中国同盟"在香港地区出版中英文会刊《保卫中国同盟新闻通讯》。

1939年5月，《成报》创刊，它曾是香港地区最畅销的报纸之一，销售范围主要在香港地区。

1941年9月，中国民主政团同盟机关报《光明报》于香港地区创刊。

1948年3月，受战乱影响被迫停刊的《大公报》香港版复刊。

1948年9月，香港地区《文汇报》创刊。现已发展成为一份面向香港地区全社会的综合性大报，除在香港地区发行外，还能即日发售至内地。

香港地区只有两家电视台获政府发牌经营本地免费电视节目服务，亚洲电视为其中之一，另一家为无线电视（即TVB），互为主要经营对手。

1949年3月，香港地区"丽的呼声"成立，1957年5月在香港地区成立"丽的映声"，正式推出电视服务（即"丽的电视"）。它是香港地区第一家电视台，亦为中国第一家电视台，全球首家华语（粤语）电视台，揭开了香港地区电视广播的历史一页。当时"丽的"以收费方式提供服务，成立初期向每个用户收取25港元的月费，以当时的水平来说相当昂贵，一般市民难以负担。

1949年3月，胡文虎在香港地区创办英文《虎报》（*Tiger Standard*）。第二年，又在泰国曼谷创办《星暹日报》，在新加坡也增刊英文《虎报》，甚至购置了专为运送报纸的私人飞机，这在当时的东方世界（包括日本在内）是一个破天荒的创举。

1950年10月，《新晚报》创刊，它是《大公报》的姊妹报，最早连载金庸和梁羽生的武侠小说，大受欢迎，开了香港地区报纸刊载新武侠小说的先河。《新晚报》因此销量大增，一度成为香港地区最畅销的晚报之一。

1954年，胡文虎病逝，其长女胡仙接掌星岛报业有限公司，并在1972年使星岛报业在香港地区上市。《星岛日报》在她的手中得到了进一步的发展。

1957年5月，"亚洲电视有限公司"（简称"亚视"）成立，这家民营的电视台是香港地区最早的电视台，采用有线播出。下设中文台"黄金台"、英文台"钻石台"。

1959年香港地区严肃正报的代表《明报》创刊，创始人为查良镛（笔名"金庸"）及其中学同学沈宝新。《明报》创立之初，靠着金庸的武侠小说（《神雕侠侣》等）连载勉强度日。《明报》以大量报道中国内地新闻而闻名，后开辟"乡土"专栏，专门刊载中国内地报刊的专稿。随着香港地区与内地经贸人员的往来日益密切，对内地的报道成为香港地区报纸的报道热点，《明报》因此成为仅次于《东方日报》和《成报》两大大众化报纸的香港地区第三大中文报。

《明报》创刊初期，沈宝新负责营业，金庸负责编务，潘粤生作为他们的助手。尽

---

① 华侨企业家。从1913年至1952年，胡文虎先后创办《星洲日报》《星华日报》《星光日报》《星中日报》《星岛日报》《星岛晚报》《星岛周报》《星槟日报》《星仰日报》《星闽日报》《星沪日报》《虎报》《星暹日报》等。

管他们不断更改副刊内容，改变新闻路线，金庸更是抱病撰写《神雕侠侣》，但是《明报》还是一步步滑向"萎靡不振"之路，销量在千份之间起伏，第一年亏空严重。

倪匡曾说："《明报》不倒闭，全靠金庸的武侠小说。"当时金庸的武侠小说在《商报》上连载已拥有大量读者。许多人为了看金庸武侠，开始关注《明报》。慢慢金庸的武侠小说打稳了《明报》基础，加上沈宝新的经营手法，《明报》的广告业务稳步上升。1962年7月销量跨过3万份。到1963年，《明报》已完全摆脱财政窘境，平均日销量是5万份。到了1988年《明报》日销量已是11万份，1989年跃升到18万份。除了《明报》《明报月刊》《明报周刊》外，明报机构尚有一份《明报晚报》。金庸还成立了明报出版社与明窗出版社。1991年1月注册成立"明报企业有限公司"，当年3月在香港地区联合交易所上市。明报集团1990年度的盈利高达7 000万元，到1991年度接近1亿元。

金庸原名查良镛，"金庸"拆自"镛"。1924年生于浙江省海宁市袁花镇，祖籍江西婺源。15岁时便与同学合写了《献给投考初中者》，这是中国第一次出版考试教育参考书，也是金庸出版的第一本书。1942年高中毕业后便进入《东南日报》工作，后来先后供职于《大公报》《新晚报》。1955年，在《大公报》与梁羽生、陈凡开设《三剑楼随笔》，成为专栏作家。并在同年首次以"金庸"为笔名拟写首部武侠小说《书剑恩仇录》，从此成为知名武侠小说作家。1959年与中学同学沈宝新合资创办《明报》。1994年，金庸被北京大学授予名誉教授称号。2000年获香港特区政府颁赠的最高荣誉大紫荆勋章。

1967年11月，香港地区出现第一家民营的无线电视台"电视广播有限公司"（简称"无线电视"）。无线电视下设中文台"翡翠台"，英文台"明珠台"。由于香港地区没有官方电视台，公营机构香港地区电台制作的电视节目都被安排在亚视和无线播出，无须支付播出费用。

1969年1月，《东方日报》创刊。《东方日报》从香港地区读者角度出发，着重报道社会新闻，尤其是香港地区新闻，因此吸引大量读者，销量大增，1976年突破20万份，取代了《成报》成为香港地区报界近20年来的新霸主。

1972年，丽的电视（香港）有限公司（RTV）获得开办无线电视广播的专利权，当年12月，"丽的电视"开始彩色播映，香港地区从此进入彩色电视播映时代。

1973年，"丽的电视"开始转为提供免费电视广播服务。但由于当时"丽的映声"需要一个月的时间才能由有线接收转为无线接收，在一个月的过渡期中，"丽的"原有的观众纷纷转为收看无线电视，故"丽的"及其后的亚视一直难以在收视率上取得主导地位。亚视曾对无线电视高薪挖角，外购受欢迎的节目及剧集，试图逆转收视上的劣势。

1973年《信报》创刊，这是香港地区第一家财经类中文报纸，该报创刊正值世界性经济危机爆发，香港地区股市暴跌，《信报》声称会监督政府和大财团在香港地区的经济活动，并提醒市民要珍惜自己的钱，学会理财投资。

1976年，美国《华尔街日报》的英文亚洲版《亚洲华尔街日报》在香港地区发行。这是《华尔街日报》在美国本土之外发行的第一份子报。

1982年9月，"丽的电视"改名"亚洲电视"。

1991年，香港卫星电视有限公司（简称"卫视"）启播，香港地区从此拥有了卫星电视。默多克新闻集团在1993年、1995年分两次购得其98.2%的股权，在2002年获准落地广东后将其改名为"星空传媒集团"。"卫视"初期只有 5 个频道，包括卫视中文台、卫视体育台、卫视合家欢台、卫视音乐台、卫视新闻台。21 世纪初，星空传媒包括参股频道在内，已拥有 30 个主要频道。旗下有卫视中文台、卫视电影台、STAR Movie（星空影院）、STAR World（卫视合家欢）、Channel［V］（现为亚洲最大音乐电视台之一）、国家地理频道、凤凰卫视等，用中文、英文、印度语等 9 种语言向 30 多个国家播出节目，覆盖共约 3 亿人口。

1993 年 10 月，香港地区有线电视启播，为香港地区第一家多频道的收费公司，专营牌照，以新闻、体育和电影为主，辅以纪录片及娱乐节目，现有 35 个频道，用户达 38 万。

1996 年 3 月，凤凰卫视在香港地区启播。凤凰卫视的目标受众不以香港地区观众为主，而以中国内地观众为主，初期甚至没有粤语频道①。凤凰卫视是少数获得中国内地落地权的媒体之一。《时事直通车》是凤凰卫视的品牌节目。

《有报天天读》是凤凰卫视另一档知名节目，开始时由杨锦麟主持。主持人在节目中手持一台手写式平板电脑，向观众展示当天世界各大报纸的重大新闻，并加以评论。这档节目随后被中国内地电视台效仿，一大批读报类电视节目出现在内地电视屏幕上。

凤凰卫视集团旗下的凤凰卫视中文台、凤凰卫视资讯台、凤凰卫视欧洲台、凤凰卫视美洲台及凤凰卫视电影台，透过卫星直播平台，覆盖全球 150 多个国家和地区。除电视外，该集团还致力发展其他多元化业务，包括周刊、出版、新媒体和广播。

1998 年，受亚洲金融风暴影响，胡仙被迫出售《天天日报》，其后又将《星岛日报》出售。

1999 年 3 月，大众化报纸《太阳报》正式出版。

2000 年后，互联网在香港地区迅速发展。据第 23 次中国互联网网络发展状况统计报告调查显示，截至 2008 年，年龄在 18～74 岁的 531 万香港地区常住居民中，约有 365 万网民。香港地区居民每周使用互联网的时间已经超过了使用电视媒体的时间。这一时期出现了 4 份网上报纸，传统报纸也推出了自己的网络版并提供网络服务。

2000 年 6 月，凤凰卫视控股有限公司在香港地区创业板挂牌上市。

2000 年 7 月，香港地区报业评议会成立，由 11 份报纸和两个新闻工作者团体参加，致力于改善香港地区报业从业人员的职业操守。

2002 年，国家广播电视电影总局批准亚洲电视的本港台及国际台进入广东珠三角有线网络。亚洲电视由此转向华南地区市场。

2002 年 6 月，香港地区第一份免费日报《都市日报》问世。到 2011 年，香港地区共有 6 份免费报纸，总发行量超过 2 002 万份。加上其派送区域不受限制，免费日报对传统报业造成巨大冲击。到了 2006 年，各大综合性报纸销量减少，广告竞争压力加剧，多数报纸日均广告版面缩水了约 10%，广告版面的单位价格也同时下降。各收费报纸经营愈加困难，2011 年老牌报纸《成报》被二度交易。

---

① 2011 年 3 月 28 日，凤凰卫视香港台正式启播，为 24 小时粤语频道。

2006 年 6 月，中国移动(香港)集团有限公司入股凤凰卫视，与凤凰卫视结成战略联盟，共同开发、推广和分销移动内容、产品、服务和新媒体应用。

2008 年，亚洲电视启动数码广播，在香港地区除了提供两套免费仿真节目频道，更增加了四套免费数码节目频道，包括亚洲台、岁月留声、中央电视台综合频道(CCTV-1)及深圳卫视，前两套属自办频道。此外，亚洲电视亦通过卫星提供港台地区(美洲版)频道。

2011 年 5 月，凤凰新媒体有限公司在纽约证券交易所上市。该公司整合旗下综合门户凤凰网、手机凤凰网及移动客户端、凤凰视频三大平台，提供互联网、移动互联网、视频跨平台整合无缝衔接的新媒体内容与服务。当时，凤凰网日均覆盖用户数超过 3 900 万，月度覆盖用户数近 3 亿。手机凤凰网的日均浏览量超过 2.5 亿。

2011 年 7 月，香港经济日报集团旗下的《晴报》创刊，成为香港地区第五份免费报纸。该报以日报形式向全港读者免费派发，星期一至星期五出版，日发行量不少于 30 万份。

2014 年 7 月，著名财经杂志《福布斯》宣布将出售大部分股权，接盘方为香港商人任德章与台湾华硕电脑联合创始人谢伟琦。

2015 年 4 月，拥有 59 年历史的香港亚洲电视有限公司正式停播。

2015 年 7 月，香港经营 56 年的《新报》因年亏损约千万港元而停刊，创刊 76 年的《成报》暂停出版印刷版。

2016 年 1 月，《大公报》和《文汇报》两家大报整合组建香港大公文汇传媒集团。

2016 年 2 月，有 58 年历史的亚洲电视股东王征正式发布声明，称"已向香港高等法院递交亚视清盘申请"。

2018 年 12 月，香港新闻博览馆正式揭幕启用。

第二节　中国澳门地区新闻事业史[①]

澳门位于广东省珠江口西岸，北接珠海。

1999 年 12 月 20 日，中国政府恢复对澳门行使主权。

表面上看，澳门地区的新闻事业比较繁荣，澳门地区市民可以收看收听全世界的电视新闻频道和电台新闻，来自香港地区的报刊也在澳门地区大量发行。

澳门地区新闻事业起步并不晚，但受限于本地市场规模，总体实力并不强大。

1822 年 9 月，葡文报纸《蜜蜂华报》在澳门地区创刊，由葡萄牙立宪党人创办。这是澳门地区出版的第一份报刊，也是中国境内出版的第一份外文刊物。

1828 年，《依泾杂说》创刊，这是一份中、英文合璧的周刊。主要内容译自外报，因报道官府陋规而遭禁。由于《依泾杂说》以中、英双语出版，所以它既是澳门地区出版的第一份英文报刊，也是澳门地区出版的第一份中文报刊。

---

① 本节内容主要参考林昶：《澳门地区中文报业在两岸交流中所扮演的角色》，第二届世界华文传媒论坛会议论文，长沙，2003。

1839 年至 1840 年，清朝钦差大臣林则徐组织人员翻译英文《澳门日报》中的澳门地区、广州的消息及外商活动信息，在广州出版"澳门新闻纸"，供有关人员参考，以便于"睁眼看世界"，此为中国中文报业的雏形。

1890 年，《澳报》发表孙中山的《致郑藻如书》，该报是日报。

1893 年 7 月，澳门地区土生葡人飞南第与正在澳门地区行医的孙中山合作，创办《镜海丛报》，并由孙中山任医务编辑和主笔。该报只持续两年零两个月，但成为孙中山发表政见的重要阵地。受孙中山的影响，该报经常刊登言论较为激烈的抨击清政府的"论说"（相当于社论）。《镜海丛报》对反清思想的传播起到了不可磨灭的作用。

1897 年，由康有为、梁启超等维新骨干主办的《知新报》在澳门地区创刊。《知新报》重视论政，经常刊登外国政情和最新技术发展的文章，成为中国南部宣传维新变法的重要阵地。《知新报》于 1901 年 1 月停刊。在这期间，《濠镜报》在澳门地区创刊。

辛亥革命之后，澳门地区中文报业迎来发展新局，多份报纸应运而生，其中包括：1913 年创刊的《澳门通报》，1916 年创刊的《澳门时报》，1917 年创刊的《澳门日报》，1920 年创刊的《濠镜晚报》，1924 年创刊的《平民报》《民生报》等。

20 世纪 20 年代前后，中国内地政治活动风起云涌，澳门地区政府向每家报社发放每月几十元的宣传费津贴，《新声报》《朝阳日报》《大众报》相继问世。各报为节省开支及便于单独向地区政府领取宣传费，出现了"套版"的情况（两家或两家以上的报纸，在同一处印刷。电讯和澳闻版等采用同一组版，只有副刊不同）。当时，《澳门日报》与《平民报》《民生报》是"三位一体"。《朝阳日报》和《大众报》则是"两位一体"。

1933 年，陈天心创办《大众报》，该报至今仍在出版，是目前澳门地区历史最长的中文报纸。

抗战期间，《大众报》（新闻）与澳门地区学术界、体育界、音乐界等组成"四界救灾会"，以售旗、售花、售纪念章、义卖、义唱、沿门劝捐等多种形式，筹款支持国内抗战工作。1953 年，《大众报》首先采用新式文体标点符号，在澳门地区报界起了带头作用，随后澳门地区各报亦相继采用。1982 年《大众报》出版葡文版（现已停刊），成为当时唯一一家中葡文合璧的报纸。

1933 年 8 月，澳门地区第一家广播电台开播，1948 年该台改为官办并正式命名为澳门广播电台，当时只播放音乐、粤曲，后因经费不足停办，20 世纪 60 年代重新开办。

1937 年 11 月，《华侨报》创刊，最初为香港地区《华侨日报》的澳门版，是澳门地区当时第一家采用收报机收录中央社电讯、国际及国内新闻的报馆。现已发展为销量第二的澳门地区中文报纸。

1942 年下半年，《大众报》《朝阳日报》停刊。太平洋战争爆发及香港地区沦陷后，澳门地区报业经营更为困难，《澳门时报》《平民报》《新声报》《民生报》等相继停办。

日军未占领澳门地区，但澳门地区受日本驻澳门地区机关控制，新闻报道被限制，并出版《西南日报》《民报》《世界夜报》等亲日报纸。澳门地区政府受制于日特机关，从 1938 年开始实施新闻检查制度。

1944 年，《市民日报》创刊，这是一份以娱乐为主的一般性报纸。《市民日报》每日出版对开四版一大张，或增加半张。版面有国内新闻以及综合性体育新闻和副刊小说版。另有赛马、赛狗消息版。言论栏目有"文戈专栏""市民心声"。

抗战胜利后，百业复兴，澳门地区中文报业发展平稳。1944 年 8 月创刊的《市民日报》销量较好，《世界日报》销途平坦。澳门地区政府 1946 年创办的《复兴日报》维持了两年多，《大众报》也于 1948 年复刊。

葡文报纸《号角报》创办于 1948 年，是澳门地区天主教会机关报。该报版面包括本地新闻、区域新闻、国际新闻、牧民消息和评论。

1949 年新中国成立不久，拥护新中国的澳门地区爱国团体新民主协会创办了拥护新中国的会刊小报《新园地》，1958 年 8 月 15 日改为大型日报《澳门日报》，"新园地"转为该报综合性副刊。

在澳门地区众多的中文报纸中，影响力最大的是《澳门日报》，《澳门日报》主要在澳门地区发行。另外每日亦销往香港、珠海、广州、珠江三角洲地区等，东南亚国家亦有订户。

《澳门日报》每天出本埠版 10 至 16 大张、外埠版 9 至 12 大张，通常 16 至 20 版是全彩版。报道范围涵盖港、澳、台地区及内地与国际新闻，内容涉及经济、政治、娱乐、体育等。《澳门日报》长期以来坚持准确严谨的办报方针。相对于香港地区传媒，《澳门日报》十分重视报道的真实性。

绿村广播电台创办于 1950 年，创办人是保罗博士，因电台设在一栋绿色的洋房里而得名。初期只播放粤语、葡语音乐，后来加播赛狗新闻。该台"不谈政治"，也没有自编的新闻节目。1994 年 12 月停播，2000 年 3 月复播。复播后该电台的节目比以前更加多样，有时事、音乐、体育以及赛狗、赛马直播，另每天有数小时的葡语广播。

1963 年 10 月，《星报》创刊，以澳门地区新闻、娱乐新闻和狗经为主。原为晚报，后改为日报出版，每天出刊一大张，

1963 年，葡文报纸《澳门人》创刊，内容多摘自中文报纸，另有中文周报。

1966 年的"一二·三事件"之后，澳门地区政府取消了新闻检查制度，言论不受管制，报纸本身自负法律和道义的责任，报纸的销量日升。但是，在"文化大革命"期间，一些报纸受当时国内极左思潮的影响，全部刊登大块政治文章，取消"小说版"及"狗经版"，减少软性新闻娱乐消息，销路一度下降。

1968 年 1 月，澳门地区新闻工作者协会成立，简称"澳门地区记协"。这是澳门地区主要的新闻团体。由 6 家主要的中文报社（《澳门日报》《华侨报》《大众报》《市民日报》《星报》《正报》）构成，宗旨是：团结同业，交流业务，举办康乐福利活动，保障和维护新闻工作者的合法权益。

20 世纪 70 年代，澳门地区有两份中文周报面世，即 1972 年创刊的《时事新闻》及1978 年创刊的《澳门体育报》。

1978 年，《澳门体育报》创刊，后更名为《体育日报》，内容全部为澳门地区体育新闻，1982 年始易名为《正报》，后发展成为综合性日报。

1979 年中葡建交，两国同意通过谈判解决澳门地区问题，这一历史性的变化促使澳门地区葡文报纸大发展，先后有 5 家葡文报纸出版。分别是：《澳门晚报》(1982 年

10 月创刊）；《澳门论坛报》（1982 年 10 月创刊）；《澳门商业报》（周报，1987 年 2 月创刊）；《澳门》（月刊，1987 年由澳门地区政府新闻司主办）；《东方快报》（周报，1988 年 12 月创办）；加上原有的《号角报》和《澳门人报》，总数达到 7 家。老牌中文报纸《大众报》也于 1982 年推出了葡文版。

20 世纪 80 年代，中文周报在澳门地区如雨后春笋般涌现。曾有《中西报》《至尊周报》创刊，但瞬即停刊。随后《澳门人周报》《现代澳门》《澳门论坛周报》《讯报》《华澳邮报》《澳门脉搏》《濠海报》《东望洋报》《濠景邮报》《象人周报》《文娱报》《葡华导报》《澳门地产报》等周报相继创刊。

1982 年，澳门地区广播电台正式组成澳门地区广播电视公司，简称"澳广视"，分中文台和葡文台两个部分。但澳门地区并没有自己的电视台，澳门地区的电视机用户主要收看的是香港地区的电视节目，1984 年 5 月，"澳广视"筹建的电视台正式开播，结束了澳门地区没有电视台的历史。

"澳广视"是澳门地区主要的电视台之一，创建之初每周只播出 40 小时，覆盖面仅限本地，导致收视率偏低，从而难以拉到广告，开办第一年就亏损达千万澳元。为了扭转连年亏损的局面，1988 年起，"澳广视"转为私营公司，但情况并未改善。到 2002 年已经到了破产停播的边缘，不得已又收购了大部分股权，"澳广视" 99.8％的股权为澳门特区政府拥有，其余 0.2％则继续为其他公共机构拥有。"澳广视"被定位为公营广播机构。由于澳门地区市场狭小，加上香港地区的电视台长期面对珠三角地区播放，在澳门地区形成惯性收视，"澳广视"的营运状况并不理想，亏损问题仍在，长期靠特区政府补贴经营。随着澳门地区社会日趋国际化，"澳广视"除提供中葡文节目外，也开始提供英语新闻节目。

1983 年 1 月，澳门地区电台成立，接手原政府管理的电台频道，成为当时澳门地区的两个无线广播之一。

1989 年 12 月，中文周报《华澳邮报》创刊，每周星期三出版。1994 年 12 月，《华澳邮报》改名为《华澳日报》，每日出纸一张半，1995 年 7 月改为一大张（逢周日休息）。2000 年 4 月，《华澳邮报》再次更名为《新华澳报》。至此，澳门地区形成了拥有 8 张中文日报①的新格局。

2000 年 7 月，"澳门有线电视"正式开播，该台通过微波传送，提供包括中、英、葡等语的频道给居民及商业用户，最多可提供 200 个频道。该台并不自制节目，以转播为主。但是，喜欢收看香港地区电视、习惯收看免费电视的本地居民，出钱收看当地的有线电视的欲望不高。

2000 年 7 月，澳门卫星电视台亚洲台开始试播，为亚太地区的观众提供 24 小时的综合节目，该台的行政总部与控制中心位于澳门地区，并获批在内地做有限落地，这有助于提升广告收益。2007 年广星传讯公司入股澳门有线电视台，有了新资金注入，澳门有线电视台负责统筹主办已停办 10 年的"澳门小姐"选拔。自 2008 年元旦起，澳门有线电视台开始提供高清服务，希望借助科技水平吸引观众。

2004 年 3 月，澳门卫视中文台开播，每天 24 小时播出，面向内地及东南亚播出普

---

① 包括《澳门日报》《华侨报》《市民日报》《现代澳门日报》《新华澳报》《大众报》等。

通话节目，内容涵盖政治、经济、文化、娱乐等，节目由亚太二号卫星发射，覆盖全球 60 多个国家和地区，已落地澳门地区、香港地区以及内地三星级以上的宾馆、台湾地区 IP 电视和部分东南亚国家。

2005 年 10 月，《澳门早报》创刊，逢周一出版，彩色印刷，每期 12～22 版不等。

2006 年 6 月，《澳门商报》创刊，该报为 4 开 20 版，是澳门商报国际传媒集团创办的经济生活类报纸，逢周二出版。

2007 年 9 月，澳门地区进步协会创办《九鼎》杂志，"希望打造思想平台，为社会带来具有建设性的声音"。

2008 年 3 月，澳门地区第九家中文日报——《濠江日报》创刊，经过百天试运行后于同年 7 月正式成立。《濠江日报》是澳门地区回归以来创刊的第一份彩色中文日报。

2008 年 7 月，《南方都市报》首次发行澳门地区专版，集中报道澳门地区政治、经济、民生、文化生活等新闻，创版初期逢周二出版，每次有 2 000 份免费发放给澳门地区各大政府机构和酒楼，免费发行一段时间后改为每日发行。

2011 年 3 月，《澳门日报》社迁新址，印刷机器全部更新，报纸实现全彩式印刷。

第三节　中国台湾地区新闻事业史

20 世纪 60 年代起，台湾地区经济发展迅速，成为"亚洲四小龙"之一。

1947 年 10 月 10 日，《自立晚报》创刊，是台湾地区第一份中文晚报，一向以"无党无派、独立经营"为理念。其言论主要代表台湾地区国民党人士和台南大财团的意见。《自立晚报》在晚报的市场中一度占有 73％的市场份额。到了 20 世纪末，《自立晚报》几经易主，最后于 2012 年 7 月宣布停刊。

中国国民党机关报《中央日报》迁往台湾地区于 1949 年 3 月开始在台北出版。在 1988 年前，该报的销量一直很高。20 世纪 60 年代至 80 年代，与《中国时报》《联合报》并称为台湾"三大报"。2000 年其经营状况日益恶化，最后于 2006 年 6 月宣布实体报停刊。2006 年 9 月 13 日，以"网络报"的形式复刊。

1949 年开始，中国国民党的报纸开始陆续迁至台湾地区，使得台湾地区报纸增加到 20 多种，到了 1951 年，共有 31 家报纸。

1949 年 10 月，中国国民党创办的"中央"通讯社，经广州迁往台北。1973 年 4 月，该通讯社改制股份有限公司。

1950 年，《征信新闻》创刊，1968 年 3 月开始彩色印刷，为亚洲第一份彩色报刊，1968 年 9 月更名为《中国时报》。2008 年 11 月，旺旺集团总裁蔡衍明以个人名义入主经营中国时报集团，2009 年，中时集团与旺旺集团正式整合为旺旺中时媒体集团，成为一个横跨食品、媒体等产业的企业集团。

《中国时报》由原先的报纸事业，进而发展出杂志事业、出版事业、网络事业等，并参与中天电视公司、"中国电视公司"的经营，中时媒体集团逐渐成为台湾地区最大的媒体集团。2008 年 11 月 11 日，《中国时报》从创办人余纪忠家族转归到旺旺集团的蔡衍明家族手中，引发台湾地区报界震动。2009 年 8 月 11 日，旺旺中时媒体集团在台北创办《旺报》，该报是台湾地区第一份专门报道大陆新闻信息的报纸。2010 年 10 月 2 日，英文旺报 *Want ChinaTimes* 正式创刊。

1951 年 9 月，《联合报》在台北创刊，由《全民日报》《民族报》《经济时报》三报合并而成。该报以"客观报道新闻""独立评论时事""忠诚服务大众"为办报原则。《联合报》1959 年成为台湾地区发行量最大、最有影响力的报纸，其领先地位一直保持到"报禁"结束。

在 1952 年到 1987 年的"报禁"期间，台湾地区共有 31 家报纸，报纸发行总量从 1951 年的 21 万份，增长到 1987 年的 370 万份。在这 31 家报纸中，有 25 家日报，6 家晚报；2 家为英文报纸，其余都是中文出版，以综合性报纸为主。20 世纪 50 年代，民营报纸的经营都举步维艰。70 年代后，民营报纸后来居上，其中《联合报》《中国时报》发行量都在 100 万份以上。

1960 年，"中国广播公司"同日本电气株式会社合作，开始在台湾地区试播电视，1962 年 4 月，台湾地区电视公司（以下简称台视）成立，并于同年 10 月开始播出节目。这是台湾地区第一家电视公司，开启了台湾地区电视的历史。1969 年建成台湾全岛电视广播网络。2006 年，台视按照《无线电视事业公股处理条例》开始民营化工作，2007 年 9 月成为上市公司，是台湾地区最后一家实现民营的电视台。台视的主要频道有：台视主频（曾更名为台湾电视台）、台视财经台、台视综合台（台视健康娱乐台前身）、台视 HD 台、台视国际台。

台视除了电视节目制作和播送以外，还兼营出版事业（由台视的子公司"台视文化事业股份有限公司"负责）。台视文化公司及其前身"电视周刊社"发行的《电视周刊》，是台湾历史最悠久的艺人动态及电视节目相关刊物，现已停刊。台视是台湾地区唯一单独设置"体育部"的电视台。"体育部"的职责是负责体育新闻及节目的制播工作。台视体育部出身的体育主播有傅达仁、白诗礼、邓国雄等人。

1969 年 10 月 31 日，"中国电视公司"（简称"中视"）成立。"中视"由"中国广播公司"联合民营广播电台及部分工商文化界人士集资创办。"中视"的开播，改变了台湾地区电视独家播映的局面，并一次完成地区内电视播映网路，全部以彩色播映，将台湾地区的电视由黑白带入彩色的时代。1999 年 8 月，"中视"股票公开上市，成为台湾地区第一家股票上市媒体。2005 年 12 月，"中视"的控股权被售予一财团，该财团由"荣丽投资公司"（《中国时报》董事长余建新等持有）营运，至于其他股份，10% 权益由台湾电视公司及其四个日资股东——富士电视台、NEC、东芝及日立共同持有，其余权益由投资者持有。

1971 年 10 月 31 日，"中华电视公司"成立，简称"华视"。是由台湾当局教育部门、防务部门、企业界人士与侨界领袖等共同投资设立的台湾地区第三家电视公司。华视与中视、台视并称为台湾"老三台"。华视初期只获分配一个 VHF 频道，除了制播新闻、娱乐、公益节目之外，另外制播空中高中、高工、高商、在职教师进修、大学选修等课程。是台湾地区唯一拥有双频道的电视台。

"华视"成立之初，即在公司章程内明订"长期接受'教育部'委托，办理空中教学"，是台湾地区唯一配合当局发展空中教学的电视台。

"华视"教学事业处（原教学部），除了制作空中教学节目之外，也为空中商业专科学校编印教科书、函授刊物以及录制广播教学节目。"华视"是台湾地区第一家荣获国际品保 ISO9002 认证的无线电视台。2006 年 7 月，公共电视台与"华视"合组成"台湾公共广播电视集团"(Taiwan Broadcasting System，简称"TBS"或"台湾公广集团")。

1988 年，台湾地区解除"报禁"，开始接受创办报纸的登记，报纸的印张也可以增加日出 6 张 24 个版。在禁令解除后的短短 3 个月内，就有 33 家报纸办理登记手续，到了 1997 年，办理登记的报纸有 344 家，但实际正常出版发行的只有 76 家。"报禁"解除后，台湾地区的新闻事业开始迅速发展，截至 2011 年 12 月 31 日，台湾地区登记的报纸家数达到 2 210 家；电视广告量达到 227.79 亿元；全地区上网人口为 1 670 万人，普及率提升至 72%。

新出现的报纸主要有以下几种：一是在旧报基础上发展出来的报纸，如《联合日报》和《经济日报》《民生报》增设的南部版，在《自立晚报》基础上创办的《自立早报》。二是地方企业界人士申请创办新报。"报禁"解除的前 10 年，不少财团被报业丰厚的广告利润和影响力吸引，从而纷纷投资办报。例如，宏国建设企业支持的《大成报》、联邦集团支持的《自由时报》。三是新组建的政党创办的报纸。

1988 年 1 月，《自立早报》在台北创刊，是相当有影响力的新闻媒体之一。但是由于出刊地点不在台北，加上 90 年代的报业不景气，《自立早报》的发行也受到影响，年年亏损。但是《自立早报》还能够靠着《自立晚报》的盈余苦撑。1999 年 1 月，《自立早报》正式宣布停刊。

1988 年 11 月，台湾地区开放卫星电视 KU 频道，拉开台湾地区卫星电视的序幕。

1991 年，东森电视台成立，其前身为友联全线公司，1997 年改为现名。该台是台湾地区主要的有线电视台之一。共经营 8 个自制频道，为台湾地区频道公司中自制频道数量最多者。

1994 年，中天电视台的前身"传讯电视网络有限公司"开播，2002 年 6 月由中国时报集团入主，改名为中天电视股份有限公司，成为台湾地区主要的有线电视台之一。旗下有中天新闻台、中天综合台、中天娱乐台、中天亚洲台、中天美洲台五个频道。许多台湾地区知名的政论节目、娱乐综艺节目就是由中天电视台制作播出。

1994 年 10 月，正声广播电台台北生活资讯调频台取得台湾地区电波开放后的第一张执照，正式开播。

1998 年 7 月，非商业性质的公共电视台正式开播。

台湾地区的电视台，可分为无线电视台(无线电视事业)、卫星电视台(卫星广播电视节目供应者)两大类型，通讯传播委员会为主管机关。无线电视台共有 5 家事业机构、20 个频道，以大气电波 UHF 频段(DVB－T)发送数位讯号提供用户收看；卫星电视台则将节目讯号发射至轨道卫星，用户通过有线电视系统接受卫星讯号后，传送至用户端收看。无线电视台必须载于有线电视上作为基本频道供用户收看。

自 2005 年"中华电信"的 IPTV 服务——MOD 平台开播后，更提供了阅听人收看电视节目的新途径——宽带电视，许多卫星电视台陆续在该平台播出。

2006 年 7 月，台湾地区公共广播电视集团(TBS)成立，成员有华视主频道、华视教育文化频道、华视休闲频道、公共电视台、公共电视文化事业基金会(Dimo TV)、客家电视台等。台湾地区公共广播电视集团是为服务公众而成立的一家独立且全民共同拥有的公共媒体，其经费主要来自企业赞助、个人捐助和捐赠。

因受到网络媒体的冲击，台湾地区和电视业领域开始尝试开拓移动电视和数码电视领域。2006年年底，由五家无线电视台(中视、台视、华视、民视、公视)，电讯商，手机制造商和技术公司组成试播团队，获准开始为期1年的试播计划。

2005年，"行动(移动)电视产业交流会"成立，旨在推动移动电视发展，使手机、无线和有线电视台、广播电视台、电讯商和内容制造商共同构建跨媒体的合作平台。

2005年，台湾地区五家无线电视台开播数码频道。

2007年，台湾地区全力推进电视信号数字化进程。2012年6月30日，台湾地区无线电视停播模拟信号，改为全面输送数字信号。

和信集团是台湾十大企业集团之一，旗下拥有和信超媒体、和信电信、和允卫星通讯、和宇宽频网路等媒体及相关企业。其中，和信超媒体公司负责人为辜振甫之子辜启允。该公司有自制5个频道，代理4个频道，收视户达90万户。同时，和信超媒体公司积极发展宽频网站，并与台视、民视、CNN新闻网合作，未来发展重点是有线电视和互动电视，并与电信事业进行合作。另外，中信集团也有庞大的传播媒体事业，旗下相关企业包括联广、联众、联旭国际、联太国际、纬来等公司。其中纬来公司拥有纬来体育、纬来电影、纬来综合与纬来日本4个电视频道。

TVBS(也称无线卫星电视台或合称TVBS无线卫星电视台，公司名称为联意制作股份有限公司)是台湾地区第一个卫星电视台，于1993年9月开播。TVBS主要在台湾地区从事电视节目制作、电视频道传送及出版之业务，同时开展艺员经纪人业务。

思考与练习

1. 中国港、澳、台地区的新闻事业，有哪一点是你最欣赏的？请说明理由。

2. 为何香港地区和澳门地区新闻事业的发展水平大相径庭？

第三部分

外国新闻事业史

第十二章 英国新闻事业简史

本章要点

◆英国的近代报业。

◆英国非政党报纸的兴起。

◆英国的广播电视事业。

英国在近代做到了两个"全球领先"：一是率先摆脱落后的封建制度，为资本主义政治、经济的快速发展开辟了道路；二是在18世纪60年代率先进行工业革命，进而在工业和科技两个领域取得了优势地位，到19世纪中叶，英国成为世界上经济最发达的国家，号称"世界工厂"。

英国在18世纪和19世纪，是世界发展的领头羊。

资本家对利润的本能追求，使英国不断对外扩张、掠夺财富、占领市场、创新科技，这个国家因此迅速崛起为世界第一强国，势力范围遍及全球，号称"日不落帝国"。

与自给自足的小农经济(这是古代中国的主要经济形态)不同的是，英国市场经济的活跃与繁荣，不但引起信息的快速流动，而且催生了对信息的强烈需求。这个国家的新闻事业受惠于此，所取得的成就、影响、地位，在很长时间里领先全球。

第一节 近代报业与出版管制

1476年，英国引入印刷术。至1523年，已有印刷所30多家，主要印刷书籍和小册子。随着宗教改革的发展，印刷物中反封建、反教会的成分日渐增多，引起封建统治者的恐惧和不安，封建王朝陆续采取了限制出版自由的多种措施。

1528年，英王亨利八世开列了禁书名单，从此开始了对印刷出版业的压制。1538年又正式颁令，建立皇家特许制度，规定所有出版商均须经过皇家许可，否则禁止营业。

1557年，玛丽女王下令成立皇家特许出版公司，规定只有经过女王许可的印刷商才能成为公司的会员，只有公司会员和其他经许可者才能从事印刷出版。

1586年，成立于1570年的"星法院"颁布特别法令，严厉管制出版活动，其中规定：一切印刷品均须送皇家出版公司登记；伦敦市以外，除了牛津、剑桥大学，一律禁止印刷；印刷任何刊物均须事先请求许可；皇家特许出版公司有搜查、扣押、没收非法出版物及逮捕嫌疑犯的权力等。这项法令一直执行到1640年英国资产阶级革命爆发，并为后来的克伦威尔政权和查理二世复辟政权所效仿，足足影响了英国出版业近一个世纪。

16 世纪末期，民众对封建专制的不满日益增长，资产阶级和新贵族也力图变革旧的封建秩序，各种不满现状的印刷品和新闻书在民间悄悄流传。

17 世纪初，在不定期新闻书增多的基础上，英国出现了定期报刊，新闻事业由此发轫。

1621 年，英国最早的周报《每周新闻》在伦敦问世。这份经过官方特许的刊物，自当年 9 月至 10 月，共出了 6 期。

1622 年 2 月，又有同名的《每周新闻》和《新闻》出版，但存续时间不长。

后来，又有《报纸》(Coranto，1622—1632 年)、《不列颠信使》(Mercurius Britanicus，1625—1627 年)等报刊出现。这些报刊虽然只登国外消息，而且大多摘译自外国出版物，但也多少反映了当时欧洲动荡不安的面貌。

除了这些经官方许可的报刊以外，当时也有一些非法报刊秘密出版。

英国是一个岛国，平时不需强大的陆军来保卫。所以，那时的英国没有常备军，也没有正规的警察人员，缺少有组织的武装力量作为政权的支柱。在财政方面，英国国王的固定收入主要有两项：王室的土地收入和关税收入，其余都是一些临时性的收入。

16 世纪末以后，政府经常入不敷出，不得不借贷，到查理一世时期已是债台高筑。于是，国王就借助议会补助金来解决日益严重的财政困难。议会补助金是通过议会征收的特殊捐税，在这个问题上，国王与议会之间产生了矛盾。

1628 年，议会通过了限制王权的《权利请愿书》，重申未经议会批准不得任意征税，没有法律依据和法院判决，不得任意逮捕任何人。为得到议会拨款，国王查理一世勉强批准了《权利请愿书》，但当议会抗议国王随意征税时，查理一世于 1629 年解散议会。

当时的苏格兰，与英格兰共有一个国王，但它仍然是一个独立的王国，有自己的独立议会和教会组织。但是，1625 年即位的英王查理一世，强迫苏格兰人接受英格兰的祈祷书，对反对者严加迫害。

1634 年，查理一世发现一个苏格兰的勋爵反对采用新祈祷书，下令以叛国罪将其逮捕。苏格兰人为了反抗，选出了一个常设代表团，并起草了一个"民族公约"，公约宣称他们不接受新的宗教法规和新的祈祷书。随后"公约派"组织了一支军队，1639 年这支军队攻入了英格兰领土。

为了筹措军费抵抗苏格兰人，查理一世不得不在 1640 年 4 月 13 日下令召集已停开了 11 年的议会。但这届议会召开之后，非但拒绝了国王的提议，反而提出了议会应该享有的权利等问题。查理一世在气愤之下，在 5 月初将它解散。

苏格兰的起义不断扩大，公约派的军队在纽伯恩击败了查理一世的军队，随后占领了纽卡斯尔。伦敦及许多地区发生了骚乱。伦敦有 1 万多人签名递交请愿书，要求召开议会。1640 年 9 月，查理一世在约克召开了一个贵族"大委员会"，参加会议的贵族也要求召开议会。

查理一世无力抵御苏格兰人的进攻，不得不在 1640 年 11 月 3 日重新召开议会。

在议会中占多数席位的资产阶级、新贵族，通过了"议会应定期召集，不经议会同意不得将之解散"的法令，废除皇室法庭暴政机构。国王拒绝了议员们的改革要求，在北部的诺丁汉宣布讨伐议会，从而引爆了资产阶级革命。

经过1642—1648年的内战，代表资产阶级的独立派领袖克伦威尔率兵击溃了国王的军队，把查理一世送上了断头台，于1649年5月宣布成立共和国。

其间，为争取言论出版自由，英国政论家约翰·弥尔顿①于1644年撰写了著名的《论出版自由》一书②，反对当权长老派的跋扈。

1653年，克伦威尔改共和政体为"护国主"政体，自封为"护国主"。1658年克伦威尔死后，流亡国外的查理二世策动王党叛乱，1660年复辟。

1688年，资产阶级、新贵族与部分封建地主联合发动宫廷政变，推翻了继查理二世之后继位的詹姆斯二世的统治，敦请信奉新教的荷兰执政官威廉和他的妻子玛丽（詹姆斯二世的女儿）共同统治英国，史称"光荣革命"。

至此，英国的资产阶级革命以建立资产阶级、新贵族联合执掌的君主立宪政权告终。

在近半个世纪的革命过程中，英国报刊逐步增多，各种新闻出版物此起彼伏。

革命爆发之初，封建王朝对出版物的压制措施就自动失效了。1641年7月，封建王朝的"星法院"被正式取消。于是，各种报刊和新闻印刷品犹如雨后春笋，纷纷涌现，在1640—1660年，共有300多种。这些报刊一改以往只报道国外消息的状况，争相报道国内新闻。它们多数仍保持书本形式（习惯上仍称为"新闻书"），但第一页不再是封面图案和书名，改用了报名，下面直接登载新闻或新闻要目。

其中最有影响力的是1641年11月创刊的《国会议程纪要》、1642年1月出版的《国会议程每日记闻》、1643年出版的《不列颠信使》等，这几家都是倾向革命的周刊。保皇派的刊物则有《宫廷信使》《公民信使》等。

克伦威尔任"护国主"时期，对印刷出版采取了严厉的管制手段。1649年他颁布规定，除特许者外，一律不准出版印刷品。他还恢复皇家出版公司，让该公司独占出版业并查处一切非法出版活动，政府还派专人监督指挥。这样，革命初期一度兴盛的定期报刊纷纷消失，最后只剩下效忠于克伦威尔的《政治信使》（周刊，1650—1660年）和《公众情报员》（周刊，1655—1660年）。

---

①　约翰·弥尔顿（John Milton），1608年出生于伦敦一个富裕的清教徒家庭。弥尔顿从小喜爱读书，尤其喜爱文学。16岁时，弥尔顿入剑桥大学，并开始写诗，1632年取得硕士学位。1638年，为增长见闻，弥尔顿到当时欧洲文化中心意大利旅行，拜会了被天主教会囚禁的伽利略。他为伽利略在逆境中坚持真理的精神所感动。1641年，弥尔顿站在革命的清教徒一边，参加宗教论战，反对封建王朝的支柱国教。他在一年多的时间里发表了5本有关宗教自由的小册子。1649年，革命阵营将国王推上断头台，成立共和国。弥尔顿参加了革命政府工作，担任拉丁文秘书职务。1652年，弥尔顿因劳累过度，双目失明。1660年，王朝复辟，弥尔顿被捕入狱，不久被释放。此后，他专心写诗，在亲友的协助下，共写出3首长诗：《失乐园》《复乐园》和《力士参孙》。1674年，弥尔顿卒于伦敦。弥尔顿曾言："好书是伟大心灵的富贵血脉。"

②　此书最初是一篇演说词，书中主要观点包括：人民的出版自由是与生俱来的权利；限制言论自由即妨碍真理本身，唯有保障言论自由才能使真理战胜谬误。作者在书中首次提出了"观点的自由市场"及"真理的自我修正过程"概念。

查理二世复辟后，封建王朝的出版管制代替了克伦威尔军事管制。支持克伦威尔的报刊遭到查封，保皇派的两份周刊被指定为官方刊物，一份是《国会情报员》(1659—1663年)，一份是《大众信使》(1660—1663年)。

1660年6月，复辟王朝颁布决议规定：未经许可，不准刊登国会消息。1662年又制定《印刷管理法》，全面恢复以往"星法院"的一系列规定。1663年，查理二世任命了皇室新闻检察官，严厉管制印刷出版业。

查理二世复辟期间，一份名为《牛津公报》的政府官报于1665年11月7日创刊。这一年伦敦瘟疫流行，宫廷迁至牛津，该报创办于此，出至第24期才迁回伦敦出版，改名为《伦敦公报》(London Gazette)。该报每周两期，内容并无特别之处，但率先采用单页两面印刷，每面分为两栏，不同于以往的新闻书模样，为近代报纸版面形式开了先河。

1688年的"光荣革命"，使资产阶级正式参与执政。备受压制的报业和出版业复苏，要求取消限禁。被克伦威尔恢复的皇家特许出版公司名存实亡。1694年，议会正式废除了《印刷管理法》。

第二节　世界上第一批政党报纸

随着资本主义社会体制的建立以及《印刷管理法》的废除，英国的报业逐步活跃起来，出现了一个新的办报热潮。

18世纪初，英国出现了日报。其中，最早的是1702年创刊的《每日新闻》(Daily Courant)。该报开始为半张，单面印刷，每版两栏，主要刊登国外新闻；以后扩充版面，改为两面印刷，并且刊登船期消息和广告。

与此同时，还出现了一些有影响力的期刊。

《评论》(1704—1713年)，原名《法国时事评论》，周二刊，后改为周三刊，由丹尼尔·笛福(Daniel Defoe)创办，获得托利党首领哈利支持。

笛福是英国第一个职业记者，曾为25家报刊撰稿或出任编辑，被后人称为"英国报业之父"。"害怕危险的心理，比危险本身，还要可怕一万倍"，是笛福的名言。

59岁时，笛福出版了英国第一部现实主义长篇小说《鲁滨孙漂流记》，被誉为"英国小说之父"。该小说是第一本以日记形式写成的英文小说。实际上，笛福一生的经历与冒险，比起小说主人公也毫不逊色。他当过商人、军人、情报员，先后四次因言论被捕，还曾戴枷示众。

《闲谈者》(1709—1711年)，周三刊。

《旁观者》(1711—1712年)，每日出版，但被视为杂志，每期发行3 000多份，是当时发行量最大的杂志。

《闲谈者》和《旁观者》均由作家斯蒂尔和艾迪生合编。

1679年，英国议会就詹姆斯公爵(后来的詹姆斯二世)王位继承权问题展开激烈争论，反对詹姆斯公爵有王位继承权的议员们被政敌斥为辉格(Whig，意为"马贼")；赞成詹姆斯公爵有王位继承权的议员们则被对方骂作托利(Tory，意为"不法之徒")。后来两派逐渐以此自称，形成两个政党。

辉格党代表新兴资产阶级、新贵族、新教徒的利益，主张限制王权、扩大议会权力。托利党代表地主贵族、国教徒利益，主张维护君主特权。托利党、辉格党分别是后世英国保守党和自由党的前身。

为了影响政坛、攻击对手，托利党、辉格党两党分别创办或资助报纸，世界新闻史上因此出现第一批政党报纸。

托利党出资津贴《评论》等杂志。1710年，托利党领袖亲自主持出版了《考察家》（1710—1714年），聘请作家斯威夫特为主笔，借助其出色的讽刺能力，批评辉格党。1720年，托利党创办《每日新闻报》，1726年创办《艺人报》。

辉格党也先后创办或资助了一批报刊，其中有《辉格考察家》（1710年创刊）、《自由人》（1715—1716年）、《自由英国人》（1729年创刊），以及《闲谈者》《旁观者》等。

1735年，因政府津贴减少，辉格党将接受资助的《每日新闻》《伦敦新闻》两家报纸，与《自由英国人》合并为《每日公报》（1748年终刊）。

第三节　资本主义制度下的报业枷锁

英国资产阶级革命是以资产阶级和封建贵族的妥协告终的，资产阶级报业承受的封建桎梏并没有完全解除，资产阶级倡导的新闻出版自由尚未完全实现。君主立宪统治当局继续用多种手段控制报业。

手段一：征收印花税。

1712年5月，英国议会（也称国会）在托利党人操纵下通过法案，规定所有报刊一律征收印花税，同时对报刊使用的纸张征收纸张税、刊登的广告征收广告税（三者合称"知识税"）。如有违反，则可以罚款或吊销执照。"知识税"是英国政府的新发明，既可为政府增加财源，又能限制报业，达到寓禁于税的目的。

"知识税"开征以后，报纸成本因此大增，许多报刊不堪负担，被迫停刊，半年之内伦敦的12家报刊，就停了7家（包括《旁观者》杂志）。以后政府又多次提高税率，至1815年，一张报纸的印花税高达4便士。

手段二：运用法律制裁。

18世纪，英国法律对出版事业的制裁有以下四种名目。

一是叛逆罪。这是最严厉的处罚，应用较少，也合乎国家利益。

二是煽动诽谤罪。凡批评国王、宫廷、内阁大臣及高级官员，不管批评是否合理，均以煽动诽谤罪论处。

显然，这种压制过于严厉，不符合资产阶级后来倡导的"传媒是监督立法、行政、司法的第四权力机构"理念。

18世纪初，有的刊物就采取省略字母的办法报道国会议员和政界人物。

1731年，爱德华·凯夫创办《绅士杂志》月刊（Gentleman's Magazine，这是历史上第一次使用Magazine作刊名）。后该刊致力于报道国会新闻，涉及人名时，就把某些字母省去不写（如把Walpole写成W—le），又用《格列佛游记》中描写的小人国议会来影射英国议会。这些做法很受读者欢迎，刊物销数高达 1.5 万份。

三是指控"侵犯议会特权"。凡批评议员、批评议会，都被认为侵犯议会特权，而且自 1660 年起就禁止报道议会辩论，以后又一再重申此令。

《早晨纪事报》1769 年创刊，其主编威廉·伍德福记忆力过人。他曾潜入议会大厅旁听，不用记录，回来后能把议会辩论情况叙述得分毫不差，第二天就能见报。这种迅速准确的议会新闻，常使社会为之震惊。国会对这类事件虽然一再干预，处以罚金，但屡禁不止。

1689 年 10 月英国国会通过的《权利法案》规定："国会内之演说自由、辩论或议事之自由，不应在国会以外之任何法院或任何地方，受到弹劾或讯问。"但是，这不等于"议员和议会不能被媒体批评"，更不等于"议员和议会不能被报道"。

直至 1803 年，英国国会才正式决定，准许记者在国会会场后排旁听。1831 年才正式设立记者席。

四是发出总逮捕令。凡触犯上述三种罪名，国务大臣均可下令对有关人物进行搜捕、审讯，对有关出版物均可没收、焚毁。

1762 年，议员约翰·威尔克斯创办《北方不列颠人》杂志，在创刊号中宣称："批评政府是每个报人的神圣天职。"该刊经常报道或批评重要人物，后来还载文批评国王乔治三世的某次讲演，结果被司法大臣认定犯了煽动诽谤罪，发出总逮捕令将作者、印刷者、发行者、贩卖者四十余人逮捕。这件事在伦敦引起强烈反响，群众纷纷集会示威进行抗议。政府不得不将被捕者全部释放，首席法官还判定此次总逮捕令为非法。

手段三：实行津贴收买。

英国政府为控制舆论，常给报人或报刊以津贴，实际上是贿赂、收买。著名报人笛福、斯蒂尔、艾迪生，长期接受政府的年金，为政府歌功颂德，有时因吹捧有功还被封以官职。

例如，艾迪生 1695 年发表"国王颂"，得年金 300 镑；1704 年布卢赫姆大捷，他写长诗祝贺，得任上诉法院评议员；第二年又发表"长征颂"得年金 400 镑，并委以国务大臣之职。

辉格党人沃尔波尔出任首相共 23 年（1715—1717 年，1721—1742 年），其间，对报刊的津贴收买达到高峰。辉格党的做法虽然抑制了托利党的报刊，但也钳制了舆论，使其他民办报刊无力与之竞争。

上述手段成了强加在资产阶级报刊身上的新枷锁，使报界（特别是敢于评论时政的民办报刊）备受压制。所以，18—19 世纪，报界同执政当局的压制措施进行了长期的斗争，这是报纸自身发展的需要，也是争取新闻出版自由的继续，在某些情况下也是新兴的工商资产阶级政治斗争的一种反映。这种斗争有助于民权伸张，因此，有时还会得到民众的直接支持。

1771 年，国务大臣以侵犯议会特权为由，逮捕了伦敦两家报道了议会辩论的报纸的发行人。当时担任伦敦代理市长的约翰·威尔克斯指责此事为非法，同国务大臣及国会议员展开了激烈的争执。许多伦敦市民自发地集合起来，在国会辩论此事时进行抗议。政府和国会迫于民意压力，只好宣告有关人员无罪释放。从此以后，国会对报道议会新闻的做法往往采取默认态度。

第四节　报业独立化和非政党报刊崛起

18 世纪后期，英国先于其他国家开始了工业革命。

"珍妮"纺纱机的发明，揭开了工业革命的序幕，标志着工业革命在英国的爆发。

1765 年，詹姆斯·瓦特改进了旧式蒸汽机。在瓦特改进蒸汽机之前，整个生产所需动力依靠人力和畜力。伴随蒸汽机的发明和改进，工厂不再依河或溪流而建，很多以前依赖人力与手工完成的工作，自蒸汽机发明后，被机械化生产取代。后来，人们把解决了工业化核心问题的瓦特称为"工业革命之父"。

工业革命是资本主义发展史上的一个重要阶段，它实现了从传统农业社会转向现代工业社会的重要变革。工业革命是生产技术的变革，同时也是一场深刻的社会关系的变革。

工业革命使社会阶层结构发生了变化，工业资产阶级和工业无产阶级的队伍同时得到壮大，城市人口剧增。更为重要的是，工业革命使工商业进一步繁荣，广告日益增多。这些为报业发展提供了新的受众群体和经济条件，使得英国报刊的种数和销数不断增加，1724 年英国仅有日报 3 家，1776 年增至 53 家；1771 年，全国报刊发行总数为 200 万份，1778 年增至 1 400 多万份。尤为重要的是，尽管许多报刊仍然保持一定的党派背景，但是报业独立自主的倾向日益显著。

这段时期，比较著名的报纸有 4 种。

《每日广告报》(1730—1807 年)。这是一份商业性报纸，除广告之外，还适当刊登经济消息、商业行情、金融行情以及社会新闻，开依靠广告收入而自立的先河。

《大众广告报》(1752—1798 年)。这是由著名出版商亨利·伍德福和他的儿子桑普林·伍德福出版的日报，1769 年前后因连载批评国王的"朱尼厄斯信件"而名噪一时。

《早晨纪事报》(1769—1862 年)。为桑普林·伍德福的弟弟威廉·伍德福创办的日报，由于迅速报道国会新闻而为社会所瞩目。1789 年伍德福退休后，报纸三易其主，一度成为辉格党的机关报，它在报道国会以及报道法国大革命等方面一直颇有影响力。

《晨邮报》(1772—1937 年)。1795 年后，该报在报人斯图亚特的经营下，强调经济自立，提高新闻的趣味性，因而声誉日增。

斯图亚特当时就已提出广告和发行互相促进的经营思想，他认为广告既能增加收入，又能吸引读者，增进发行；而发行增加，又可吸引更多广告。

在上述报纸开创的报业独立化趋势下，创刊于 1785 年元旦的《泰晤士报》(*The Times*)脱颖而出，其影响远远超过同期其他报纸，成了英国报刊的主要代表。

《泰晤士报》原名《每日环球纪录报》，创办人为约翰·沃尔特，1788 年 3 月正式定名为《泰晤士报》。该报定位于"独立的非政党报刊"，创刊词说："一份新闻纸，应该是时代的记录和对各种信息的忠实记录者。""在政治上，本报将不属于任何党派。"[1]

---

[1]　参见唐亚明：《走进英国大报》，5 页，广州，南方日报出版社，2004。

该报创刊时，伦敦已经有 17 种日报或两日刊报纸。《泰晤士报》致力于详尽而迅速地报道国内外新闻，整版刊登国会辩论实况，多次与政府唱对台戏（约翰·沃尔特曾为此 3 次被捕入狱，1 次戴枷示众），及时报道法国大革命的进程，数年后便跻身伦敦第一流报纸的行列。

1803 年，沃尔特的次子小约翰·沃尔特接办该报。开始时，善写社论的小约翰·沃尔特自任主编，1817 年起，先后任命了两位杰出的主编托马斯·巴恩斯、约翰·德莱恩。

经营方面，它不接受政府的"资助"，靠广告和发行收入而充分自立。

报道方面，它派遣干练的记者奔赴国内外热点地区采访，发布了许多独家新闻，常常抢先报道重大消息。例如，1815 年，拿破仑在滑铁卢战败，《泰晤士报》率先报道。

言论方面，它了解各阶层的情绪和意见，将之作为评论的依据，并刊登读者来信，邀请名流就重大问题发表看法。

技术方面，该报重视采用先进设备，率先使用蒸汽印刷机、轮转印刷机，以提高印刷质量和速度。

比《泰晤士报》晚些创刊的英国报纸，包括《观察家报》(*The Observer*，1791 年创刊)；《卫报》(*The Guardian*，1821 年创刊)；《伦敦晚旗报》(*Evening Standard*，1827 年创刊)等重要报纸。到 1847 年小约翰·沃尔特去世时，《泰晤士报》销量已达 3 万份，超过伦敦其他大报发行量的总和，成为英国首屈一指的大报。

《泰晤士报》是影响英国政局的重要力量。它的言论和批评往往影响议会的辩论和决议，甚至导致某些大臣的辞职和内阁的倒台，因而获得了"大雷神"(Thunderer)称号。

例如，克里米亚战争(1853—1856 年)期间，英国派兵参战。《泰晤士报》的特派记者拉塞尔深入前线，发现远征军指挥官无能而且腐败，不仅指挥失误造成了重大伤亡，而且后勤供应极差，寒冬腊月，士兵们缺吃少穿、缺医少药，处境极为困苦。拉塞尔就此发回的长篇报道，使得英国朝野震动。在舆论的强烈指责下，远征军司令遭到撤职，随后政府内阁也被迫辞职。

《泰晤士报》崛起时，正是大英帝国的鼎盛时期。因此，《泰晤士报》在国外也有一定的影响力。

第五节　知识税废止和廉价报刊兴起

18 世纪后期，英国报业仍旧受到"知识税"的束缚。进入 19 世纪后，有些报纸为了降低售价，扩大发行，往往逃避纳税。更有许多新办的报刊，干脆不贴印花，径自在社会上发行。对于这些无印花报纸，英国政府查处甚严，税收机关设有专门的侦缉队追踪查访，严加惩办。但是逃税报刊却越查越多，至 1836 年 2 月发行量居然超过了纳税报刊。

英国无印花报纸发行量的增长，和 19 世纪二三十年代的政治改革浪潮联系在一起。

当时，新兴的工商资产阶级要求更多地参与政治，重新分配国会权力。1832年，英国议会改革，为工业资产阶级打开了进入议会的大门。

正在成长壮大的工人阶级则要求保障公民权利，改善生活处境。1836—1848年，英国发生宪章运动，工人们要求取得普选权，以便有机会参与国家的管理。

在这种背景下，反映各种思潮的无印花报刊此起彼伏，行销各地，政府的每一次查禁都会带来抗议，群众自发地集会示威，法院往往只好宣判被捕者无罪。有鉴于此，某些社会上层人士建议彻底废除"知识税"。

早在1832年，议员李顿爵士就提出过相关议案。他认为：印刷者和出版物，能够比监狱看守和刽子手更好地为一个自由国家的和平和荣誉服务；与经费巨大的惩罚制度相比，廉价的知识是更好的政治工具。

后来，一些知名人士还发起成立了"废除知识税联合促进会""废除广告税伦敦委员会"（后改为"争取废除纸张税联合会"）等组织，利用各种方式向社会宣传、向议会请愿。

在各个方面的压力下，政府不得不逐步降低"知识税"。1836年，印花税从每份报纸4便士降为1便士，报纸发行量很快就有了明显上升。此后，经过一系列斗争，终于使议会在1853年决定取消广告税，1855年取消了印花税，1861年取消了纸张税。至此，英国报业背负了一个半世纪的沉重经济包袱终于解除。

"知识税"废止后，英国报业活力大增，明显加快了发展的步伐。

1855年，多家周报改为日报，并有17家省报创刊。

英国报刊数量迅速上升，1836年有221家，1851年有563家，1862年报纸有1 165家（杂志有213家），1880年报纸有1 986家（杂志有1 097家），1900年报纸有2 234家（杂志有1 778家）。

19世纪初，英国出现了一些面向平民大众的通俗而廉价的报刊。它们是工业革命后顺应社会形势的产物，多数是非政治性的。例如，1801年在伦敦出版的《每周快讯》，自称办报宗旨为"教育和娱乐兼顾"，它广泛采集和报道体育新闻、法院新闻、社会新闻，很受读者欢迎，报价明显低于一般报纸。

当时也有少量廉价的政治性周报。例如，1802年威廉·科贝特在伦敦创办《政治记事周报》，鼓吹政治改革，反对印花税政策，批评政府的腐败行为。1816年增办《政治记事周报》大众版，报价为2便士，此举十分成功，报纸很快销遍全国，发行量达4万份。1819年，政府强制规定报刊售价不得低于6便士，该报大众版才被迫停刊。

由于"知识税"的重压，廉价报刊处境艰难，但是它们在社会需要的支持下，仍在顽强生长。

至19世纪三四十年代，不贴印花的逃税报刊已达百种以上，它们名目繁多，有的政治色彩较浓，抨击时政，议论改革；有的政治色彩较淡，侧重于社会新闻、法院新闻、体育新闻以及各种趣味性、娱乐性材料。

廉价报刊的共同特点是：以中下层普通百姓为对象，适应这些读者的信息需要和阅读水平，售价为一两个便士。

有些纳税报刊也在努力开拓平民市场，如1842年的《劳埃德图画周报》（后改名为

《劳埃德新闻周刊》）、1843 年的《世界新闻》，都是以平民大众为对象的星期日报。尤其是《世界新闻》，内容十分广泛，每份 8 版，售价 3 便士，已经相当低廉，创办 2 年后，发行量就达 3 万份。

"知识税"取消后，报纸的成本大减，降价有了更大可能，面向社会下层的廉价报纸蓬勃兴起。仅 1855 年，就有好几家"便士报"创办，其中最有影响的要数《每日电讯报》。

《每日电讯报》（*Daily Telegraph*）由亚瑟·斯莱上校于 1855 年 6 月 29 日创办，即英国下议院决定废除印花税的前一天。

该报原名《每日电讯邮报》，每天 2 版，售价 4 便士。由于经营不善，财政困窘，不久被《星期日泰晤士报》老板约瑟夫·摩西·利维买下。

利维将报纸改用现名，降价为每份 1 便士，并宣称要办一份社会各阶层都买得起的高尚报纸。几个月后发行量就达 2.7 万份，约为当时《泰晤士报》销量的一半。

《每日电讯报》真正发展为英国报界举足轻重的力量，是在利维之子爱德华·利维·劳森经营时期。

时代的发展需要面向社会中下层的报纸，劳森果断进行了革新。

一是扩大新闻报道面，重视报纸的趣味性，把平铺直叙的记录变为文情并茂的报道。

该报重视报道社会新闻，曾经详细揭露伦敦的卖淫活动等阴暗面，引起很大反响。并且努力采写独家新闻，派遣了一些干练的记者分赴国内外"热点"地区采访，如 1873 年曾与纽约《先驱报》组成中非探险队，探险队发回的非洲通讯吸引了许多读者。

二是改革版面编排，率先借鉴美国报纸的做法，对重大消息采用大字多行标题，使之鲜明醒目。

例如，1865 年美国总统林肯被刺，该报用了 4 行题；1870 年普法战争，路易·拿破仑兵败被俘，该报用了 10 行题。

三是十分重视延揽人才，加强编辑和记者队伍。该报拥有许多当时一流的记者、作家、评论家，依靠他们大大提高了报纸的声誉。

上述措施使《每日电讯报》发行量不断上升，1871 年每期发行 20 万份，1888 年为 30 万份，直至 19 世纪末，一直是英国发行量最大的日报。劳森后来被封为伯纳姆勋爵。

19 世纪末期，英国经济继续增长，由自由资本主义向垄断资本主义过渡。新的形势使英国报业有了新的变化，以《每日邮报》为代表，在世纪之交出现了一批新兴报刊。

艾尔弗雷德·哈姆斯沃思出生于一个律师家庭，17 岁起在一些杂志社当编辑。1888 年 6 月，他创办了《回答》周刊，专门回答读者的来信提问，获得成功。1894 年，他买下了《新闻晚报》，积累了一定的办报经验。

1896 年，哈姆斯沃思创办《每日邮报》（*Daily Mail*）。该报正式发刊前，哈姆斯沃思用了 3 个月时间出版试刊，每天一张。还在各报连续刊登广告，全力宣传"这是忙人的报纸，穷人的报纸""只卖半便士的便士报"。创刊号向读者声称：这份报纸文字简明，只要花半便士就可读到所有的新闻。《每日邮报》创办时周密的准备和大量的宣传，对报纸的成功关系重大。

《每日邮报》是在廉价报纸已有相当发展的基础上产生的，它继承了廉价报纸的特色，并且有新的发展。

新闻采编上，它根据社会的需要尽量扩大报道范围。除了国内外一般新闻外，它还有股票行情、法庭消息、体育新闻、政治漫谈、世界舆论摘要、社交新闻、妇女园地、小说连载、趣事杂谈以及其他种种特稿。比起"高级"报纸来，它有更多的社会新闻；比起一般廉价报纸来，它有更多的重大新闻报道。

它提倡精编易读，文字简短，标题鲜明，力求做到"简洁、清晰"，以适应"忙人""穷人"的需要。因此，其读者中有生活节奏很快的企业界人士，也有文化程度不高的劳苦大众。

经营管理上，它广泛招揽广告，经济上主要依靠广告支持，还同铁路公司①签约，以专用火车运报，有力地打开了外地的销路。

在英国报纸中，《每日邮报》第一个开辟专门的妇女版，率先建立遍布全球的通讯员队伍，任命了第一位战地女记者。

《每日邮报》的做法充分适应社会的发展，因而发行量不断上升，创刊号为 39 万份，1900 年前后达到 100 万份。该报在 1900 年买下《每周快讯》，改为自己的星期日版；同年增出北部版，1904 年出海外版，1905 年出欧洲版。

《每日邮报》之后，英国陆续出现了一些其他类似的新兴报纸。

1900 年，皮尔逊创办《每日快报》(Daily Express)。当时美国的商业报纸已走到了欧洲各国的前头，于是该报特别聘请美国报人卢门菲尔德为主笔，全面仿效美国商业报纸的办报方式，获得了相当的成功。

1903 年，哈姆斯沃思又创办妇女小报《每日镜报》(Daily Mirror)，不久改为售价 0.5 便士的画报，刊登的画片又多又大，销量十分可观。此后问世的大众化报纸还有《每日先驱报》(1912 年)、《每日写真报》(1909 年)等，它们共同形成了报业发展中一股新兴的潮流。

这股新兴的潮流也带动了传统报刊的变革。当时传统的日报有《泰晤士报》《每日电讯报》《每日新闻》《西敏斯特公报》《每日纪事报》《晨邮报》《旗帜报》等，它们在 20 世纪初从版面到内容都有程度不等的变化。

特别是《泰晤士报》，它由于长期墨守成规、故步自封，发行量不断下降。1908 年，哈姆斯沃思将《泰晤士报》买下，任命道森为主笔，全力革新，使它起死回生，发行量由 3 万份提高到第一次世界大战初期的 31 万份。

---

① 1825 年，英国修建了第一条铁路。

第六节　报业垄断的开启与持续

英国最早的报团，是艾尔弗雷德·哈姆斯沃思组建的。他拥有《回答》等杂志，创办了《每日邮报》《每日镜报》，购买了《观察家报》(1905年)，控制了《泰晤士报》(1908年)，以及多种地方报刊，被称为"舰队街①的拿破仑"，组成了庞大的报业帝国。由于哈姆斯沃思1905年被封为北岩爵士(Lord Northcliffe)，这一报团被称为北岩报团。正是它，开始了英国报业的垄断化进程。

在19世纪和20世纪之交，《每日快报》老板皮尔逊也曾兼并过一些报刊，但拥有时间不长。1903年买下《圣詹姆斯公报》，1904年获得《旗帜报》和《旗帜晚报》。至1910年，将《旗帜报》出售，1916年又将《每日快报》及其他期刊出售，逐步退出了舰队街。

进入20世纪后，随着激烈的商业竞争，特别是20年代的销售大战，英国新闻事业发生了很大的变化，整个报业越来越集中。

1921—1937年，全国性晨报总销量增加了3倍，种数却减少了1/4。日报种数1921年为158种，1928年为132种，1942年降为123种。

与此同时，"一城一报"的现象不断发展：1921年，全国有日报的城市总数65个，其中只有一家日报的城市为32个；1927年这种比例变成66：37，1937年变为70：49。

在兼并过程中，伦敦一些历史悠久的日报纷纷消失。

1846年创刊的《每日新闻》在1901年转入凯德伯里家族之手，经过革新，办得越来越兴旺，吸引了众多读者。于是连连扩张，1912年兼并《晨间导报》，1928年兼并《西敏斯特公报》，1930年兼并《每日纪事报》，这些老牌名报消失后形成新的《新闻纪事报》。

1937年，伦敦创办于1772年的百年老报《晨邮报》被《每日电讯报》吞并。伦敦原有14家晚报，至1928年只剩下3家(《晚报》《晚旗报》《星报》)②。至于伦敦之外，许多著名的地方报纸(如1718年发刊的《里兹新闻》)也纷纷消失。

持续的报业兼并，使报业垄断集团纷纷出现。两次世界大战之间，英国形成的主要报团有以下几家：

第一，罗瑟米尔报团。报团所有人为北岩爵士的弟弟哈罗德·哈姆斯沃思(1914年受封为罗瑟米尔勋爵)。他早年协助北岩爵士经营报业，自己还办了《每日纪实报》等报纸，1914年获得了《每日镜报》的控股权，1915年创办《星期日画报》。1922年北岩爵士去世，北岩报团逐步瓦解(譬如《泰晤士报》卖给了阿斯特)，罗瑟米尔继承了大部分报

---

① "舰队街"位于伦敦泰晤士河畔，是英国报纸和出版事业中心。18世纪以后，英国的老报社、通讯社、出版社都设立在这条街上。影响较大的有《泰晤士报》《金融时报》《每日电讯报》《每日邮报》《每日镜报》《每日快报》《太阳报》和路透社。舰队街和附近的费特巷、休巷和弗里街一带，共有近20家主要报纸。

② 1960年，《星报》被《晚报》(*Evening News*)吞并。20世纪80年代，《晚报》《晚旗报》合并，《晚旗报》(*Evening Standard*)成为当时伦敦唯一的晚报。2006年，两家免费晚报《伦敦之光》(*London Lite*)和《伦敦报》(*The London Paper*)创刊。2009年9月，《伦敦报》倒闭。

刊，从而成为第一次世界大战后最大的报团。不过，20 世纪 30 年代，罗瑟米尔报团也走向衰落，所属的《每日镜报》1931 年分离出去独立经营。

第二，比维布鲁克报团。报团所有人威廉·马克斯韦尔·艾特肯原籍加拿大，早年经商致富，1916 年从皮尔逊那里获得《每日快报》的控股权，1917 年受封为比维布鲁克勋爵，并在英国政府担任过宣传大臣。第一次世界大战后，他在报坛迅速扩张，1918 年创办《星期日快报》，1923 年买下已兼并了《帕马公报》的《旗帜晚报》，同时还控制了好几家地方报纸，形成较大的报团。

第三，贝里兄弟报团。1901 年，威廉·贝里和詹姆斯·贝里兄弟在伦敦创办《世界广告报》，1915 年买下著名的《星期日泰晤士报》，1923 年收买赫尔顿报团，以此为基础大力扩充，于 1924 年成立同盟报业公司。1926 年，他们从罗瑟米尔手中买下当时最大的杂志出版公司"混合出版公司"，1928 年又从利维家族手中获得《每日电讯报》，走向事业的全盛期。1937 年，《每日电讯报》兼并了历史悠久的《晨邮报》。贝里兄弟由于矛盾激化，最后分道扬镳，当年分割产权，形成两个报团，分别以他们所受的爵位命名。威廉·贝里的报团被称为卡姆罗斯报团，控有《每日电讯报》、混合出版公司、《金融时报》有限公司，詹姆斯·贝里的报团名为凯姆斯利报团，控有《每日写真报》《星期日泰晤士报》以及几十家星期日报和地方报刊。

除上述报团外，英国当时还有奥德汉斯报团、西敏斯特报团等。截至第二次世界大战前，以上这些报团已控制了大部分全国性报纸和地方报纸，英国报业垄断的局面基本形成。

在两次世界大战之间，英国发行稽核局（Audit Bureau of Circulation，简称 ABC①）于 1931 年成立。这个非营利性机构，以独立的身份、统一的标准，对报刊发行量进行稽核审计，提供证明，并向业界公开数据。

第二次世界大战后，英国报业垄断继续发展。伦敦地区不少名噪一时的报纸，如前面提到过的《新闻纪事报》《新闻晚报》相继消失。地方报纸的情况也是如此，至 20 世纪 80 年代初，只有贝尔法斯特和格拉斯哥两个城市存在两种以上属于不同老板的日报，其他城市大多只有一种日报，或虽有两种日报但同属一个老板，换言之，地方报业几乎全部垄断化。

第二次世界大战后的竞争和兼并，更多的是在报团之间进行，报团格局不断出现新的变化和改组。旧的主要报团中，贝里兄弟报团被逐步分割和变卖，其他三家的演变如下。

第一，罗瑟米尔报团。战后由罗瑟米尔的后代继续经营，称为联合报业公司，主要报纸为《每日邮报》。1971 年兼并了《每日写真报》，1982 年创办《星期日邮报》。

第二，镜报集团。《每日镜报》战前从罗瑟米尔报团分离出来后，便自成一家公司。1951 年公司改组，北岩爵士的外甥塞西尔·哈姆斯沃思·金担任董事长。1958 年，他买下"混合出版公司"，1961 年又买下了奥德汉斯报团，并在此基础上建立了国际出版公司。原属奥德汉斯报团的《每日先驱报》被改名为《太阳报》，1969 年转卖给默多克集

---

① 早在 1914 年，美国和加拿大就成立了 ABC。

团。1970年，国际出版公司并入里德国际公司。1975年，里德国际公司把上述产业改组为镜报集团和国际出版（期刊）公司两个子公司。1984年，镜报集团又为马克斯韦尔的培格蒙出版公司购买。

第三，比维布鲁克报团。1964年，比维布鲁克去世后，这家报团日趋衰落，1977年被特拉法加投资公司买下，改名为快报报业公司。1978年，在曼彻斯特创办全国性的日报《每日明星报》。

第二次世界大战后，英国报坛出现了3家重要的新兴报团。

第一，汤姆森集团。老板罗伊·汤姆森原本是加拿大人，20世纪50年代初来到英国经营电视和报业。1953年购买了《苏格兰人报》，1959年取得凯姆斯利报团的控股权（当时该报团拥有《星期日泰晤士报》等4家星期日报、多家地方报纸和全国性周刊以及其他产业），1961年又买下画报报团（拥有《伦敦新闻画报》《环球》杂志等），1966年从阿斯特家族手中买下亏损严重的《泰晤士报》。罗伊·汤姆森于1963年加入英国籍并受封为勋爵，1976年去世。为了享有"拥有代表权势集团的报纸"的威望和荣耀，汤姆森心甘情愿地为弥补《泰晤士报》的赤字花掉了800万英镑的私人家产。在他去世后，继承家业的儿子不堪重负，在1981年将《泰晤士报》《星期日泰晤士报》及另外3种附属刊物一起卖给了默多克集团。

第二，默多克集团。老板鲁伯特·默多克1931年出生于澳大利亚，1954年在牛津大学获得硕士学位后，回澳继承父业，经营报纸。1969年，默多克进入英国，先后买下大众化报纸《太阳报》和销量最大的星期日报《世界新闻》，刊登大量黄色新闻以招徕读者，获取高额利润。1981年，默多克买下了《泰晤士报》以及其他几家重要报纸。1986年，他强行解雇将近5 000名印刷工人，将所属的4份大报从位于伦敦闹市区的舰队街迁往伦敦东部的沃坪，在新建的现代化印刷基地出版，通过这项牺牲工人利益的措施实现了设备更新，扭转了《泰晤士报》长期亏损的局面。默多克于1985年加入美国国籍，但他继续在英国报坛扩充势力。1987年买下了前一年新办的全国性日报《今日报》，并购买了控有《金融时报》等多家报刊的皮尔逊朗曼公司的大量股份。

第三，马克斯韦尔集团。马克斯韦尔出身于捷克斯洛伐克的一个犹太家庭，第二次世界大战期间参加抵抗运动，1940年加入英国军队。战后在英国创办培格蒙出版公司。1984年从里德国际公司手中买下镜报集团，获得多家全国性报纸和大量地方报纸。1987年接管麦克米兰出版公司，1990年创办日报《欧洲人》。后由于摊子过大，集团发生财务危机，1991年出售培格蒙公司，同时又售出镜报集团49％的股票。1991年11月，马克斯韦尔在西班牙附近洋面落水身亡，该集团迅速瓦解，许多子公司陆续被拍卖。

第七节　报业的式微与广电业的勃兴

第二次世界大战战后初期，英国报业全面复兴。由于逐步解除了新闻纸配给制度，所以报业出现了较大的发展。1962年，全国日报达130种，日报发行量达到3 050万份，千人拥有日报575份，一度位居世界前列。

但是 20 世纪 60 年代中期起，英国报刊的销数连同种数一起逐步下降，整个报业出现了停滞和衰退的态势。至 20 世纪 80 年代初，日报种数徘徊在 110 种上下，销数减少到 2 300 万份。其中又以全国性的"大众报纸"下降最为严重，发行量一般下降 20％以上。报业停滞和衰退的原因甚为复杂，一般认为有：(1)整个经济形势欠佳；(2)广播电视的兴起夺走了不少报业广告和读者；(3)报业设备陈旧，效率低下，成本过高，难以发展。

20 世纪 80 年代中后期，英国报界为了摆脱困境，开始了一场新的改革浪潮，其重点在于更新设备，全面使用电子计算机，实行生产过程自动化。这一浪潮在伦敦报界更为明显。1986 年默多克报团报纸全部迁往新址出版后，《卫报》《每日电讯报》《每日邮报》等相继仿效。至 20 世纪 80 年代末，各大报社几乎全部撤离了狭窄拥挤的舰队街，另择新地并全面采用新设备，从写稿、编辑、制版、印刷以至报纸打包分发，全部实现电脑操作。经过这场变革，伦敦报业生产人员减少 80％，成本大为降低，从而扭转了长期亏损的局面，出现了新的转机。至 20 世纪 90 年代初，全国日报增至 124 家，每日销数也上升为 2 515 万份。

20 世纪末，英国共有日报 99 种，每日发行量为 1 933 万份，每千人拥有日报 332 份。此外，英国还有每周出版 1～3 次不等的非日报 1 000 多种。

值得一提的是，英国于 1991 年成立了报刊投诉委员会（Press Complaints Commission），专门负责受理公众对报纸及杂志报道内容的投诉，协调解决争端，同时规范新闻行业行为。

与报业疲软形成对比的是，英国的广播电视业在第二次世界大战后发展势头长期良好，其中 BBC 的发展最引人注目。

1922 年元旦，英国政府将民营的英国广播公司（British Broadcasting Company）改组为公营的英国广播公司（British Broadcasting Corporation，简称 BBC）。BBC 由此成为英国全国性的广播媒体。此后，BBC 迅猛发展，很快建立了覆盖全国乃至全球的广播网络，其风头甚至盖过了《泰晤士报》。

1932 年，BBC 帝国电台（BBC Empire Service）开播，这是 BBC 第一个向英国本土以外地区广播的电台频道。1938 年，BBC 阿拉伯语电台开播，这是 BBC 的第一个外语频道。到第二次世界大战结束时，BBC 已经以英语、阿拉伯语、法语、德语、意大利语、葡萄牙语和西班牙语 7 种语言向全世界广播。这是 BBC 国际电台（BBC World Service）的前身。

1936 年 11 月 2 日，BBC 建立了全球第一个电视台。电视广播在第二次世界大战中曾经中断，但是在 1946 年重新开播。1953 年 6 月 2 日，BBC 现场直播伊丽莎白二世的登基大典，全英国约有 2 000 万人直接目睹了女王登基的现场实况。

由于受到地下电台的挑战，1967 年 9 月 30 日，BBC 开始了 BBC Radio 1 电台调频，以播送流行音乐为主。1983 年，BBC 开播了早晨电视节目《英伦早晨》（*BBC Breakfast Time*），抢在了竞争对手的前头。

1991 年，BBC 正式播出 BBC 国际新闻频道。BBC 国际新闻频道是商业电视台，通过广告营利，不能在英国本土播出。

1998 年 8 月，BBC 的国内频道也开始采用卫星播送，只要欧洲观众使用英国制造的卫星解码器，他们就可以收看 BBC One 和 BBC Two。

此外，独立电视委员会(Independent Television Commission)拥有第三频道、第四频道和第五频道。

第三频道(ITV)于 1955 年开播，面向全国提供 24 小时全天服务，其中 1/3 的时间播放新闻，其他时间播放体育、喜剧、游戏和电影等。经费来源主要是广告赞助。

第四频道(Channel 4)不制作节目，所播节目主要从独立制片人或包括海外的节目制作商处获取，节目从形式到内容以表现实验性、改革性和创新性为主。

第五频道(FIVE)于 1997 年 3 月开播，主要播出时政、儿童节目、电影、戏剧和体育节目。

英国的全国性商业电台(3 家)和地方商业广播电台(271 家)，大多是在 1973 年开始广播的。1973 年和 20 世纪 80 年代，商业电台在英国大量涌现，打破了 BBC 在广播领域的垄断局面。

1990 年 11 月，英国天空广播公司(British Sky Broadcasting，简称 BSkyB)成立，其覆盖地区主要是英国，共播出 6 套电视节目。鲁伯特·默多克拥有其 40% 的股份并控制着运营权，该公司发展迅速，很快成为 BBC 最强大的竞争对手。1998 年，该公司创建了英国第一个数字电视平台，利用数字技术的压缩功能，传送 140 个大多为 24 小时播放的频道。

第八节 21 世纪初的英国新闻事业

当前英国仍是世界上报业最为发达的国家之一。

21 世纪初，英国有全国性日报 12 种：《泰晤士报》(发行量 63 万份)、《每日电讯报》(发行量 90 万份)、《卫报》(发行量 37 万份)、《金融时报》(发行量 44 万份)、《独立报》(发行量 24 万份)、《太阳报》、《每日镜报》(发行量 190 万份)、《每日快报》(发行量 95 万份)、《每日邮报》(发行量 240 万份)、《地铁报》(发行量 90 万份)、《每日明星报》(发行量 67.7 万份)、《晨星报》。

全国性星期日报 10 种，其中上层报纸 3 家：《观察家报》(发行量 45 万份)、《星期日泰晤士报》(发行量 135.4 万份)、《星期日电讯报》(发行量 76.9 万份)；大众报纸 6 家：《世界新闻》(发行量 397 万份)、《星期日镜报》(发行量 181 万份)、《星期日人民报》(发行量 138.6 万份)、《星期日快报》(发行量 87.7 万份)、《星期日邮报》(发行量 230.9 万份)、《星期天金融邮报》(发行量 235 万份)。另外还有《星期日独立报》《星期日体育报》(发行量均为 30 多万份)。

地方性报纸主要刊登地方新闻和广告，现有日报 88 种，星期日报 7 种，周报 900 多种。其中包括《伦敦晚旗报》(发行量 38 万份)、《考文垂晚电讯报》(发行量 6.5 万份)。

英国的杂志共有 6 500 多种，与其他国家相比，历史悠久的多、国际性学术刊物多、国际经济和科技情报刊物多。

据《办最赚钱的杂志——对话英国名刊主编》①介绍，英国销量排名前 10 位的杂志中，8 份是免费杂志。英国在办的消费类杂志有 3 000 多种，每年平均有 350 种新刊在英国诞生。

2017 年，知名杂志 FHM（男人装）、InStyle 等相继转向数字版，英国各大主流杂志加快全媒体的布局。

10 家最大的报团左右着英国的报业，包括新闻国际公司、镜报报业公司、快报报业公司、联合报业公司、汤姆森集团公司、皮尔逊-朗曼公司、合众报业公司、电讯报业公司、卫报和曼彻斯特新闻晚报公司、观察家报集团。

此外，英国重要报纸包括《泰晤士报》②《每日电讯报》《卫报》《独立报》《金融时报》等，重要期刊包括《经济学人》《新政治家》（New Statesman）③等，重要广电媒体包括 BBC 电台（BBC Network Radio）④、BBC 电视台（BBC Television）、天空广播公司等。

英国是欧洲数字媒体发展的领军国家。

英国在数字媒体的应用方面，遥遥领先于欧洲的其他国家。截至 2006 年年末，超过一半的英国家庭已经拥有了高速的互联网宽带连接能力。2007 年年初，大约 76% 的英国家庭安装了数字电视。据调查显示，英国这一比例比其他任何国家都要高，英国安装数字电视用户数量是德国的两倍。同时，英国用户在移动手机服务和其他移动服务设备上的应用也相当广泛，16% 的用户会利用手机来上网。

据英国全国新闻公会统计，2010 年 3 月之前的 8 个月，英国至少有 60 家地方媒体消失，上千名地方记者失业。《泰晤士报》2010 年 8 月的发行量为 494 205 份，自 1994 年以来首次低于 50 万份，相比 7 月下降了 1.76%。

2011 年 4 月 8 日，英国国际新闻公司发表声明，就旗下畅销小报《世界新闻报》以窃听名人电话手段获取新闻线索的做法作出"毫无保留的道歉"，同时承诺赔偿部分受害者。7 月 10 日，英国销量最高的周末小报《世界新闻报》的最后一期出版。该报 168 年的历史到此画上了一个句号。在最后一期报纸的头版大字写着：谢谢，再见。

2011 年 2 月，英国天空广播公司决定将旗下两本畅销杂志停刊，并削减英国发行量最大的杂志 Sky Magazine 的发行量。

2011 年 8 月，随着赫斯特集团（Hearst Corporation）完成对桦榭菲力柏契媒体集团英国公司（Hachette Filipacchi UK）的收购，其下属的赫斯特杂志英国出版公司将停止旗下 She 和 Cosmo Bride 的出版业务。

---

① 作者崔莹，南方日报出版社 2007 年版。

② 2004 年 10 月 30 日，《泰晤士报》出版了其最后一期大版面报纸，次日起以"四开小报"的面貌出版。

③ 政治性周刊，1913 年 4 月 12 日创刊，在伦敦出版，读者多为工党或倾向工党的知识分子，1959 年发行量接近 10 万份。1988 年，该刊和《新社会》合并，改名为《新政治家和新社会》。1996 年改为现名。

④ 该媒体机构拥有 5 个对内广播电台、1 个对外广播电台、两个国内电视频道、5 个收费的数码频道及 2 个全球卫星频道，在英国拥有 54% 的听众，其对外广播电台用 43 种语言向世界广播，约有 1.46 亿全球听众。

2011 年 10 月，英国发行量最大的杂志 *Sky Magazine* 印刷版停刊。

2011 年 12 月，英国新闻记者无需法官批准，即可在法庭内通过发微博、发电子邮件和发短信进行文字报道。

2012 年 1 月，第一期英国《经济学人》杂志开辟了新的中国专栏。这是 70 年来，该杂志首次为一个国家开辟专栏。上一次是在 1942 年开辟的美国专栏。

2012 年 2 月 26 日，新闻集团下属英国新闻国际公司推出《星期天太阳报》，取代在窃听丑闻中倒闭的周末报《世界新闻报》。

2012 年 6 月，《每日邮报》网站首次实现盈利。

2013 年 3 月，英国每日电讯报集团计划裁掉 80 名编辑，这一举措意味着《每日电讯报》和《星期日电讯报》将完全合并为一个每周七天均有报纸发行的报社。

2013 年 9 月，出版发行了近 280 年的《劳埃德船舶日报》宣布当年 12 月停止发行纸质版并转入数字报纸行业，全面实现数字化。《劳埃德船舶日报》诞生于 1734 年的英国伦敦，是全球最古老的连续出版报纸。

2016 年 3 月底，英国主要报章《独立报》及《星期日独立报》的母公司 ESI 媒体集团停止发行和印刷这两份报纸。2017 年 10 月，《独立报》网站成为读者数量增长最快的媒体之一，同比增长 72.53%，成为英国第二大新闻站点。

思考与练习

英国新闻事业的发展曾经遇到哪些困难？

第十三章　法国新闻事业简史

本章要点

◆法国的近代报业。

◆法国大革命时期的新闻事业。

◆法国 20 世纪下半叶的新闻事业。

◆法国 21 世纪的新闻事业。

法国的新闻事业起步很早，但发展的道路比较曲折。法国不像英国那样拥有世界性的报纸和电视台，不像日本那样拥有销量极大的报纸，更不像美国那样涌现出众多的著名新闻机构和新闻人，但它拥有世界一流的通讯社和杂志。

第一节　封建统治下出现的近代报业

1631 年 1 月，两位书商在巴黎出版了数期单页新闻纸，名为《普通新闻》(*Les Nouvelles Ordinaires*)。

1631 年 5 月，勒诺多(Théophraste Renaudot)在巴黎创办了法国第一份持续出版周报《公报》(*La Gazette*)。该报经首相黎塞留推荐、国王路易十三特许出版，国王和首相还亲自为之撰稿。《公报》为书本型，起初每期 4 页，后逐步增多。开始时，以报道国外新闻为主，后来增加国会消息、国王谕旨等国内新闻和广告，还有政治评论。勒诺多被后人称为法国报业之父。

《公报》由勒诺多家族经营 131 年后，于 1762 年转为外交部接办，改名为《法兰西报》，1780 年转卖给出版商庞库克，1789 年改为日报，一直出版到 1915 年终刊。

法国最早的两份杂志也是特许出版的，一份是科学性刊物《学者杂志》，1665 年创办于巴黎；另一份是文艺性刊物《文雅信使》(*Le Mercure Galant*)，1672 年发刊于里昂。

在法国资产阶级革命前，有些未经允许的民间报刊在各地流传。例如，勒诺布尔创办的月刊《政治试金石》就颇有影响力，该刊在 1689—1691 年出版了 30 多期，后被政府查禁，又多次更换刊名重新出版。另外，许多政治上的反对派往往在国外(主要是荷兰)出版报刊，然后秘密运进法国，其中最为著名的是 1684—1687 年在阿姆斯特丹出版的《共和国文学新闻报》。

法国第一张日报，是 1777 年元旦创办的《巴黎新闻》。它是由两位实业家经官方批准创办的，主要刊登消闲性、实用性材料，包括文学、戏剧、法院新闻、金融行情、卫生报道、时装、广告等。

第二节 大革命时期的报刊

美国独立战争的硝烟刚刚散去，法国大地就掀起了资产阶级大革命的风暴（史称法国大革命）。

在革命前，法国的居民被分成 3 个等级。天主教高级教士是第一等级，封建贵族是第二等级，资产阶级、农民、无产者及其他阶层平民是第三等级。

1789 年 5 月 5 日，为解决政府财政危机，法国国王路易十六在凡尔赛宫召开三级会议，企图对第三等级增税。第三等级代表则要求制定宪法，限制王权，实行有利于资本主义的改革。

1789 年 6 月 17 日，第三等级代表宣布成立国民议会，国王无权否决国民议会的决议。于是路易十六关闭了国民议会，宣布它是非法的，其一切决议无效，命令三个等级的代表分别开会。

1789 年 7 月 9 日，国民议会宣布改称制宪议会，要求制定宪法，限制王权。路易十六意识到这危及了自己的统治，调集军队企图解散议会。

1789 年 7 月 12 日，巴黎市民举行声势浩大的示威游行支持制宪议会。

1789 年 7 月 13 日，巴黎教堂响起钟声，市民与来自德国和瑞士的国王雇佣军展开战斗，在当天夜里就控制了巴黎的大部分地区。

1789 年 7 月 14 日，群众攻克了象征封建统治的巴士底狱，取得初步胜利。

1789 年 8 月 26 日，法国国民议会通过《人权和公民权宣言》（简称《人权宣言》）。

《人权宣言》共 17 条，其中第十条是："意见的发表只要不扰乱法律所规定的公共秩序，任何人都不得因其意见甚至信教的意见而遭受干涉。"第十一条是："自由传达思想和意见是人类最宝贵的权利之一；因此，各个公民都有言论、著述和出版的自由，但在法律所规定的情况下，应对滥用此项自由负担责任。"

这是人类历史上第一个明确规定出版自由的正式文件。

1792 年 9 月，法国国民公会宣布成立共和国。

此后，经过反复斗争，相继出现君主立宪、"八月起义"、雅各宾派专政、"热月革命""雾月政变"、拿破仑加冕、拿破仑兵败、拿破仑退位、波旁王朝复辟、"七月革命""二月革命""六月革命"、波拿巴独裁。直到 1875 年，法国共和政体才最终确立。

法国政坛风云激荡，新闻事业随之飘摇，此起彼伏，曲折前进。

革命风暴兴起之后，封建王朝对报刊出版的种种限令全告失效，各种报刊、传单、小册子纷纷涌现。

第三等级的不同阶层、派别和第二等级中的开明人士，都提倡新闻自由。原属第二等级的米拉波伯爵，将英国政论家弥尔顿的《论出版自由》译成法文发行，并在议会慷慨陈词，主张给报刊以"永久的、不可侵犯的、无限制的"自由。

革命爆发前夕的 1788 年，法国约有报刊 60 种，1789 年则有报刊 250 种，整个革命时期出现过的报刊达 1 350 种。

其中，有不定期的刊物或小册子，也有期刊和日报，它们一般都有鲜明的政治倾向，笔调犀利，论战激烈。但出版最活跃的时候还是革命前期，1792 年吉伦特派执政后就有所限制，雅各宾专政时期实行革命的恐怖政策，取缔了许多反对派报刊，只允许为数不多的革命报刊继续出版。

但是，总体而言，法国大革命期间，生存期长、历经风浪而不倒的报刊很少。

革命时期，各派报刊中最为著名的有君主立宪派米拉波主办的《普罗旺斯邮报》，吉伦特派布里索主办的《法兰西爱国者报》，雅各宾派的《人民之友报》《杜歇老爹报》《法国和布拉班革命报》，社会俱乐部的《铁嘴报》，保皇派的《政治及国家报》《国王之友》。

当时，也有些报纸较少介入革命活动，它们的生存期都比较长。1789 年先后发刊的日报《论辩及旨意报》(简称《论辩报》)和《国民新闻或普遍箴言报》(简称《箴言报》)便是其中的代表，前者为地方议员所办，后者为出版商庞库克创办。

法国大革命时期的新闻事业，大致可分为以下五个发展阶段。

一、热月党人执政和拿破仑称帝时期(1794 年 7 月—1814 年 3 月)

1795 年，热月党人建立了督政府。督政府施行一整套反动政策，在报业领域一面不断关闭反对派的报纸；一面又津贴和创办支持政府的报纸。至 1799 年为止，共关闭报刊 97 家，继续保留和新办的共 73 家。与此同时，督政府重新建立了新闻检查制度，并仿效英国实行出版物印花税法(1796 年起)，给报业套上了新的枷锁。

1799 年 11 月，拿破仑发动政变，夺取了督政府的大权，建立起资产阶级的军事独裁政权，1804 年正式称帝。拿破仑深知报纸的威力，认为"一张报纸抵得上三千毛瑟枪"，"一支 30 万人的军队在安邦定国、对外威慑方面所起的作用，还比不上半打受雇的蹩脚记者"。出于集权政治的需要，他严格控制报业，在报业领域实施集权主义控制。他声称："大革命的时代已终结，在法国，只能存在独一无二的党派，我决不容忍报纸说出或做出有损于朕利益的事情来。"

拿破仑恢复了印刷出版经营许可证制，并在各报馆派驻了新闻检察官。1800 年，拿破仑取缔了巴黎大部分的报刊，只留下 13 家；1804 年称帝后只准许保留 4 家，并将它们全部变成政府掌管的官报。这 4 家报纸是《箴言报》《巴黎新闻》《法兰西报》和《帝国日报》(《论辩报》被没收后改名)。他又规定巴黎之外每省只保留一份报纸，其政治新闻都得仿抄《箴言报》。

二、波旁王朝复辟时期(1814 年 3 月—1830 年 7 月)

波旁王朝复辟后，在报业方面保留了出版许可证制、预审制、印花税制。1819 年，在司法部长塞尔推动下，制定了第一部新闻法，废止了预审制、印花税制，报业管理有所放松。当时比较有影响的报纸有保皇派的《法兰西报》、立宪派的《立宪党人》、自由派的《国民报》《论辩报》。

继路易十八之后即位的查理十世是极右势力的代表。1830 年 7 月，他解散资产阶级自由派占多数席位的众议院；改变选举法，规定只有大土地所有者才有权选举，取消工商业主的选举权；恢复对报刊的种种限制，严厉镇压反对派。

《国民报》等反对派报刊很快联合发表声明，号召反对七月敕令、打倒波旁王朝。以工人和手工业者为主力的巴黎人民奋起发动了"七月革命"，推翻了查理十世政权。

三、七月王朝时期(1830 年 7 月—1848 年 2 月)

1830 年七月革命后，资产阶级立宪派将王冠授予波旁王朝的旁系、奥尔良家族的路易·菲利浦公爵，建立了较为完备的资产阶级君主立宪政权。这是个代表工商业和金融资本家利益的资产阶级政权。这一年通过的新宪法取缔了一些封建特权，扩大了选民范围，加强了议会权力，并规定了新闻自由的条款。

1830 年 10 月和 12 月，政府颁令减少出版保证金的数额，规定出版诉讼中陪审团有裁决权。

法国报业暂时获得了较为宽松的环境，有了较为明显的发展。政党报刊增多了，廉价报纸兴起了，杂志出版也有进展，出现了一些优秀的文学刊物、画刊。1835 年，发生了图谋杀害国王的事件。后议会通过法令，将出版保证金增加一倍，并建立对报刊漫画的预审制度。

这一时期的党派报纸，有亲政府的《论辩报》《立宪党人》、自由派的《国民报》、民主共和派的《改革报》、天主教的《宇宙报》，还有拥护波旁王朝的《团结报》《法兰西报》等。

自 19 世纪 30 年代起，工业革命在法国逐步兴起，广告需求在增加，人口向城市集中，国民识字率在 1826—1846 年提高了 50%，这些都为廉价报纸的出现准备了条件。

于是，出现了两份著名的廉价商业报纸《新闻报》和《世纪报》。它们都是日报，1836 年 7 月 1 日同时创办于巴黎。

《新闻报》(La Presse)是资产阶级报人、亲政府的议员吉拉丹(Emile de Giradin)创办的。吉拉丹曾经成功创办过几份廉价杂志。当时日报年订价一般为 80 法郎，而《新闻报》只有 40 法郎，每份 1 苏①，很受读者欢迎，创办 3 个月后发行量为 1 万份，1848 年达到 7.8 万份。《新闻报》1836 年连载巴尔扎克的小说《老处女》，开长篇连载的先河；通过增加广告收入来降低报价，从而进一步扩大发行量，这在法国还是首创。

《世纪报》(Le Siecle)的创办人为杜塔克(Dutacq)。该报不同于政党报纸，是独立经营的商业报纸。它报道广泛，注重社会新闻、法庭案件，对犯罪新闻的报道比《新闻报》更加耸人听闻。它在法国率先刊登短篇小说。报纸每份售价也是 1 苏，全年 40 法郎，发刊第二年销售达 1 万多份，1847 年为 4 万份，广告收入逐年上升。后来还组建广告公司，包揽几家大报的广告业务。

---

① 1 法郎＝20 苏。

廉价报纸的出现推动了其他报纸的商业化。它们也仿效廉价报纸的某些做法，以利于竞争。如《论辩报》《立宪党人》都刊登了长篇小说，各报都加强了多方面的新闻报道。这种商业化的结果是，巴黎报刊的总发行数，从1836年的8万份上升到1847年的18万份。

特别值得注意的是，后来发展为法新社的"哈瓦斯通讯社"创立于1835年。

四、第二共和国时期（1848年2月—1851年12月）

1848年，资产阶级革命浪潮在欧洲兴起。当年2月，法国人民起义推翻了七月王朝，资产阶级组织了临时政府，开始了法兰西第二共和国时期。3月，政府颁令废除印花税、保证金等一切限制报业的措施，使新闻界享有较多的自由。

一时间，巴黎和外省各种政治倾向和风格的资产阶级报纸纷纷涌现，总数达450家，售价普遍十分低廉。

"二月起义"中的主力——广大工人群众的政治经济要求却仍然没有实现，因而，巴黎工人于六月再次起义，并且和政府进行了激烈的枪战。资产阶级政府镇压了六月起义后，很快加强了集权统治，种种限制新闻自由的措施（如保证金制等）被恢复。

五、第二帝国时期（1852年—1870年9月）

1851年12月，路易·拿破仑·波拿巴（1848年12月起任总统）发动政变，清除了议会中的政敌，实行个人独裁，一年后正式称帝，号拿破仑三世，建立了法兰西第二帝国。从此报业又受到严厉限制。

拿破仑三世规定：限制报刊数目，取缔反对派报刊，巴黎只留11家报纸；恢复报刊预审制，报纸有义务刊登官方文告；外省政府可以随时警告和处罚当地报纸。从1860年起，拿破仑三世对报业的限制有所放松，并且允许一些新报创办。1868年5月正式废除新闻预审制，允许创办新报，报业生存环境又趋好转。

第二帝国时期的主要官方报纸是《箴言报》（1868年改名为《法兰西帝国公报》）。主要的党派报纸有中间偏右的《论辩报》《立宪党人》、天主教的《宇宙报》、封建正统派的《团结报》《法兰西报》等。廉价报纸《新闻报》《世纪报》继续发展，在政治上前者亲政府，后者倾向共和派。

第二帝国后期，一些新的报刊相继创刊，其中影响较大的有：

第一，《费加罗报》，维尔梅桑1854年创办，原名《油灯》，开始是周报，侧重巴黎地方新闻，喜欢使用耸人听闻的报道手法，主张"报纸每天要把一块石头投进池塘"。1866年11月改为日报，更名《费加罗报》。该报出版至今，是法国的主流报纸之一。

第二，《时报》，内弗泽1861年创办，是自由派的喉舌，后来成为一份重要的言论性报纸，很受欧洲政界重视，第二次世界大战期间停刊。

第三，《小新闻报》，米劳德1863年创办，是当时众多新办廉价报纸中最为成功的一家。小报形式，每天 4 版，售价 5 生丁①。该报不过问政治，以社会新闻和荒诞连载小说吸引读者。创刊两年后销量达 20 万份，1869 年为 35 万份，1880 年为 60 万份。1867 年采用新近发明的马里诺尼轮转印刷机，每小时可两面印刷 1.8 万份，为大量发行奠定了基础。

第四，《灯笼》周刊，亨利·罗什福尔 1868 年创办，经常抨击、嘲讽包括拿破仑三世在内的政界要人，言辞激烈，笔锋犀利，发行量达 10 万份。由于当局的迫害，1868 年 8 月转到布鲁塞尔出版，次年 11 月停刊。

总之，在第二共和国和第二帝国时期，法国报业环境经历了从宽松到严紧又到相对宽松的过程，党派报纸和商业报纸（特别是廉价报纸）并存发展。1852—1870 年，巴黎报刊的发行量由 15 万份上升到 100 万份，外省报刊由 45 万份增至 90 万份。

第三节　第三共和国的新闻事业

1870 年 7 月，法国因西班牙王位争端向普鲁士宣战。普法战争爆发不到两个月时间，法军战败，9 月 1 日，法国皇帝拿破仑三世在色当投降。9 月 4 日，巴黎爆发大规模游行示威，要求推翻帝制、重建共和。国会中的资产阶级乘机组建国防政府，宣布成立法兰西第三共和国，对外同普鲁士订立城下之盟，对内镇压抗敌的工人武装。

1871 年 3 月，巴黎工人起义，建立了巴黎公社政权，但遭到资产阶级政府的残酷镇压。

1875 年，法国国民议会通过宪法修正案，确认实行共和制。1877 年，共和派在议会选举中获胜，标志着法国的共和政体最终确立，第三共和国的政局从此趋于稳定。

在第三共和国的 70 年里，法国完成了从近代报业向现代报业的演变，开始了广播事业。

1881 年 7 月 29 日，法国议会通过了《出版自由法》。这是发达国家中较早出现②的正式的新闻法律。

这部法律沿用至今，第一条明确规定："印刷和出版是自由的。"第五条规定，一切日报或定期出版物在履行第七条规定的申报之后，即可出版，无须事先批准，无须交纳保证金。第七条规定，一切报纸或期刊，发行前必须向共和国检察院作如下的声明：1. 报纸或期刊的名称以及发行的方式；2. 经理的姓名和住所；3. 印刷该报或期刊的印刷厂的名称和厂址。

《出版自由法》是《人权宣言》"言论出版自由"的具体化，对法国此后新闻事业的发展有着重要的意义。

---

① 1 法郎等于 100 生丁（centimes）。
② 早在 1766 年，瑞典就制定了《新闻出版自由法》。

一、第三共和国前期(到 19 世纪末)的报业

在第三共和国前期，法国报业有了新的消长变化。

原有的《论辩及旨意报》《费加罗报》《时报》《宇宙报》等继续保持重要的影响。

新办的日报有资产阶级激进派的《震旦报》(1879 年克里孟梭创办①)、《正义报》(1880—1930 年)，共和派的《不妥协报》(1880—1948 年)等。

商业报纸有新的发展，除了原有的《小新闻报》等，1876 年创办的《小巴黎人报》又壮大了它们的队伍，一起推动着资产阶级近代报业向现代报业的过渡。

随着印刷技术的进步、报刊价格的下降、报刊内容和形式的大众化，法国出版事业蒸蒸日上，报纸、杂志和书籍大量出现在书店和街头。

19 世纪末至 20 世纪初，在法国出现的新报刊多达 60 多种，其中比较著名的报刊有：1883 年创刊的《晨报》《十字架报》和《巴黎回声报》，1904 年创刊的《人道报》，1915 年创刊的《鸭鸣报》，1930 年创刊的《法兰西晚报》。

1879 年共和派执掌政权，尤其是 1881 年出版自由法颁布以后，法国报业发展进入了一个全新的阶段。从那时起，至第一次世界大战爆发，被称为法国报业的"黄金时代"。

在此期间，报刊数量大为增长，巴黎报纸的发行量由 100 万份增至 500 万份，外省报纸由 30 万份增至 400 万份。尤其重要的是，商业性报纸日趋兴旺，它们在报业中的影响日益增长，这正是法国报业进入现代阶段的重要标志。

当时最有影响的商业性报纸，是"巴黎四大报"。

其一是《小新闻报》(Le Petit Journal)。它是 1863 年创办的廉价报纸，1890 年日销量达 100 万份。1884 年，该报首创"图画副刊"，每周一期，以娱乐材料和故事为主，后来还增添套色图片，很受读者欢迎。

其二是《小巴黎人报》(Le Petit Parison)。1876 年创办，1888 年让·迪皮接办。此后增加社会新闻、体育新闻、各种特写和连载小说，并且更新设备，采用新的轮转印刷机，使得篇幅增多而售价不变。1903 年发行量突破百万大关，1914 年曾达到 150 万份。

其三是《晨报》(Le Martin)。1883 年为美国人所办，后虽几度易主，但仍保持着美国大众化报纸的风格。该报政治上标榜独立，社论由各派作者轮流执笔，给人以客观公正的印象。业务上文字通俗，版面活泼，常用大字标题、多栏标题。经营上尽力以广告收入弥补开支，保持廉价。1913 年发行量达到 100 万份。

其四是《新闻报》(Le Journal)。1892 年由斐迪南·贺创办。具有较强的文学色彩，

---

① 20 世纪初，乔治·克里孟梭曾两次出任法国政府总理。他在担任巴黎《震旦报》主编时，曾给报社内的编辑记者们做过这样一个规定："记者们别忘了一个句子是由主语、谓语动词和宾语名词构成的。想要使用形容词的记者，到我办公室来谈谈；如果使用副词的话，干脆给我走人。"1982 年，该报并入《费加罗报》。

常以优厚的稿酬约请名家写稿，左拉曾为它写过小说。同时又不断扩大新闻报道面，增加通讯特写，大力招揽广告。1914年发行量超过百万份。

以上四家日报都不是政党报纸，都实行商业经营，面向中下层读者，售价低廉，发行量都达到100万份以上，称雄法国报坛。

当时巴黎60多家日报，有39家发行量不足5 000份，而这四家在1914年时的发行量占巴黎报纸总发行量的75％、全国报纸的40％，在一定程度上表现了集中化的态势，但当时法国还没有出现报团。

这一时期，法国政党报纸在报坛上仍有重要地位，这些报纸可分为左、中、右三派。

"右派"报纸反对资产阶级议会民主制，对外坚持民族沙文主义。主要的有《巴黎回声报》，1884年创办，初期有廉价报纸的特点，以后政治上日渐右倾，成了"右派"组织法兰西祖国联盟的机关报，鼓吹参与帝国主义战争，在军队中获得不少读者，第一次世界大战中几乎成了参谋本部的喉舌，发行量曾达40万份。

"左派"报纸当时较为著名的有《不妥协者报》《震旦报》。

"中间派"报纸数量较多，它们政治立场比较温和。最有代表性的是历史悠久的《论辩报》和1861年创办的《时报》。另外，一贯持保守立场的《费加罗报》，在主编维尔梅桑去世后，转而拥护共和派。

二、第三共和国后期(20世纪初到第二次世界大战前)的报业

第一次世界大战期间，由于政治管制的加强、工商业的萧条，法国报业发展的势头中止。

第一次世界大战之后，《巴黎回声报》和战前的"巴黎四大报"都在衰落：

《小巴黎人报》在1919年让·迪皮逝后就开始走下坡路，进入30年代发行量持续下降。

《小新闻报》几度易手，1938年成为法西斯组织"火十字团"的喉舌，为多数读者所摒弃。

《晨报》在瓦里拉接任主编后走上了反民主的道路。

《新闻报》1925年由几家公司联营后政治态度右倾。以上几家报纸的发行量都在锐减。

两次世界大战之间，法国的党派报纸仍在报坛上占有重要地位。

"中间派"报纸主要是《时报》和《论辩报》。《时报》影响更大，但它在20世纪30年代曾支持法国政府的绥靖政策，拥护慕尼黑协定，留下了不光彩的历史。

"右派"报纸有《法兰西行动报》《十字架报》。"左派"报纸有社会党的《巴黎人民报》和激进知识分子1923年办的《日报》，它们在20世纪30年代积极推进左翼联盟，支持抵抗运动，拥有不少读者。

这一时期，法国共产党的报纸比较引人注目。1904年4月18日，社会党创始人让·饶勒斯在巴黎创办了《人道报》(L'Humanité)作为社会党机关报。1914年，饶勒斯被暴徒

杀害，该报由总编辑加香领导。1920年，以加香为首的社会党"左派"成立共产党，该报随之成为法共的报纸，1923年被确定为法共中央机关报。

从20世纪20年代中期起，法国共产党逐步建立了党报体系，有理论刊物、地方党报、大企业内的基层党报。在两次世界大战之间，《人道报》在群众中影响逐步扩大，发行量高达50万份。但它经常遭到反动势力的迫害，1939年8月，被法国政府查封，从9月起转入地下秘密出版。1940年，德国军队入侵后，它不断揭露贝当政府的叛国行径和德军的罪行，鼓舞人民为解放祖国而战斗。它在地下期间共出367期，印发5 000万份以上。

在两次世界大战之间，法国报业已有兼并集中的趋势，主要表现在报纸销量随人口增加而略有上升，但报纸种类却在减少。1920—1939年，全国日报销数由1 000万份增至1 200万份；而巴黎日报则由40家减为32家，外省日报由220家减为175家。不过这种兼并集中不如英美等国显著，也未能形成巨大的报业集团。

这是因为法国报业商业化进程慢，商业报纸长期未能取代政党报纸的地位，因而难以形成大型的报业垄断组织；另外，外省报纸实力较强，也使巴黎大报难以向外省扩张渗透、兼并地方报纸而形成报团。

这一时期，法国出现的少量报团都是由工商企业收购报纸而形成的。它们实际上是这些工商企业的子公司，拥有的报纸不多，报纸所有权也常常转移。其中的代表是普鲁沃斯特集团。

普鲁沃斯特是个毛纺公司老板，1917年开始涉足报业，买下了《家园》杂志，1924年购得《巴黎午报》。1930年，他买下《巴黎晚报》，延聘了一批出色的报人，将该报办成图文并茂的新闻画报，侧重于社会新闻、体育新闻和人情味报道，政治经济方面的报道力求简明扼要，结果发行量节节上升，1940年曾达200万份。普鲁沃斯特1938年还买下了期刊《竞赛画报》，该报发行量也曾高达110万份。

1940年6月，德国军队入侵法国，占领了包括巴黎在内的大部分国土，法国南部地区则由贝当傀儡政府掌管。当时《晨报》《小巴黎人报》等少数报纸投敌，多数报纸随贝当政府南迁。1942年，德军南下，法国全境被占，南撤的《时报》《费加罗报》《巴黎晚报》《新闻报》《小新闻报》《法兰西行动报》《十字架报》《论辩报》等相继停办。

与此同时，爱国报人纷纷创办地下报刊。其中有《综合新闻》《人道报》《人民报》《保卫法兰西报》《解放报》《战斗报》等。1943年还成立了全国地下报刊联合会，协调行动，共同进行反法西斯宣传。

三、第三共和国时期的广播电视业

法国是世界上最早开办广播的国家之一。1922年2月，法国邮电部正式成立了巴黎广播电台，通过埃菲尔铁塔播出节目。这是法国官方建立的第一座广播电台，同时也标志着法国广播事业的开始。

1923年，法国制定了广播法，宣布广播为国家所有，私人无权设立广播电台。

不过，实际上，第二次世界大战前，法国的广播业国营和私营并行发展，政府在建立国营广播网的同时，邮电部门以法律特许的形式，允许某些私营电台的存在。

1936 年，除了由邮政部控制的国营广播网外，法国还有私营的 12 个商业广播网。

1939 年 7 月，法国通过了广播和邮电分家的法令，成立专门的广播委员会，由国会议长主持，负责管理国营广播网，监督私营广播电台。

法国是世界上最早开始电视实验的国家之一。1931 年，法国邮政部负责开发了第一部电视发射机。1935 年进行电视实验广播。1938 年，法国就有了经常性的电视节目播出。

第四节　第二次世界大战结束至 20 世纪末的新闻事业

一、报刊业

第二次世界大战结束不久，法国的一些重要期刊先后创刊。

1945 年，法国著名女性杂志 *ELLE*① 创刊。海莲娜·拉札瑞芙女士创办这份杂志，旨在为受过教育的法国女性提供一个发表见解的舞台。

第二次世界大战结束前，海莲娜曾在美国做过 5 年记者，她在包括《时尚芭莎》在内的知名杂志锻炼过。她归国后，为法国带来了最新的、从未见过的高科技——彩色摄影技术。

海莲娜的同事弗朗索瓦兹·吉鲁（曾任法国文化部长）这样描写 *ELLE* 的诞生："在法国面临巨大的社会转型时期，在战后的沉闷时代，在物质消费极度匮乏年代，在人们渴望浮华、渴望补偿战争时期失去的时装之美的时刻，*ELLE* 应运而生。"

这份杂志集"左派"、女权和时尚精神于一体。该刊编辑瓦莱丽·特拉妮娅认为，*ELLE* 的成功，在于始终贯彻了创始人海莲娜·拉札瑞芙的理念——"寓讽刺于严肃，同时寓严肃于轻率"。

毕业于打字学校的弗朗索瓦兹·吉鲁，从 1946 年起担任 *ELLE* 主编。1953 年，吉鲁夫人与他人合作创办了法国第一份新闻性杂志《快报》周刊，并获得极大成功。吉鲁夫人在《快报》周刊担任主编达 20 年。她被法国媒体誉为法国新闻界的"女中豪杰""先锋人物"。

1947 年，《法国足球》（*France Football*）创刊。《法国足球》1956 年起举办"金球奖"（欧洲足球先生）评选。

1949 年，《巴黎竞赛画报》（*Paris Match*）创刊，它是法国发行量最大的杂志。

1972 年，法国著名新闻周刊《观点》（*Le Point*）创刊，由法国新闻界有影响的资深记者创办。该刊以政治类深度报道见长，与政界关系密切，每期发行量 42 万份。

1985 年，法国有各类报刊约 900 种，多为私人所有，年印刷量 80 多亿本。

_____

① 在法语中，ELLE 的意思是"她"。

据调查，1993 年，15 岁以上的法国人中，经常阅读杂志的人占 49％。

法国人崇尚文化，讲究素养，法国人喜欢和习惯阅读杂志，所以，杂志出版在法国一直是生机勃勃的产业。法国杂志市场是一个高度发达的市场，杂志发行系统完备，发行渠道畅通，法国杂志在整个欧洲都是一个亮点。

法国是杂志发行量比较大的国家。1994 年，法国千人杂志数达 1 300 本，换言之，每人平均 1.3 本杂志。1999 年，在每 1 000 个法国人中，期刊的占有量是 1 354 本。

法国甚至有专门的期刊订阅公司。成立于 1972 年的法国期刊订阅公司，总部在巴黎，20 世纪末有员工 250 人左右，是法国最大的期刊邮购股份公司。它在德国的杜塞尔多夫还有一家分公司。1995 年，法国期刊订阅公司共收到订单 297.4 万本，营业额为 4.9 亿法郎，成为法国期刊邮购发行同行中的佼佼者。①

与生气勃勃的杂志业形成鲜明对比的是，20 世纪后半期的法国报业长期不太景气。

1944 年，法国全境解放。战后初期，法国政府宣布恢复 1881 年的出版自由法，又将明令停刊的报纸的财产交由全国报刊企业公司掌管，用于出版新报。凡在沦陷区公开出版 15 天以上的报刊，一律禁止出版；而战时的地下爱国报刊均可公开发行。另外，政府又批准了一些新报创刊。

经过这番调整，第二次世界大战后继续出版的旧报只有《费加罗报》（1942 年 11 月停刊，1944 年 8 月复刊）以及《十字架报》《人道报》等少数报纸，其他都是新报纸，报坛格局大变：巴黎报纸比重下降，外省报纸比重上升。

法国报业一度出现兴旺景象，1946 年，全国有日报 203 家（巴黎 28 家，外省 175 家），总发行量 1 512 万份。

从 20 世纪 50 年代开始，法国报业发展逐步陷入停滞。1952 年，巴黎只剩下 14 家日报，外省也仅有 117 家。此后 40 年间，法国报纸的种数大幅减少，销量不升反降。1980 年，法国日报总数下降到 85 家，1990 年，降到 82 家。1946—1990 年，日报总销数由 1 512 万降到 1 110 万。

1993 年，在 15 岁以上的法国人中，每天阅读日报的约占 41％。

20 世纪末，法国报业形势略有好转，共出版日报 117 种，期发总数约为 1 270 万份，每千人拥有日报 218 份。

20 世纪末，外省日报的发行量几乎是巴黎日报的 3 倍。外省报纸一般不注重政治评论，侧重于地方新闻，发行众多的地方版占领广大城镇市场，地方版部分内容是报社统编的，其余则是所在乡镇的新闻和广告。

20 世纪 90 年代，法国发行量最大的两家地方报纸是《西法兰西报》（44 个地方版，79.5 万份）和《北方之声报》（29 个地方版，37.2 万份）。

1999 年，巴黎主要报纸及其每期发行量：《费加罗报》，36.6 万份；《世界报》，39 万份；《法兰西晚报》，16.3 万份；《解放报》，17.2 万份；《人道报》，5.9 万份；《巴黎日报》，10 万份。

第二次世界大战后初期，法国"左派"报纸影响很大。随着时间的推移，除法国共

---

① 王续红：《学习法国期刊订阅公司的经验》，载《对外大传播》，1997(1)。

产党保持党报体系外，其他政党的报纸纷纷停办。

第二次世界大战后，法国共产党中央机关报《人道报》公开出版，一度是全国最有影响力的政治报纸，发行量曾达 48 万份(1946 年)。《人道报》十分重视联系群众，1951年起，《人道报》每年在郊区公园举行党报节①活动，最多时有 30 万人参加。

20 世纪 70 年代以后，《人道报》销量不断下降，财政困难。20 世纪 80 年代，发行量为 10 万份。20 世纪 90 年代以后，该报发行量更是徘徊在 5 万份上下。

法国共产党保有党报党刊体系，除了《人道报》外，还出版理论刊物《共产主义手册》、时事周刊《革命》、农民刊物《土地》、经济科技报纸《前进报》，以及地方党报《今晚报》等，法共领导的工会、青年团也有自己的报刊。

第二次世界大战后，法国报业重新兼并集中，逐渐形成垄断局面。

1914 年，96 个城市有日报，只有 1 家日报的城市占 25％(24 个)。1981 年，55 个城市有日报，只有 1 家日报的城市占 72.7％(40 个)。

20 世纪 50 年代中期到 60 年代，一些中小报纸逐步依附于大报，演变为其地方版，于是形成了 20 个以大报为核心的区域性报团。其中最大的有四个：以《法兰西晚报》为中心的阿歇特集团，以《费加罗报》②为中心的普鲁沃斯特集团，以《解放了的巴黎人报》为中心的阿莫里集团，以《震旦报》为中心的布萨克集团。

到 20 世纪 60 年代末，20 家报团已控制全国报业市场的 73％，全国报业的垄断格局形成。

法国是世界上唯一对报刊发行立法的国家。

1947 年，法国颁布了《比歇法》，其中规定法国报刊无论大小都有自由、平等、公正的发行权；发行渠道有 3 种：发行公司、邮局和自建的发行网；不管哪种发行方式，都要接受报刊销售组织委员会的监督。

在《比歇法》基础上，法国组建了两大私营专业报刊发行公司：巴黎报刊发行新公司和里昂报刊发行公司。前者主管全国性报纸和刊物以及周刊的发行，取得了零售市场 85％的份额；后者只发行杂志，尤其是地方刊物和月刊、季刊等，在零售发行市场上只占 15％，但因期刊价格贵，故发行收入不菲。

地方性报纸和周刊多是自办发行的，由报社组织送报上门。发行公司的发送对象是各种零售点，有报亭和书报店，还有设在超市、银行、药店、面包店等场所的报刊架。

在法国各报的行政机构中，可能不设发行部，但都有订阅部，并且有免费或便宜的专线征订电话。

---

① 党报节是一种集政治、文化、体育、娱乐、餐饮、购物于一体的大型群众性欢庆活动，以群众喜闻乐见的方式，宣传其政策主张，鼓动群众，筹集经费，扩大影响，争取国际支持。西欧各国共产党普遍都有举办党报节的传统。除法共《人道报》节、葡共《前进报》节外，还有意大利重建共产党的《解放报》节、德国共产党的《我们的时代》报节和卢森堡共产党的《人民报》节等。

② 该报读者多为商人和高级职员，随赠送《费加罗杂志》《费加罗妇女》，是巴黎最便宜的日报。1949 年起，该报被法国著名毛纺工业家 J. 普鲁沃控制。1975 年，埃尔桑报业集团购得该报。

二、法国广播①

法国国际广播集团（Group Radio France Internationale）是法国唯一面向全球播音的广播集团。前身是 1931 年成立的法国殖民地电台，1938 年更名为巴黎-世界电台。1975 年，巴黎-世界电台更名为法国国际广播电台，隶属法国广播集团的直接领导。1986 年，法国国际广播电台正式成为一个独立运营的广播电台，随后又发展成为一个广播集团。法国国际广播集团旗下有法国国际广播电台、蒙特卡洛中东电台、巴黎-里斯本电台、法广－索菲亚电台以及设在罗马尼亚的法广-三角洲电台。法国国际广播电台 1998 年 9 月开通了网站。

1987 年，法国有收音机 2 000 万台。

广播在法国有如此骄人的成绩，与法国人对广播重新有了前所未有的热情密切相关。

在白天，广播几乎时刻都在陪伴着法国人。每个法国人平均每天收听广播节目的时间在全球收听率排行中仅次于丹麦和爱尔兰，超过了美国。索福瑞公司的调查显示，听广播已经成为法国人仅次于看电视的第二项日常休闲活动，其位置排在了聊天和园艺之前。

流通、电信和汽车是法国广播广告投放最多的两大领域，其份额占广播广告总量的 52%。据统计，增幅最大的是怀旧广播电台，为 52%，广告收入是 7.72 亿法郎。就整体而言，音乐电台在综合电台那里夺得 3% 的市场份额之后，广告收入占到了整个广播广告的 60%。

三、电视

第二次世界大战期间，法国电视发展中断。

第二次世界大战后，政府吊销全部私营广播电台的营业许可证，广播电视由法国广播电视台独家经营。

法国的电视收费制度始于 1949 年。

1967 年 10 月，采用本国发明的 SECAM 制式播出彩色电视节目。

1968 年 10 月，法国电视开始播出商品广告。

1975 年 1 月，法国广播电视公司解散，改组为 7 个事业机构。

1984 年 11 月 4 日，CANAL＋电视台开播。成立时，它是法国第四大电视台，也是法国第一家私营电视台。

1986 年，法国议会通过视听传播法，决定出售法国电视一台，由私人资本经营，后由布依格集团购得此电视台。

1987 年，除法国电视一台外，法国的广播电视机构还有：

---

① 参见《法国广播业形势一片大好》，载《声屏世界》，2003(3)。

其一，法国广播电台，经办 4 套全国性广播节目，3 套每天 24 小时广播，1 套教育节目每天广播 16.5 小时。

其二，法国国际广播电台，使用 8 种语言，每周广播 150 小时。

其三，"第 2 天线"电视台，每周播出 118 小时。

其四，法国地方电视台，每周对全国广播 87 小时，另有部分地区性节目。

此外，有商业、音乐、收费电视台各 1 座，通过卫星和地区两种方式传送，播出时间各为 77～148 小时。

1987 年，法国有电视接收机 1 816.8 万台，包括彩色电视机 1 220 万台，每百人平均各拥有 32.7 台和 22 台。

第五节　21 世纪的法国新闻事业

一、报业

21 世纪初，法国综合性政治报纸营业额连年下滑，在 2001 年和 2002 年分别减少 8.5％与 7.2％之后，2003 年又降了 6.3％，跌至 14.2 亿欧元。地方综合性政治报纸、大众化专业报纸的收入，则略有上升。

2002 年年初，免费报纸加入法国报业竞争行列，如《地铁报》《20 分钟》《马赛报》。数月之内，这些报纸就达到了较高的发行量，如《地铁报》35 万份，《20 分钟》45 万份。2003 年，免费报纸每日发行量超过 100 万份，广告收入相当于 2002 年的 3 倍。[①]

2003 年，法国报纸销售收入达到 59.9 亿欧元。

2008 年，世界报业协会发布的"世界日报发行量前 100 名排行榜"中，只有 1 家法国报纸（即《西法兰西报》），排名 77，而且不是全国性大报。

2016 年 5 月 26 日，法国几乎无报纸发行，成为新闻史上的一件奇闻。法国总工会（CGT）封锁了几乎所有报纸的印刷和发行，因为各大报纸拒绝刊登 CGT 书记马丁内兹号召抗议的声明全文。唯一被允许印刷发行的是左翼报纸《人道报》，它同意刊登马丁内兹的一篇社评。

除经济类日报《回声报》、体育类日报《队报》外，法国的重要报纸包括：

其一，《世界报》（Le Monde）。法国最有影响力的日报，1944 年 12 月创办于巴黎，属于非营利的合作型机构世界报有限公司，股权归本社员工所有，经营和编辑保持独立性。

其二，《费加罗报》（Le Figaro）。法国现存历史最久的日报。1854 年创办时为周报，1866 年改为日报。这是一份言论性报纸，政治态度历来保守，主要反映右翼政治力量的观点。其经济新闻，用粉红色纸张印刷。另有增刊《费加罗画报》。

其三，《法兰西晚报》（France-Soir）。该报前身是 1941 年创办的地下报纸《保卫法

---

① 张子让：《法国报业经营状况扫描》，载《新闻记者》，2004(11)。

兰西》，1944年8月公开发行，同年11月改为现名，并且着力模仿战前著名的《巴黎晚报》，办成受社会大众欢迎的报纸，发行量一度突破百万。

其四，《国际先驱论坛报》（*International Herald Tribune*）。这是美国企业在巴黎出版的国际性英文日报。前身是1887年10月开始出版的《纽约先驱报》（后改为《纽约先驱论坛报》）欧洲版。

二、杂志业

根据法国传媒发展局和巴黎新闻快报/益普索公司的数据，法国有3万多个杂志销售点；杂志的平均价格为1.9欧元，每年每个家庭有150欧元用于杂志消费，每个家庭平均一年购买杂志将近100册。

2004年，法国期刊以21亿册的总销量，打破了世界纪录。

2004年，法国每期发行量排名前十的杂志中，有7个是电视指南类杂志，它们有《电视杂志》（*TV Magazine*）（发行量471万册）、《七日电视节目》（发行量187万册）、《Z电视节目》（发行量181万册）、《电视周刊》（发行量179万册）等。此外，发行量占第二位的是《妇女的说法》（*Version Femina*），发行量为377万册，第九位是《妇女周刊》（*Femme Actuelle*），发行量为122万册，第十位是《充实的生活》（*Pleine Vie*），发行量为101万册。

排名前5位的名牌杂志，总发行量占杂志总发行量60%的份额，排名前12位的杂志发行量占总发行量的80%。[①] 由此可见，法国杂志业已经高度垄断。

2005年和2006年，法国期刊的发行量均有下降，下降比例为2%～3%。2006年，法国期刊广告下降了1%，营业额为15.27亿欧元。[②]

法国重要的综合性政治周刊包括《快报》《新观察家》《方位》《费加罗杂志》《星期日人道报》等，经济周刊包括《新经济学家》《发展》等。

《快报》（*L'Express*）是新闻周刊。1953年发刊，起初是《回声报》的附刊，1964年仿效美国《时代》周刊进行改革，逐步发展为法国最有影响的新闻周刊，并且还出有国际版。期发50多万份，读者多为企业管理人员和知识阶层。

《鸭鸣报》（*Le Canard Enchaine*）是讽刺性刊物。1916年创办，创办人莫里斯·马雷夏尔起这样的刊名，意在使它成为一份敢讲大实话的刊物。该刊惯于以辛辣的讽刺、诙谐调侃的语气评论时弊、揭露丑闻，很受读者的支持和欢迎，发行量一度超过百万册。1972年，揭露总理沙邦-戴尔马的偷税漏税行为，导致其下台。1979年，揭露总统德斯坦接受中非皇帝的贿赂，结果影响了他的竞选连任。

《巴黎竞赛画报》（*Paris-Match*）是时事画刊，是第二次世界大战前风行一时的《竞赛画报》的翻版，1949年创刊。内容有国内外大事、特稿、评论、政坛人物、影视明

---

① 张书卿：《2004年法国杂志发行增长，电视类杂志领航》，载《出版参考》，2005年12月下旬刊。

② 于平安：《法国期刊业面临再次创新》，载《出版参考》，2007年8月上旬刊。

星、家庭生活、时装美容等，图文并茂，编辑精美。发行量约为 100 万册。

三、广播电视业

法国是欧洲较发达的国家之一，全国公共和商业广播电台 1 500 多家（包括社区台），广告营业额占全国广告总收入的 7％以上。

截至 2006 年年底，在欧洲国家拥有 VOD（视频点播）运营商数量的排行榜上，名列第 1 的是法国（拥有 20 家 VOD 运营商）；其次为荷兰、英国和德国。2006 年，法国 VOD 营业总额达 2.41 亿美元。

2008 年 1 月，法国总统萨科齐在新年首场新闻发布会上宣布，整合法国对外广播电视机构法语卫视 TV5、法国 24 小时电视台和法国国际广播电视等资源，成立一家名为"法国世界台"的法语电视台。

2008 年 6 月 25 日，法国总统萨科齐宣布，从 2009 年 1 月 1 日起，将禁止公共广播电视机构在 20 时至次日 6 时播出广告；从 2011 年 12 月 1 日起，将全面禁止公共广播电视机构播出广告。2009 年 1 月 5 日开始，国营的法国电视二台、三台、四台、五台和海外省频道在晚上 20 点以后至凌晨 6 点，取消广告播出。而私营电视台法国电视一台可以刊播广告。由于没有广告收入，公共电视台每年都会获得政府补偿，2009 年度补偿金额为 4.5 亿欧元。

2009 年年底，巴黎、马赛和尼斯开通数字广播，分别提供 63 个、49 个和 48 个波段供当地听众选择。

四、通讯社

在新闻发布的流程中，各世界级的新闻通讯社处于上游位置。在法国，代表世界级新闻社的是法国新闻通讯社（AFP）和 10 多家专业新闻社。

法国的西霸图片社（Sipa）、伽玛图片社（Gamma）和西格玛图片社（Sigma），是世界三大图片社。

西霸图片社是法国最大的图片社，以提供新闻图片为主要业务，在世界各地拥有 600 余名摄影记者。它还与不同国家签署了图片产品代销协议，在业内有很高的影响力。

伽玛图片社成立于 1967 年，以图片专题化特色，享誉世界新闻、摄影、出版领域。

西格玛图片社不但从事新闻摄影服务，而且从事艺术、科技、广告等摄影服务项目。

五、媒体集团

法国有 30 多个报团，如埃尔桑报团、桦榭菲力柏契集团等。

在法国，最有影响力的报刊集团是桦榭菲力柏契集团（Hachette Filipacchi Medias，以下简称桦榭集团）。

桦榭集团在全球 36 个国家和地区内出版近 300 种杂志和报纸，其中的 240 余种在国际市场上出版。期刊所涉领域广泛，包括女性、男性、青少年、旅游和休闲、电视、汽车、家装、厨艺、每日新闻等，读者达 4 700 万以上。每天在法国销售近 100 万份期刊，发行量约占国内期刊市场的 17%，每年营业额超过 24 亿欧元（国际市场占 54% 以上）。

桦榭集团的品牌杂志有 ELLE、《巴黎竞赛画报》和《首映》等。ELLE 每年发行 6 400 万份以上，刊登的广告在 2001 年达 4.2 万页之多。桦榭集团也拥有地方报纸，如法国南部发行量较大的地方报纸《普罗旺斯日报》（La Provence）。

维旺迪集团（Vivendi）是法国巨型媒体跨国集团，业务范围包括电视、电影、出版、音乐、电信、互联网和电子游戏等行业，拥有法国最大的付费有线电视台 CANAL＋。

思考与练习

法国政坛的变化，对该国新闻事业的发展造成了怎样的影响？

第十四章 德国新闻事业简史

本章要点

◆德国的近代报刊。
◆马克思和恩格斯的报刊活动。
◆第二次世界大战后的德国新闻事业。

第一节 世界第一份日报诞生

公元962年，德意志国王奥托一世加冕为皇帝，建立德意志神圣罗马帝国。德意志神圣罗马帝国早期还是统一的国家，中世纪后演变为一些公国、侯国、伯国、宗教贵族领地和自由市的政治联合体，由3000多个邦国组成，没有统一的军队，没有预算。① 1648年，欧洲各国签署了《威斯特伐利亚和约》，以法律形式确定了德意志的分裂局面，德意志被分裂为314个大大小小的邦国，邦国各自为政，中央权力几乎不存在。

在分裂或半分裂状态下，德意志地区远比当时的英国和法国落后，新闻事业的发展因此受到较大的束缚。尽管如此，在17世纪和18世纪，德国的新闻事业还是走在世界各国前列。

1455年，德国人约翰·古登堡（Johann Gutenberg）发明了世界上第一台印刷机。他把一台压葡萄的榨汁机改装成印刷机，用长柄转动木螺杆，朝下向平放在木制板台上的活字版上的纸张加压。印刷机的使用，大大提高了印刷的质量和速度，为德国近代报业的诞生创造了技术条件。

17世纪初，德意志地区诞生了世界上最早的定期报刊。

1609年，两份周报的问世，标志着德国近代报业的开端。这两份周报，一份名为《通告·报道或新闻报》，由海因里希·朱利叶斯公爵创办，在沃尔芬比特尔②出版；另一份是《报道》，由约翰·卡罗吕斯创办，在斯特拉斯堡出版。这两份周报每周通常只有一条新闻。

1608年，神圣罗马帝国皇帝鲁道夫二世规定，由教会或地方行政长官对印刷出版物实行预审。

---

① 16世纪骑士起义失败后减少到300多个，拿破仑占领后减少到30多个。
② 今属德国下萨克森州。

1615 年，爱格诺尔弗·艾莫尔在法兰克福创办了周报《法兰克福新闻》，每期刊登数条新闻。该报出版时间超过 280 年(1615—1902 年)，在德国报业史上占有重要地位。

1628 年，神圣罗马帝国皇帝斐迪南二世开始采用特许出版制。获得特许出版权的，大多是各大城市的邮政局长和印刷所长。

1650 年，书商蒂莫休·里兹赫在莱比锡出版日报《新到新闻》(*Einkommenda Zeitung*)。这是德国的第一份日报，也是世界上第一份日报。

1660 年，里兹赫创办新的日报《最新战争和世界贸易新闻》。

1663 年，周报《莱比锡新闻》(*Lepziger Zeitung*)改为日报，该周报由莱比锡的一位印刷所长于 1650 年创办。

1701 年，霍亨索伦家族建立了普鲁士王国，首任国王为腓特烈一世。此后，普鲁士逐渐发展为德意志境内最大的邦国，并同奥地利争夺对德意志的控制权。

1704 年，职业报人福斯获得官方的特许，在柏林创办了《福斯新闻》(*Vossiche Zeitung*)。至 1776 年时，该报发行量达 2 000 份。1785 年，该报更名为《柏林政治和学术问题王国特权报》，在德国和欧洲颇有影响。

1713 年，普鲁士第二任国王腓特烈·威廉一世即位。他特许出版官方报纸《柏林特权报》(1721 年创办)，作为发布通告法令的官方喉舌。

1728 年，腓特烈·威廉一世下令全国各大城市出版官办的广告报。这些报纸主要刊登广告，只在附刊登载部分商业新闻；除了这些官办的广告报外，其他出版物一律不得刊登广告。这一规定成为民办报刊发展的一大障碍。

普鲁士的第三任国王是腓特烈二世。他受到法国启蒙思想的影响，在位初期曾放松对报刊出版的管制。

1740 年，报人施本纳创办《柏林政治和学术问题新闻》，该报 1776 年发行量达 1 780 份，与《福斯新闻》同为 18 世纪普鲁士最有影响力的报纸。

腓特烈二世在位期间，先后率军与奥地利、法国、俄国、波兰等国作战，他在后期重新颁布了严厉的书报检查令。

第二节　民主革命浪潮中的报刊

法国资产阶级革命于 1789 年揭开序幕，直到 1870 年才落幕，震动欧洲。包括普鲁士在内的欧洲封建势力为了扑灭法国的革命之火，曾经 7 次组成反法同盟，与法国作战。

19 世纪初，拿破仑率法军击败以普鲁士、奥地利为首的反法联军，继而横扫欧洲大陆，占领了德意志神圣罗马帝国的许多地区(包括柏林)，莱茵地区的 16 个邦在法国庇护下组成莱茵联邦，神圣罗马帝国宣告解体。

虽然拿破仑一度建立军事独裁政权并称帝，但他有别于传统意义上的封建统治者和封建军事强人，而是《人权宣言》等法国大革命遗产的继承者。在拿破仑的主持下，资本主义性质的法国《民法典》于 1804 年公布施行。因此，拿破仑军队对德意志地区的反攻，不但冲击了当地的封建秩序，而且带来了资产阶级的自由民主思想和资本主义法典制度。在拿破仑占领过的地区，先后出现了一些带有自由主义色彩的报纸。

在这种形势下，德国的新闻事业有了新的起色。

1798年，《总汇报》(*Allgemeine Zeitung*)在蒂宾根创刊。这是一份有影响力的资产阶级报纸，创办人是出版商科塔，1810年后在奥格斯堡立足，也称《奥格斯堡总汇报》。从创刊起，该报就大量报道法国大革命的进程。在19世纪欧洲革命风潮中，该报成为德国最著名的报纸，曾被恩格斯比作德国的《泰晤士报》。该报一直出版到1882年。

1802年，《科伦日报》创刊。后来，随着影响力和发行量逐步上升(每期发行量曾达9 000份左右)，该报成为19世纪前期仅次于《总汇报》的德国大报。

1814年，周报《莱茵信使》在科布伦茨创刊，该报创办人约瑟夫·冯·格雷斯认为，报纸必须认真研讨政治现实，勇敢地反映民众意见，成为"人民之口、君主之耳"。该报宣传资产阶级民主思想，反对德意志各邦的专制政策，表现出鲜明的民主主义倾向。1816年被当局查封。

1814年，拿破仑被欧洲第六次反法同盟击败，德意志恢复了原先的疆土。1815年，德意志境内41个邦和自由市组成松散的德意志邦联。

1815年6月，拿破仑兵败滑铁卢，此后一蹶不振，1821年5月5日病逝。1815年9月，奥地利、沙皇俄国和普鲁士三国君主缔结"神圣同盟"，目的是维护君主政体。除英国、奥斯曼帝国，欧洲各国君主纷纷加盟。

随着拿破仑政权的彻底覆灭和"神圣同盟"的建立，德国封建统治得到加强，封建势力恢复了对新闻事业的压制。

1819年，德意志邦联议会制定书报检查令，1822年开始征收印花税。此后又多次下令禁止刊登政治新闻，不许批评君主和议会。

在法国1830年七月革命的影响下，德意志地区的民主思潮在19世纪30年代重新抬头。在君权统治较为薄弱的一些邦国，出现了若干具有民主倾向的新报刊，如《莱比锡总汇报》(1837—1842年)；《德意志电讯》(文学周刊，1838—1848年)。

19世纪40年代初，日报《莱比锡总汇报》是资产阶级激进派的报纸。

19世纪40年代，德国民主思潮更加高涨。为缓和社会危机，即位不久的普鲁士国王腓特烈·威廉四世于1841年颁布新的书报检查令，其中某些条款比以往有所放宽。资产阶级自由派人士利用这一时机创办了新的报刊，如《莱茵报》(1842年1月—1843年4月)、《德国年鉴》(1841—1843年)等。

1848年，欧洲革命爆发，很快席卷意、法、普、奥、匈、捷、罗、波等许多国家。德意志的多个邦国爆发了推翻君主专制、建立君主立宪制的革命。奥地利和普鲁士相继爆发的三月革命①，分别产生了新的资产阶级性质的内阁，原有的书报检查制度被废

---

① 1848年3月13—16日，普鲁士首都柏林的工人、市民和大学生连续举行示威游行，并同政府军展开战斗。国王腓特烈·威廉四世调动大批军队，向起义中心地区进攻。经过激烈的战斗，起义人民取得了胜利。国王被迫把军队撤出柏林，同意召开有资产阶级参加的议会，并于3月29日由资产阶级自由派首领康普豪森组阁。

除。德意志境内一下子出现了数百家新办报刊，其中有无产阶级报纸《新莱茵报》、资产阶级自由派的《国家日报》等。原有的《总汇报》《科伦日报》，也活跃起来。

这次革命运动，是法国大革命以后欧洲资产阶级革命发展的顶点。由于资产阶级的软弱和转向反动，不久便失败了。① 封建王朝的统治重走老路，德国各地的群众斗争和起义活动先后被镇压下去。1849 年以后，德国的大部分民主派报刊再度消失，自由派报刊如《国家日报》《科伦日报》纷纷向封建贵族妥协，以求生存。

第三节　马克思和恩格斯的报刊活动

《莱茵报》②，全称《莱茵政治、商业和工业日报》(*Rheiniche Zeitung Fur Politik Handel Und Gewerbe*)，1842 年元旦创刊，在普鲁士的莱茵省科伦市出版，主要股东是莱茵省的自由工商业主。当时的科伦是莱茵省的经济中心，有 7 万多人口，又开通了铁路，工商企业发展较快。

1841 年 9—12 月，马克思曾参加《莱茵报》的创刊筹备工作。《莱茵报》的首任主编是古·赫夫铿，由于与出版负责人的意见不一致，在任 18 天便辞职了。根据马克思的建议，他在柏林大学时的朋友阿·鲁滕堡接替了主编职务。

鲁滕堡担任主编期间，青年黑格尔派的小团体"自由人"逐渐控制了报纸的版面：攻击国家和教会的现存制度，却提不出可以代替它的任何更好的办法。

1842 年 8 月起，马克思实际上承担起该报的编辑责任。10 月 15 日，马克思正式担任报纸主编。当时，《莱茵报》订户只有 885 户，是当时《科伦日报》订户的 1/10。

马克思任主编期间，《莱茵报》陆续报道、讨论了许多社会问题，如农民问题、报刊检查问题、德国统一问题等，对普鲁士的反动统治和官僚制度进行了深刻的揭露和批判，同敌对报刊进行了关于共产主义的论战，评论汉诺威自由主义反对派，参加讨论林木盗窃法、市政改革、保护关税、等级委员会、离婚法草案等问题。

马克思的主编工作是卓有成效的。接手 1 个月后，《莱茵报》订户就增至 1 820 户。到 1843 年 1 月，该报订户增加到 3 400 户。

1842 年 12 月 28 日，萨克森王国的报纸《莱比锡总汇报》在普鲁士境内被查禁。1843 年 1 月，马克思就此在《莱茵报》发表了 7 篇文章，批评普鲁士专制政府迫害进步报纸。

但是，普鲁士当局多次扣押《莱茵报》拟刊登的稿件。例如，为答复莱茵省总督对该报报道不真实的指控，马克思写了一组反驳文章，但只发表了两篇，其余的被检察

---

① 德意志各邦资产阶级以解决德意志统一为名，于 5 月 18 日在美因河畔的法兰克福召开国民议会。1849 年 3 月，议会通过帝国宪法，确定某些自由、民主权利，选举普鲁士国王腓特烈·威廉四世为统一的德意志帝国皇帝。但威廉拒绝加冕，普鲁士和奥地利各邦君主也不接受国民议会通过的宪法。同年 5 月，德意志西南各邦人民发动起义，掀起维护帝国宪法的斗争，结果失败。这期间，大多数议员被各自的邦政府召回，剩下的议员被军队驱散。7 月，法兰克福国民议会瓦解，德国 1848 年革命结束。

② 介绍该报的文字，部分引自马克思主义研究网。

官扣压了。

恩格斯是《莱茵报》在柏林（后来是英国）的通讯员，自1842年4月12日起，他在该报上共发表了17篇（组）文章。1842年11月下旬，他路经科伦去英国，在《莱茵报》编辑部与马克思第一次见面。他们达成了恩格斯从英国为《莱茵报》撰稿的协定。

普鲁士政府感到了《莱茵报》对它的威胁。1843年1月19日，在国王腓特烈·威廉四世的主持下，内阁通过决定，从4月1日起关闭该报。为保证在查封前报纸不再发表政府不满意的文章，对它实行双重检查。

为使报纸免遭查封的厄运，马克思在1月底的《科伦市民关于继续出版〈莱茵报〉的请愿书》上签了名，在2月12日的《莱茵报公司股东关于继续出版〈莱茵报〉的呈文》上签了名。最后，马克思决定一个人承担起报纸的全部政治责任，于1943年3月17日声明退出编辑部（达·奥本海姆接任编辑）。但是，普鲁士政府不顾数千人的签名请愿，坚持查封报纸。

1843年3月31日，《莱茵报》出版了最后一号（第456期），头版头条的告别辞写道：

> 我们高举自由的旗帜出海航行，
> 把祸患连同锁链和皮鞭统统埋葬。
> 水手们不需要监视，
> 他们都忠于职守。
>
> 让人们去说我们把命运作儿戏，
> 让他们去嘲笑和谈论各种灾难吧！
> 哥伦布当初虽遭嗤笑，
> 但他毫不畏惧铺向新世界的路。
>
> 新的战斗在彼岸等待着我们，
> 在战斗中我们会遇到战友，
> 如果征途上注定要遇险——
> 在艰难中我们将忠于自己。

《莱茵报》停刊以后，马克思筹划出版一份能够同时面向德国和法国革命民主主义者的期刊。因为法国的新闻出版自由比其他地方相对多些，马克思把杂志的出版地点选在巴黎。普鲁士政府决定收买马克思，委托他父亲的朋友转告他：普鲁士政府有意邀请他成为官方报纸《普鲁士国家报》的撰稿人，并在国家机关任职。马克思不为所动，于1843年10月底离开德国移居巴黎，开始着手创办《德法年鉴》。

1844年2月，马克思和卢格主编的德文杂志《德法年鉴》问世，这是1月、2月两期的合刊号，恩格斯、海涅等为它供稿。由于办刊方针、政治观点上的分歧，以及出版发行的实际困难，马克思和卢格不再合作，《德法年鉴》没有再出版，自动停刊。

此后，马克思利用撰稿和参加编辑的机会，对巴黎的德文报纸《前进报》施加影响。恩格斯则为英国宪章派左翼机关报《北极星报》撰稿。

1848年4月，马克思和恩格斯返回德国，11日到达科伦。科伦是莱茵省省会，工业发达，通行资产阶级性质的《拿破仑法典》，享有较多的言论和出版自由。1848年6月1日，马克思和恩格斯联手创办的《新莱茵报》在欧洲革命的高潮中诞生。这是他们创办的第一份大型政治日报。

马克思担任总的领导和组织工作（特别在报纸创办的最初几个月）。大部分社论由恩格斯执笔，他还负责柏林普鲁士国民议会和法兰克福德意志联邦议会的报道和评论工作、几乎所有民族解放战争的报道和评论工作。威·沃尔弗负责农民问题的报道并领导国内新闻专栏。斐·沃尔弗担任驻巴黎的记者工作。德朗克是驻法兰克福的记者，同时负责波兰、意大利的报道。维尔特和弗莱里格拉特主持编辑小品文栏。毕尔格尔斯的主要工作是与当地民主派组织的联络、以报纸编辑部的名义参与各种群众大会的组织工作。马克思外出时，由恩格斯代为主持编辑部的工作。

为了把欧洲和德国革命中一切最重要的消息迅速报道出去，编辑部常常在一天中出两次报，材料多时就出增刊，有重大消息时，立即出版号外。该报在欧洲和北美建立了广泛的联络和销售网，消息灵通，内容丰富，广告栏也占有相当大的篇幅。它的小品文栏幽默泼辣，一反当时报纸常规，安排在头版下半部，很能吸引读者。

《新莱茵报》是集股创办的。由于它日益显示出无产阶级的性质，大部分资产阶级、小资产阶级股东陆续退了出去。马克思拿出了他的全部现金，出卖了家具，典当了妻子的最后几件银器，得以使报纸正常运转，还购置了高速平板印刷机。

报纸还得到了一些左翼组织和民族解放运动组织以及个人的有限的金钱资助。鉴于当时德国革命的性质，《新莱茵报》的政治纲领是：建立统一的、不可分割的、民主的德意志共和国和对俄国进行一场包括光复波兰的战争。

1848年法国工人的六月起义遭到残酷镇压后，《新莱茵报》在欧洲几乎是唯一坚决站在失败者一边的报纸。

1849年春季，德国各地爆发护宪起义时，报纸批判专制制度的语调愈来愈激烈。恩格斯作为《新莱茵报》的代表，于5月10—15日参加了爱北斐特地区的起义，并成功地率领一支小分队突袭了普鲁士军队的一个军备仓库。

该报支持各地旨在反对专制制度的民族解放运动，特别是沙皇俄国的民族解放运动，仅关于匈牙利民族解放战争的评论和通讯，恩格斯就写了100多篇。

他回忆说："这是革命的时期，在这种时候从事办日报的工作是一种乐趣。你会亲眼看到每一个字的作用，看到文章怎样真正像炮弹一样地打击敌人，看到打出去的炮弹怎样爆炸。"①

在不到1年的时间里，马克思和恩格斯在《新莱茵报》上共发表了400多篇文章。普鲁士当局对《新莱茵报》进行了多次迫害，关于该报的诉讼案件共有23起。

---

① 参见恩格斯《给〈社会民主党人报〉读者的告别信》，《马克思恩格斯全集》第22卷，89页，北京，人民出版社，2016。

1848 年 9 月 26 日，科伦宣布戒严，报纸被勒令停刊，大部分编辑因有被捕的危险而出走。恩格斯逃到比利时，又被那里的警察递解出境到法国，从巴黎他步行 700 多千米，历时 1 个月，流亡到瑞士的伯尔尼。

1848 年 10 月 12 日报纸复刊后，马克思和没有出走的维尔特、新来的弗莱里格拉特等人，付出了极大的努力，使报纸得以坚持出版。恩格斯从瑞士写来大量关于瑞士和匈牙利的文章。

1849 年年初，由于当局撤销了对恩格斯等的通缉令，编辑部成员陆续返回工作岗位。2 月 7 日和 8 日，科伦陪审法庭开庭审理有关《新莱茵报》的两件诉讼案，在马克思、恩格斯和律师的有力辩护下，陪审法庭宣布所有被告无罪，陪审员们还对马克思等人的精彩演说表示感谢。

按照莱茵省实施的《拿破仑刑法典》，普鲁士政府找不出理由查封《新莱茵报》。当德国北部的护宪起义失败的时候，当局开始迫害编辑部成员个人。马克思、德朗克、维尔特被宣布为"外国人"，限期他们离开自己的祖国。恩格斯因参加起义遭到通缉。威·沃尔弗和斐·沃尔弗以莫须有的理由受到司法追究。发行人科尔夫被抓。

在这种情况下，《新莱茵报》被迫停刊，这时，它已经拥有近 6 000 个订户。在当时报纸最发达的英国，除《泰晤士报》外，其他日报的订户都不超过 5 000 户。

1849 年 5 月 19 日，最后一期（第 301 号）《新莱茵报》用红色油墨印刷，印了数万份，广泛散发和出售。编辑部《致科伦工人》的文末写道："《新莱茵报》的编辑们在向你们告别的时候，对你们给予他们的同情表示感谢。无论何时何地，他们的最后一句话始终将是：工人阶级的解放！"①报纸头版头条的告别辞（作者弗莱里格拉特）写道：

> 别了，但不是永别，
> 他们消灭不了我们的精神，弟兄们！
> 当钟声一响，生命复临，
> 我将立即披甲返程！

后来，马克思和恩格斯继续他们的新闻活动。

1950 年 3 月 6 日—1950 年 11 月底，出版理论刊物《新莱茵报·政治经济评论》。

1851—1864 年，指导帮助英国宪章派报纸《寄语人民》和《人民报》，美国工人报刊《革命》《改革报》《人民呼声》，德意志工人协会报纸《人民报》，为《纽约每日论坛报》供稿。

1864—1879 年，改造和指导国际工人协会机关报，积极宣传巴黎公社。

1879—1895 年，指导帮助《社会民主党人报》、《新时代》杂志、《前进报》和其他报刊。

---

① 《马克思恩格斯全集》第 6 卷，619 页，北京，人民出版社，2016。

第四节　廉价大众报纸和报团兴起

1856 年，随着德意志地区资本主义经济的发展，一份重要的商业报纸应运而生。这份报纸就是《法兰克福报和商报》。

《法兰克福报和商报》由出版商列·宗内曼创办，最初主要报道日益活跃的商业活动和经济信息，内容丰富，信息量大。19 世纪 50 年代末，开始增加政治报道，逐步取代《总汇报》和《科伦日报》的位置，成为国内外有影响的大报。该报一直出版到 1943 年。1875 年 9 月 8 日，马克思曾这样评价宗内曼："宗内曼是一个有名望的人，但是他很自命不凡……他的主要目的是把小资产阶级引入社会民主主义运动。他的报纸是公认的南德意志最好的交易所和商业的报纸，所以有经费来源。他很清楚，他的报纸作为政治消息的传播者给工人报刊帮了忙。"①马克思及其夫人燕妮都曾在该报发表文章。②

1862 年，俾斯麦出任普鲁士王国首相。俾斯麦是著名的铁腕人物，上台后便宣称要通过铁和血的手段、通过战争实现德意志统一。他对内实行专制政治，对外发动对丹麦、对奥地利的战争，为统一德国积聚力量。

作为"铁血宰相"，俾斯麦曾在 1863 年颁布出版法令，其中规定：报纸如"危害社会治安"，政府在经过两次警告后可令其暂时或长期停刊。与此同时，他积极扶持官办的《国家通报》以及几家半官方报纸，以控制舆论。

1870 年 7 月，普法战争爆发。普鲁士政府乘应战之机，逐步结束了各邦割据的局面，并击败法国军队。1871 年 1 月，普鲁士国王威廉一世宣布成立德意志帝国（不包括奥地利），德国实现统一。

1874 年，德意志帝国议会制定新闻出版法，声称要废除新闻检查，保障新闻出版自由。

然而，俾斯麦政府一面设立"收买基金"（人们讽刺为"爬虫基金"），用以分化、收买某些反对派报纸，一面又用强硬手段对付不愿驯服的反对派：先在 1872 年发动"文化斗争"，打击天主教会和中央党的报纸；1878 年又操纵国会通过了《反社会民主党危险活动法》（通称"反社会党人法"），取缔社会民主党和一切进步工人组织，封闭社会主义书刊和进步报纸。在实行《反社会民主党危险活动法》的 12 年间，被查封的进步报刊达 608 家。

1875 年 3 月，《法兰克福报和商报》发表了一篇文章，批评俾斯麦煽动宗教狂热和设立"爬虫基金"。俾斯麦政府强令该报出版人列·宗内曼讲出作者姓名，宗内曼拒不指出文章作者，被判入狱一个月。马克思在赴卡尔斯巴德疗养的路上，特意拜访了即将入狱的宗内曼，向他表示慰问。他向恩格斯通报情况时说："我看到了宗内曼，他刚刚因为拒绝说出通讯员的名字而又被审讯，并再次接到了缓期十天的通知，但这一次

① 《马克思恩格斯全集》第 34 卷，9 页，北京，人民出版社，2016。
② 《马克思恩格斯全集》第 35 卷，234 页，北京，人民出版社，2016。

是最后一次了。"①

德国统一后，阻碍交流的壁垒逐步减少，国内经济文化形成一体，工业经济出现了跨越式的发展：德国的煤炭和钢铁产量跃居欧洲第一；化工产品总产量跃居世界首位；到1910年，德国的工业总量超过了英国、法国，名列欧洲第一。统一前后的德国，还引领了第二次工业革命(以电力应用为主要标志)②，国内城市化步伐加快，城市平民和工人队伍壮大。

在这种全新背景下，德国新闻业有了新的发展。

一是原有的报纸，如《总汇报》《科伦日报》(后来成了民族自由党的喉舌)、《福斯新闻》继续发行，甚至缩短出版周期。例如，1848年发刊的亲官方报纸《北德意志汇报》，就在1872年改为日报。

二是新增若干政党报纸，如中央党的《日耳曼报》(1871年)、耶稣教自由派的《每日评论报》(1881年)等报纸。政党报纸占据德国报坛的主体位置。

三是大众化廉价报纸应运而生。

鲁道夫·莫斯1871年创办的《柏林日报》，是德国的第一份廉价报纸。1865年，莫斯在柏林创办《广告电讯报》，用一半以上篇幅刊登广告，虽然报价低廉，但获利颇丰。他还自办广告社，经营广告业务。他创办的《柏林日报》又获成功，成了其他报刊模仿的对象。

1883年，出版商奥古斯特·谢尔创办廉价报纸《柏林地方通讯》，该报初为周报，1885年改为日报，主要刊登地方新闻，并辟有多种特写专栏，颇受市民欢迎，发行量很快达到惊人的10万份。与此同时，他还办了多种期刊。

19世纪90年代，德国的政治和经济环境都有了明显的变化。德意志帝国首相俾斯麦下台，他在任时制定的"反社会党人法"宣告废除，第二次工业革命趋于完成。因此，19世纪末和20世纪初，商业性的大众报纸在德国迅速兴起。

造纸和印刷商乌尔斯泰因(Ullstein)创办了一系列大众报纸，如1889年创办的《柏林画报》(周刊)，1898年创办的《柏林全德新闻》《柏林晨邮报》。《柏林晨邮报》发刊10天发行量就达10万份，1913年更达40万份。1904年，他创办了德国第一份以零售为主的大众报纸《柏林午间报》，着重刊登社会新闻和娱乐材料，头版全部是照片和大字标题。

在商业报纸大发展的过程中，德国逐步形成了最早的报团：莫斯报团、谢尔报团、乌尔斯泰因报团。

1914年，第一次世界大战爆发。1918年，德国战败投降。1919年，德国通过魏玛宪法，宣告废除帝制，实行资产阶级议会制度，建立魏玛共和国。

魏玛宪法是一部保障资本主义制度的宪法。其中规定了某些公民权利，包括新闻

---

① 《马克思恩格斯全集》第34卷，9页，北京，人民出版社，2016。

② 1866年，德国人西门子制成发电机，1870年比利时人格拉姆发明电动机，电力开始用于带动机器，成为补充和取代蒸汽动力的新能源。电力工业和电器制造业迅速发展起来。人类跨入了电气时代。

自由的权利。宪法规定："人民在法律范围内，有以语言、文字、印刷和图画自由表示意见的权利……任何人不得妨害，并不得实行检查。"这就为资产阶级报业发展提供了良好的环境。此后13年间，德国报业空前繁荣，1914年全国报纸2 200家，1932年上升到4 703家，总销数2 500万份，为德国报业史上的高峰。

魏玛共和国时期，政党报纸约占报纸总数的47%。这是因为战争结束后，各报经济困难，纷纷求助于政党；而议会政治活跃，也促使各党派竞相占领报刊阵地。当时主要的政党报纸有中央党的《科隆新闻》、天主教党的《德意志报》、国家党的《新普鲁士十字新闻》、社会民主党的《前进报》等。

德国共产党成立于1918年，以《红旗报》为机关报，20世纪20年代建立了以《红旗报》为中心的党报系统，拥有35种日报、多种杂志、一家印刷厂。

这一时期，德国商业性报纸继续增多，报业垄断则有新的发展和变化。

乌尔斯泰因报团拥有5家日报：《柏林晨邮报》《柏林全德新闻》《柏林午间报》《福斯新闻》和《时报》晚刊。其中，《柏林晨邮报》1932年销量达60万份，为全国之冠。另外还拥有10种周刊、10种月刊，以及出版社、广告社、印刷厂等。

莫斯报团拥有4家日报：《柏林日报》《柏林人民报》《柏林晨报》《准时晚报》。另外有广告社、通讯社及其他附属企业。

第一次世界大战时，谢尔报团被矿业大王、军火企业克虏伯集团董事长胡根贝格（Hugenberg）购买。

胡根贝格报团的实力，居各报团之首：除在柏林拥有3家日报（《柏林地方通讯》《每日报》《柏林图画晚报》）外，还拥有1个地方报团、1家汉堡日报、9种周刊，以及广告公司、通讯社、出版社、影剧院、电影公司等。

德国是欧洲最早开办广播的国家之一。1923年10月，柏林的广播公司开始播出定时的无线电广播，标志着德国广播的诞生。一年以后，听众人数达到10万人。

1925年，半官方的德意志帝国广播公司建立，陆续控制了全国的广播电台。至1926年元旦，全德国听众已经达到100万人。

1932年6月1日，德国已拥有350万听众，政府将每晚广播的半小时作为宣传政策的时间。广播成为当时在德国最有影响力的大众传播工具。

第五节　冷战时期的德国新闻事业

1933—1945年，德国处于纳粹统治之下，新闻事业处于畸形发展阶段。1945年5月7日，纳粹通过广播电台向世界宣布德国投降。随后，苏联、美国、英国、法国军队对德国分区占领，实行了4年的军事管制。1949年，联邦德国（西德）、民主德国（东德）先后成立。自此，德国分裂为社会制度完全不同的两个国家，并且长期处于冷战状态。1990年10月3日，民主德国并入联邦德国，德国分裂40多年后重归统一。

1945年至20世纪末，德国的新闻事业也经历了分分合合的变化。

苏联、美国、英国、法国盟军进驻德国不久，就颁布新闻管理条例，规定：在纳粹统治时期出版的报刊一律停办；禁止任何与纳粹有关联的人从事新闻事业；创办报刊必须事先向盟军当局登记、申请许可证。

为弥补当时的新闻业真空，盟军当局曾发行《德意志简报》，以传播政令和一般消息。各占领区当局也陆续发行过官方报纸。随后，各占领区逐步向德国人发放办报许可证，并对发放对象进行资格审查。

美英法占领区当局的方针：在占领区重建资本主义新闻事业。4 年间，美英法联军占领区允许发行的报纸约有 160 家，1949 年 9 月更是取消登记制度，新办报纸多达 570 多家。其间，全国性大报《世界报》1946 年 6 月在汉堡创刊，《南德意志报》1945 年 10 月在慕尼黑创刊。

苏联占领区当局的方针：按苏联模式在占领区建立社会主义新闻事业体系。1949 年 10 月以后，苏联占领区当局将管理权转交给刚刚成立的民主德国政府。

由于美军占领当局反对德国广播业国有化，德国邮政系统对广播设施的专有权被取消。1948 年西北德广播电台在汉堡和慕尼黑播音，这是第二次世界大战后的首家德国公共广播电台。

一、西德的新闻事业

1948 年，美英法三个占领区合并。1949 年 5 月 23 日，德意志联邦共和国成立（首都波恩，简称西德），继续实行资本主义制度。

1949 年 5 月 24 日生效的《德意志联邦共和国基本法》，实际是德意志联邦共和国的宪法，该法第五条规定："人人享有以语言、文字或图画自由发表、传播其言论的权利，以及无障碍地以通常途径了解信息的权利。保障新闻出版自由和广播、电视、电影的报道自由。对此不得进行内容审查。"依据基本法，新闻出版不再需要申请许可证，一般不受行政干预或检查。

这为德国新闻事业的繁荣奠定了基础。头 10 年，报业发展迅速，报纸数目上升到 1 500 多种，其中政党报纸约占 20％，比重呈下降趋势。其间，全国性大报《法兰克福汇报》1949 年 11 月在法兰克福创刊，《图片报》1952 年在汉堡创刊。

在东西方冷战背景下，西德的新闻自由并不是无条件的。所以，德国共产党（简称德共）党报的出版，在西德境内屡遭阻挠。1948 年 4 月德共重建时，以《自由报》为机关报，但该报在 10 月即遭美军关闭。1949 年 9 月，德共依据宪法规定重新创办《自由人民报》，此后又出版了一些刊物和基层党报。由于东西方冷战加剧，1956 年德共被宣布非法，大部分党报停办。1968 年，德共恢复合法地位，同年 3 月创办周报《我们的时代》（1975 年止），1973 年创办《我们的时代》日报。

20 世纪六七十年代以后，西德报纸的总发行量持续增长，报纸的种数和出版单位却在不断减少：1954—1989 年，尽管报纸总发行数上升了大约 52％，可是"编辑版"①

---

① 西德报刊市场的报纸，大多是在特定地域发行的地区版或地方版，新闻界称之为"编辑版"。

和"出版社"①的数量逐渐减少。"新闻单位"②的数量下降更多,1989 年只有 1954 年的 53%。

　　至 20 世纪 80 年代,西德已有 10 个较大的报业集团,它们是施普林格报团、布洛斯特－芬格报团、斯图加特报团、杜蒙报团、南德意志报团、慕尼黑报团、莱茵报团、麦得扎克报团、法兰克福报团、鲁尔报团。

　　这 10 个报团的报纸发行量占当时全国总发行数的 55%,其中,施普林格报团一家就占全国发行总数的 30%。

　　20 世纪 80 年代末,西德共有日报 1 300 多种,报社 365 家,期发总数 2 525 万份,平均每千人 413 份。其中,《图片报》发行量一度高达 600 多万份,居西欧各报之首。

　　在报业垄断化发展的同时,西德原本国有的广播电视业也在向商业化转轨。

　　1950 年,西德公共广播联合组织——德国公共广播联盟成立。

　　1960 年,德国之声电台成立,总部设在德国西部的科隆。

　　1961 年,各州共同组建了德国电视二台,总部设在美因茨。

　　1984 年元旦,西德私营电视台 PKS 正式开播,成为德国第一家私营电视台,1985 年改名为 Sat.1 电视台,这是西德第一家通过卫星传输信号的电视台。

　　1984 年,西德各州先后制定了新的广播法和传播法。这些法规于 1987 年正式开始实施,确定了西德商业广播的合法地位,商业广播正式开始。

　　1986 年年初,Eureka 电视台成立,1988 年 11 月更名为 Prosieben 电视台(当时仅有 70 名员工)。1989 年 1 月起,Prosieben 电视台将每日节目播放时间延长到 9 小时。

　　1989 年 12 月 8 日,西德的 Sat.1 电视台、ProsiebenSat.1 电视台和 RTL＋电视台,同时首次播放经由商业卫星传送的电视节目。

　　至 1990 年 7 月,Sat.1 电视台已经拥有 1 223 万的潜在用户,在全部电视观众中的占有率首次达到 51%。

二、东德的新闻事业

　　1949 年 10 月 7 日,原苏军占领区成立德意志民主共和国(简称东德,首都东柏林),实行社会主义制度。东德面积约为原德国的 1/3。

　　东德成立初期,执政党(统一社会党③)和东德政府就着手建立社会主义新闻事业体系。在这个体系中,新闻媒体是党和国家的事业单位,属于政党或群众团体所有,不允许私营私有。统一社会党的报刊是这一体系的核心。

　　统一社会党的中央机关报是《新德意志报》。该报 1946 年 4 月创刊于柏林,有共和国版和柏林版两种版面,发行 100 多万份。统一社会党的机关刊物是《统一》,有关党

---

　　①　一个报社往往出版发行若干种"编辑版",这种出版发行机构,被称为"作为发行人的出版社",简称"出版社",它们是独立的经济实体,相当于其他国家的报社。

　　②　为许多"出版社"采编新闻的编辑公司(编辑部),被称为"新闻单位"。

　　③　由共产党和社会民主党 1946 年合并而成。

的生活的刊物是《新路》。

群众组织报纸有：工会的《论坛报》(1952 年创办)、自由德国青年联盟的《青年世界报》(1947 年创办)、农民互助协会的《自由农民报》、民主妇女联合会的《今日妇女画报》等。

民主党派的报纸有：基督教民主联盟的《新时代》(1945 年创办)、自由民主党的《晨报》(1945 年创办)、国家民主党的《国民日报》(1948 年创办)、民主农民党的《农民回声报》(1948 年创办)等。

地方报纸一般为州市党委或机关团体出版，通常还发行多种地方版。

20 世纪 50 年代中期以后，东德的报纸数目基本稳定，杂志数则继续有所增加。

东德 1968 年通过的新宪法规定，国家保证公民的言论及新闻自由，但不得损害工人阶级的利益。

东德政府主管新闻工作的是部长会议主席和新闻局。新闻局负责审发报刊出版的许可证，经常发布宣传要求或具体指示，要求各报遵照执行。报刊的发行一般通过邮政系统办理。

截至 20 世纪 80 年代末，东德共有日报 39 种，总发行量 900 多万份，平均每千人拥有 545 份。此外还有 30 多种周报，600 多种企业报和大量杂志。

1989 年，东欧政局发生剧变。这年 10 月，东德反对派鼓动民众上街游行示威，报刊上不断出现要求统一社会党下台的言论。1990 年 2 月，统一社会党改名为民主社会主义党，但依然在 3 月大选中失去执政权。

在这种情况下，新闻界思想日趋混乱。1990 年 3 月，《新德意志报》改为民主社会主义党的报纸，但因经济困难，工作人员由七八百人减为 70 人，发行量降为 2 万多份。《柏林日报》于 1990 年脱离统一社会党，成为同外资合营的私人企业。其他地方党报也纷纷改成独立的民办报纸，有的还改换了报名。

在社会主义新闻事业体系逐渐瓦解的同时，西德的报刊大量涌入东德市场，公开销售的日报有 20 多种，杂志有 200 多种。有些公司在东德建立了报刊销售网，施普林格报团直接在东德印发自己的报刊。

东德的广播电视业发展轨迹与报业类似。

1945 年 5 月，苏军占领区当局恢复了柏林广播电台的广播，1949 年移交东德政府。

1952 年，东德设立国家广播委员会，主管广播电视事业。

1989 年 12 月，受政局剧变的影响，东德的国家广播电视委员会被取消，东德的广播电视机构从政府机构中分离出来，成为相对独立的新闻机构。

第六节　东西统一后的德国新闻事业

1990年10月3日，民主德国正式并入联邦德国，新的联邦德国诞生。此后，资本主义体制扩展到东德，原东德的新闻事业全部转入资本主义轨道。

西德在1990年成立了托管局，接管原东德的国有产业并将其私有化。原东德的报业也由这个托管局通过拍卖实现了私有化。

东德的《柏林日报》《柏林晚报》《广播电视节目报》《自由新闻》和《中德日报》等报刊陆续被拍卖或转让，都成了私有企业——新业主多是原西德、美国、英国的出版商。

1991年4月，原统一社会党的10家重要的地区性报纸也被拍卖。

与此同时，西德的报刊继续涌向东德市场，出版商陆续在东德创办新报，到1993年时，创办了30多家日报。

在完成对原东德新闻事业的资本主义改造后，德国的新闻事业有了新的发展。

德国主要传媒公司的总部都设在汉堡。汉堡被称为"德国的文化之都、媒体之都"，媒体产业是汉堡的第一支柱产业，新闻通讯社、公关公司、出版社、广告公司、电影、广播、电视公司、音乐文化产业、新闻媒体和IT产业等，一应俱全。

一、报业

1994年，德国有新闻出版企业2 661家，从业人员26.3万。

1998年，德国报刊业广告收入占全国广告市场份额的69.4%。

1999年，出版的日报有367种，1 620个地方版和地区版，总发行量约为2 500万份。

2003年，德国报纸总发行量为2 257万份（每千人拥有报纸份数为321份），发行报纸374种。其中，德国报纸的总发行量、发行报纸种类，在2000年、2001年、2002年、2003年连续走低。

在21世纪的德国，发行量最大的日报是《图片报》（Bild）。该报是大众通俗类四开小报，1999年每期发行量达451万份，2001年每期发行429万份，2008年每期发行353.8万份（名列欧洲第一、世界第四）。

德国的全国性大报，还包括《世界报》《法兰克福汇报》和《南德意志报》。2001年，这3家报纸的每期发行量均低于45万份。

《西德意志汇报》是德国最大的地方性报纸，每期发行量达58万份。

德国的政党报纸不多，仍在出版的有基督教社会联盟的《巴伐利亚信使报》、民主社会主义党的《新德意志报》等。

德国共有26家周报，其中全国性的9家，地区性的17家。另外，有7家日报出星期日版，其中发行量最大的是《星期日图片报》，期发240万份。

2013年6月，《图片报》网站对其新闻部分启动付费墙收费系统，以尝试弥补其广告收入日益萎缩和纸质版订户数量逐渐流失造成的损失。"Bild. de"付费墙收费内容主要为其网站上新闻价值较高、采访难度较大的独家报道、专访及一些特别图片，其余大多数内容仍可供网民免费浏览。

2015 年 3 月，德国《世界报》等欧洲七大报社成立联盟应对谷歌挑战。

二、杂志业

德国的杂志业也十分发达，各类杂志琳琅满目。1999 年，德国出版杂志 1 600 多种，总发行量约 1.4 亿册。2008 年，德国出版各类杂志近万种，总发行量约 1.2 亿册。

《明镜》(Der Spiegel)、《焦点》(Focus)和《明星》(Der Stern)是第二次世界大战后德国重要的时事政治周刊。

1947 年 1 月 4 日，《明镜》由 23 岁的记者鲁道夫·奥古斯坦创办于汉堡，开创了德国新闻业调查性报道和批评式文章的新风。

奥古斯坦当年用的办刊执照，原本得自英国新闻官员约翰·夏罗纳在占领区创办的杂志《本周》(Diese Woche)，后者因为不断批评盟军占领机构而处境艰难，遂由奥古斯坦接手，改刊《明镜》，连其批判式的刊风也一并继承，并发扬光大。

三、广播电视业

德国的主要广播电台：(1)德国广播电台，由联邦政府和州广播电台出资兴办，主要负责对国内广播；(2)德国之声电台，1960 年成立，总部设在科隆，由联邦出资兴办，主要负责对国外广播，用包括中文在内的 31 种语言向全世界广播，并用德、汉、英等语言播放电视新闻节目。

此外，德国还有 11 家州电台。德国广播电台、德国之声电台和各州电台，组成了德国广播协会，共同经营。

德国的主要电视台：(1)德国电视一台(ARD)，播放全国性的"第一套节目"及地方性的"第三套节目"；(2)德国电视二台(ZDF)，播放"第二套节目"；(3)卢森堡广播电视公司(RTL)，总部在科隆，是欧洲最大的广播电视公司。

德国的公营电视台，主要以信息量大的节目和严肃题材的影视剧取胜，私营电视台则以消遣性节目为主。德国电视一台、二台是公营广播电视台，主要由国家专项税收资助。

作为一家私营电视台，RTL 电视台主要依靠广告收入生存，广告时间占全台播出时间的 15%～20%。2003 年，它是欧洲受众最广、盈利最多(15.5 亿欧元)的电视台。

20 世纪 80 年代，RTL 电视台首创"合纵连横开拓市场"的经营模式；90 年代，在欧洲其他国家创办各个分台；1999 年创立了 RTL 在线公司，开展电子商务业务；进入 21 世纪后，制定了"多媒体战略"；在全球率先设立首席创意官。

RTL 电视台对"9·11"恐怖活动的直播，比美国同行还快 5 秒。对伊拉克战争的"嵌入式报道"更让其成为德国新闻的"代言人"。

RTL 电视台的选题角度、镜头取舍和文字解说，特别关注普通人的生存状态。伊拉克战争，美国有线电视新闻网(CNN)关注的是战争的进程和结果；RTL 则把镜头对准了伊拉克普通老百姓在战争中的艰难处境。在战争结束后，电视台还专门制作了特别节目，将其在战争中报道过的伊拉克残疾儿童请到现场。

RTL 电视台的常规节目：上午的《我们的结婚典礼》《我的婴儿》，中午的《新闻背景》，下午的《爱的脱口秀》《刑法法庭》《青少年法庭》《家庭法庭》，晚上的《寻找超级歌星》等。晚上的节目以娱乐为多，但不忘寓教于乐。

2007 年，RTL 旗下拥有 32 家电台和 42 家电视台。例如，德国的 RTL Television、RTL Ⅱ、Super RTL、VOX 和 N－TV；法国的 M6；英国的 Five；西班牙的 Antena；荷兰的 RTL 4；比利时的 RTL TVI；匈牙利的 RTL Klub 等。每天有超过 1.7 亿的欧洲观众观看由 RTL 经营的电视频道。

四、通讯社

1949 年 9 月 1 日，德意志新闻社（以下简称德新社）成立，私营股份有限公司，下设报纸、广播和电视新闻 200 多个部门，总社在汉堡，图片新闻编辑总部在法兰克福，在波恩设有一个联邦分社，在国内其他 50 多个城市设有分社或编辑部，在 80 多个国家派驻记者或聘用撰稿人。

德新社通过卫星、电传等手段，每天用德语、英语、西班牙语和阿拉伯语发稿，内容广泛，在德国日报中的采用率达 99％，是本国传媒的主要消息来源。

1971 年，德意志电讯社成立，总社在波恩，主要向国内报纸提供新闻稿，对外只用德文向瑞士、卢森堡发消息。

此外，德国还有一些专业性通讯社，如福音教新闻社、体育新闻社、联合经济新闻社等。

2010 年，美联社旗下的德语新闻部与德意志电讯社合并，成立新的德国国际通讯社。2012 年，德国国际通讯社宣布并购法国媒体西霸图片社，并宣称要接管美联社的法语新闻业务部门，准备与法新社在法国本土展开竞争。但是，由于主要投资方突然停止注入资金，德国国际通讯社的经营迅速陷入困境。2012 年 10 月，德国国际通讯社向法院提出其下辖 8 个子公司的破产申请。2013 年 4 月 12 日，德国国际通讯社宣布正式停止新闻发稿业务，就此停业。

五、媒体集团

20 世纪末期，德国较大的报团为施普林格报团、西德意志汇报集团、南德意志报集团、斯图加特报集团、杜蒙·绍贝格出版集团，它们发行的日报占全国日报发行量的 40％以上，其中施普林格报团占 23％。

第二次世界大战前，施普林格（Springer）曾在沃尔夫通讯社和其他小报当过记者和编辑。第二次世界大战后，他继承了父亲的印刷厂，重操报业：1946 年，创办广播周刊《听》获得成功；1948 年，创办《汉堡晚报》，该报两年间就成为西德销量最大的报纸之一；1952 年，买下著名大报《世界报》75％的股份；同年创办《图片报》，该报销量巨大，获利甚丰，使得报团实力大增。

20 世纪 80 年代，施普林格报团成为欧洲屈指可数的大报团。拥有全国性日报《世界报》和《图片报》，最大的晚报《汉堡晚报》，最大的星期日报《星期日图片报》和《星期日世界报》，两家柏林报纸《柏林日报》和《柏林晨邮报》，最大的广播电视刊物《听》以及其他一些报刊，还有两家通讯社，主要为本系统报刊提供新闻。

20 世纪 80 年代末，施普林格报团积极向东德各州的报社参股，向匈、波、捷等东欧国家渗透，并被改组为股份公司。2014 年 1 月 1 日，施普林格将旗下地区性报纸《柏林晨报》《汉堡晚报》和柏林、汉堡地区的广告小报，广播电视杂志《倾听》、女性杂志《妇女图片》等印刷媒体，以 9.2 亿欧元的价格出售给拥有《西德意志汇报》的冯克媒体集团，保留《图片报》和《世界报》。

杂志业方面，4 家大的出版公司垄断了全部发行量的 2/3。它们是鲍尔出版公司、施普林格出版集团、布尔达出版公司、格鲁纳雅尔出版公司。其中，施普林格出版集团、格鲁纳雅尔出版公司都是贝塔斯曼集团的子公司。

贝塔斯曼集团(Bertelsmann)始于 1835 年，是世界级的传媒巨头之一，拥有全球第一的图书出版企业(兰登书屋)，是全球第一音乐产品零售商，其杂志出版与电视业务居欧洲第一、全球第二，它的电视与互联网业务甚至超过迪士尼、新闻集团、维亚康姆等国际传媒集团。

ProsiebenSat.1 传媒集团在德国电视广告市场占据第一的位置，拥有 4 家定位不同的电视台：Sat.1 电视台、ProsiebenSat 电视台、Kabel 1 电视台和 N24 电视台。2003年，好莱坞巨头 Saban 财团收购该集团 36％的股份。

基尔希媒体公司(Kirch Media)曾经是德国最大的传媒公司之一，一度拥有德国第二大和第三大私立电视台(Sat.1 和 Pro7)、体育电视台 DSF 和新闻电视台 N24，以及德国人普遍喜欢的德国足球甲级联赛的转播权。2001 年，基尔希媒体公司购得 2002年、2006 年足球世界杯和"一级方程式赛车"赛事的转播权。不料，广告和订阅情况并不理想，该公司无力收回大笔投资，只好在 2002 年 4 月 8 日宣布破产。

思考与练习

德国政局的变化，对该国新闻事业的发展曾经造成了哪些影响？

第十五章　美国新闻事业简史

![本章要点图标] **本章要点**

◆美国的近代报刊业。

◆美国的现代报刊业。

◆美国的广播电视业。

◆美国 21 世纪的新闻事业。

第一节　新闻事业的初创

从 17 世纪起，北美东部地区成为英国的殖民地。1638 年，这里有了第一台印刷机，随后有了书籍出版，并陆续出现了不定期的新闻书或单张新闻纸。

1690 年 9 月 25 日，波士顿的印刷商哈里斯出版了名为《国内外公共事件》的报纸（4 个版面，其中 1 个版面是空白的），由于未经殖民当局批准，该报仅出版 1 期就被责令停办。

1704 年 4 月 24 日，波士顿邮政局长约翰·坎贝尔经官方核准，创办了周报《波士顿新闻信》（*Boston News Letter*），单张两面印刷，内容多为英国的政治、宫廷新闻和欧洲的战争新闻，其余为当地的短讯，如船舶到达、官吏任命、传教活动、天灾人祸等，最后还有一栏广告。该报是美国第一份连续出版的报纸，延续了 70 余年。

1719 年，接替坎贝尔任邮政局长的布鲁克创办了周报《波士顿报》（*Boston Ga-zette*）。当时的邮政局长消息来源多，传送印刷品也方便。《波士顿报》也经政府核准发行，先后有 5 任邮政局长担任它的主编和发行人，直至 1741 年才转给印刷商承办。

1721 年，詹姆斯创办《新英格兰报》。

1728 年，印刷商凯默在费城创办《宾夕法尼亚报》（*Pennsylvania Gazette*）。

1729 年，詹姆斯的弟弟本杰明·富兰克林买下《宾夕法尼亚报》。

在富兰克林的管理下，《宾夕法尼亚报》成为当地最受读者欢迎的报纸。

在言论上，《宾夕法尼亚报》采用平衡手法，同时刊登各种不同的观点；在报道上，《宾夕法尼亚报》注重介绍欧洲文化，传播科学知识，启发民主自由思想，形式生动活泼且有文学色彩；在广告上，《宾夕法尼亚报》常常增刊 6～8 页刊登广告。由于经营有方，《宾夕法尼亚报》业务兴旺，富兰克林很快成为出版界的富商。

富兰克林一生只在学校读了两年书，依靠勤奋自学和工作，成为一位传奇性的全才，享有科学家、发明家、政治家、外交家、哲学家、文学家和航海家等多种美誉。他热心公益、乐善好施，发明了避雷针，参与起草了《独立宣言》和美国宪法，是美国第一位驻外大使。由于功勋卓著，他的头像被印在100美元钞票上。然而，他的墓碑上只刻着：印刷工富兰克林。由此可见他对新闻出版事业的热爱。

定期报刊在波士顿、费城、纽约等地的陆续创办，引起了北美殖民当局的不安，它们沿用了英国本土原有的压制做法。

一是实行出版许可制。当时英国国内已废除出版许可制，但直到1730年，北美殖民当局仍然执行这一制度。

二是实施诽谤法。按照当时英国和北美的惯例，凡是对政府进行批评的，不管内容是否属实，一概视为诽谤。

三是贿赂和收买某些报业主。

1725年创办的《纽约报》，就曾接受殖民当局的津贴，承印政府文件。

1733年11月，纽约印刷商曾格(Zenger)创办《纽约周报》(*N.Y. Weekly Journal*)。该报发表了一系列批评殖民总督科斯比的文章和消息，结果被指控"诽谤政府"，曾格于1734年11月被捕。1735年8月开庭，著名律师安德鲁·汉密尔顿出庭为曾格辩护。

汉密尔顿指出：只有谎言才构成诽谤；除非曾格刊登的议论是诽谤性的，也就是假的、恶意的、煽动性的，否则他就是无罪的；因为每个公民都有"陈述无可非议的事实真相的自由"，都有"把事实真相讲出来，写出来以揭露和反抗专断权力的自由"。

最后，陪审团接受了汉密尔顿的观点，裁定曾格无罪。由于英属殖民地通行判例法，因此，曾格的胜诉意味着北美殖民地从此拥有了"批评政府"的新闻自由。

1765年起，英国政府在北美开征印花税，规定商业执照、合同文书、书籍报刊等都必须加贴印花。此举遭到殖民地各阶层民众的强烈反对。人们游行示威，拒绝纳税，抵制英国货，甚至殴打税吏。

反英报刊也参与了反印花税斗争：一方面，详细报道抗议运动的消息，登载愤怒的读者来信，发表各种评论；另一方面，自身采取各种方法抗税避税。例如，不贴印花直接出版发行，或是隐去报头、不作为报刊出版以免交税，等等。

由于各方面的压力，1766年英国政府被迫撤销了印花税条例，但颁布了一系列其他征税法令。

当时，北美殖民地共有30多家报刊(多为周报或周二刊、周三刊)，其中2/3以上属于反英派，将近1/3属于亲英派。

亲英派的报刊站在殖民当局一边，接受殖民当局的津贴，并为之效劳。

反英派的报刊则主张武装抗英、彻底独立，其主要有：《波士顿报》，由激进分子埃德斯和吉尔主持；《马萨诸塞探询报》，1770年创办于波士顿；《新闻报》，1766年创办于纽约；《宾夕法尼亚报》，由富兰克林移交他人掌管；《宾夕法尼亚新闻报》，1742年创刊，在费城出版；《宾夕法尼亚邮报》，1714年创刊，在费城出版。

1775年4月，北美13个殖民地的独立战争正式爆发。1776年7月，北美的13个英属殖民地代表通过《独立宣言》，正式宣告脱离英国统治。1781年，英国殖民军被彻底打败。

独立战争前期，各殖民地民兵组成的大陆军实力不济，陆续从波士顿、纽约、费城等地撤出，这些城市的反英派报刊大多随军迁移到后方出版，有的暂时停刊，也有的倒戈为亲英派服务。后来战局发生逆转，大陆军不断收复城市，反英派随之复刊旧报或创办新报，而亲英派报刊则随之消失。经过独立战争，北美报刊数量超过了战前，有 50 多家。

美国独立战争时期，涌现出一些报刊活动家，他们中最为著名的有：塞缪尔·亚当斯、艾赛亚·托马斯、托马斯·潘恩。

塞缪尔·亚当斯 26 岁时担任波士顿《独立广告报》的主编。1749 年，《独立广告报》停办，他便经常在他的好友所办的《波士顿报》上发表文章，宣传反抗殖民统治的主张。

随着反英斗争的深入，他敦促殖民地人民联合起来，脱离英国，成立独立的国家。他根据卢梭的"社会契约论"指出：英国政府剥夺了殖民地人民的基本权利，完全违背了社会契约的原则，因而殖民地人民也不再有服从英国政府的义务，殖民地脱离母国而独立是完全合情合理的。这一观点为美国独立提供了合法性依据。

亚当斯还将集合在《波士顿报》周围的反英派分子组织起来，成立了"自由之子社"，并在各地建立分社，开展活动。1774 年后，他担任马萨诸塞州出席大陆会议的代表，独立战争后，他长期担任该州的副州长、州长。

艾赛亚·托马斯是印刷工出身，他在反印花税斗争中因公开传播反英派观点被老板解雇。1770 年在波士顿与人合办《马萨诸塞探询报》，不久，买下全部产权，独自经营。他参加了"自由之子社"，在报上公开宣传独立。莱克星顿战斗打响后，他率先发表了详细的战况报道，并号召美国人民"永远不要忘记莱克星顿之战"，永远铭记"先烈们高尚的大无畏行为"。战争胜利后，他主要从事出版事业，著有《美国印刷史》(1810年出版)。

托马斯·潘恩出生于英国的一个贫民家庭，1774 年来到费城，担任《宾夕法尼亚杂志》编辑，经常撰写散文、评论，指责英国殖民当局的专横无理，主张取缔黑奴制度。

独立战争爆发后不久，不少人对"北美殖民地能否独立和应不应该独立"心存疑虑，存在争论。1776 年 1 月，潘恩出版了政论小册子《常识》，用通俗的语言、锐利的笔调，抨击了英国的暴虐统治，批判了妥协和解的谬论，旗帜鲜明地指出：争取独立是个常识问题，继续从属于英国，有百害而无一利。这本小册子不到 3 个月就发行了 12 万册，总销数达 50 万册，各报争相刊载。当时北美约 300 万人口，从前方到后方，几乎家喻户晓。它鼓舞了人们寻求独立的决心和勇气。

潘恩还先后发表了 13 篇题为"危机"的文章，或是在危急关头鼓舞士气，或是抨击英国议和使者，或是揭露亲英派阴谋。

1776 年冬，潘恩在《宾夕法尼亚新闻报》写道："此时此刻，正是考验人的灵魂的时候。……在阳光明媚的时候才爱国的人，在这场危机中自然会将为国效力视为畏途；而那些在现在这个时候挺身而出的人，才值得同胞的敬爱和感激。暴政如同地狱一样，是不会被轻易征服的；然而我们有一点聊以自慰，那就是战斗愈是艰苦，胜利就愈是辉煌。"

当时，大陆军屡次战败，处境困苦，士气低落。统帅华盛顿发现这篇充满革命激情的文章后，下令在士兵中宣读，有效地振作了士气，连续打了几个胜仗，扭转了战局。战争胜利后，潘恩曾参加法国大革命，著有《人权论》《理性的时代》等。

1783 年，英国政府正式签约承认美国独立。这一年，美国出现了日报。

费城的《宾夕法尼亚晚邮报》创刊于 1775 年，原本每周出刊两三次，1783 年 5 月 30 日率先改为每日出版，成为美国第一份日报。

1784 年 9 月，《宾夕法尼亚邮报》也改为日报。

由于保守势力的阻挠，1787 年制定的美国宪法，并没有载入保障公民自由权利的条款。1789 年，由于托马斯·杰斐逊等人的争取，美国国会制定宪法修正案（1791 年生效），其中第一条写道："国会不得制定关于下列事项之法律：……剥夺人民言论或出版自由……"美国宪法的这一条款，为美国新闻自由的实现，奠定了坚实的法律基础。

第二节　政党报刊七十年

美国独立后，建立了共和体制的资产阶级政权，政局没有大的动荡（1861—1865 年的南北战争除外），经济持续发展。这样的社会环境，对新闻业的发展无疑是相当有利的。

在制定宪法的过程中，美国出现了两大党派——联邦派和民主共和派。

以宪法起草人亚历山大·汉密尔顿为首的一派，代表大资产阶级和奴隶主的利益，主张实行强有力的中央集权制，削弱各州权力，限制公民权利。这些人的文章曾结集出版，书名为《联邦党人文集》，因此，他们被称为联邦派。在托马斯·杰斐逊周围则聚集了另一派力量，他们代表农场主和中小资产阶级利益，主张给各州更多的权力，尤其指责宪法没有保障公民权利的条款。他们被称为民主共和派。

1789 年，成立了以华盛顿为总统的有两派参加的联邦政府，汉密尔顿任财政部长，杰斐逊任国务卿。

联邦派和民主共和派都不是正式的政党，但两派在政策问题上存在诸多矛盾和分歧。为了宣传本派、打击对方，两派都用报刊批评指责对方，由此形成美国新闻史上的政党报刊时期：自美国宣布独立开始，结束于 19 世纪中期，约 70 年。

当时，联邦派的主要报纸：《合众国报》（1789—1818 年），半周报，主编芬诺，创刊于原首都纽约，1791 年迁往新首都费城；《智慧女神报》，日报，1793 年韦伯斯特创办于纽约，1797 年改名为《商业广告报》；《箭猪报与每日广告报》（1797—1800 年），英国报人科贝特在费城创办。

民主共和派的主要报纸：《国民报》（1791—1793 年），半周报，由弗伦诺在费城创办；《综合广告报》，1790 年由富兰克林的外孙贝奇在费城创办，1794 年改名为《曙光女神报》。

两派报纸的争论，开始是在一些政策问题上展开的。例如，联邦派主张建立国家银行，实行保护关税政策，对外联络英国，敌视法国；民主共和派则主张减轻人民捐税，降低关税以利于降低工业品价格，对外同情法国革命。

争论的激化常常伴随着人身攻击。《国民报》的弗伦诺指责财政部长汉密尔顿有舞弊行为，引来联邦派报刊谩骂，汉密尔顿还匿名撰文指责弗伦诺拿了国务院的津贴为国务卿杰斐逊效劳。

由于某些人污辱了富兰克林的雕像，《曙光女神报》的贝奇便批评联邦派。联邦派随即砸了《曙光女神报》的营业所，并殴打贝奇，作为报复。后来，《合众国报》的芬诺与贝奇在街头相遇，竟扭打起来。

1796 年，连任两届总统的华盛顿卸任，联邦派的约翰·亚当斯当选为总统。联邦党人操纵国会通过《外侨法》和《煽动法》。《外侨法》是为了制约往往倾向于反联邦派的外来移民的，《煽动法》是约束反对派报刊的。几年之内，当局援引《煽动法》拘捕过数十名记者。

1800 年大选中，联邦派败北。1801 年起，托马斯·杰斐逊连任两届总统，他所代表的民主共和派连续执政至 1840 年。杰斐逊任职总统期间，美国国会废除了《外侨法》和《煽动法》。

作为《独立宣言》的起草者之一，杰斐逊非常注意保障新闻自由等公民权。

早在 1776 年，在为弗吉尼亚州起草"州宪法草案"时，杰斐逊就写道："出版事业应当是自由的。除非报纸犯了损害人的名誉的罪，才能对它提出私人控诉。"

杰斐逊任总统期间遭到反对派报刊的种种攻击和诽谤，但他并没有利用自己手中的权力报复反对派。

杰斐逊表示，"我永远敌视一切对人类思想的专制"，"我将保护他们造谣与诽谤的权利，而且我将珍视这一权利的继续维护"，"假如让我决定我们应该有一个无报纸的政府，还是有一个无政府的报纸，我将毫不踌躇地表示欢迎后者"。

杰斐逊主张，人民有权利批评政府，不管这个批评对或不对，人民都有权利发牢骚、出怨言，政府不应该加以禁止或治罪。他说，在人们的意见变为公开的行动之前，政府不应当干涉意见的表达，"政府的立法权力只能干涉行动，而不能干涉意见"。

19 世纪初，民主共和派有报纸 158 种，联邦派有报纸 157 种。

民主共和派的主要报纸是《国民通讯员报》，1800 年杰斐逊约请史密斯创办于华盛顿。该报先是周三刊，1813 年改为日报，长期充当民主共和派的喉舌，直至民主党领袖杰克逊上台为止。

联邦派的主要报纸是《纽约晚邮报》①，1801 年汉密尔顿约请科尔曼创办，该报在联邦派瓦解后改而支持杰克逊。

19 世纪 20 年代，美国的政治力量出现了新的分化和改组。

保守的联邦派日趋没落以至瓦解。

执政的民主共和派又逐渐分化出了一个代表工业资产阶级的派别，称为辉格党（现共和党的前身）。

民主共和派留下的部分在 1828 年组成民主党，领袖为杰克逊，他曾连任两届总统。

---

①　1934 年，该报更名为《纽约邮报》。该报出版至今，是美国连续出版时间最久的报纸。

这一时期，辉格党和民主党各自拥有报纸，原有的报刊在新的角逐中又重新站队，从而在新闻界形成新的对峙局面。

19世纪30年代起，民主党的主要报纸是《华盛顿环球报》（杰克逊的亲信布莱尔等人于1830年创办），以及从联邦派转变过来的《纽约晚邮报》。

辉格党的主要报纸是首都华盛顿的《大众消息报》和纽约的《信使与问询报》。《信使与问询报》1829年创办时支持杰克逊，后改为支持辉格党。

美国众议院在1789年建立后便准许记者采访，参议院在1795年起专设记者席，至1802年准许记者直接进入议员席。杰斐逊等人对新闻自由的极度尊重和有关法律的保障，为美国新闻业提供了宽松的政治环境。

所以，在政党报刊时期，美国新闻业获得飞速发展：1783年各种报刊约有50多家，1800年上升为512家（其中日报24家），1833年达到1 200家（其中日报65家）。

第三节　廉价报纸新潮流

进入19世纪以后，美国议会废除了禁止工人结社的法律，各州相继取消了选民的财产资格限制，并且纷纷实行初等义务教育。社会中下层民众的文化程度逐步提高，参政意识不断上升，他们越来越关心各方面的新闻。这为美国报业的大众化提供了群众基础。

于是，19世纪二三十年代，在工商业发达的大城市，出现了一批面向平民大众的廉价报纸，这种新的办报潮流迅速扩展到美国其他地区。

一些大众报纸在这期间先后创刊：1829年6月1日，《费城问讯报》创刊，当时名为《宾夕法尼亚问讯报》；1831年5月5日，《底特律自由报》创刊；1837年5月17日，《巴尔的摩太阳报》创刊；1847年6月10日，《芝加哥论坛报》创刊。

19世纪中期，美国著名的廉价报纸都在纽约，其中的代表是"纽约四大报"：《太阳报》《先驱报》《论坛报》《纽约时报》。其中，《太阳报》《先驱报》《论坛报》都是小报版面，合称"纽约三大便士报"。

纽约《太阳报》（The Sun）1833年9月3日由本杰明·戴创办。本杰明·戴是印刷学徒工出身，1831年来到纽约开设印刷所，因为生意清淡，他决定办一份面向大众百姓的廉价报纸。

《太阳报》每份四版，售价1美分，主要在街头零卖。他还给报贩很大的折扣，100份报纸批发价只有67美分。

《太阳报》内容主要是地方新闻、社会新闻以及种种人情味故事。本杰明·戴雇请善于采写警事新闻的英国人威斯纳为该报写稿，受到读者欢迎。

《太阳报》1837年起采取当时最先进的滚筒印刷机，每小时印报4 000份，这又使大量发行有了物质上的保证。

为了吸引读者，《太阳报》充满低级、庸俗、耸人听闻的东西，甚至不惜弄虚作假、任意编造。1835年8月，《太阳报》刊登了英国科学家在非洲好望角以特大天文望远镜观测月球的连续报道，声称发现月球上有鸟兽，后来又发现了月球人，并且描述了这种有翼能飞、状如蝙蝠的月球人的种种细节，引起很大轰动。后来，这个假新闻骗局被戳穿。

虽然格调不高，《太阳报》的经营手法却获得了商业上的成功：该报创刊时印行1 000份，4个月后就销售5 000份（居纽约各报之首），1年后达1万份，3年后达3万份。

1837年，本杰明·戴把《太阳报》卖给他人。1868年，查尔斯·达纳接手《太阳报》，并自任主编29年，使《太阳报》销数再度领先，1876年曾达13万份。

查尔斯·达纳提倡简洁明了的新闻文风。他认为，普通美国人工作很辛苦，他们需要含有温情和趣味的消息，报纸要"以极其简明易懂、生动活泼"的形式，呈现"全世界每日活动的真正景象"。达纳之后，该报几度易主，因人才流失，日益衰落，最终在1920年停办。

纽约《先驱报》（Herald）于1835年5月6日发刊，原名《先驱晨报》（Morning Herald），6个月后改称《先驱报》，创办人詹姆士·戈登·贝内特担任过《信使和问询报》副主编。

贝内特在《先驱报》发刊词中表示，要办一份超党派的独立报纸，致力于记录事实，公正独立地进行报道，并适当予以评论。他把读者对象确定为"社会的广大群众"，报纸定价1美分（第二年扩版，改为2美分）。

作为一份大众报纸，《先驱报》同样热衷于耸人听闻的题材，但它重视业务创新，报道内容比较广泛：该报首创金融新闻栏，贝内特亲自采访华尔街金融市场，撰写报道和评论，引起金融界的瞩目；该报首创社交新闻，专门采写豪门望族的社交集会，为社会各界所关注；该报率先提供体育新闻以吸引球迷，开辟读者来信栏以反映民情民意；从1841年起，该报记者常驻华盛顿，及时报道首都政局和国会辩论情况；该报在各大城市派有记者，南北战争期间有40多名记者分布于各个战场，战事报道的数量超过了所有竞争对手。

《先驱报》这些做法成效显著。创办6个月，其销量就接近《太阳报》，1850年发行量超过3万份，19世纪60年代达到6万份，居全国各报之首。《先驱报》在欧洲也有不少读者。

1871年，《先驱报》派遣记者斯坦利前往非洲腹地，寻找失踪的探险家利文斯通。两年后，该报同英国《每日电讯报》合作，让斯坦利带领探险队，继续完成中非探险。此后，该报还组织过北极探险、中亚沙漠探险等。在这些活动过程中，不断刊发远方发来的通讯，报道许多读者闻所未闻的故事。这实际上是通过策划活动带动新闻报道，以产生轰动效应。

19世纪七八十年代，《先驱报》销量为15万份左右。后来，该报渐趋衰落，1924年与《论坛报》合并为《纽约先驱论坛报》。

纽约《论坛报》（Tribune）发刊于1841年4月10日，创办人是霍勒斯·格里利。

格里利是个主张社会改良的报人和政治活动家，印刷工出身，与人合办过印刷所。19世纪30年代，他在辉格党的《宪法报》当编辑。他在州长选举和总统选举中为辉格党编报竞选，获得成功，成为纽约辉格党的三巨头之一。因此，他创办的《论坛报》同辉格党有着密切联系。

《论坛报》是一份比较特别的廉价报纸，曾获得"道德机关报"的称号。

它摒弃了煽情主义的做法，尽管也有社会新闻和警事报道，但主要说明经过，并非一味追求刺激。

它重视言论，大量刊登鼓吹社会改革的文章。它的言论紧密结合下层群众关心的问题，宣传空想社会主义，要求打击投机商人、严惩贪官污吏，提倡禁烟禁酒、保护关税等。

开发西部是当时美国经济发展的必然趋势，也是城市贫民的一条谋生之路。《论坛报》提出"青年人，到西部去"的响亮口号，在 19 世纪 40 年代美国人向西部进军的浪潮中起了重要作用。《论坛报》还积极敦促政府修筑铁路，架设电线，制定"宅地法"（给西部移民购买土地以优惠），并且宣传科学种田的知识，很受西部农民的欢迎。

19 世纪 50 年代，美国废奴运动高涨，《论坛报》对此积极宣传。格里利还参与创建主张废奴的共和党（从辉格党分裂出来），帮助林肯当选总统，后来又参与推动讨伐南方奴隶主的南北战争。

《论坛报》创办时售价 1 美分，第二年改售 2 美分，发行量略少于《太阳报》《先驱报》，但在社会上的影响远超这两家报纸，尤其在美国中西部地区几乎家喻户晓，有人认为它在中西部的影响仅次于《圣经》。1924 年，该报与《先驱报》合并为《纽约先驱论坛报》（1966 年停办）。

《纽约时报》（New York Times）由亨利·雷蒙德与两位同事合伙创办，1851 年 9 月 18 日发刊，初办时名为《纽约每日时报》，大张四版，售价 1 美分，第二年改售 2 美分，1857 年改名《纽约时报》。

在雷蒙德的主持下，《纽约时报》摒弃了《太阳报》《先驱报》的煽情主义作风，也排除了《论坛报》激进的政治态度，强调新闻翔实、报道客观、言论平和，以适应当时读者层次提高的形势。

《纽约时报》出版 3 个月时，期发 2 万份，第四年达到 4 万份。南北战争时，该报派出 30 多名战地记者，雷蒙德还随军采访。雷蒙德给南方读者写了 4 封公开信，既对南方的观点表示理解，又平心静气地作了反驳，体现了该报的"平和"基调。

19 世纪 50 年代以后，美国读者更加成熟，更加需要有实质性内容的新闻报道，而不只是煽情主义的东西。《纽约时报》顺应了这一需要。

《纽约时报》主编雷蒙德长期从事政治活动，担任过纽约州议长、美国共和党主席、美国众议院议员等职务。所以，该报带有党派报纸的色彩。雷蒙德 1869 年去世后，《纽约时报》才逐渐摆脱共和党的影响，在 19 世纪 80 年代成为完全独立的报纸。

以"纽约四大报"为代表的廉价报纸，大多是私营的商业性报纸。廉价报纸出现之初，美国报坛居主导地位的仍是政党报刊。随着时间的推移，廉价报纸逐渐成为美国报坛的主体，现代报业略具雏形。

第四节　现代报业和早期报团

美国现代报业的真正成型，是在 19 世纪 90 年代。

南北战争结束后，美国的经济和人口结构，都发生了有利于新闻事业大发展的变化。

从南北战争结束到 1900 年，美国交通邮电空前发达，农业全面转入机械化大生产轨道，工业总产量增加了 7 倍，跃居世界首位；美国人口增加了 1 倍，而城市人口增加了两倍，占到总人口的 1/3，出现了多个百万以上人口的大城市（纽约人口突破 150 万）。美国的初等教育基本普及，小学入学率达到 72％，中学数量激增 60 倍，文盲率降到 10.7％。

与此同时，美国在报纸制作领域陆续取得了新的技术进步：1845 年，发明用于传递新闻的明码电报；1866 年，发明木浆造纸法；1867 年，发明双面轮转印刷机（将报纸的印数从每小时 2 000 份提高到 15 000 份）；1883 年，发明成行铸字排版机（1892 年改进成自动铸排机）。这些技术发明，为美国报业的现代化发展提供了技术基础：大批量、高速印刷廉价的报纸，成为可行之举。

在上述背景下，美国报业出现了新的繁荣。从 1870 年至 1900 年，报纸数目增加了 3 倍，销售量增加近 6 倍。其中英文日报由 489 家增至 1 967 家，发行量由 260 万份增至 1 500 万份；周报由 4 000 家增至 1.2 万家。

这个时期，独立的私营报纸取代政党报纸，成为美国报坛的主体（1880 年全国 7 000 余家报纸中，大多是私营的商业报纸），报纸经营全面转入商业化轨道，报社成了现代企业，新的印刷技术广泛被采用。

在 19 世纪 90 年代，美国新闻事业完成了从近代报业到现代报业的转型。在这个转型过程中，涌现了一批著名的报人和报纸，他们是美国现代报业的早期代表。

一、普利策和《世界报》

约瑟夫·普利策（Joseph Pulitzer）1847 年出生于匈牙利。普利策 1864 年加入林肯的部队当了 1 年骑兵，退役后以干杂活为生，工余刻苦自学英语和法律，博览群书。

在图书馆的棋艺室里，他凭借高超的棋艺结识了德文报纸《西方邮报》的两位负责人。1867 年，他加入了美国国籍。1868 年年底，他成了《西方邮报》的一名记者。他没日没夜地工作，挖掘各种新闻，很快成为《西部邮报》的股东。后来，他以 3 万美元卖掉了持有的《西部邮报》股份。

1878 年，31 岁的普利策以 2 500 美元买下濒临破产的圣路易斯《电讯报》（创刊于 1864 年），将其与 1875 年创刊的《邮报》合并，改名为《邮讯报》。4 年后，该报已经成为密苏里州圣路易斯最大的晚报，每年净赚 4.5 万美元。

1883 年，普利策路过纽约，得知创办于 1860 年的纽约《世界报》（The World）经济困难时，就将它以分期付款的方式买了下来。普利策从《邮讯报》抽调了人手，于 5 月 11 日出版了接手后的第一期《世界报》，8 个版面，每份 2 美分。普利策的《世界报》很快有了起色。

普利策的《世界报》注重反映民情，提倡改革。重新发刊不久，该报就在社论版提出了十大改革纲领：征收奢侈品税，征收遗产税，征收巨额收入税，征收垄断企业税，向特权公司征税，制定关税税则，改革文官制度，惩办贪官污吏，惩办买卖选票者，惩办压制雇员的雇主。

它经常揭露血汗工厂工人遭受的非人待遇，贫民窟居民的困苦生活，外来移民遭受的歧视和虐待。1883年夏天，纽约奇热，该报集中报道了贫民窟热死了700多人的惨状，引起社会震动。1892年，匹兹堡钢铁工人罢工，遭到警察镇压，该报立即作了报道并为工人仗义执言。

《世界报》也大量刊登社会新闻、警事新闻、人情味新闻，并且采用煽情主义和耸人听闻的手法吸引读者，以助发行。

普利策显然采用了"理想主义＋实用主义"的经营思想：既鼓吹社会改革，又用煽情主义手法吸引读者；既宣传政见，又赚取利润。

普利策善于发动社会运动，如为建造自由女神像台座募捐。他在纽约《世界报》做的第一件深得人心的事，是鼓吹被誉为世界奇迹的布鲁克林大桥向行人免费开放。

普利策重视社论，重视报纸发行，用各种奖励办法扩大销路。《世界报》的篇幅多、报价低，广泛运用新闻图片。普利策的办报方式引领了当时美国报业的新潮流，适应了当时社会发展的需要和广大读者的心理，因而获得了成功。

《世界报》在他接办4个月后，每期销数翻了一番，达4万多份，1884年达10万份，1887年为25万份，这一年还增办晚刊，1897年早晚刊共销100万份。《世界报》的篇幅原为对开8版，后来增至16～24版，一半为广告。

普利策接办《世界报》10年后，报社资产由35万美元扩充为1 000万美元，职工1 300人，每年盈利百万美元。《世界报》还曾成功帮助克利夫兰当选总统。

体弱的普利策长期患病，晚年双目失明，但仍指挥报社业务活动。他在1911年去世前立下遗嘱，捐赠200万美元创办哥伦比亚大学新闻学院，并设立普利策新闻奖——这是目前美国新闻界的最高奖项。

普利策逝世后，《世界报》几经曲折，于1931年停刊。

二、赫斯特和《纽约新闻报》

威廉·赫斯特（William. R. Hearst）1863年出生于旧金山一个矿业主家庭，曾在哈佛大学读书，因多次违反校规而被开除。他曾在《世界报》实习，十分羡慕普利策的成功。1887年，他从父亲手里接办《旧金山考察家报》。1895年，筹资来到纽约，买下了一份陷于困境的报纸，更名为《纽约新闻报》（New York Journal），开始了同《世界报》的激烈竞争。

当时《世界报》已经广有影响。尤其是该报的星期日版图文并茂，销路极好。1896年1月，赫斯特暗中用高薪将该星期日版全班人马挖走，出版《纽约新闻报》的星期日版。

《世界报》星期日版有个著名的连环漫画《霍根小巷》，主人公是个穿着肥大的黄色衣服的孩子，作者借"黄孩子"东游西逛的行踪，讽喻世俗人情，滑稽而有趣，很受读者喜爱。赫斯特将作者挖走后，《世界报》另请画家作画。这两家报纸的星期日版，都有"黄孩子"的连环画，一时间"黄孩子"就成了这两份报纸的象征。人们就称它们为"黄色报纸"，并把两报惯用的以煽情主义手法写作的新闻报道称为"黄色新闻"（Yellow Journalism）。

19世纪末的美国，"黄色新闻"在各地报界泛滥。与煽情主义手法相比，"黄色新闻"还增添了一些特殊的做法，如使用触目惊心的大号煽动性标题，滥用甚至伪造照片，捏造访问记录或其他报道等。

在"黄色新闻"的使用上，赫斯特的《纽约新闻报》比普利策的《世界报》更为露骨和粗劣。

《纽约新闻报》有时也提出一些激进的政治主张，如"消灭罪恶的托拉斯"，要求把煤矿、铁路、电报线路收归国有等，并为此发动一些社会运动。

在舆论的指责下，《世界报》逐渐舍弃了"黄色新闻"，《纽约新闻报》却长期不舍。1901年，社会各界纷纷抵制该报。此后，赫斯特被迫有所收敛，并将报纸改名为《美国人报》。该报1937年停刊。

三、奥克斯和《纽约时报》

阿道夫·奥克斯（A. S. Ochs）1858年出生于美国中部一个犹太移民家庭，从小在印刷所当学徒，1878年买下一家名为《查塔努加时报》的地方小报，办得颇为成功。

1896年，《纽约时报》陷于危机，他以7.5万美元接管下来，并与股东们达成协议：如能在4年内扭亏为盈，则他自动取得该报控股权。

奥克斯决心把《纽约时报》办成新闻全面、内容详尽、言论稳健的报纸。他说："我的殷切目标是……不偏不倚、无私无畏地提供新闻。"

《纽约时报》摒弃"黄色新闻"的做法，坚持严肃的办报方针，强调"刊载一切适于刊登的新闻"（All the News That's Fit to Print）。

《纽约时报》力求报道翔实，及时提供市场行情、金融信息、商界动态、航运消息，详细登载政府文件、重要演说、外交协定，同时开辟法院案件专栏、图书评论专页以及以评述时事为主的星期日增刊。

《纽约时报》以1美分低价发行，并注重印刷质量，打出了"本报不会污染早餐桌布"的广告口号。

白手起家的奥克斯重视延揽人才。1904年，奥克斯聘任范安达为《纽约时报》编辑主任。在范安达的精心组织下，该报有关日俄海战（1904年）、"泰坦尼克号"沉没（1912年）以及第一次世界大战爆发（1914年）等重大事件的报道，都极为成功。

在载着"泰坦尼克号"幸存者的营救船靠岸后3小时内，《纽约时报》就印好了第一批报纸，在当期24个版面中，有15个版面报道了"泰坦尼克号"沉没惨祸的情况。

由于在第一次世界大战期间经常刊登文件和演说的全文，以及后来编辑出版《纽约时报索引》,《纽约时报》成了美国历史档案利用者重要的资料来源。

经过奥克斯的经营管理,《纽约时报》成为面向高端读者的严肃型现代报纸,并在经营上很快呈现转机,每期发行量不断攀升：1898 年只有 2.5 万份,1899 年猛增到 7.5 万份,1901 年超过 10 万份,1921 年达到 33 万份(星期日 50 余万份)。奥克斯成功地使报纸扭亏为盈,取得《纽约时报》的控股权。

四、早期报团

美国第一个报业集团,是出现于 1889 年的斯克里普斯报团(Scripps)。

爱德华·斯克里普斯出生于一个农场主家庭,年轻时曾在兄长所办的《底特律新闻》工作,24 岁时创办克利夫兰《新闻报》,29 岁时收购《辛辛那提邮报》,随后创办《肯塔基邮报》,初具报团的规模。

1889 年,他和同母异父的弟弟弥尔顿·麦克雷组成斯克里普斯－麦克雷报业联盟。在 1892 年时,该报团初具规模,一共拥有 5 家报纸。1911 年时,该报团拥有 18 家报纸。到 1914 年,该报团已在美国中西部 15 个州拥有 23 家报纸。为了给报团旗下报纸提供新闻,斯克里普斯于 1907 年创办了合众社(1958 年合并赫斯特报团的国际新闻社成为合众国际社)。

1914 年,因为意见不合的缘故,麦克雷脱离了报团。1920 年,斯克里普斯次子罗伯特·斯克里普斯子承父业,并与报团总经理罗伊·霍华德合作,加紧吞并其他报纸的活动。霍华德在同年接任报团主席职务,并且在此后与老板合作,编辑权与经理权完全平等。1922 年,该报团改名为"斯克里普斯-霍华德报团"。而斯克里普斯在 1924 年将在各报的股份转让给次子罗伯特·斯克里普斯。

斯克里普斯-霍华德报团在 20 世纪 30 年代增加了 3 家报纸,即得克萨斯的《前锋报》《邮报》和普利策的《纽约世界报》,其中《纽约世界报》和该报团 1927 年收购的《纽约电讯报》合并为《世界电讯报》,成为纽约著名大报。此后,该报团又陆续兼并了一些报纸。

斯克里普斯认为,发展报团,与其收买报纸,还不如自己创办报纸。因而,通常是由他选择一个 5 万至 10 万人口的工业城市,然后派公司优秀职员携带公司垫款 2.5 万美元去办报。如果办报成功,则由公司享有 51% 的股权,其余股权则归该报创办人所有;如办报失败,则由公司承担一切损失。这样做,虽然发给职工的薪水很少,但成功的希望激励他们拼命地干。1925 年,斯克里普斯去世时,该报团财产总值 5 000 万美元,在世界新闻史上,这是一个前所未有的数字。

在报纸业务方面,报团创办人斯克里普斯坚持用小标题和短消息,省去多余的字句,使报纸刊登尽可能多的消息和评论。他的目标是美国正在发展中的中小工业城市的工人,因而在思想倾向上,他的报纸基本上代表了下层民众的利益。他曾这样明确地说："我的重要的原则,是终生拥护大多数贫苦人民的利益。他们知识浅陋,衣食匮乏。为了他们地位平等,接受人类应有的待遇,必须领导他们向富人及高级知识阶级斗争。"

20 世纪初，威廉·赫斯特也形成了自己的报团，拥有《旧金山考察家报》、《纽约新闻报》(后改为《美国人报》，另出《纽约新闻晚报》)、《芝加哥美国人报》(1900 年创办)、《芝加哥考察家报》(1902 年)、《洛杉矶考察家报》(1903 年)、《波士顿美国人报》(1904 年)等报纸，到第一次世界大战时，赫斯特报团已具有相当规模。第一次世界大战前后，赫斯特逐步由纽约向外地扩张，自 1917 年起几乎年年增加新报。1935 年达到最盛期，在 19 个城市拥有 26 家日报(发行量占全国 13.6％)、17 家星期日报(发行量占全国 24.2％)，另外还有 14 家杂志、3 个新闻社、2 个电影公司、8 个电台，成为显赫一时的报业王国。

1900 年，美国有 8 个报团，控制 27 家主要报纸，约占日报总发行量的 1/10。

20 世纪 40 年代初，美国报团已将近控制全国日报发行量的 50％，"一城一报"现象出现在全国 80％以上的城市。

两次世界大战之间，除了斯克里普斯报团、赫斯特报团之外，影响较大的报团还有芒西报团、《论坛报》报团。其中，芒西报团在业主芒西 1925 年去世后就瓦解了。

第五节　杂志业兴盛①

1741 年 1 月，本杰明·富兰克林创办了《综合杂志》(*The General Magazine*)。《美利坚信使周报》主人安德鲁·布雷德福比他早 3 天创办《美国杂志》(*The American Magazine*)。此后，不断有人创办杂志。

在 19 世纪下半叶，美国出现了创办杂志的第一波高潮，其中的低价杂志发行量巨大。在这期间创刊的著名杂志包括：

1. *HARPER'S*(《哈珀斯》)，1850 年创刊。

2. *The Atlantic*(《大西洋月刊》)，1857 年创刊。

3. *The Nation*(《民族周刊》)，1865 年创刊。

4. *Harper's BAZAAR*(《时尚芭莎》)，1867 年创刊。

5. *Science*(《科学》)，1880 年创刊。

6. *COSMOPOLITAN*(《大都会》)，1886 年创刊。

7. *NATIONAL GEOGRAPHIC*(《国家地理》)，1888 年创刊。

8. *VOGUE*(《时尚》)，1892 年创刊。

9. *The New York Times Book Review*(《纽约时报书评》)，1896 年创刊。

1883 年，塞勒斯·H.K. 柯蒂斯创办《妇女家庭杂志》，发行量很快升至 50 万份。《麦克卢尔》(1893 年创刊)、《柯里尔》《芒西》(1889 年在纽约创刊)等都是发行量巨大的低价杂志，成为原有老牌月刊的有力挑战者。这些杂志的主要内容多为流行小说和主题广泛的文章，配有生动的插图，并通过降低售价提高发行量，依靠广告收入获得生存发展的资本。

---

① 本节主要引自王小囤:《美国的"扒粪运动"——揭披社会黑暗的美国新闻时代》,《世界博览》,2007 年 1 月号。选入本书时有修改。

1903 年至 1912 年的 10 年间，美国新闻界掀起了一场揭露丑闻、谴责腐败、呼唤正义良心的运动，这就是著名的"扒粪运动"①（又称"揭丑运动"）。在这个运动中，杂志成为主力，它们揭露经济、政治丑闻，倡导扩大民主，在社会上影响甚大，其中的代表是《麦克卢尔》。

在"扒粪运动"进行的 10 年中，《麦克卢尔》每期都有"扒粪"工作者的黑幕揭露，许多著名的黑幕揭露文章都出自这本杂志。由于深受大众欢迎，《麦克卢尔》月发行量都在 300 万份以上，当时美国只有 7 800 万人口。

《麦克卢尔》由塞缪尔·S. 麦克卢尔创办，仅售 15 美分。

《麦克卢尔》1903 年 1 月号刊载了林肯·斯蒂芬斯的《明尼阿波利斯之羞》、埃达·塔贝尔的《美孚石油公司史：1872 年石油战》和雷·贝克的《工作的权利》，吹响了黑幕揭露运动高潮的号角。

这 3 篇文章分别从政界、企业界和劳工界三大领域对美国社会进行无情的揭露，文章的作者也因此被视为黑幕揭露运动中的重要人物。麦克卢尔配发社论，呼吁人们维护法律，"政府官员和资本家都在以一种合谋的方式触犯法律，最终的代价就是我们的自由"。

生于 1866 年的林肯·斯蒂芬斯，1901 年担任《麦克卢尔》总编辑，而后转任记者，亲自在第一线调查城市腐败的黑幕。

他连续在《麦克卢尔》发表文章，揭露美国圣路易斯、明尼阿波利斯、芝加哥等城市政府官员的腐败丑行，引起了社会轰动。他表示，"使每一座城市代表城市腐败中的某一类"，选择圣路易斯是为了反映贿赂问题；对明尼阿波利斯则揭露该城盛行的警察贪污；而费城的市民都已堕落，以致他们甘愿放弃自己的投票权。

斯蒂芬斯使用了大量的第一手数据，其文章紧凑而多悬念。大量读者追捧他的文章，在带动杂志热销的同时，也使人们开始思考城市腐败的根源与危害。因此，斯蒂芬斯被视为黑幕揭露运动的"领头羊"，"揭开地狱盖子的美国新闻人"。

埃达·塔贝尔 1857 年出生，因父亲从事石油开采业，她从小就熟悉行业中的各种事件，后来应邀加入《麦克卢尔》。在《美孚石油公司史：1872 年石油战》中，46 岁的她揭露了美孚公司的间谍乃至恐怖主义行为：控制竞争对手输出石油的铁路并提价，妨碍乃至破坏对手的产品装船出货，胁迫对手的卖家取消订单等。

塔贝尔用 5 年时间调查，写成 15 期报道（在《麦克卢尔》连载到 1904 年），最后汇编成《美孚石油公司史》，文章数据翔实，最终使美国政府根据《反托拉斯法》起诉美孚石油公司及其下属相关企业，最高法院于 1911 年 5 月判决起诉有效，美孚石油帝国解体。1922 年的《纽约时报》将埃达·塔贝尔列为"美国在世的 12 个伟大女性"之一。

越来越多的知识分子加入揭露黑幕运动，并写出许多影响深刻的文章，黑幕揭露者的触角遍及生活的方方面面，发现的问题形形色色，指责详尽而直接。

1905 年后，《柯里尔》杂志在黑幕揭发方面也有出色表现，反响最强烈的是关于药

---

① 当时的美国总统西奥多·罗斯福，把当时从事揭露新闻写作的记者们挖苦为"扒粪男子"，记者们把它接受下来，自称"黑幕揭发者"（muckraker，直译为"扒粪者"）。这是这场运动名称的由来。

品专卖和制造的文章《美国大骗局》。该文揭露许多被称为"包治百病"的流行药品是假的，并且证明其中有些含有有毒成分。①

1906年，28岁的厄普顿·辛克莱完成了小说《屠场》。小说在《寻求真理》杂志连载，把杂志的发行量提高到了17.5万份。该小说以立陶宛农民朱尔吉斯充满悲剧的人生为主线，以美国屠宰行业为基点，反映了20世纪初美国方方面面的风貌和社会问题。小说中反映出的食品行业极其糟糕的卫生状况激怒了民众。西奥多·罗斯福总统读完小说后，促成了《肉类检查法》和《纯净食品及药物管理法》的通过。

"扒粪运动"产生了深远的影响和积极的社会效果。它不仅促成了美国公民意识的觉醒，更让舆论监督的观念深入人心。

有人曾列举"扒粪运动"的成就：保险业运行机制更为健全，银行正在增加新的防范措施，广告基本真实，食品和药物掺假受到抑制，公共交通运输公司更为关注人的生命安全。政治老板的风光不再，各州和各城市都在致力于廉政建设。弱势群体得到保护。

后来，"扒粪运动"的旗帜性刊物，先后被保守的企业集团购买，揭黑运动逐渐淡出。但是，到20世纪六七十年代，黑幕揭露报道的变种——调查性报道盛行，其中最大的成就是《华盛顿邮报》对水门事件的报道。1985年，普利策新闻奖还专门设立了调查性新闻奖。

与法国杂志相比，美国的杂志出现时间晚，但就全球影响力而言，美国杂志后来居上。

在美国杂志大军中，影响较大的主要是新闻杂志《时代》《新闻周刊》《美国新闻与世界报道》，综合杂志《大西洋月刊》《哈珀斯》《读者文摘》，经济杂志《财富》《福布斯》《商业周刊》。

在20世纪上半叶的美国，陆续有许多杂志创刊，其中包括下列杂志：

1. VANITY FAIR（《名利场》），1913年创刊。

2. NEW REPUBLIC（《新共和》），1914年创刊。

3. Forbes（《福布斯》），1917年创刊。

4. Reader's Digest（《读者文摘》），1922年创刊。

5. TIME（《时代》），1923年3月创刊。

6. THE NEW YORKER（《纽约客》），1925年创刊。

7. Bloomberg Businessweek（《商业周刊》），1928年创刊。

8. FORTUNE（《财富》），1930年创刊。

9. Newsweek（《新闻周刊》），1933年创刊。

10. Esquire（《时尚先生》），1933年创刊。

11. LIFE（《生活》），1936年创刊。

12. U. S. News & WORLD REPORT（《美国新闻与世界报道》），1948年创刊。

在20世纪20年代诞生的数份重要杂志，到21世纪仍在全球发挥着重要的影响力。

---

① 江鸿：《跟总统较劲——美国总统与传媒》，159页，广州，南方日报出版社，2007。

例如，由由年轻的利·R.卢斯和他的大学同学布里顿·哈登创办的《时代》。

由于时政类主流杂志早已在20世纪上半叶先后创刊，所以，20世纪下半叶美国的杂志创刊潮，向娱乐休闲类、小众专业类两个方向发展，其间创刊的著名杂志包括：

1. *PLAYBOY*(《花花公子》)，1952年创刊。

2. *GQ*，1952年创刊。

3. *TV Guide*(《电视指南》)，1953年创刊。

4. *Sports Illustrated*(《体育画报》)，1954年创刊。

5. *I. D*，1954年创刊。

6. *Rolling Stone*(《滚石》)，1967年创刊。

7. *New York*(《纽约》)，1968年创刊。

8. *Penthouse*(《阁楼》)，1969年创刊。

9. *Money*(《金钱》)，1972年创刊。

10. *W*，1972年创刊。

11. *People*(《人物周刊》)，1974年创刊。

12. *Mother Jones*(《琼斯妈妈》)，1976年创刊。

13. *US* 双月刊①，1977年创刊。

14. *Outside*(《外面》)，1978年创刊。

15. *Premiere*(《首映》)，1987年创刊。

16. *Marie Claire*(《美丽佳人》)，1988年创刊。

17. *Entertainment Weekly*(《娱乐周刊》)，1990年创刊。

18. *Visionaire*(《视觉》)，1991年创刊。

19. *Martha Stewart Living*(《玛莎生活》)，1991年创刊。

20. *Allure*(《吸引》)，1991年创刊。

21. *Wired*(《连线》)，1993年创刊。

22. *In Style*(《风尚》)，1994年创刊。

23. *Seventeen*(《十七岁》)，1994年创刊。

24. *The Weekly Standard*(《标准周刊》)，1995年创刊。

25. *Slate*(《岩石》)，1996年创刊。

26. *Business 2.0*(《新商业》)，1998年创刊。

27. *ESPN*，1998年创刊。

进入21世纪后，依然有 *O, The Oprah Magazine*(《奥普拉杂志》，2000年创刊)等名刊面世。

2008年下半年开始，起源于美国的金融危机风暴，业已存在的来自新媒体的替代品竞争，以及过度的扩张，对美国杂志业造成了不小的冲击和破坏。此次金融危机后，*Penthouse* 杂志申请破产保护，*LIFE*、*PC*、*Premiere* 等杂志停出印刷版，改出网络版。

---

① 1986年被 Wenner Media 收购，1991年改成月刊，2000年改成周刊 *US Weekly*。

《读者文摘》曾经是世界畅销杂志之一，以 19 种语言向全世界 160 多个国家出版发行，读者人数最多时高达 1 亿。20 世纪 80 年代末，《读者文摘》每月总发行量超过 3 000 万份。进入 21 世纪后，《读者文摘》受互联网等新兴媒体的冲击，从 2001 年开始，发行量持续下降，2005 年至 2009 年连年亏损。为了减少亏损，《读者文摘》2009 年将月发行量从 820 万份下调至 550 万份，同时把每年的发行期数从 12 期减少到 10 期，从全美期刊发行量之冠的宝座上跌落下来。

2009 年 8 月中旬，美国著名的《读者文摘》公司因负债高达 22 亿美元，宣布进入破产保护程序。2010 年 2 月 22 日，美国《读者文摘》公司宣布成功完成财务重组，走出破产保护程序。《读者文摘》的大量债务转为股份，大股东里普尔伍德控股公司让出部分经营权给债权方集团。此番财务重整成功后，《读者文摘》总裁兼首席执行官预计，行业和竞争环境将依然严峻。

《读者文摘》试图创建自己的"全球在线品牌"，为新用户和已有用户提供在线体验。例如，2010 年 1 月 29 日《读者文摘》公布了在 iPhone 上的应用，即一款名为"LifeIQ"趣味实用的在线游戏——玩家通过趣味性问答方式，可以了解各方面的生活知识和技巧，包括食品、家居、健康和科技等。

2013 年，《读者文摘》再次请破产。

康泰纳仕集团（Condé Nast Publications）是当代美国著名杂志媒体集团，以出版时尚杂志闻名，旗下杂志品牌包括 *VOGUE*、*GQ*、*VANITY FAIR*、*Condé Nast Traveler*、*Architectural Digest*、*The New Yorker* 和 *Glamour* 等。对内容原创性及卓越品质的追求，使该集团在杂志界居领先地位长达百年。

康泰纳仕集团的业务范围遍及全球 20 个国家，出版时尚、名流、美容、建筑、美食、旅游等类型的杂志，并经营网站。

第六节　广播业渐成气候

美国是世界上广播业最发达的国家，它在全球最早进行无线电广播。

美国首家商业广播电台 KDKA 电台 1920 年开播。自 1916 年起，美国西屋电气公司的工程师弗兰克·康拉德一直在匹兹堡运营一个叫作 8XK 的实验电台，用以推广该公司生产的矿石收音机。

由于这个电台受到人们的欢迎，西屋电气公司据此预测将会出现一个新的市场，于是申请了第一个全商业性的标准广播执照。KDKA 电台于 1920 年 11 月 2 日开始运营，这是美国第一家正式申请注册并取得营业执照的广播电台，也被公认为世界上第一家广播电台。它播出的第一条新闻是当年美国总统选举的结果，当时有数千人收听了这个长达 18 小时的节目。

KDKA 电台的开播，标志着无线电广播事业的诞生，揭开了世界新闻事业的新篇章。

从 1921 年开始，一些有实力的大企业在美国的一些大城市陆续开办了广播电台。

美国电话电报公司 1922 年在纽约建立了 WEAF 电台（现称 WNBC 电台），该台宣布将以广告收入作为其经费来源。它首次接受了纽约一家百货公司插播商业广告。开播7个月后，已经有20多家广告客户出资使用电台的播音时间播放广告。其他电台纷纷仿效，美国无线电广播的商业化时代从此开始。

无线电广播当时是时尚的新媒体，也是一个非常赚钱的新兴行业。而且，美国政府主张民众可以自主创办和经营大众传媒，自由竞争，自由表达意见。所以，美国的私营电台如雨后春笋般纷纷建立起来。国内电台总数自1922年1月的30座，增加到1923年3月的556座，收音机数量由1921年的5万台，猛增至1922年的60多万台。

1927年，美国电台数量增至733座。同年，美国通过了《无线电法》，成立了联邦无线电委员会，由政府控制一切频率，由该委员会颁发具体频率的营业执照。在该委员会的管理下，美国电台的频率使用不再混乱无序，电台数量减少了近150座。此后10年，美国电台数量保持在600座左右。

1929年，美国爆发资本主义世界第一场严重的经济危机。

在市场大萧条中，广播却一枝独秀，获得长足发展。在那段艰苦的岁月里，慰藉人心的音乐、消愁解闷的滑稽节目、廉价甚至无偿获得的新闻资讯，满足了陷入困苦的无数民众的需要。

1930年，美国收音机总数达到1 250万台，1940年上升为4 400万台。当时的美国，约90%的家庭拥有至少1台收音机，每天人们消磨在收音机旁的时间长达4小时。

1934年，美国通过《通讯法》，其中规定经营电台必须有利于公众，否则联邦通讯委员会有权拒绝更新其执照。《通讯法》还禁止委员会对节目进行任何检查，委员会无权命令电台播放或取消任何节目。

1926年，美国电话电报公司、美国西屋电气公司和通用电气公司合资成立全国广播公司（简称NBC）。

1927年1月，NBC成立两个不同的广播网：一是以WEAF电台为中心台的红色广播网；二是以WJZ电台为中心台的蓝色广播网。

1928年9月，成立于1927年的联合独立广播公司，被犹太商人威廉·塞缪尔·佩利以50万美元购得控股权，改名为哥伦比亚广播公司（简称CBS），成为NBC的劲敌。佩利积极开发既能取悦听众又能吸引商业赞助的节目，广泛搜罗人才，千方百计迎合广告客户的需要。

1年后，CBS跃居美国各广播网之首。1938年离开董事长职位的佩利，对美国广播业的贡献，被后人视为"如同卡内基对钢铁、福特对汽车、卢斯对出版、鲁恩对棒球的贡献一样"。

至1934年，CBS共有94家附属电台，NBC共有127家附属电台。

1941年，美国联邦通讯委员会制定《广播联营条例》，以限制广播事业的垄断化。根据这一条例，NBC 1943年出售了蓝色广播网。

1945年，蓝色广播网改名为美国广播公司（简称ABC）。

从此，美国广播业形成NBC、CBS、ABC三足鼎立的竞争局面。

20世纪30年代，新闻开始在美国广播中跃居头等重要的地位。当时的报纸为了获得更多的广告份额，开始对广播电台实施"停稿"和"限稿"，广播电台被迫把新闻采写工作承担起来，建立起自己的新闻采编队伍(包括记者、新闻分析员、评论员等)。

其间，广播新闻报道，特别是对美国总统竞选、英国国王爱德华八世逊位等重大事件的报道，为广播电台赢得了许多听众。美国广播业步入成熟期，影响力与日俱增，美国领导人经常通过电台发表讲话，如罗斯福总统的"炉边谈话"。

第二次世界大战期间，广播电台在发布新闻和解释新闻方面起到了其他媒介不可替代的作用，美国的无线电广播新闻到达了它的黄金时代。爱德华·默罗、埃尔默·戴维斯、马克斯·乔丹、埃里克·塞瓦赖得等一大批优秀的广播新闻记者征服了大量听众。

第二次世界大战结束后，由于电视的强势崛起，电台开始由"广播"转向"窄播"，日趋小型化和地方化，节目趋向对象化和专门化。

20世纪50年代中期，便携式小型半导体收音机的研制成功，使广播从集体收听步入个人持有阶段。更为重要的是，车载收音机成为汽车的标准附件。由于美国是一个"车轮上的国家"，大多数美国人每天在汽车上度过很长时间，所以，美国广播业拥有大量相当稳定的听众。

在激烈得近乎残酷的竞争中，曾为560座电台提供广播节目的相互广播公司于1959年宣告破产。

20世纪60年代，"全新闻"(All news)节目作为新型广播模式，首先在数个大城市推行，获得可观的收听率。谈话节目和谈话电台的数量，开始快速增长。其间，大规模生产的晶体管收音机开始能接收调频广播(FM)，收听质量优于调幅广播(AM)。

1968年，美国的调频收音机数量从1960年的200万台上升到2 100万台。到20世纪70年代，调频调幅两用的收音机，成为美国百姓家庭中的寻常物。

20世纪80年代，FM电台占到美国电台的半数。

进入21世纪后，数字广播开始在美国出现，但对美国广播业原有格局冲击不大。

2002年，美国广播业的广告收入达到200亿美元，约占美国媒体广告市场的1/7。

截至2004年，美国共有13 468家电台，80%以上是商业电台，有20多家全国性的广播网，100多家区域性广播网，两家卫星广播运营商。

第七节　电视业日益发展[①]

20世纪20年代，美国开始试验性的电视广播，当时的美国无线电公司和通用电气公司都是电视试验的积极拥护者。

1928年，美国第一次正式播出电视节目。通用电气公司的WGY电视台播出了第一部电视剧——《女王的信使》。此后，设在芝加哥等地的早期电视台纷纷效仿，较为固定地播出节目。当时，全国广播公司经营的试验电视台是W2XBS(后来成为纽约的WNBC)；哥伦比亚广播公司的试验电视台是W2XAB(后来成为WCBS)。

---

① 本节主要引自王纬：《镜头里的"第四势力"：美国电视新闻节目》，北京，北京广播学院出版社，2000。选入本书时有改动。

1929 年，联邦无线电委员会(Federal Radio Commission)发给 18 家试验电视台执照，批准其营业。早期实验电视节目的观众多半是电气工程师或一些好奇的人，大多数人还不愿意花很多钱买又大又笨、图像信号不稳定、伴有噪声的"电视机"。

1930 年，一套较完善的全电子扫描的电视系统在美国无线电公司的实验室诞生，电视发展因而由机械时代进入电子时代。

1937 年，早期的电视机演进为全电子系统，图像质量大大提高，画面线数增加到441 线，全美国有 17 座试验电视台在营业中。

这一年，通过电话公司电话线的连接，纽约和费城的电视台已经可以共同播放节目。由于当时的试验电视台按照规定可以随意播放戏剧和电影，但还不能播广告，于是，歌舞剧、舞台剧和电影占据电视屏幕。

在没有电视专用录像设备的简陋条件下，电视新闻开始萌芽。全国广播公司使用了两辆电视转播车。这两辆车整天在纽约市内奔跑，通过微波不断把电视信号发送回电视发射机。这实际上是最早的电视新闻实况转播。

1939 年 4 月 30 日，纽约世界博览会开幕。作为美国无线电公司子公司的全国广播公司，在距离主席台大约 50 米远的平台上，架起一台最原始的电视摄像机。美国总统富兰克林·罗斯福在开幕式上做了讲话，成为第一个出现在电视屏幕上的美国总统。

纽约世界博览会后不久，全国广播公司开始了每周 10 小时的较为固定的电视节目播出。播出内容主要是老电影和体育竞赛。

这时的电视接收机销售量并不多。虽然厂家大幅度削价，但到 1939 年年底，也只在纽约市卖出 1 000 台。

1941 年，联邦通信委员会(FCC)同意给全天播出节目的商业电视台颁发执照。商业电视台的出现意味着，电视将像收音机广播一样通过播出广告来获得利润。当年的7 月 1 日，全国广播公司播出了电视史上第一个商业广告，是宝路华牌的手表广告：一只宝路华牌手表的表盘占满画面，秒针转了一周。这个 1 分钟的电视广告收费 4 美元。

这段时期内，电视新闻几乎没有发展，但是对 1940 年全美政党代表大会首次进行了实况转播。

至 1941 年 12 月，全美有 32 家商业电视台获得执照，独立营业。就在这时，珍珠港事件爆发，美国卷入第二次世界大战。

珍珠港事件爆发后，哥伦比亚广播公司的试验电视台 WCBW 对这一事件进行了 9小时的实况报道。

1945 年，联邦通信委员会先后作出一系列有利于电视业发展的规定：把 FM 调频信道优先分配给电视；取消战时对电视台的禁令；根据战前的技术标准继续发展第二次世界大战后的电视事业。

最后一项决定令美国无线电公司大喜过望，因为它们在战争期间，已经将电视画面的扫描线数提高到 525 线，正准备投入市场。美国因此成为最早在电视制式上排除技术性指标的国家。

到 1947 年，美国各大电视网的全部播出时间中，60％是体育转播，大约每周播出

29 小时。其他的节目内容还有肥皂剧、烹饪讲座、旅游风光片、游戏节目等。

相比之下，电视新闻的发展则囿于技术原因而裹足不前。当时，电视新闻短片是用电影摄像机和电影胶片拍成的。由于设备笨重、成本昂贵，所以电视新闻片实效性不强，数目很少。

全国广播公司（以下简称 NBC）把广播节目 *Texaco Star Theater* 移入电视，很受欢迎。该节目主持人密尔顿·伯利被人们称为"电视先生"。

哥伦比亚广播公司推出埃德·萨利文的 *Toast of the Town* 节目与 NBC 抗衡。萨利文原本是一位报纸专栏作家，他在电视中为观众介绍了一系列著名人物：戏剧演员、歌手、芭蕾舞演员……和许多场面精彩的节目——动物表演、木偶戏、杂技表演等。很快萨利文的节目成为收视率最高的电视节目之一。其余的电视台也纷纷效仿，安排播出类似的表演节目。

人们渐渐爱上了电视，电视台的数目也开始增多。

1948 年，美国有 29 家电视台在播出节目，另外 80 家电视台正在登记注册，联邦通信委员会那里还有 300 家电视台在申请执照。近两万个家庭拥有了电视机，这些家庭大多集中在东北部，选用的是最新式的机型。全国有 4 家电视网在运作：全国广播公司电视网，哥伦比亚广播公司电视网，杜蒙电视网（The Dumont Television Network）和美国广播公司电视网（ABC）。这一年，CBS 和 NBC 对共和党和民主党政治代表大会做了较为详细的报道。

1948 年 9 月，由于担心过多的电视台会出现彼此信号干扰，联邦通信委员会下令暂时"冻结"频道的分配，暂时不给新的电视台颁发执照。所以，1950 年，全美国只有 105 家电视台在播出节目。大多数城市只有一家电视台，24 个较大的城市有两个以上的电视台。

1952 年，对新增电视台的"冻结"被取消。

电视不容忽视的迅速发展，使得广播界一些老牌明星，包括最著名的爱德华·默罗，转而从事电视新闻工作。

1951 年，默罗把他创办的非常有影响的广播新闻节目《现在请听》（*CBS Is There*）"嫁接"到电视领域，创办 CBS 的名牌电视新闻节目《现在请看》（*See It Now*）。默罗和他的新闻班子把新闻事件从世界各地、全国各地，甚至朝鲜战场发回美国，取得了极为可观的收视率，同时掀起了各家电视网之间的第一次电视新闻大战。

广播新闻明星在电视领域的成功，促进了电视的进一步普及。1950 年，美国仅有 13％的家庭拥有电视机，1955 年这个数字增长为 68％。

电视网迅速崛起，昔日广播网巨头成为不断壮大的横跨广播、电视、电影等相关行业的传播巨人。1953 年，美国广播公司同派拉蒙影院公司合并，其名下的附属电视台达 183 座；哥伦比亚广播公司附属电视台 197 座；全国广播公司附属电视台 213 座。

20 世纪 50 年代中期，美国电视新闻领域中，出现了第一批固定播音员（announcer）。当时三家最大的商业电视网——NBC、CBS、ABC——先后创办了 15 分钟的晚间新闻节目，确定了各自的名牌播音员。CBS 是道格拉斯·爱德华兹，NBC 是约翰·卡梅隆·斯韦兹；ABC 是约翰·查尔斯·达利。这些早期的电视新闻播音员都是从富有经验的记者中选出来的，他们既是播音员，又是记者，同时还担负着新闻评论的职责。

1951 年 9 月，同轴电缆把横跨美国大陆、从东海岸到西海岸，散布在 52 个城市的众多电视台联系在一起，全美国的电视观众同时看到了在西海岸城市旧金山举行的对日和约会议。这是美国人看到的第一个覆盖全国的电视节目。这一事件，标志着横越美国大陆电视转播的完成。从此以后，电视成为美国社会的主流媒体，美国真正进入电视时代。

1953 年，美国电视网报道了英国伦敦举行的伊丽莎白女王二世加冕仪式，标志着跨越大洋报道得以实现。

20 世纪 50 年代，电视新闻纪录片也开始在晚间黄金时段向观众深入报道时事新闻，讨论当前重要的新闻事件。

麦卡锡主义甚嚣尘上时，一批电视新闻工作者因此受到政治迫害。1954 年，默罗在《现在请看》节目中曝光了参议员麦卡锡值得怀疑的政治伎俩，指出麦卡锡分子对大多数美国人提出了毫无根据的指控。

NBC 也在电视纪录片领域中取得成绩：纪录片《海上的胜利》连续播放 26 周，获得惊人的收视率。1962 年，一些人在柏林墙下挖了一条逃跑的隧道，NBC 拍摄了名为《隧道》的新闻纪录片，使该事件成为世界性的新闻话题。

电视新闻的发展和进步，加速了电视在美国的普及。统计表明，1962 年时，90% 的美国家庭拥有电视机，美国全国有 541 座电视台在播放节目。

由于彩色电视机价格昂贵，到 1961 年，美国全国只有 60 万台彩色电视机。

20 世纪六七十年代，三大商业性电视网——NBC、CBS 和 ABC，占据国内电视台的领先地位。当时的晚间电视黄金时段，90% 的美国家庭都在收看三大电视网的节目。

1963 年开始，三大电视网先后把晚间新闻从 15 分钟增加到 30 分钟。晚间新闻节目确立了主持人制度。CBS 的沃尔特·克朗凯特和 NBC 的切特·亨特利、戴维·布林克利均成为全国家喻户晓的主持人。

在一系列重大新闻事件中，各家电视网都给观众提供了难以忘怀的新闻现场：两党政治大会；人类第一次踏上月球；民权运动；越南战争……这些重大事件，促成了电视新闻地位的迅速提高。

1963 年 11 月 22 日，美国总统肯尼迪遇刺 10 分钟之内，CBS、NBC、ABC 全部中止了下午正在播出的游戏和肥皂剧节目。CBS 记者沃尔特·克朗凯特表情严肃地出现在电视屏幕上，向全国通报了总统遇刺的消息。这条电视新闻，是由当时在达拉斯工作的年轻记者丹·拉瑟（后来成为 CBS 著名的新闻节目主持人）现场抢发的。

对肯尼迪遇刺事件的报道，改变了电视新闻尴尬的境地：电视新闻第一次牢牢抓住了公众的注意力，并从此改变了自己的命运。1963 年的《新闻周刊》如此评价说："在那 4 个不可思议的、令人震惊的日夜里，电视成为全美国人生活的中心，如同吃饭、睡觉一样重要……过去曾经是最不被看好的、最不受重视的媒介，此刻变得让人们无法回避。"此后，长期赔钱的新闻部，开始慢慢成为电视台的赚钱机器。

20 世纪 60 年代，电视记者对当时风起云涌的民权运动，也做了很多的报道。

电视记者对民权运动的最早报道始于 1957 年的小石城。当时阿肯色州的高中学校实施消除种族隔阂的一体化合并行动,引发了随之而来的暴力行为。电视新闻及时报道了这一事件。

1963 年,电视新闻报道了发生在华盛顿的成千上万的人们要求民权的集会。接下来,底特律、华兹、纽瓦克等地的电视台分别报道了当地发生的要求民权的社会动荡。

美国真正入侵越南是在 1961 年,撤出越南是在 1975 年,这段时间也是美国电视界的大发展时期。

电视新闻报道把这场战争带进了普通美国百姓的日常生活。在各电视网对越南战争的报道中,及时性是越战报道的特色,是各电视网竞争的主要方面。

在越南战争的报道中,新一代的电视新闻工作者和新的电视新闻技术都得到了锻炼。美国的公众每天都能收看大批关于越战的新闻:安置在武装直升机上的电视摄像机和安置在逃离越南的飞机机舱内的电视摄像机带给公众不同角度的、表现战争残酷性的"带有观点的镜头和画面"。

电视新闻记者用连贯的电视画面表现了这场战争的血腥与残酷,由此促成了国内反战舆论的形成,促成了美军撤离越南的行动。而为了促成这样的结果,美国有 100 多名记者(包括电视记者)倒在了越南战场上。

对肯尼迪总统遇刺事件、民权运动和越南战争的报道,为美国的电视新闻树立了良好的公众形象。电视新闻赢得收视率之后,在电子技术进步的推动下,把镜头对准了美国人生活的方方面面,电视新闻如同在工厂生产线上批量生产一样大量涌现。

1968 年,电视节目制片人丹·休伊特向哥伦比亚广播公司(CBS)管理层递交报告,设想创办一个黄金时段片长 1 小时的新闻节目。根据他的建议,节目将由三个部分组成,每个部分都是一个故事,由一个记者出镜采访,并串联讲述整个故事,而三个故事中间则穿插广告,通过广告来将不同风格品位的故事融合成一档节目。既要让节目保持一定的严肃性,又要让新闻具有娱乐性和可观赏性。CBS 管理层采纳了丹·休伊特的设想,并从报告中摘取了"60 分钟"作为节目名称。美国电视新闻栏目《60 分钟》(60 minutes)由此诞生。《60 分钟》节目是电视新闻中调查性新闻报道的鼻祖,并长期成为美国收视率最高的节目之一。

20 世纪 70 年代,在"水门事件"的前期报道中,电视新闻是远远逊色于报纸报道的。但在后期的报道中,电视新闻凭借其不可超越的技术优势,主要是电视画面带来的现场感,使对"水门事件"的电视报道成为美国人每天必看的节目。到次年夏天,各电视网对"水门事件"审讯与听证的实况报道,成为收视率最高的节目。

1953 年,艾森豪威尔总统就职的电视新闻,吸引了约 6 000 万美国人收看。

1960 年,至少有 8 300 万人通过电视"目睹"了肯尼迪和尼克松之间的竞选辩论。

1962 年,1.35 亿观众通过电视观看了约翰·格伦的第一次环绕地球轨道飞行。

1963 年,肯尼迪总统遇刺,纽约市的电视观众从占该市人口的 30% 激增到 70%,当电视实况直播肯尼迪总统葬礼时,观众达到 90%。

1974 年,尼克松总统辞职,约 1.3 亿美国人收看了有关的实况转播。

随着电视观众的不断增加,电视新闻在 20 世纪 70 年代成为电视台的支柱。

付费电缆电视始于 1976 年，在 70 年代开始流行。许多美国家庭都爱上了这种在家看电影、看戏剧、看主要体育赛事以及娱乐特别节目的方式。

在早期的电视新闻节目中，主持人或播音员一直给观众的印象是严肃、坚强、权威、庄重，他们往往是年纪比较大的男性，比如克朗凯特。他们往往是由资深记者演变为主持人的，地方电视台的新闻节目主持人也如此。

20 世纪 70 年代晚期，一批新的新闻播音员出现了。男性播音员更年轻、更大胆，服装是最流行的，女性播音员也坐到了新闻主持人的交椅上，多半年轻而漂亮。主持人们相互以轻松的交谈形式"说"新闻，而不是"播"新闻。这种不严肃的谈话播音方式被称为"快乐谈话"（Happy Talk），当时非常流行。

1979 年，德黑兰发生扣押美国使馆人质事件时，ABC 决定在夜间 11 点半跟踪报道这一事件，这个报道渐渐演化成电视杂志型节目《晚间报道》。

20 世纪 80 年代开始，有线电视成为三大无线广播的商业电视网的强劲对手。

从 1970 年到 1980 年，有线电视机构的数目从 2 500 家增长到 4 000 家，有线电视的订户数目增长了 3 倍。1995 年，美国约有 1.25 万家有线电视台，订户 6 000 多万，占所有电视用户的 63％。

1980 年，泰德·特纳（Ted Turner）创立了 24 小时提供新闻节目的有线电视新闻网，并在一年后建立起 CNN 二台。

除了 CNN 和 C-SPAN（专门报道国会各种会议）外，美国其他的有线电视公司几乎都不播出新闻节目，多数的有线电视节目只是一些最新的电影、热门体育比赛转播，以及流行音乐或喜剧节目。比如，ESPN24 小时播送体育比赛，气象频道（Weather Channel D)24 小时播送气象服务节目，MTV 播送音乐电视等。

20 世纪 80 年代中期，美国出现了一些购物频道，观众可以坐在家中通过电话选购频道中介绍的商品。

1996 年 2 月，美国对实行了 62 年的《1934 年通信法案》做了重大修改。修改内容主要有：放宽一个公司开办电视台数量的限制，允许有线电视系统与电视网的公共所有权存在，允许电视网经营和拥有其他广播电视网等。新法案的出台掀起一个史无前例的兼并、合并、买断产权、合作经营和合资经营的高潮，传统的三大商业电视网成为几家传播巨头旗下的分号。

时代-华纳公司和特纳广播公司以 67 亿美元合并，成为不仅是美国，也是世界上最大的媒体。大都会-美国广播公司同华特·迪士尼公司进行了价值 185 亿美元的合并；西屋电器公司以 54 亿美元接管哥伦比亚广播公司；默多克的新闻公司吞并了"21 世纪福克斯（影业）公司"、《电视指南》（TV Guide）等。

根据 1997 年 6 月全美最大的 25 家电视公司排名显示：福克斯电视公司，作为默多克新闻集团的附属公司，在全美覆盖率达到 34.8％，位居第一；CBS，作为西屋电器公司的附属公司，位居第二，覆盖率 30.9％；NBC，作为通用电器公司的附属公司，居第五位；ABC，作为迪士尼公司的附属公司，排名第六；帕克森传播公司（Paxson）和论坛广播公司（Tribune）分列第三和第四的位置。

1993年12月，福克斯电视网争夺到了全美橄榄球联盟比赛4年的转播权，并为此付出16亿美元，击败了CBS在近40年中对该联盟赛事转播的垄断价格：4亿美元。

这次高额竞标的直接结果是50家城市电视台加入福克斯的联盟，这使得福克斯电视网的成员达到188家电视台，其中包括列入全国前20名的达拉斯电视台和圣路易斯电视台，并且其中12个附属电视台使用的是甚高频信号，比一般的超高频电视信号要清晰。188家附属台的拥有量，足以使福克斯电视网与三大电视网平起平坐：当时，CBS拥有215家电视台，NBC有214家电视台，ABC有225家电视台。

福克斯新闻在报道内容和节目安排上并没有太多的新意，但在新闻的制作中，背景设计上，许多举措颇具匠心。比如在电视画面的右下角，每隔一段时间会显示时间和气温；在新闻报道中，电视画面上会打出相关资料或数据，增加信息容量。比如报道得克萨斯州中学学生因把止痛药Advil带到学校而被停学的新闻时，电视画面上就出现这样的数据："1993年，Advil在头痛药市场上占有15％的销售量。"

1997年第11期《世界广播电视参考》的数据显示：默多克的新闻公司（News Corp. Ltd.）已经成为总收入为143亿美元的全美第三大媒介公司。其子公司福克斯公司拥有的电视公司包括福克斯广播公司、福克斯新闻制作公司、20世纪福克斯电视公司、20世纪电视台、20世纪福克斯/阿斯特拉尔电视发行有限公司、常青树电视制作公司和福克斯儿童网以及有线电视公司，包括福克斯付费电缆电视和福克斯网。

1997年，前一年还是美国最大电视公司的哥伦比亚广播公司（1996年覆盖率为30.95％）将霸主位置拱手相让，福克斯电视公司（Fox Television）取而代之。

在收购新世界广播公司（New World，1996年美国第11大电视公司）后，福克斯电视公司的排名从1996年的第五位跃居1997年的第一位，覆盖率达到34.8％，拥有23座自己的电视台，比第二名的哥伦比亚广播公司多9座。全国广播公司NBC在全美前25家电视公司的排名中占第五位，覆盖率24.6％，拥有电视台11座；美国广播公司ABC虽然作为和迪士尼/美国广播公司的联合公司的形式出现，仍只占据第六的位置，覆盖率24％，拥有电视台10座。"第四电视网"福克斯电视公司打败了老的三大电视网，成为第一电视网。

与其他国家电视业相比，美国电视业拥有更多的著名电视机构、明星栏目、明星主持人，可谓"群星闪耀"。仅主持人，就有爱德华·默罗、沃尔特·克朗凯特、迈克·华莱士、丹·拉瑟、奥普拉·温弗瑞、拉里·金等。

1963年，克朗凯特成为CBS《晚间新闻》栏目的主持人和编辑主任，节目的编辑选材均由他一手操刀，这是之前任何一位节目主持人都没有做过的事情。

1963年11月22日肯尼迪总统遇刺那天，克朗凯特打断正在播出的肥皂剧，第一个报道了这个消息。之后，他戴着眼镜，穿着衬衣，不断更新这一报道。整个早上，他镇定地补充着这个报道，压下任何没有得到证实的信息，直到他得到确切的消息——美国总统身亡。

克朗凯特陆续报道并抨击了美国的种族主义、"水门事件"丑闻，以及"满是谎言和腐败的"越南战争。

2009年7月16日，92岁的克朗凯特病逝。

2010 年 12 月 17 日，在 CNN 主持 25 年夜间栏目《拉里·金现场秀》后，拉里·金告别了自己的主持生涯。

2012 年 4 月 7 日，《60 分钟》创始人员之一、担任该节目主持人近 40 年的迈克·华莱士去世，享年 93 岁。

奥普拉·温弗瑞是当代美国著名的女传媒人。她于 1954 年出生在美国南方的一个单亲家庭，生活困顿。在 19 岁那年，奥普拉进入当地一家电台担任业余新闻播音员。大学毕业后，奥普拉成为巴尔的摩市一家电视台的正式播音员。由于奥普拉在播报新闻时无法保持客观中立的态度，她的情绪往往随播报的内容忽喜忽忧，因此常常招致观众的批评。在被安排主持一个早间谈话节目后，她才如鱼得水，不久就小有名气。

1983 年，丹尼斯·施瓦逊将奥普拉招至麾下。仅仅 1 个月，其访谈节目的收视率就超过了从前，奥普拉也荣登"美国最当红脱口秀主持人"的宝座。

1986 年，奥普拉与杰夫·杰克伯斯合伙创建了"哈普娱乐集团"（Harpo 是奥普拉名字 Oprah 的倒置）。公司定期制作《奥普拉脱口秀》，并出售给各家电视台。在杰夫的精心打理下，哈普集团迅速取得了成功。至 2001 年，仅《奥普拉脱口秀》一项的营业收入就已高达 3 亿美元。

《奥普拉脱口秀》的受邀嘉宾有时只是普通大众，谈论的主题也集中在个人生活方面。为启发嘉宾"实话实说"，奥普拉常不惜将自己的一些秘密也告诉对方。当嘉宾的故事令人感动时，她会和嘉宾一起抱头痛哭。相比其他节目，《奥普拉脱口秀》更直接、更坦诚，也更具个性化，因此深受中年人（尤其是中年女性）欢迎。

自 1996 年推出的电视读书节目《奥普拉读书会》也颇为引人注目。节目一经推出就大获成功，以至于奥普拉选书的那一周，被称为书市的"奥斯卡周"。此外，集团还涉足电影制作、妇女杂志等领域。

2000 年，哈普集团开始发行名为《奥普拉杂志》的杂志。仅 1 年时间，杂志的月发行量就达到 250 万册，而以往最成功的杂志也要 5 年才能达到这一成绩。

2011 年 1 月 1 日，奥普拉开通以自己名字命名的有线电视台。2011 年 5 月，《奥普拉脱口秀》播出最后一集，这档节目已经播出 25 年之久。

第八节　报业格局的调整

第二次世界大战后，美国成了世界上的头号强国，国内经济高度垄断。在这一背景下，美国报业持续发展，垄断化也达到了新的高度。

一、全国概况

1950 年美军入侵朝鲜后，美国共产党的机关报《工人日报》立即开展反对侵略的宣传活动，其工作人员也因此经常被传讯、罚款甚至逮捕。由于财政困难，《工人日报》最后在 1958 年 1 月被迫停刊。此后，美国共产党出版过其他周报和日报，如《工人周报》《人民世界周报》《世界日报》等，但处境依然不佳。

20 世纪 70 年代后期，美国报业开始新一轮的传播技术更新。

20 世纪 80 年代，以电子计算机和卫星通信等为核心的信息时代新技术已得到普遍应用，美国报纸编辑出版过程全部实现电子化和自动化。

20 世纪 90 年代，美国许多报纸陆续在互联网络上建立网站，通过网络直接向国内外发送新闻。

20 世纪末，美国共有日报 1 520 种，日发行量 5 999 万份，每千人拥有日报 212 份。有 800 多种日报出星期版，每期发行量 6 200 万份。此外，还有几千种非日报。

2001 年，美国日报总数 1 468 家，总销量 5 557 万份，最大的 20 家报团拥有日报 564 种，约占全国日报种数的 38.4%，销量为 3 757.3 万份，约占全国日报销量的 67.6%。

截至 2002 年 3 月，美国发行量最大的 10 家日报为：《今日美国》（发行量 212 万份）、《华尔街日报》（发行量 182 万份）、《纽约时报》（发行量 119 万份）、《洛杉矶时报》（发行量 101 万份）、《华盛顿邮报》（发行量 81 万份）、《纽约每日新闻》（发行量 73 万份）、《芝加哥论坛报》（发行量 69 万份）、《新闻日报》（发行量 58 万份）、《纽约邮报》（发行量 56 万份）、《休斯敦纪事报》（发行量 55 万份）。

2008 年开始，美国报业陷入前所未有的困境。

2008 年，纽约时报公司欠债 4 亿美元，四处寻找 2.25 亿美元的借款，以维持总部大楼的正常运转。2008 年 5 月，该公司收入同比锐减 13.9%。无奈中，纽约时报公司在 2008 年 9 月 10 日把 6.4% 的股份出售给墨西哥亿万富翁卡洛斯·斯里姆。

2008 年 10 月 28 日，《基督教科学箴言报》在其官方网站上宣布从 2009 年 4 月起停出印刷版，每天改用电子邮件发送网络版报纸给读者，成为美国首家停止印刷、几乎完全采用互联网战略的美国报纸。

2009 年 2 月，美国丹佛市的第二大报纸《落基山新闻报》宣布倒闭。

2009 年 2 月 22 日，美国费城报业公司向法院申请破产保护，成为近三个月来第四家宣告破产的美国报业集团。

2009 年 3 月 9 日，《纽约时报》公司发表声明，出售总部部分楼层，筹集资金度日。

2009 年 3 月 17 日，具有 146 年历史的美国《西雅图邮报》（Seattle Post-Intelligencer）出版了自己最后一期报纸，同一天该报的网络版正式开始运营。至此，西雅图历史最悠久的报纸结束了发行印刷版的岁月。这也是美国最早彻底脱离纸媒的大型报纸之一。

2009 年 3 月 31 日，芝加哥市两大日报集团之一的芝加哥太阳时报集团正式宣布破产，股价永远定格在了 2 美分，而 2008 年和 2007 年还是 0.88 美元和 5.2 美元。

2010 年 4 月，美国论坛报业实施破产重组，保留报纸及广播业务。

2011 年 3 月 28 日，《纽约时报》开始对其网站浏览以及手机应用程序服务收费，套餐价包年 195 美元。2011 年 4 月 21 日，《纽约时报》宣布网络版付费读者已达 10 万，"好于公司预期"。2013 年 11 月，《纽约时报》数字订阅收入首次超过数字广告。

2011 年 6 月 3 日，《纽约时报》宣布，任命吉尔·艾布拉姆森（Jill Abramson）为执行主编。她是该报历史上第一位女性执行主编。

2011 年 6 月，美国报业巨头甘尼特公司宣布裁减 700 名员工，以降低公司运营成本。这是该公司两年来规模最大的一次裁员。

2011 年 12 月 5 日，地处美国加利福尼亚州的一些地区性报纸为了节省资金，采取了一项极端措施：停发周一印刷版报纸。

2012 年 3 月 6 日，《洛杉矶时报》加入网络版的收费大军。

2013 年 10 月 15 日，《国际先驱论坛报》正式更名为《国际纽约时报》。

就在传统纸媒被大肆唱衰的时刻，2012 年 5 月，巴菲特花费 1.42 亿美元收购 Media General 旗下的 63 份社区报。

2013 年 10 月 1 日，49 岁的亚马逊公司创始人杰弗里·贝索斯以 2.5 亿美元收购《华盛顿邮报》。

2014 年 3 月，美国《新闻周刊》在纸质版停刊 14 个月之后，由于"仍有很大的需求"，决定重新"复活"纸质版。在 2012 年停刊时，该刊订阅数是 150 万份。

2014 年 7 月，《华盛顿邮报》被收购后新聘员工 100 多人，获得两项普利策新闻奖，订阅量创历史新高。

2014 年 BBC 在 instagram 推出的短视频新闻服务"intafax"，专门制作 15 秒视频新闻。

2015 年，媒体环球网络公司(Media Globe Networks)斥资 3 500 万欧元购得欧洲新闻台 53％的股票。2017 年 6 月，欧洲新闻台和美国的全国广播公司(NBC)宣布为合作伙伴关系，NBC 获得欧洲新闻台 25％ 的股份，剩余股份继续保持在原先各国公共电视台手中。

2015 年，美国特效杂志 *Cinefex* 中文版《魔影视效》创刊。纽约时报旗下 *T Magazine* 中文版创刊。

2015 年 4 月 1 日，《纽约时报》在 Apple Watch 上登出"一句话新闻"。

2015 年 4 月 3 日，HBO 频道在互联网电视 Sling TV 上线。

2017 年 11 月 22 日，美国传媒机构梅雷迪思公司宣布，同意以 28 亿美元收购老牌出版商时代出版公司。

2018 年 6 月 18 日，华裔医生黄馨祥出资 5 亿美元完成对《洛杉矶时报》的收购。

二、大报新势力

除《纽约时报》业已成为美国大报外，《华盛顿邮报》《洛杉矶时报》《华尔街日报》《今日美国》《基督教科学箴言报》在第二次世界大战后也成长为美国的大报。

第二次世界大战后的《纽约时报》，是美国国会议员、高级官员、工商巨头的必读报纸，曾独家刊登 1956 年苏共二十大赫鲁晓夫的"秘密报告"、1971 年的五角大楼(国防部)文件等重要文件。

1971 年，美国国内反对越南战争的运动风起云涌。5 月 1 日，尼克松政府以妨碍首都交通为由，镇压了一场 20 多万人的反战抗议示威，拘留了 1.2 万名示威者。这使

《纽约时报》决定，发表国防部绝密文件，揭露美国政府在越战问题上对美国舆论的误导和欺骗。

早在1971年3月中旬，《纽约时报》就获得了五角大楼编辑的机密文献《美国的越南战争决策史》，它包括4 000页原始文件，3 000页说明。

《纽约时报》决定以记者调查报告的形式发表。6月13日，第一篇报道面世。第二天，尼克松的司法部部长便警告《纽约时报》立即停止连载这个文件。但《纽约时报》第三天继续刊登，还刊登了司法部的警告函。

《纽约时报》顺从了法院的禁令。在纽约法院开庭审讯时报案的那天（6月18日），《华盛顿邮报》开始刊登五角大楼文件。尼克松政府遂把《华盛顿邮报》告上华盛顿的联邦地区法院。

创刊于1877年的《华盛顿邮报》（Washington Post），原本只是一家不起眼的小报纸，1933年转入富商尤金·迈耶手中后渐有起色。

1948年，迈耶的女婿菲利浦·格雷厄姆和其女儿凯瑟琳·格雷厄姆继承该报后，陆续兼并了《时代先驱报》和《新闻周刊》，买下了几家电视台，形成一家新兴的传播集团。

1963年，菲利浦自杀，凯瑟琳接任董事长、总经理和发行人，此后成为美国著名的女报人。尼克松执政期间，凯瑟琳率领部下做了两件大事，震动全美。

1971年，《华盛顿邮报》得到五角大楼有关越战的"绝密文件"，该报编辑、记者要求立即登载，该报的律师们则反对，因为当时尼克松政府为此事将《纽约时报》告上了法庭。凯瑟琳下令刊登，当时她连说了3个"Go ahead!"。

1972年6月，《华盛顿邮报》两名年轻记者收集到了有关尼克松总统为首的共和党在总统大选中做手脚的情况，凯瑟琳支持记者们将"水门事件"率先报道出来。

《华盛顿邮报》因报道"水门事件"而获得次年的公共服务类普利策新闻奖。此后，"门"成为丑闻的代称。

《洛杉矶时报》（Los Angeles Times）1881年创办于洛杉矶。随着西部经济的发展，该报依靠丰厚的广告收入和房地产业务，获得可观利润。但它的影响长时间限于西部，一贯为西部财团说话，反对工会活动和政治改革，成了出名的保守报纸。

1960年，奥蒂斯·钱德勒成为《洛杉矶时报》发行人后，进行了一系列改革，加强国际新闻和全国性要闻的报道，多发深度分析文章，改变社论策略，注意反映各派政治观点，才使得《洛杉矶时报》逐步摆脱了保守主义和地方报纸的形象，影响迅速上升。20世纪70年代，《洛杉矶时报》跻身美国三大报行列。1998年，《洛杉矶时报》推出全国版。2000年，它所属的时报与镜出版公司被并入论坛报公司。

该报通常代表西部财团的利益，资金雄厚，广告充足，收入丰厚。平时出报100版左右，星期日在400版以上。平日版通常分6个部分：国内外要闻、地区新闻、商业、体育、生活和分类广告。另外还轮流出专版。读者对象主要是西部上层社会人士。

《华尔街日报》（Wall Street Journal）是侧重于财政金融的日报，由道·琼斯公司在纽约出版。它创办于 1889 年，本是金融专业报纸，20 世纪 30 年代末逐步发展为综合性日报，除了继续侧重财政金融内容外，也注意报道国际国内重大新闻，刊登政治、社会、文化、科教方面的专稿。该报在政治上代表大资产阶级，特别是金融资本家的利益，社论版常就国内外重大问题发表有影响的言论。刊登的经济分析以及道·琼斯公司汇编的股票指数，历来为国内外经济界所关注。报纸的读者对象为金融界、企业界、政界人士。

《今日美国》(USA Today) 是一份全国性的综合日报，为甘尼特报团 1982 年 9 月 15 日创办，在阿灵顿出版。

该报内容简明、编排新颖。它是美国第一家彩色印刷的报纸。该报有意以短取胜，新闻报道十分简短，通常每条只有几小段甚至几句话，常用引人注目的标题新闻或图片新闻。它不注重深度报道、专栏评论，但是注重信息图解，经常将冗长深奥的内容化为生动形象的图表。它不登连环画、字谜、分类广告，但是每天都有各州的气象预报。初办时，该报读者对象主要是来去匆忙的商界人士和成千上万的旅游者，后来扩展到各个阶层。《今日美国》总发行量开始时为 20 万份，一年后就超过百万份，20 世纪 80 年代末进入全国日报发行量前列。

《基督教科学箴言报》(The Christian Science Monitor) 是基督教科学协会在波士顿出版的面向全国的报纸，创办于 1908 年 11 月 25 日，发刊时起就抵制"黄色新闻"，一贯保持了严肃正派的传统。

《基督教科学箴言报》注重报道国内外重大新闻，擅长于解释性报道，重视刊登文艺、科教方面的特稿。一般不登或少登犯罪和灾祸性新闻，即使刊登也着重分析事件的前因后果，不作细节渲染。该报有关国际新闻的编辑和记者不少是这方面的学者、专家，这就使报纸在政界、知识界、文化界有很深的影响，并受到国际社会的关注。

1975 年起，《基督教科学箴言报》改为 4 开小型报纸，国内版通常为 20 多版，由总部传至洛杉矶、芝加哥、新泽西等地同时印刷，而后在全国和加拿大发行。另外在伦敦出版一种同名周报，为该报国际版，以刊载国际新闻和评论为主。该报编排讲究、文笔优雅、图片精美。广告较少，约占全部篇幅的 1/4，而且对内容有所限制。

三、报团兴替

第二次世界大战后，美国报纸的发行量节节上升，但日报种数继续减少，"一城一报"现象继续发展，兼并集中的势头有增无减。

纽约是资本主义世界的经济中心，人口 1 000 多万，第二次世界大战前尚有 9 家英文日报，至 20 世纪 70 年代仅剩 4 家：《纽约时报》《华尔街日报》《纽约每日新闻》《纽约邮报》。

华盛顿在 20 世纪 50 年代还有 4 家日报，随后《华盛顿邮报》吃掉了《时代先驱报》，《明星报》合并了《每日新闻报》；1981 年 8 月，具有 100 多年历史的《明星报》也倒闭了。该城市一度成了全球罕见的"只有 1 家报纸的首都"。

20 世纪 80 年代末，所有报团约占全美日报总数的 3/4、日报总销量的 4/5。

在整个报业垄断程度不断提高的过程中，美国不同报团经历了命运不同的兴衰更替。

美国报业的垄断程度很高。据1999年《美国新闻学评论》（AJR）的材料，全国1 504家日报中，独立报纸仅300家，报团控制的日报为1 204家，占全部日报种数的80％以上。全国绝大多数的城市只有一家日报或一个报业主所出版的日报。

最早建立的斯克里普斯报团，第二次世界大战后逐步衰落，业主霍华德1964年去世。至20世纪70年代，该报团只有16家日报和7家星期日报。

赫斯特报团在20世纪30年代后期亏损严重。第二次世界大战后，该报团继续走下坡路。1951年赫斯特去世后，报团陆续从称霸过的城市撤退，至20世纪70年代尚存8家日报、7家星期日报。

新兴的报团主要有：

1. 奈特-里德报团。它是由20世纪二三十年代形成的奈特和里德两个报团于1974年合并而成的，当时拥有37家报纸，包括著名的《迈阿密先驱报》《费城问询报》等，其发行量一度位于各报团之首。

2. 甘尼特报团。这家创立于1906年的老报团，第二次世界大战前后逐步兴起，1957年老甘尼特去世时已有22家报纸和几家电台、电视台。60年代起，他的继任者大刀阔斧，不断用鲸吞其他报团的办法壮大自己，到70年代已在28个州拥有73家日报和48家星期日报（均为地方性报纸）。1982年创办了全国性日报《今日美国》，影响大增，跃居为全国第一大报团。

3. 纽豪斯报团。其业主纽豪斯战前就开始办报，自1950年起接二连三地买进报纸，1976年一举买进布思报团的8家报纸，从而拥有30多家日报和两个杂志集团。

4. 汤姆森报团。这家国际报团在老汤姆森1976年去世时已在美国控有几十家小型日报。

5. 默多克组建的新闻集团。该集团在20世纪70年代渗入美国新闻界，购进了《纽约邮报》等多家报刊。

2001年，旗下日报总发行量达100万份以上的美国报团有13个，依次是：

1. 甘尼特公司。它曾是美国最大的报团，拥有包括《今日美国》在内的日报99家，总销数728万份。另外，它还拥有星期日报62家、电视台7家、广播电台11家以及甘尼特新闻社、《美国周末》杂志和北美最大的户外广告公司。

2. 奈特-里德报团。拥有日报34家，总销数386万份。另有星期日报29家。

3. 论坛报业公司。拥有包括《芝加哥论坛报》《洛杉矶时报》在内的日报11家，总销数365万份。另有星期日报4家。2008年12月8日，拥有《洛杉矶时报》《芝加哥论坛报》《巴尔的摩太阳报》等10多家日报和23家广播电视台的论坛报业公司，正式向美国联邦法院提交破产保护申请。

4. 前进出版公司。拥有日报27家，总销数290万份。

5. 纽约时报公司。拥有包括《纽约时报》在内的日报17家，总销数240万份。另有星期日报16家。

6. 道·琼斯集团。拥有包括《华尔街日报》在内的日报20家，总销数235万份。另有星期日报13家。所属的母公司道·琼斯公司成立于1882年，是个经营经济情报检索、图书出版、广播电视等多种产业的联合企业。

7. 新闻集团。业主为国际传播巨头默多克，拥有日报 46 家，总销数 177 万份。另有星期日报 37 家。2008 年 8 月，新闻集团以 56 亿美元收购道·琼斯公司，默多克因此入主道·琼斯旗下的《华尔街日报》。

8. 赫斯特报团。拥有日报 12 家，总销数 167 万份。另有星期日报 11 家。

9. 斯克里普斯报团。拥有日报 22 家，总销数 152 万份。另有星期日报 16 家。

10. 麦克拉奇公司。拥有日报 11 家，总销数 134 万份。另有星期日报 11 家。

11. 考克斯报业公司。拥有日报 18 家，总销数 121 万份。另有星期日报 15 家。

12. 自由报业集团。有日报 29 家，总销数 112 万份。

13. 社区报业控股公司。有日报 115 家，总销数 105 万份。

以上这些报团都还兼营其他媒介，如期刊、电台、电视台、通讯社，并且都建有网站。

思考与练习

1. 美国的独立与统一，对本国新闻事业的发展产生了哪些影响？

2. 你最感兴趣的美国新闻人是谁？为什么？

3. 本章没有专门介绍美国的互联网事业，请你搜集有关资料，评析美国互联网事业的发展。

第十六章　俄国新闻事业简史

本章要点

◆俄国的近代报业。

◆布尔什维克的早期报刊。

◆第二次世界大战后的苏联新闻事业。

1689 年 8 月，彼得一世正式亲政。1721 年，彼得一世改国号为俄罗斯帝国（即沙皇俄国）。1812 年，俄国击溃入侵的拿破仑军队。1861 年 2 月，俄国废除农奴制。

1917 年 11 月 7 日（俄历 10 月 25 日），以列宁为首的俄国社会民主工党左翼（布尔什维克）取得了十月革命的胜利，建立了世界上第一个社会主义国家政权——俄罗斯苏维埃联邦社会主义共和国（简称苏俄）。

1922 年 12 月 30 日，由俄罗斯、乌克兰、白俄罗斯和外高加索联邦（包括阿塞拜疆、亚美尼亚和格鲁吉亚）共同组成的苏维埃社会主义共和国联盟（简称苏联）正式成立。后来，苏联加盟共和国扩大至 15 个。

1990 年 6 月 12 日，俄罗斯联邦第一次人代会通过《俄罗斯联邦国家主权宣言》，宣布俄罗斯联邦在其境内拥有"绝对主权"。

1991 年 8 月，苏联发生"8·19"事件。9 月 6 日，苏联国务委员会通过决议，承认爱沙尼亚、拉脱维亚、立陶宛三个加盟共和国独立。12 月 8 日，俄罗斯联邦、白俄罗斯、乌克兰三个加盟共和国领导人在别洛韦日签署《独立国家联合体协议》，宣布组成"独立国家联合体"（简称独联体）。12 月 21 日，苏联 11 个共和国领导人在哈萨克斯坦首都阿拉木图决定，苏联在联合国安理会的席位由俄罗斯继承。12 月 25 日，俄罗斯苏维埃联邦社会主义共和国最高苏维埃决定，将国家正式名称改为"俄罗斯联邦"（简称俄罗斯）。

1991 年 12 月 26 日，苏联最高苏维埃共和国院举行最后一次会议，宣布苏联停止存在。至此，苏联解体，俄罗斯联邦成为完全独立的国家。

原苏联地区包括俄罗斯、吉尔吉斯斯坦、塔吉克斯坦、哈萨克斯坦、乌兹别克斯坦、拉脱维亚、白俄罗斯、乌克兰、摩尔多瓦、土库曼斯坦、爱沙尼亚、立陶宛、格鲁吉亚、亚美尼亚、阿塞拜疆 15 国，横跨欧亚大陆。

俄国 300 余年的新闻事业史，大致可划分为 3 个时期：沙俄时期、苏联时期和独联体时期。

第一节 俄国报业的诞生和初创

俄国是欧洲各国封建专制制度历时最长的国家，从沙皇彼得一世开始，历任沙皇均严格控制报业，因而报业的发展十分缓慢。

《新闻报》是彼得一世倡导创办的俄国第一份铅印官方报纸，1703年1月2日在莫斯科问世，当时的宗旨是报道战争消息（1700年，彼得一世联合其他国家对瑞典发动了持续21年的"北方战争"）。这份报纸的出版，标志着俄国近代报业的诞生。

《新闻报》创办之初，不定期出版，最多时一年出46期（1718年只出了一期），每期仅发行200份左右。1719年，《新闻报》迁至首都圣彼得堡，改名为《圣彼得堡新闻报》（仍简称《新闻报》），同时出莫斯科版。

1728年，《新闻报》由俄罗斯科学院接管。接管后的《新闻报》由不定期出版改为周二刊，并增出名为《新闻报的历史、沿革和地理的每月注释》副刊（这也是俄国第一份官方杂志）。

1800年，《新闻报》改为日刊，从而成为俄国最早的日报。

俄国无产阶级革命时期，《新闻报》经常发表文章，对俄国社会民主工党进行攻击、诽谤。列宁曾于1912年7月15日在《真理报》上发表《俄国的"言论自由"》一文，对此予以反击。十月革命胜利后，《新闻报》于1917年年底停刊。

总之，《新闻报》是俄国近代报刊史上创办最早、存在时间最长的官报。

彼得大帝在世时，对报业的限制十分严格，不准民间办报。1725年彼得大帝病逝后，沙皇政府对报刊的控制有所松动。

1755年，政府创建了第一所国立大学——莫斯科大学。为了出版教科书和辞书手册，莫斯科大学建立了自己的印刷所，为创办报纸创造了有利条件。

1756年，莫斯科大学仿照《新闻报》的样式创办了《莫斯科新闻》，自此打破了官办《新闻报》独家垄断的局面。

《莫斯科新闻》是学校办的非官方报纸，偏重于传播科学知识和西方的新思想、新观念，深受知识阶层的欢迎。其初创时只是一份小型报纸，发行量为600份左右，但很快发展成为大型报纸，发行量直线上升，超过了官办的《新闻报》。1917年十月革命胜利后，拥护君主统治的《莫斯科新闻》被苏维埃政府查封。

18世纪后期，俄国还出现过一些其他的民办报刊。叶卡捷琳娜二世于1783年批准了"关于允许私人开办印刷厂的决定"，人们便利用这一相对宽松的条件创办刊物，推动民主运动的发展。

这一时期最有影响的刊物，是启蒙思想家诺维科夫创办的具有民主主义倾向的杂志。他从18世纪70年代开始编辑出版《雄蜂》《画家》《闲谈》《钱袋》等一系列讽刺性杂志，揭露农奴主对农奴的残酷剥削，指出农奴制的反动本质。1779—1789年，诺维科夫曾主编《莫斯科新闻》，将它办成宣传民主主义思想的阵地。

18世纪末，在法国大革命的影响下，俄国农民起义此起彼伏。叶卡捷琳娜二世惶恐不安，转而对刚刚兴起的民间新闻出版业采取镇压措施。1792年，她下令逮捕诺维科夫，并查封他创办和编辑的刊物。1796年叶卡捷琳娜二世去世前，又发布关闭私人印刷厂的命令，禁止私人出版印刷品；她还建立了书刊预审制度，规定书刊出版前均须报政府审查。在沙皇政府的严格控制下，传播民主思想的进步刊物全部被查封，进步的新闻工作者——被放逐。

进入19世纪之后，1812年拿破仑军队入侵俄国受阻，俄国军队在追击法国侵略军时征战国外，一些青年军官有机会了解到法国和西欧国家的政治、经济情况。他们深感俄国的落后，为了改变社会现状，开始组织秘密团体，创办刊物，进行革命的宣传活动。

1825年12月，他们率军队起义，史称领导这次起义的贵族军官为十二月党人。十二月党人所办的报刊，最有影响的为《北极星》(1823—1825年)。它是十二月党人秘密组织"北方协会"的不定期刊物，主要内容为宣传解放农奴、废除书刊检查制度，动员人民起来反对封建专制统治。1825年十二月党人起义失败后，沙皇尼古拉一世采取极端手段镇压起义者及其出版物。《北极星》主编雷列耶夫被处以绞刑。

为了迅速消除起义的影响，1825年，尼古拉一世制定了被称为"铁的法典"的书刊检查法。该法第三条规定："无论有意或无意，均不得攻击宗教、君权、政府当局、法律、道德以及国家和个人的荣誉。"第六条规定，由3位部长组成最高的书刊检查委员会，由该委员会负责"指导舆论，使其符合现实政治形势与政治观点"。

1848年欧洲革命进入高潮，为了防止革命思想的传入，尼古拉一世下令成立出版监督委员会，对新闻出版物进行极其苛刻的挑剔和检查。因而从1848年出版监督委员会成立到1855年尼古拉一世去世，被称为俄国新闻出版史上"阴暗的七年"。

就在这一时期，以赫尔岑为首的贵族革命家继承十二月党人的事业，在国外出版"自由的报刊"，猛烈抨击专制制度，广泛开展对农奴问题的讨论，促进民主运动的发展。

赫尔岑是俄国早期的革命思想家，贵族出身。他把希望寄托在俄国日益高涨的农民运动上，把废除农奴制作为俄国发展的第一步，希望通过农民村社实现社会主义。

1852年，赫尔岑移居伦敦，次年在伦敦建立了不受沙皇书报检查制度控制的"自由俄国印刷所"，出版多种革命小册子。后来与人合作出版了《北极星》丛刊(1855—1868年)和《钟声》杂志(1857—1867年)。《北极星》的刊名和宗旨与十二月党人1823年创办的那份《北极星》相同。

《钟声》最初为月刊，后来改为不定期刊，通过秘密越境的方式运送到俄国并散发到广大读者手中。它以赫尔岑的农民社会主义理论为纲领，提出解放农奴、废除书报检查和肉刑等民主主义的要求，在推动民主革命运动、反对专制制度的斗争中起了重要的作用。列宁曾评价它"是工人报刊(无产阶级民主主义或社会民主主义报刊)的先驱"。

1861年农奴制被废除，资本主义经济逐步兴起，俄国的新闻出版业才真正发展起来。

从农奴制度崩溃到19世纪90年代中期，俄国处于资产阶级民主运动时期，当时颇有影响力的资产阶级派别——革命民主主义派和民粹派都创办了自己的报刊。

以代表广大群众利益(尤其是农民利益)为己任的革命民主主义者，早在19世纪40年代就已崭露头角，而他们的影响一直持续到 60 年代以后。他们创办了一批民主主义报刊，其中最著名的期刊是《同时代人》(1836—1866 年)和《祖国纪事》(1839—1884 年)。

《同时代人》是文学和社会政治杂志，1836 年由普希金在彼得堡出版，开始是季刊，1843 年改为月刊。普希金去世后，该刊主编几经更易，1847 年转入涅克拉索夫和帕纳耶夫之手。1853 年车尔尼雪夫斯基参加编辑工作，1856 年任主编。

《祖国纪事》是文学和社会政治月刊，1839 年在彼得堡创办。前期由革命民主主义思想家别林斯基主持评论栏，大力宣传唯物主义和空想社会主义理论。1868 年，在涅克拉索夫的主持下，《祖国纪事》接过《同时代人》民主主义的传统，抨击专制政治制度，揭露贵族的寄生性和资本家的掠夺性，支持农民群众的革命斗争。由于《祖国纪事》坚持革命民主主义立场，支持俄国的民主革命运动，因而多次受到出版检察机关的迫害，1884 年被迫停刊。

19 世纪 70 年代，是俄国民粹主义的繁荣时期。民粹派要求消灭沙皇专制制度和农奴制，主张把土地分给农民，他们主张必须遏止资本主义的发展以保护小生产，否认无产阶级是最先进、最革命的阶级，认为农民是实现社会主义的主要力量，并且自诩为"人民的精粹"，主张由他们这样的知识分子领导农民暴动推翻沙皇专制政府，然后依靠农民"天生的传统的社会主义倾向"，通过"社会主义胚胎"村社来实现社会主义。

民粹派拥有《俄国财富》《欧洲通报》《俄国劳动》《周刊》等刊物，其中以《俄国财富》(1876—1918 年)最为著名。民粹派的代表人物是尼·康·米海伊洛夫斯基。1905—1907 年俄国资产阶级革命后，《俄国财富》改变了编辑方针，政治上保持中立，1918 年停刊。

第二节 《火星报》与建党

农奴制废除后，俄国开始出现无产阶级这一新群体。在俄国的人口中，属于无产阶级各阶层的总人数不少于 2 200 万，其中，农业雇佣工人，工厂、矿山及铁路工人，建筑工人，木材工人以及在家中工作的工人，约为 1 000 万人。

随着资本主义经济的发展，他们逐渐形成为一支独立的政治力量。而随着无产阶级队伍的不断壮大，无产阶级革命运动的蓬勃发展，作为阶级的舆论机关，无产阶级报刊也随之出现。

在工人斗争的洪流中，1875 年敖德萨成立了第一个工人组织"南俄工人协会"。1878 年，彼得堡成立了"俄国北方工人协会"。协会庄严宣布要"推翻国内现存的政治、经济制度"，并提出了言论、出版、集会自由等政治要求。协会积极开展宣传教育活动，多次领导工人罢工，并于 1880 年出版了俄国历史上第一个工人秘密刊物《工人曙光报》。该报号召工人与农民联合起来，为最终推翻沙皇的专制统治而斗争。由于沙皇政府的迫害，报纸只出了一期便停刊了。

1883 年，侨居日内瓦的普列汉诺夫在国外创立了俄国第一个马克思主义团体——劳动解放社。劳动解放社把马克思主义的主要著作译成俄文，在国外印刷后秘密运到俄国来，为社会民主主义的发展进行思想准备。与此同时，国内也出现了一些马克思主义小组。国内第一个马克思主义小组是 1885 年彼得堡的名为"俄国社会民主党"的组织，它创办了俄国最早的社会民主主义报纸《工人报》，但该报出版了两期便因领导人被捕而停刊。此后，从 1885 年到 1895 年的 10 年间，俄国一直没有工人报刊出版。

1895 年 11 月，列宁联合彼得堡的 20 多个马克思主义小组，成立了"工人阶级解放斗争协会"，把马克思主义同工人运动结合起来，提出了从政治上领导工人运动的任务。"工人阶级解放斗争协会"是俄国无产阶级政党的萌芽。

1896 年年底，彼得堡"工人阶级解放斗争协会"秘密出版了《圣彼得堡工人小报》，该报只出两期，就被沙皇政府查禁了。第一期是油印的，印数 300～400 份；第二期于 1897 年 9 月在日内瓦铅印出版，采用小册子形式，封面上印有"全世界无产者联合起来！"的口号。《彼得堡工人小报》以反映民众的疾苦、呼声为主要内容，号召民众组织起来，进行反对专制制度的斗争。当时较为重要的地方性工人报刊还有基辅社会民主主义小组于 1897 年 1 月出版的《前进报》（油印），先后秘密出了四期。

1897 年 8 月，第一份全俄的社会民主主义报纸《工人报》在基辅秘密发刊。

1898 年 3 月，各城市斗争协会和其他组织的代表，在明斯克召开了俄国社会民主工党第一次代表大会，宣布成立俄国社会民主工党，承认已出版了两期的《工人报》为党的机关报。但是，这次大会没有制定党纲、党章，会后不久中央委员会成员就被逮捕，《工人报》第 3 期稿件也被警察搜去，报纸未能继续出版。

列宁认为，社会民主党人应当把创办全俄政治报纸这个工作，作为"最近期间的全部活动内容"，因为"没有这样的机关报，地方工作仍然是狭隘的手工业方式的。不通过一种报纸把党的正确的代表机关建立起来，党的成立在很大程度上仍然是一句空话"。在当时的俄国，在取得政治自由以前，俄国社会民主党人只有而且必须用秘密出版的革命报纸来代替这一切。这就是说，没有革命报纸就不可能有思想统一的、纪律严明的坚强的党，也不可能广泛地组织整个工人运动。

列宁在被流放西伯利亚期间，就对办报计划进行了充分的考虑。1900 年年初，列宁和其他几位"斗争协会"的战友结束了流放生活。他在从流放地返回的途中，在乌法、普斯科夫、莫斯科、彼得堡等地就办报问题召开了多次会议。每到一处，他都物色一批秘密通讯员、代办员，为创办报纸做了大量准备工作。他深知这样的报纸是绝不可能在环境十分险恶的国内出版的，因此决定在国外出版再秘密偷运入境。

1900 年秋天，列宁到国外和普列汉诺夫等人商讨了办报的有关事宜，并且亲自拟订了出版计划。经过耐心说服，普列汉诺夫终于同列宁达成共同创办党报的协议。1900 年 12 月 24 日，第一期《火星报》在德国莱比锡出版，报头上印着当年被流放的十二月党人的话："试看星星之火，行将燃成熊熊之焰！"

《火星报》创刊后不久就迁往慕尼黑出版。自 1902 年 4 月起改在伦敦出版，1903 年春天起又改在日内瓦出版。最初参加编辑部的有列宁、普列汉诺夫、马尔托夫、阿克雪里罗得、波特列索夫和查苏利奇。自 1901 年春天起，克鲁普斯卡娅任编辑部秘书。列宁实际上是《火星报》的主编和领导者。他在《火星报》上发表了许多有关党的建设和俄国无产阶级革命问题的文章，对国际生活的重大事件做了评论。

《火星报》的宣传内容主要集中在两个方面：同"经济派"论战和宣传党的纲领。

1895 年恩格斯逝世以后，德国工人运动中出现了以伯恩施坦为代表人物的流派。这一思想流派否定马克思主义关于无产阶级革命、无产阶级专政的基本原则。俄国工人运动中的"经济派"正是伯恩施坦主义在俄国的变种，他们利用所办的《工人思想报》和《工人事业》杂志散布观点。1899 年，部分"经济派"人士发表宣言，公开反对无产阶级革命，宣传资产阶级改良主义。

针对"经济派"的观点，《火星报》指出："经济派"的论调实质上就是听任工人阶级在黑暗中摸索，其结果必然是被资产阶级意识形态所左右或支配。引诱工人阶级离开反对沙皇制度的斗争，把工人阶级的任务局限在反对资本家的经济斗争上，就是使工人永远处于奴隶的地位。工人的斗争如果不是为了从根本上消灭人剥削人的资本主义制度，其结果最多是使工人出卖自己劳动力的条件稍加改善而已。

"经济派"声称建立统一集中的组织是同民主原则相抵触的。列宁通过《火星报》清楚地阐明了民主集中制，指出这是唯一正确的建党原则。列宁认为，在沙皇专制制度下，在警察猖獗的情况下，只有首先推翻了沙皇专制制度，才能有条件实现真正的广泛的民主。

制定并宣传党的纲领，是《火星报》肩负的另一重任。

当时的《火星报》，实际上在俄国工人运动中起着指导作用，它必须为召开社会民主党第二次代表大会做好党纲的准备。在列宁的指导下，《火星报》编辑部多次讨论了党的纲领问题，并有过激烈的争论。最后，列宁对普列汉诺夫草拟的党纲草案进行了重要修改，确定党的最高纲领是进行社会主义革命和实行无产阶级专政，最终实现共产主义；党的当前任务是进行资产阶级民主革命，推翻沙皇专制制度，消灭农奴制残余，建立民主共和国。

1902 年 6 月，《火星报》第 21 期将修改后的党纲草案刊登出来，同时发表编辑部的文章，指出党纲应当是全党思想的集中体现，希望每个委员会、党小组和个人都要参加讨论，发表意见。党纲草案公布后，《火星报》连续发表论文和文章，进一步阐明党的纲领和策略，还刊登了各地方组织的回应。在《火星报》的宣传和引导之下，列宁的建党思想深入人心。许多地方组织发表声明，表示同"经济派"断绝关系，拥护党的纲领。

《火星报》在进行思想宣传的同时，还为建党进行了大量的组织准备。

列宁在《火星报》第四期发表的《从何着手》一文中指出："报纸不仅是集体的宣传员和集体的鼓动员，而且是集体的组织者。"他把《火星报》比作建筑工地上的"脚手架"，希望它在"建筑"社会民主工党这座"大厦"的过程中发挥重要的作用。这一点主要是通过列宁亲自建立起来的代办员网实现的。

代办员是各地革命运动的积极参加者，是各地方组织中的骨干。他们散布在俄国各地，能有效地进行宣传、鼓动和组织工作。他们团结在《火星报》编辑部周围，开展了一系列卓有成效的活动。

第一，收集稿件和信件，并且亲自写信反映情况。编辑部每月都能收到几百封从俄国辗转寄来的工人来信。

第二，传递报纸和其他文件。《火星报》是在国外出版后秘密运回国内的，因此传送报纸便是一项十分艰险的任务。为了避开警察的搜索跟踪，不得不经常改变路线，甚至绕道几个国家，才能把报纸分发给国内各地组织。

第三，在国内建立地下印刷所，适时翻印报纸或传单。

第四，为报纸募集出版和活动经费。《火星报》出版的最初 15 个月中就募集了 1.6 万卢布，绝大部分是这些代办员的功劳。

正是依靠这些代办员的努力，《火星报》同各地的委员会并通过这些委员会同俄国劳动人民保持了紧密联系，得以及时地报道、反映和指导俄国的革命运动。而这些代办员又在实际的工作中锻炼成长，成为各地的建党骨干，有的还成了职业革命家。

例如，代办员巴布什金不但为《火星报》写稿，组织莫斯科附近大工业区工人写了数百篇通讯，并且和其他同志一起做了大量的组织工作，把莫斯科的大部分社会民主党人团结在《火星报》周围。巴布什金屡遭沙皇政府逮捕、监禁和流放，1906 年在西伯利亚为起义工人运送武器时，被沙皇的讨伐队枪杀。列宁称他是"人民的英雄"，"一个杰出的党的工作者"。

全国各地的代办员们积极宣传党的纲领，在没有组织的地方建立组织，把各地分散的组织联结起来，使一个又一个组织摆脱"经济派"的影响，转到《火星报》方面来。这为把各地方组织团结为统一的政党奠定了基础。

《火星报》在列宁主持的 3 年间，为俄国革命运动做出了重要贡献，完成了初步统一党内思想、联合各地分散的组织、筹备召开党代会的艰巨任务。

1903 年 7 月至 8 月，俄国社会民主工党第二次代表大会秘密召开。会址起初在布鲁塞尔，后因比利时警察的干扰破坏移至伦敦。经过激烈争论，大会通过了《火星报》所提出的党纲。这是马克思、恩格斯逝世后，国际共产主义运动中第一个明确以争取无产阶级专政为基本任务的革命纲领，也是《火星报》数年来艰苦工作的重要成果。鉴于《火星报》为建党做出的巨大贡献，俄国社会民主工党第二次代表大会通过决议，表彰其历史功绩，并宣布它为"党的中央机关报"。

第三节　俄国社会民主工党的分裂和布尔什维克报刊

俄国社会民主工党第二次代表大会虽然把党建立了起来，但是会议在讨论党章时，列宁和马尔托夫等人发生了严重分歧，分歧的关键在于建立什么样的政党。列宁主张建立一个集中统一、纪律严明的革命政党，马尔托夫希望建立的则是一个松散的、不定型的社会团体。马尔托夫的提案被通过，并以党章条文的形式确定下来。但在选举中央委员会和中央机关报编辑部时，列宁的拥护者获多数票，因而被称为布尔什维克（多数派）；马尔托夫派获少数票，被称为孟什维克（少数派）。

第二次代表大会决定由列宁、普列汉诺夫和马尔托夫共同领导《火星报》编辑部的工作。可是马尔托夫无视大会的决定，拒绝参加编辑部工作。

《火星报》第 46～51 期就由列宁和普列汉诺夫负责编辑出版。后来，普列汉诺夫转到孟什维克方去，要求让被大会否决了的孟什维克原任编辑重新加入编辑部。列宁反对这种做法，于1903年11月11日发表声明，退出编辑部。

从第52期起，《火星报》的领导权被孟什维克掌握，报纸因而成为反对列宁和布尔什维克党的工具。此后，党内称52期以后的《火星报》为"新《火星报》"，52期以前的《火星报》为"旧《火星报》"。新《火星报》于1905年停刊。

孟什维克篡夺《火星报》领导权以后，在报纸上大力宣传本派观点。为了反击孟什维克，列宁决定创办自己的布尔什维克报刊。经过紧张的筹备，布尔什维克的第一份机关报——《前进报》终于在1905年1月4日于日内瓦问世。该报继承"旧《火星报》"的传统，发表了列宁的40多篇论文和短评，同孟什维克进行了坚决的斗争。

1905年1月9日，彼得堡发生了震惊世界的"流血星期日"惨案，全国工人奋起罢工，引起俄国第一次革命的爆发。为了制定统一的行动纲领和斗争策略，把革命引向胜利，布尔什维克建议召开党的第三次代表大会（简称"三大"）。建议遭到孟什维克的拒绝后，布尔什维克于4月25日至5月10日在伦敦单独召开代表大会。大会制定了党在民主革命中的策略路线，选举了以列宁为首的新的中央委员会，并决定创办布尔什维克党新的中央机关报——《无产者报》。《前进报》于1905年5月18日出至第18号终刊。

《无产者报》于1905年5月27日在日内瓦创刊，列宁任主编，同年11月停刊，共出26期。"三大"结束后，孟什维克声称这次代表大会不合法，大会决议对社会民主工党党员不具约束力。《无产者报》对"三大"的合法性进行了论证，同时号召党员和工农群众紧密地团结起来，共同贯彻"三大"决议，为准备武装起义而斗争。列宁先后为这家报纸撰写了69篇论文和短评。

在布尔什维克的影响和推动下，1905年下半年爆发了200多万人参加的全俄政治总罢工，全国各大城市和工业中心还普遍建立了工人代表苏维埃。

在民众的压力下，沙皇尼古拉二世不得不于10月底发表立法宣言，宣布公民享有言论、集会、结社等自由和人身不受侵犯的权利，答应召开由全体公民选举的国家杜马（即议会），企图以此缓解矛盾，维持摇摇欲坠的统治。

布尔什维克一方面及时揭穿沙皇的立宪骗局；另一方面利用这个有利时机开展公开、半公开的活动，创办公开出版的报刊。

布尔什维克的第一份合法日报是《新生活报》，1905年11月2日在彼得堡创办。同年11月20日列宁从国外返回俄国，亲自领导编辑部的工作。《新生活报》配合党的准备武装起义的中心任务，开展了大规模的宣传活动。

资产阶级报人打出"代表人民利益"的旗号，主张报纸应当"无党性"。针对这种言论，列宁在《新生活报》第12期上发表《党的组织和党的出版物》一文，提出了党的出版物的党性原则，指出：写作事业应当成为无产阶级总的事业的一部分，应当是党的工作的组成部分；党所创办的报纸应当成为党组织的机关报，要旗帜鲜明地宣传党的观点，接受党的监督，为千千万万劳动人民服务。以后在《新生活报》第16期、第22期、第27期上，他又发表文章，对党性原则进行了深入阐述。

《新生活报》的革命宣传，深受广大群众的欢迎。报纸每日出4～6版，发行8万多份，成为俄国无产阶级政党的最大的讲坛。报纸共出 27 期，其中有 15 期遭到沙皇政府的没收和焚毁，1905 年 12 月 15 日因刊登工人代表苏维埃的财政宣言而被查封。

除《新生活报》之外，布尔什维克在彼得堡先后出版的其他报刊还有：《浪潮报》（1906 年 5—6 月，共出 25 期）；《前进报》（1906 年 6 月 8—27 日，共出 17 期）；《回声报》（1906 年 7 月 5—20 日，共出 14 期）；《视觉报》（1907 年 2 月 7—17 日）；《新光线报》（1907 年 3 月 5—12 日，共出 7 期）。这些报纸常常一旦被查封就立即改名再出。列宁直接领导了这些报纸的编辑和出版工作。此外，布尔什维克还在各大工业中心出版报纸，在一些地方还出版了士兵报纸和农民报纸。

1905 年 12 月，布尔什维克领导下的莫斯科工人代表苏维埃发动政治总罢工，罢工很快发展为武装起义。起义工人同沙皇军队进行了 9 天的激战，终因寡不敌众而失败。起义失败后，革命转入低潮，开始了"斯托雷平反动统治时期"（斯托雷平是沙皇政府总理大臣）。斯托雷平疯狂实行白色恐怖，宪兵、特务残酷迫害革命者，绞架、监狱、流放所遍布全国。在这种情况下，布尔什维克只能暂时停止公开的活动，将报纸出版转入地下。

革命转入低潮后，布尔什维克在国外秘密创办了三份报纸：《无产者报》（1906 年 9 月在芬兰创办，后迁至日内瓦及巴黎，1910 年 1 月停刊，共出 50 期）；《社会民主党人报》（1908 年 2 月在俄国创办，后迁至巴黎及日内瓦，1917 年 1 月停刊，共出 58 期）；《工人报》（1910 年 11 月在巴黎创办，1912 年 8 月停刊，共出 9 期）。

1912 年 1 月，俄国社会民主工党第六次全国代表会议在布拉格召开，决定将一切坚持分裂活动的机会主义派别清除出党，并将《工人报》定为党的正式机关报。从此，布尔什维克正式成为独立的无产阶级政党，称为俄国社会民主工党（布）。

1910 年下半年，俄国工人运动开始由低潮转入高潮，斯托雷平政府被迫做出让步，放宽对报刊出版的管制。在新的形势下，社会民主工党在国内又创办了《思想》《启蒙》《明星报》等合法报刊。

《思想》是一份哲学和社会经济月刊，1910 年 12 月在莫斯科公开出版。1911 年 4 月出至第 5 期被查封。

《启蒙》于 1911 年 12 月在彼得堡创刊，用以替代《思想》月刊。1914 年 6 月（第一次世界大战前夕）被查封。

《明星报》是公开出版的报纸，1910 年 12 月 29 日在彼得堡创办。初为周刊，后改为周二刊、周三刊，曾被迫停刊 4 个多月。它用大量篇幅刊登工人的来信、工会的稿件和讨论工人运动问题的文章，发行量达到五六万份。1912 年 5 月 5 日，《明星报》停刊。

第四节 《真理报》初创

如果说《火星报》帮助列宁完成了布尔什维克的建党工作,那么,《真理报》则帮助布尔什维克完成了建立无产阶级政权的任务。

1912年5月5日,在列宁的亲自筹划下,大型群众性政治日报《真理报》在彼得堡问世。斯大林(系笔名,意为"钢铁的人")参加了《真理报》创刊号的筹备工作。不过,斯大林在《真理报》创刊当日即被捕。1912年9月,斯大林获释回到彼得堡,重新参与《真理报》工作,并被任命为主编。两个月后,主编改由斯维尔德洛夫担任。

《真理报》的工作一直是在列宁直接领导下进行的。当时列宁虽然侨居国外,但是有关报纸的一切问题,如宣传目标和策略的制定,编辑人员的变动,各种副刊、专栏的设定与改进等,他都亲自过问并认真审定。此外他还为报纸撰稿,几乎每天1篇。

从报纸创刊到被查封的两年多时间里,列宁发表各种文章、通讯、书信等近300篇。

与此同时,《真理报》大量刊登工人通讯,介绍工人生活、工作情况以及各个企业罢工的消息。两年间总共有近5 000篇工人通讯刊出。

1913年11月,布尔什维克通过《真理报》在彼得堡发动了有10万名工人参加的大罢工,奥布哈夫工厂的罢工斗争持续了两个月之久。

在组织工人斗争时,《真理报》告诉工人应当采取什么样的斗争方式,怎样才能取得最好的效果。但在当时的情况下,有些话不能讲得过分明白,以免招致敌人的镇压,于是编辑部往往采取灵活的策略,用暗示的方法与工人沟通。

例如,当《真理报》提到"1905年的全部的不折不扣的要求"时,工人们便懂得这是指1905年俄国第一次革命中布尔什维克提出的推翻沙皇制度、成立民主共和国、没收地主土地、实行8小时工作制的要求。他们就会按照这个要求去做。

《真理报》在经济上全靠工人们的捐款维持。工人们除了为它募款、捐款外,还为它提供稿件,组织订阅,扩大发行。《真理报》通常每日印刷4万份,个别日子出10万~13万份。一份报纸往往不是一个人、两个人在读,而是几十个人共同阅读。它的读者范围之广、影响力之大,是当时俄国的其他报纸无法比拟的。

正因如此,《真理报》引起了沙皇政府极大的恐惧和仇视,其通过罚款、没收和查封报纸、逮捕审讯编辑人员等手段对它进行迫害。两年多时间里它就被查封过8次。每次被查封后,它都改用其他名称继续出版,使用过的名称有:《工人真理报》《北方真理报》《劳动真理报》《拥护真理报》《无产阶级真理报》《真理之路报》《工人日报》和《劳动的真理报》。

第一次世界大战爆发前夕,沙皇政府采取非常手段镇压革命,《真理报》报社被捣毁,全体工作人员被捕,报纸于1914年7月8日停刊。

《真理报》的这一阶段①为布尔什维克党奠定了坚实的群众基础，造就了新的一代工人革命者，为十月革命的胜利做了充分的组织准备。

第一次世界大战期间，俄国国内的阶级矛盾和民族矛盾日益激化。1917 年 2 月 27 日（俄历），起义群众逮捕了沙皇政府的大臣和将军，结束了统治俄国达 3 个世纪之久的罗曼诺夫王朝，取得了二月革命的胜利。

在新的形势下，布尔什维克党决定恢复出版《真理报》，作为党中央和彼得格勒市委的机关报。1917 年 3 月 18 日（俄历 3 月 5 日），《真理报》在莫洛托夫、叶列麦耶夫和加里宁三人组成的编委会的领导下正式复刊，从而进入了报纸历史的第二阶段。

这时，莫斯科和其他城市或地区党组织也纷纷出版报刊。1917 年 7 月初，布尔什维克拥有 30 种报纸、11 种杂志。

《真理报》理所当然地成了俄国无产阶级革命的旗帜。二月革命后组成的资产阶级临时政府对它进行了残酷的迫害：《真理报》在复刊后数次被查封，5 次易名出版。

坚持出版的《真理报》，为准备和实行十月社会主义革命做了重要的舆论准备。

《真理报》向劳动群众指出：临时政府是地主和资本家的政府，它正在反对革命，继续推行帝国主义政策；二月革命虽取得初步胜利，但离全面胜利还差得很远，因为政权仍然掌握在资产阶级临时政府手中，人民仍然得不到和平、土地和面包；要想取得革命的真正胜利，就必须前进一步，把政权交归苏维埃。

《真理报》号召工人阶级组织起来，成立近卫军，准备向资产阶级发起最后的进攻。《真理报》第 14、15 期上刊登了列宁从国外寄来的第一封《远方来信》（《第一次革命的第一阶段》）一文，进一步揭露了临时政府的反革命性质，并为无产阶级指明了从革命的第一阶段向第二阶段过渡的前景。

《真理报》还发表大量文章，谴责孟什维克和社会革命党人与临时政府合作的主张，指出这种主张是非常有害的，因为即使对临时政府实行"监督"，也绝不会改变临时政府的基本政策，不会给工人带来任何好处。通过宣传，越来越多的人表示要同妥协派决裂。一些工人和士兵在《真理报》上发表声明，宣布退出孟什维克。

俄历 1917 年 4 月 3 日，列宁回到俄国，第二天在布尔什维克领导工作会议上作了题为《论无产阶级在这次革命中的任务》的报告，后来在另一次会议上重述了这个报告的大纲，这就是有名的《四月提纲》。

《四月提纲》回答了革命中一系列重要的问题，制订了从资产阶级民主革命过渡到社会主义革命的路线。在临时政府问题上，列宁提出了"不给临时政府以任何支持"的口号。

《真理报》在 4 月 7 日以显著版面发表了《四月提纲》，其他布尔什维克报纸也都对之进行了转载。但是，资产阶级和妥协派报纸对这一提纲十分恼怒，展开攻击。布尔什维克党内许多党员和领导干部对《提纲》是否现实表示怀疑。

---

① 《真理报》的历史可分 4 个阶段：第一阶段从 1912 年 5 月创刊至 1914 年 7 月 8 日被查封；第二阶段从 1917 年 3 月 18 日复刊至十月革命胜利；第三阶段从十月革命胜利至 1991 年 8 月；第四阶段是 1991 年 9 月至今。

《真理报》为此作了大量的宣传解释工作：广泛发表各地工人反击和指责资产阶级和妥协派的报道；连续刊登列宁进一步阐述《四月提纲》的文章；大力报道各地学习《提纲》的体会和支持《提纲》的行动。《真理报》的这些宣传报道，推动了全党思想的统一、革命运动的发展。

俄历1917年4月24日，布尔什维克党召开了第七次代表会议（四月代表会议）。列宁在会议报告中进一步阐述了《四月提纲》的原则，并且提出"全部政权归苏维埃"的口号。《真理报》广泛报道了四月会议的精神，发表详细的工作报告，把列宁提出的"全部政权归苏维埃"的口号作为报纸的宣传中心。

为了把苏维埃变成布尔什维克党的坚固的阵地，《真理报》于5月倡导并发起"改选苏维埃代表"的群众活动，刊登了党中央关于《改选苏维埃代表的章程》。

彼得格勒等地按照这个章程改选了苏维埃代表以后，《真理报》立即作了报道，从而加速了苏维埃改组的进程。

为了加强工人阶级的组织性和纪律性，《真理报》反复宣传工会的重要性，促进了全俄各地工会的建立和工人群众的布尔什维克化。

为了争取农民，《真理报》连续发表文章，号召农民用革命手段夺取土地，说明只有布尔什维克才是帮助农民推翻地主阶级的革命政党，从而使党在农村中的影响力进一步扩大。

为了争取军队，《真理报》号召士兵成立士兵委员会，把军队的领导权掌握在自己手中。布尔什维克组织向前线寄送《真理报》，使许多士兵在该报影响下站到布尔什维克一边。

1917年7月，资产阶级临时政府在前线战败，引起民众极大愤慨。彼得格勒50万工人和士兵举行示威游行，被反动军队打死打伤400余人。"七月事件"之后，俄国政治形势发生了根本性的变化，原来那种资产阶级临时政府和工兵代表苏维埃两个政权并存的局面已无法继续。这时布尔什维克秘密召开了第六次党代表大会，全力准备发动武装起义。

当时，《真理报》已改名为《工人之路报》。因为它是公开发行的报纸，必须接受临时政府的检查，所以不能公开号召武装起义。在这种情况下，它首先从理论上宣传马克思主义关于武装起义的思想，论述武装起义是阶级斗争尖锐化的必然结果；继而着重宣传"全部政权归苏维埃"的口号，讲清必须把地主、资本家代表逐出苏维埃，由苏维埃执掌政权的道理；同时大量报道各地革命委员会和赤卫队的活动，以防御外敌为名，推动武装起义的准备工作。报纸就是这样巧妙地完成了宣传党关于武装起义的战略方针的任务。

1917年10月23日，布尔什维克党中央通过了关于武装起义的决定。但是，党内反对派加米涅夫、季诺维也夫却在孟什维克的报纸上发表了反对武装起义的声明，从而泄露了党的机密，于是党中央决定提前行动。11月6日清晨，临时政府下令查封《工人之路报》，并把装甲车开到报社门前，企图捣毁它。上午10时，布尔什维克派赤卫队和革命士兵赶走了装甲车，并且加强了守卫。11时，《工人之路报》在革命武装保护下出版，发表社论公开号召推翻临时政府。11月7日（俄历10月25日），《工人之路报》在第一版用大字通栏标题写道："全部政权归苏维埃!""和平! 面包! 土地!"就在这一天，随着"阿芙乐尔号"巡洋舰的一声炮响，随着临时政府堡垒冬宫被攻克，十月革命取得了决定性的胜利。《工人之路报》迅速报道了攻克冬宫的消息，刊登了列宁写的《告工人士兵农民书》，宣告了人类历史新纪元的到来。

1917 年 11 月 9 日，《工人之路报》恢复《真理报》原名继续出版，成为世界上第一个执政的无产阶级政党的中央机关报。

第五节　第二次世界大战前的苏联报刊

十月革命的胜利，推翻了俄国资产阶级临时政府的统治，建立了世界上第一个社会主义国家。俄国的新闻事业进入崭新的历史时期。

苏维埃政权建立后，取缔资产阶级反动报刊，建立了社会主义的新闻事业体系。

一、取缔反动报刊

十月革命胜利后，孟什维克和社会革命党人仍在出版自己的报纸，由大的垄断资本家提供资金的报纸协会也在继续其出版活动。据记载，当时孟什维克有 52 种报刊，社会革命党有 31 种，无政府主义者有 6 种。这些出版物对革命心怀不满，一些报纸攻击布尔什维克党的革命路线，大量发表反对苏维埃政权的言论。因此，布尔什维克党采取了强力措施。

1917 年 11 月 10 日，《真理报》发布了列宁签署的《关于出版问题的法令》(以下简称《法令》)。

《法令》指出："在大变革的关键性时刻及随后的日子里，临时革命委员会不得不采取一系列措施，以反对形形色色的反革命报刊。"因为"资产阶级报刊是资产阶级最强大的武器之一，特别是在新的工农政权刚刚确立的关键时刻，不能让这种武器完全留在敌人的手中，因为正是在这种时刻，这种武器的危险性并不亚于炸弹与机枪"。

《法令》宣布查封下列报刊：(1)煽动公开对抗和不服从工农政府者；(2)通过恶意中伤，歪曲事实来制造混乱者；(3)挑动从事犯罪活动者。

《法令》颁布后的一个月中，革命军事委员会查封了《新时代报》《言论》《俄罗斯意志》《交易所新闻》《新俄罗斯》《白昼》等对革命事业危害最大的报刊。以后随着斗争的发展，革命委员会陆续查封了一批其他资产阶级报刊。

1918 年 2 月 22 日，苏维埃甚至成立了专门的报刊革命法庭，审理利用报刊反人民的各种犯罪活动。

孟什维克和社会革命党的多家报纸被查封后，不断改换名称继续出版，攻击布尔什维克党和新生的苏维埃政权。1919 年 2 月 22 日，列宁起草了全俄中央执行委员会关于查封破坏国防的孟什维克报纸的决议。在外国帝国主义武装干涉已经开始、国内战争已经爆发的危急情况下，苏维埃政权不得不采取更为强硬的措施——勒令这些报刊全部停办。到 1919 年年底，除布尔什维克的报刊外，其他政治派别的报刊全部停刊或被查封。

二、创办党和苏维埃报刊

在取缔反动报刊的同时，党和苏维埃政权积极为革命报刊的兴办创造条件。

根据列宁的指示，1917 年 12 月 26 日，革命军事委员会颁布了关于征用资产阶级的印刷厂和纸库的命令：用被查封的《新时代报》的印刷厂出版《真理报》，用《言论》和《白昼》的印刷厂出版《士兵真理报》和《贫农报》，《俄罗斯意志》的印刷厂及储存的全部纸张交给彼得格勒革命军事委员会。

1917 年 12 月，列宁签署了《关于国家统一管理广告业务的法令》，规定"在定期报刊、书籍和戏单上刊登有价广告的业务，向书亭、邮局以及向其他单位散发广告的业务，均由国家统一管理"。

新生政权建立之初，财政十分困难。列宁仍于 1917 年 12 月签署法令，拨出44.8 万卢布，作为特殊拨款，发给国家印刷厂，支持革命报刊的出版。

1918 年 7 月 10 日，第五次全俄苏维埃代表大会通过了十月革命后的第一部宪法。宪法第十四条明确规定："为保障劳动者享有真正表达自己意见的自由，俄罗斯社会主义联邦苏维埃共和国消灭出版事业对资本的从属关系，将一切有关出版报章书籍及其他任何印刷品的技术与物质手段一律交归工人阶级与农民掌握，并保证此等印刷品在全国自由传播。"

从 1919 年到 1924 年，俄共(布)①在第八、九、十一、十二和十三次党代表大会上，都对报刊工作进行了专门讨论并通过了相应的决议。根据这些决议，党采取了一系列组织措施，克服重重困难，在国内战争和经济恢复时期初步建立了一个以中央报刊为主、以地方报刊为辅，以党的机关报为主、以服务于不同读者的专门报刊为辅的新型报业网络。

到 1925 年时，苏联共有报纸 589 种，其中农民报纸 141 种，少数民族报纸 153 种。当时已经创建的中央级报纸主要有：

第一，《真理报》，党中央机关报。1917 年 11 月 9 日在彼得格勒恢复出版，1918年 3 月随苏维埃政府迁往莫斯科。在 1929 年前，布哈林长期担任主编。

第二，《消息报》。1917 年 11 月 9 日后成为苏维埃政权的正式机关报。1918 年 3月，编辑部迁往莫斯科。1923 年 7 月 14 日起，成为苏联执行委员会和全俄执行委员会的机关报。

第三，《贫农报》。1918 年 3 月在《士兵真理报》《农村贫农报》和《农村真理报》的基础上创办，1931 年 2 月并入《社会主义农业报》。

第四，《经济生活报》。1918 年 11 月创刊，最初为最高国民经济委员会的机关报。

---

① 苏联共产党前身为俄国社会民主工党，1917 年 8 月—1918 年 2 月名称为俄国社会民主工党(布尔什维克)；1918 年"七大"后，改称俄国共产党(布尔什维克)，即俄共(布)；1925 年"十四大"后，改称全联盟共产党(布尔什维克)，简称联共(布)；1952 年"十九大"后，改名为苏联共产党，简称苏共。

1921 年 6 月改为劳动国防委员会的机关报。

第五，《民族生活报》。1918 年 11 月创刊，是斯大林领导的民族事务人民委员部的机关报，1924 年 1 月停刊。

第六，《劳动报》。全苏工会中央理事会的机关报，1921 年创办。它以工人群众为对象，影响广泛。

第七，《红星报》。1923 年创办，初为红军总部机关报，后改为苏联国防部机关报。

第八，《共青团真理报》。1925 年创办，苏联列宁共产主义青年团中央委员会机关报，面向广大青年群众。

三、新经济政策时期的经济报道

1918 年 3 月，苏维埃俄国退出了第一次世界大战，获得恢复、发展国民经济的宝贵时间。从那时起，列宁曾三次提出把工作重心转向经济建设上来，与此相适应，要求报纸调整方针，把经济报道放在首要地位。

第一次是在与德国缔结和约以后不久，列宁要求全党利用这"喘息之机"，转移工作重心。他草拟了《苏维埃政权的当前任务》一文，指出报刊宣传的主要任务是帮助党和政府组织对俄国的管理，研究走向社会主义道路的特点，报道社会主义竞赛，表扬先进批评落后，支持社会主义的新生事物。但是，1918 年冬，国内战争爆发，列宁的这些主张和设想不得不暂时中止。

1920 年 3 月，发动叛乱的白匪军被消灭，国内恢复平静。列宁第二次提出工作重心转移的问题。他要求"把整个苏维埃政权机器转上和平经济建设的新轨道"，并要求把"宣传的任务和计划同这种转变适应起来"[1]。

1920 年 5 月，波兰白军入侵乌克兰，苏维埃政权再次被卷入战争中。直到 1920 年 10 月红军击败波兰白军后，国内才重新恢复平静。这时，列宁第三次提出工作重心转移问题，并且得以真正实现。列宁指出，"生产宣传应当重新放在第一位"，要求《消息报》等各家报纸"减少政治方面的篇幅，扩大生产宣传的版面"[2]。

1921 年 3 月，布尔什维克党和苏维埃政府结束了战时共产主义政策，开始实行新经济政策，把原先在农村实行的余粮收集制改为征收粮食税，恢复城乡商品流通和市场经济，并逐步开始社会主义建设。

在为时 3 年左右的新经济政策时期，苏联新闻界把宣传重心转移到经济建设上来。各家报刊，特别是主要从事经济宣传的中央级报纸《消息报》《经济生活报》等，在这方面做出了可喜的成绩。它们注重反映经济领域的情况，收集和分析具体的数据、资料，为领导部门提供了许多有价值的信息和决策的依据，并且对经济工作和生产实践发挥了有效的指导作用。

---

① 《列宁全集》第 38 卷，114 页，北京，人民出版社，1986。

② 《列宁全集》第 40 卷，16 页，北京，人民出版社，1986。

四、三个五年计划时期的报刊

1924 年 1 月，列宁因病逝世。作为联共（布）总书记的斯大林接任党和苏维埃政权的领导工作。

随着社会主义工业化和农业集体化运动的开展，随着三个五年计划的实行，苏联报刊展开了更大规模的经济宣传活动。

例如，在第一个五年计划期间，党中央机关报《真理报》围绕与基本建设有关的一些重要问题，展开讨论与宣传，并吸收有关专家参与报纸工作，以便更加深入地阐述这些重大经济问题。

第二个五年计划期间，社会主义劳动竞赛出现了新的形式，这就是 1935 年 8 月掀起的斯达汉诺夫运动。由顿巴斯煤矿工人斯达汉诺夫发起的这场运动，是一场以突破旧定额、创造新纪录、大幅度提高劳动生产率为主要内容的社会主义竞赛运动。在报纸的宣传和推动下，这一运动很快由矿井扩展到全国。

为促进社会主义建设事业的发展，苏联报纸各显其能，推出一系列新的宣传报道的形式，如组织劳动竞赛的评奖活动，公布评比结果，推广先进经验；组织流动编辑组和外出编辑部，办增刊，出号外；等等。

这一时期，苏联报业继续发展，从中央到地方层层办报的社会主义报业体系全面形成，中央级的报纸有所调整和增加。

《消息报》1938 年改为苏联最高苏维埃主席团的机关报，报名为《苏联劳动者代表苏维埃消息报》。改组后的《消息报》，地位和影响仅次于《真理报》，是一份指导性的报纸。

《经济生活报》1937 年改名《财政报》，1941 年因法西斯德国入侵、苏联报刊结构调整而停刊。

《贫农报》1931 年与《社会主义农业报》合并。

新创办的中央级报纸有《文学报》（1929 年创办的苏联作家协会机关报）、《莫斯科新闻》（1930 年创刊的从事对外宣传的周报）等，新创办的地方报纸更多。

据统计，1928 年全国有报纸 1 197 种，每期发行量为 940 万份；1940 年增加到 8 806 种，每期发行量为 3 840 万份。

在第二次世界大战前的社会主义建设时期，苏联报刊在经济领域发挥了重要的建设性作用。但是，在政治领域，苏联报刊也产生过不少负面影响。

列宁逝世后，联共（布）党内发生了一连串重大的政治斗争。先是斯大林及其追随者同托洛茨基的斗争，而后是同"新反对派"季诺维也夫、加米涅夫的斗争，同布哈林的斗争。反对派失败。

从 20 世纪 30 年代初开始，斯大林又亲自发动了意识形态领域的批判运动。

20 世纪 30 年代中后期，随着个人崇拜的不断升温，这种现象也拓展到苏联的媒体之中。

五、卫国战争时期的报刊

1941 年 6 月 22 日，法西斯德国对苏联发动了突然袭击。苏联人民在党的领导下迅速奋起，进行了为期 4 年的艰苦卓绝的卫国战争。在这场战争中，苏联报业全面转入战时轨道，集中进行保卫祖国、反击侵略的宣传鼓动，为夺取战争胜利做出了不可磨灭的贡献。

战争一开始，为了集中人力物力搞好军事宣传，根据联共（布）中央的决定，原有报业结构进行了重大调整。

首先，停办、合并了一批专业报纸和政治、社科、文艺类刊物。

其次，减少原有报刊的篇幅、期数和发行量。

《真理报》《消息报》等中央报纸由战前每天六版减少为四版；地方报纸由四版减少为两版。各共和国、州一级的报纸由每周出 6 次减少为 5 次；区报由每周出 3～5 次减少为 1～3 次。许多报纸的发行份数也减少了。

最后，大力发展军事报刊。

战前，只有《红星报》《红海军》两种军报和几种军事理论杂志。战争爆发后，又创办了两份新的中央军报——《斯大林之鹰》和《红色的鹰》，增办了一批新的中央级军事杂志。在卫国战争的前线，出版了一批前线报，包括兵团报、军团报、师报和旅报，读者对象是各级指挥员和广大士兵。在敌人后方还有游击队报和敌占区报。总之，哪里有战场哪里就有军事报刊。仅仅在 1942 年，军中就发行了 22 种以苏联加盟共和国主要民族语言印制的报刊。到卫国战争结束时，全国共有 821 种军事报刊，发行量超过 300 万份。

卫国战争开始后，联共（布）和政府加强了军事报道工作，许多记者转到军报工作或走上前线从事军事报道。苏联作家协会有 1/3 的会员（1 000 多名）以军事记者身份奔赴前线，其中最为著名的有米·肖洛霍夫[①]、亚·法捷耶夫[②]、阿·托尔斯泰[③]等，80岁高龄的老作家亚·绥拉菲莫维奇也到过战区。

这些走上前线的军事记者出生入死，不畏艰险，长期在硝烟弥漫的战地活动，常常冒着枪林弹雨同战士们一起冲杀、侦察和挖战壕，及时采写了大批优秀的通讯、报告、特写，给全国和全世界人民以极大的鼓舞。从 1941 年到 1945 年，世界上有 35 个国家出版了苏联记者反映卫国战争的作品，苏联报刊的影响遍及全世界。

报社编辑部的编辑也在前线工作，《真理报》编辑部附近经常遭受空袭，有时炸弹在编辑部对面的街上爆炸，燃烧弹落在印刷厂的屋顶上，编辑部人员和印刷工人仍坚守岗位，保证按时出报。

---

① 肖洛霍夫是长篇小说《静静的顿河》的作者。

② 法捷耶夫是长篇小说《青年近卫军》的作者，他的小说《毁灭》最早由鲁迅译成中文。

③ 阿·托尔斯泰生于 1883 年，著有长篇小说《苦难的历程》和《彼得大帝》。

卫国战争中，数百名军事记者在火线采访中献出了生命，仅《消息报》报社就有 44 名记者牺牲，占该报记者人数的 1/5。苏联政府向 300 多名新闻工作者颁发了勋章或奖章。

在抗击德国法西斯侵略、保卫祖国的宣传报道方面，苏联报刊都做得十分出色。

首先，及时报道战争进程。从敌人入侵到列宁格勒保卫战、莫斯科保卫战，从斯大林格勒大决战到战略大反攻、向柏林进军，报纸不仅迅速、翔实地报道了战况，而且饱含激情地展示了苏联军民不怕牺牲、奋勇杀敌的情景和感人事迹，记载了苏联红军从莫斯科走向柏林的光辉历程。

其次，揭露敌人的侵略本质和罪行。《真理报》在文章中批判了法西斯的种族主义理论，通过披露大量事实指出法西斯德国入侵苏联是蓄谋已久的——它早就把苏联看作征服世界的最大障碍。

各家报纸不断报道法西斯强盗在苏联土地上犯下的滔天罪行，刊登他们大批杀平民、毁灭村庄和城镇的消息和照片，及时揭露法西斯宣传中夸大战果、蛊惑人心的谎言，使苏联人民同仇敌忾。

再次，大力宣传英雄事迹，积极弘扬爱国精神。在报道战事过程中，大力宣传列宁格勒、莫斯科等前方军民与敌人的顽强战斗。报纸还报道了众多的英雄人物、英雄群体的感人事迹：年轻的游击队女战士卓娅，在敌人的绞刑架下宁死不屈、英勇就义；空军大尉加斯捷洛驾驶着火的飞机撞击敌机，与敌人同归于尽；克拉斯诺顿矿区青年近卫军的共青团员们在敌后打击侵略者，最后全部壮烈牺牲……

最后，动员后方人民加紧生产，支援前线。报纸大力宣传"一切为了前线，一切为了胜利"的口号，当莫斯科工人倡议每月义务劳动一天、将所得报酬购买武器支援红军时，当集体农民自发捐款购买坦克飞机支援前线时，当工人农民开展劳动竞赛为前线生产更多物资给养时，报纸都大力报道，在全国掀起一浪又一浪的支前高潮，为战争形势的根本转变提供了强大的物质保障。

总之，在卫国战争时期，《真理报》等苏联报刊在团结人民、教育人民、打击敌人方面发挥了巨大的宣传鼓动作用，在苏联新闻事业史上写下了光辉的篇章，留下了美好的历史形象。《真理报》被最高苏维埃主席加里宁称为"最先进的前线报刊"，"它与人民群众发出同一个声音，它每日不断地号召人民投入战斗，打击敌人，介绍和推广人民斗争的各种形式，把这片广阔大地上的苏联人民，都吸引到反对法西斯侵略者的斗争中来，吸引到支援前线的事业中来"。

第六节　第二次世界大战后的苏联报刊

卫国战争胜利后，苏联进入了社会主义建设的新阶段。经过一段时间的调整以后，苏联从 1946 年开始实施新的恢复和发展国民经济的五年计划，即第四个五年计划，要求把全国工农业恢复到战前的水平，然后再大大超过这个水平。因此，当时苏联报刊的全部工作，就是调动广大劳动群众的积极性，激发他们的劳动热情，组织开展社会主义劳动竞赛，保证第四个五年计划的顺利完成。

《真理报》和其他各报及时把工作转入和平建设轨道，调动各种新闻手段，包括消息、通讯、专题报道、新闻评论等，并且开辟新栏目，全面介绍和推广人民群众在社会主义劳动竞赛中的新鲜经验和伟大创举，从而促成全国性的劳动竞赛热潮的出现。

1950年8月，苏联举国庆祝"斯达汉诺夫运动"15周年。苏联报刊积极宣传党的号召，要求继续开展"斯达汉诺夫运动"，并把这一运动看成苏联从社会主义向共产主义发展的推动力。苏联报刊还大力宣传"超计划积累"运动。这一运动是由莫斯科35家工厂于1948年联合发起的。在报纸的推动下，"超计划积累"运动变成全国性的竞赛运动，成为"斯达汉诺夫运动"的一种补充。

经过恢复和发展，到20世纪50年代初，苏联共有报纸8 000种，每期发行4 500万份，发行量超过了1940年的水平。

但是，第二次世界大战后的苏联报刊，逐渐失去了战争年代的蓬勃朝气，内容和形式变得沉闷和呆板。20世纪50年代的苏联报纸是相当死板的，版面安排有严格的限制，插图和漫画往往减到最低限度。

赫鲁晓夫同样重视宣传工作，把报刊作为推进路线和政策的重要工具。他认为，以前的报纸言论过于沉闷、保守，因而允许有限度地开放新闻自由。

苏共二十大以后，苏联国内的政治生活出现了一段比较活跃的时期。一大批20世纪30年代大清洗中的受害者恢复了名誉，报纸上开始触及过去属于"禁区"的问题，对工农业生产中存在的重大问题，报纸上也逐步开始报道和揭露。

但是，一批向往西方社会的"自由派"记者和作家借揭露斯大林之机，攻击党和社会主义制度，致使苏共1961年的第二十二次代表大会重新提出同资产阶级意识形态（反共产主义思潮）做斗争。

赫鲁晓夫提出了党的领导的新体制，把统一的党分成管工业和管农业的两个平行的组织。相应地，各地的报纸也分为市民报和农民报两种。

这一时期的苏联报刊作为党和政府的喉舌，随着加强东西方接触的外交政策的实施，对外宣传和国际事务报道也有了一些改变，如1960年苏联报刊关于赫鲁晓夫访美的报道和1961年《消息报》主编赴美直接采访美国总统肯尼迪等。

1964年10月，赫鲁晓夫下台，勃列日涅夫继任苏共中央总书记。

勃列日涅夫上台后，首先对赫鲁晓夫时期的各项政策做了修正与调整，并提出了"新经济政策"的设想。经过几年的努力，苏联经济获得了较稳定的增长，国力也大为增强。但是，20世纪70年代以后，"新经济政策"逐渐失灵，经济开始滑坡，社会生活趋于停滞，因循守旧、安于现状的风气笼罩了全党。

这一时期的苏联报刊在数量上虽然有较大的发展，但其文风又出现了20世纪40年代末50年代初盛行的问题。

1982年11月勃列日涅夫去世，安得罗波夫和契尔年科先后接任苏共中央总书记。在这一时期内，苏联报业也没有发生大的变化。1985年3月，契尔年科因病逝世。苏共中央非常全会选举戈尔巴乔夫任党中央总书记。此时，苏联已发展成为世界上报刊业最发达的国家之一。

20世纪80年代初，苏联用36种苏联民族文字和19种外国文字出版1 360种杂志，一次的总印刷数为 1.53 亿份，杂志成为印刷物的特殊系统，它由党、国家、社会机构以及一些机关、组织出版和领导。例如，苏共中央就出版发行量达 100 万份的政治理论月刊《共产党人》《党的生活》和《政治自修》等杂志。许多杂志是苏联科学院、大学和其他科研单位出版的。有 27 种中央级和加盟共和国一级杂志是为青年办的，40 种杂志是为少年读者办的。①

苏联从中央到地方共有 6 个行政级别，每级都有报纸，报业结构呈金字塔形。1983 年各级报纸的数字为：中央 31 种；加盟共和国 160 种；边疆区、州、自治共和国、自治州 429 种；城市 713 种；区级 3 019 种；工矿、企业、学校、集体农庄等基层单位 392 种。除综合性报纸外，还有按读者对象出版的专门性报纸：共青团报 132 种，少先队报 28 种，工业和建设报 7 种，交通运输报 48 种，农业报 6 种，文学艺术报 17 种，教师报 16 种，体育报 15 种。

20 世纪 80 年代中期，苏联中央一级主要报纸的情况如下：

第一，《真理报》已发展为具有重要国际影响的现代化报纸。它每天出报，并且先后开印两次。除了在首都出版外，还将版面电传至全国 47 个城市同时印刷。1987 年，该报每天发行量为 1 130 万份，在 153 个国家拥有读者，10 个国家将其翻译成本国文字。每天对开 6 版，每逢周一出 8 版。不登商业广告。

第二，《消息报》影响仅次于《真理报》，每周出 6 天，对开 6 版，周一休刊。自 1960 年 6 月 1 日起，改在傍晚出版。供莫斯科地区发行的，标注当天日期，为晚刊；供外地发行的，标注第二天日期，为晨刊。供外地发行的《消息报》，在全国 57 个城市同时印刷。1987 年，该报每期发行 1 013 万份。

第三，《劳动报》已成为读者面极广的群众性报纸，在 43 个城市印刷，发行量 1 820 万份(1987 年)，居全苏联乃至世界日报之首。

第四，《共青团真理报》每周出 6 天，发行量 1 700 万份(1987 年)。

第五，《农村生活报》早在 1918 年创办，原名《社会主义农业报》《农业报》，1960 年改用此名，发行量 950 万份(1980 年)。

第六，《苏维埃俄罗斯报》创刊于 1956 年，当时为苏共中央、俄罗斯联邦最高苏维埃和部长会议机关报，发行量 270 万份(1980 年)。

其他还有《社会主义工业报》(1960 年创刊)、《苏维埃文化报》(1977 年创刊)、《红星报》等。

苏共中央政治理论刊物是《共产党人》，发行量最大的杂志是妇女刊物《女工》。

据 1986 年统计，全苏有报纸 8 000 多家，发行量 1.85 亿份；其中日报 713 种，发行量约为 1 亿份，每千人拥有 380 份左右；杂志 5 000 多家，发行量 2.26 亿份。

由上可知，苏联单家报刊的发行量高得惊人。但是，苏联报刊的高发行量严重依赖计划经济体制和强势执政党的支持，其独立生存能力并不强大。另外，当时苏联新闻界的"公开性"改革(详见后文)，也是当时苏联报刊达到惊人发行量的重要推动力。

---

① 吴非、胡逢瑛：《转型中的俄罗斯传媒》，84 页，广州，南方日报出版社，2005。

第七节　苏联的广播电视业

苏联地域辽阔，在没有实现卫星传版的时代，报纸杂志在境内传播信息是比较缓慢的。在苏联缔造者列宁看来，无线电广播是"不要纸张、没有距离的报纸"。因此，苏联十分重视开发广播电视技术，非常重视广播电视事业的发展。

一、广播事业

苏联的广播事业是走在世界前列的。

早在 1891 年，俄国科学家波波夫就开始进行无线电通信研究。1895 年，他与意大利的马可尼同时成功地完成无线电通信实验。1904 年，波波夫使用无线电成功地传播了声音。

1917 年十月革命后，俄国的广播事业有了很大的发展。

1919 年 2 月 27 日，俄国第三大城市下新城①的无线电实验所的无线电话台首次向莫斯科播出了无线电声音广播。

1922 年，中央无线电话台在莫斯科建立。当年 11 月 7 日，该台更名为共产国际广播电台，功率 12 千瓦，是当时世界上功率最大的发射台。后来，该台成为全苏广播电台（即苏联中央电台）。

到 1928 年，苏联共有电台 65 座，各地建立了大大小小的电台，广播成为民众获取信息的重要媒介。

第二次世界大战期间，苏联广播也不曾停止运行，甚至成为战时最主要的传播媒介，对鼓舞国民战斗、瓦解敌军士气起到重要作用。1942 年，苏联在列宁格勒建立大功率电台，对国内和敌占区广播。

1945 年 5 月 7 日（欧洲第二次世界大战结束日），苏联广播恢复正常播音，这一天被定为苏联的广播节。

1948 年，全苏广播电台开始 3 套节目的广播，3 套节目每天的播出时间之和为 45 小时。

1957 年，苏联成立国家广播电视委员会，直属于苏联部长会议；15 个加盟共和国也设立地方广播电视委员会，由同级党委领导。

到 1958 年，苏联已拥有 950 万架收音机和 3 900 万个喇叭，每天用 95 种语言（苏联各民族语言 57 种、外国语言 38 种）向国内外广播。苏联国内和全世界每一个角落都可以听到莫斯科的声音。②

1960 年 10 月，全苏广播电台开始昼夜广播。

1961 年，全苏广播电台每天播出时数增至 78 小时。

---

① 又译"下诺夫哥罗德""尼日涅诺夫哥罗德"，苏联解体前，称为"高尔基市"。

② 利群：《苏联的无线电广播和电视事业》，载《新闻战线》，1959(12)。

1977 年，全苏广播电台开始用 5 套节目向全国广播，使用 69 种民族语言。

20 世纪 70 年代末，苏联拥有 3 600 多个有线广播台，200 万千米的广播线路，8 500 万个有线喇叭，全部国土都被纳入有线、无线广播的覆盖范围。

1985 年，苏联有广播电台 176 座，境内居民的 98％和 80％能分别收听到全苏广播电台的第 1 套节目和第 2 套节目。

1987 年，苏联拥有收音机 1.87 亿台(有线广播收音机 9 600 万台)。

进入 20 世纪 50 年代以后，作为社会主义阵营的盟主，苏联的对外广播在使用语种、播出时数、发射功率等方面全面扩张。60 年代起，苏联形成了分别针对发展中国家、资本主义国家、社会主义国家的对外传播布局，其中包括 1964 年 11 月开办的和平与进步电台。

1978 年，苏联开办了环球英语新闻广播，数年后开办了法语环球广播。

至 20 世纪 80 年代，仅莫斯科电台一家，就使用 77 种语言，针对 150 个国家播出，规模远超美国之音电台和 BBC。

二、电视事业

苏联的电视事业的发展，无论是起始时间，还是早期 20 年的发展速度，都明显晚于广播事业。但在 20 世纪 80 年代，苏联的电视事业后来居上，发展势头和影响力都压过了广播事业。

苏联的电视事业开始于 1931 年。1931 年 4 月，全苏电器工学研究所在莫斯科试验传送静止图像和活动图像的电视节目。

1938 年，莫斯科电视中心和列宁格勒电视中心开始试播，1939 年转为正式播送。

1941 年开始的卫国战争，中断了苏联电视发展的历史。1945 年 5 月，苏联恢复了电视工作。1945 年年底，莫斯科电视中心恢复定期电视节目。

1949 年 6 月，经过改进的电视台开始播放节目。

1951 年，苏联中央电视台和中央电视电影制片厂成立。1951 年 3 月，莫斯科电视台开始正式播出。

1952 年，各加盟共和国首都都建立了电视中心。

1954 年，苏联建成了第一座彩色电视台。

1955 年 3 月 22 日，莫斯科电视台改名为苏联中央电视台。

1956 年 2 月，苏联中央电视台开办第二套节目。此后，苏联中央电视台陆续开办了第三、第四套节目。其中，第一、第二套节目面向全国，在不同时区多次播放，还有一套面向莫斯科及附近地区的节目和一套教育节目。

20 世纪 50 年代末期，在中央电视台、各加盟共和国电视台之外，又建立了一系列地方级电视台。到 1959 年 1 月，苏联已有电视中心 62 座、电视转播站 70 座、电视接收机 300 万架。①

1965 年 4 月 23 日，苏联发射第一颗通信卫星"闪电一号"。由此，苏联电视进入了卫星转播时代。

1967 年，苏联中央电视台开始正式播放彩色节目，采用法国 SECAM 制式。同年，在莫斯科近郊建成了欧洲最大的电视技术中心，其拥有的电视发射塔高达 530 米，位居世界第二。

1971 年，苏联政府决定在莫斯科、列宁格勒等主要城市建立彩色电视台。两年后，苏联政府通过了进一步发展彩色电视措施的决定。

20 世纪 70 年代后期，苏联中央电视台完全实现了演播的彩色化。与此同时，苏联政府还投巨资陆续发射了"虹""荧光屏""地平线"系列通信卫星，加上原来的"闪电"系统，四个卫星系统共同转播电视，组成了覆盖全国 87％人口的国内通信卫星系统。

随着电视技术的不断进步，电视机成本的不断下降，节目质量及业务水平的不断提高，电视机逐渐进入越来越多的家庭，电视机的社会拥有量、普及率迅速上升，从而促成了电视与广播在苏联媒介格局中地位的互换。

20 世纪 60 年代，是广播的黄金时代，此时广播是苏联的主流媒介，而电视仅仅是报刊、广播的补充力量；20 世纪 70 年代，电视的地位得到加强，广播则相应削弱，两者可谓势均力敌；20 世纪 80 年代初，电视发展的势头更猛，广播则步步退却，电视作为新闻传播媒介的作用与影响，终于超过了广播，成了苏联社会占主导地位的新闻媒介。

1985 年，苏联有制作和播出节目的电视中心 120 个，93％可播出彩色节目。境内 90％的居民能看到 1 套电视节目，70％能看到 2 套节目。

1987 年，苏联拥有电视接收机 9 000 万台（彩色电视接收机 1 500 万台）。

第八节　苏联新闻事业的解体

苏联的大众媒体全部国有，都是国家事业单位，设备由国家置办，经费由国家供给，人员为国家编制，完全按照计划经济模式运作。

在东西"冷战"、领袖集权等主客观条件下，苏联形成了高度集中、高度统一、高度封闭的新闻事业体制。

第一，传媒管理高度集权。苏联不设新闻管理部门，所有传媒都由党委（宣传部）管理。党委确定业务方针，下达宣传要求，配备干部人选，审批工作计划，监督贯彻执行。州以上报纸主编由中央任免，州以下报纸主编由其上一级的党委任免。为了确保新闻宣传与党的立场一致，还制定了严格的新闻检查制度，直属部长会议的国家保密局负责对出版物进行预审。

---

① 利群：《苏联的无线电广播和电视事业》，载《新闻战线》，1959(12)。

第二，传媒功能只重宣传。苏联传媒固守革命时期和战争年代的习惯，过于看重宣传功能的实现，忽视信息传播和其他功能，新闻选择完全服从宣传目的，一切传播取决于党和政府的政治需要。中央一级报刊一般不登广告。

第三，信息传播受到较多的限制。在苏联，民间团体或公民个人均不得拥有媒体。公众的信息来源只有官方渠道，官方则通过国家通讯社或中央党报调控，国内外重大新闻由国家通讯社统一发布，各地报纸照登。政府对外来的信息采取封锁政策，对外国广播进行大功率干扰，限制了苏联民众与外部世界的信息联系。

第四，新闻舆论的倾向过于单一。《真理报》的言论具有绝对的权威性，其他媒体在言论上均仿效《真理报》，与它保持一致。苏共中央在全社会范围内实现了"舆论一律"。

在十月革命前后和战争年代，苏联的新闻事业体制便于党中央实现对各级组织的集中领导和指挥，便于把党的路线、方针、政策迅速化为群众的行动。但是，在和平建设时期，这种新闻事业体制，给苏联社会主义民主的建设，以及新闻界的健康发展，带来了极为不利的影响。

社会主义是新的社会制度，苏联在世界上最先将社会主义制度付诸实践，并取得巨大成就，因此，苏联成为其他社会主义国家学习的榜样。在新闻事业领域，包括中国在内的其他社会主义国家，或多或少地沿袭了苏联的新闻事业体制。

1985年3月，戈尔巴乔夫担任苏共中央总书记，不久便拉开了全面改革的序幕。新闻事业体制剧变，全国政局激烈动荡。

1986年2月举行苏共二十七大以后，戈尔巴乔夫将政治体制改革提上议事日程，强调要"完善社会主义民主"，提倡"公开性原则"，认为"没有公开性，就没有也不可能有民主"。他尤其要求新闻界做出努力，"报纸应当支持公开性原则"，"应当将更多的事实公之于众"，因为新闻媒介是"实行公开性的最有代表性和群众性的讲坛"。

按照"公开性原则"的要求，苏联新闻界在宣传方针和内容上进行了重大调整，出现了一些比以往更为自由的明显变化。

一是报道面拓宽了，信息量增加了。凡是社会关注的国内外重大事件，不论是喜是忧，都有报道。诸如食品短缺、商品低劣、民族冲突、恶性事故，以至贪污腐败、吸毒卖淫等现象，纷纷见诸报端。

二是批评稿件增多了，来自群众的舆论监督日趋活跃。新闻批评的形式日益增多，除了来信来稿外，编辑部热线电话通宵不断。涉及的范围除了切身有关的问题，如住房建筑、道路交通、供水供电供气之类外，还逐步扩展到内政外交等国家大事。被批评对象的级别也在提高，以往报刊批评的对象仅限于下级官员，现在州、市、共和国领导人，甚至政治局委员利加乔夫也被读者点名批评了。

三是自由讨论的做法逐步发展，言论禁区逐步打破。报刊上讨论栏目逐渐增多，著名的有《真理报》的"议事俱乐部"、《文学报》的"圆桌讨论会"、《苏维埃文化报》的"直言"等。人们从历史问题到现实问题、从经济改革到政治改革都有争鸣。关于斯大林的功过是非、关于勃列日涅夫的停滞时期、关于对苏联社会主义模式的质疑、关于现行选举制度的弊端、关于内政外交政策的失误，都有讨论和争辩。

四是新闻媒介的独立性在增强。报社普遍改行总编负责制，总编可以独立行使编辑权、管理权。根据苏共中央的新规定，塔斯社和报社的批评稿件由社长和总编签发，无须再经过上级或有关党委批准。报社在用人和工资评定上也有了自主权。

一方面，苏联新闻界的"公开性"改革，使苏联报刊获得"前无古人"的高发行量。例如，《论据与事实》原是一家小报，由于不断刊登一些内幕新闻，发行量一度由数十万份增至 3 000 多万份。

另一方面，苏联新闻界"公开性"改革之初的某些做法，也引起了一些人的担忧和反对。

1988 年 3 月 13 日，《苏维埃俄罗斯报》刊登了女教师尼娜·安德列耶娃的文章《我不能放弃原则》，对改革进程中的种种现象进行了激烈的抨击，并且直接质疑戈尔巴乔夫在十月革命 70 周年大会上的讲话。对此，有些人反对，也有些人投书报社表示支持，认为当前的改革"背离了社会主义和马克思列宁主义"，令人迷失方向。

4 月 5 日，苏共中央机关报《真理报》发表编辑部文章《改革的原则：思维和行动的革命性》，批评安德列耶娃的文章，认为该文是"反改革势力的思想纲领和宣言"，是站在保守和教条主义立场上反对改革。此后，质疑"公开性"改革的声音逐渐减弱。

随着时间的推移，在"公开性"改革的旗帜下，在"历史无空白""批评无禁区"等口号的支持下，苏联境内涌现各种各样的社会思潮，社会舆论日趋混乱。

新闻界在揭露社会阴暗面的过程中，出于争夺读者的需要，片面追求轰动效应，比谁揭露得最多，谁的消息最惊人，谁的用语最尖刻，结果是越来越危言耸听，越来越背离社会主义的基本方向。

随着时间的推移，《共青团真理报》《星火》《莫斯科新闻》《论据与事实》等报刊开始抨击斯大林时期形成的政治经济制度，进而否定苏联社会主义建设的历史，甚至有人认为社会主义是一种倒退，只有离开社会主义才是"向全人类进步方向的迈进"。或者由批判斯大林而攻击列宁，否定他领导的十月革命。

1988 年 6 月，戈尔巴乔夫提出"公开性""民主化"和"社会主义多元论"等"革命性倡议"，以及"人道的、民主的社会主义"的概念，主张对现存体制进行"革命性的改造"。

在戈尔巴乔夫激烈言论的影响下，苏联新闻界开始对社会主义制度和苏联历史进行全盘否定。要求摆脱苏联共产党的领导、实行多党制，很快成了苏联社会舆论的焦点。

1990 年 3 月，苏共中央正式建议修改宪法，结束苏共的法定执政党地位。此后，苏联开始实行多党制，各种党派蜂拥而起。到 1991 年，苏联已有全国性的政党 20 多个，共和国一级的政党 500 多个，另外还有数万个非正式的政治组织。

这些党派组织纷纷出版自己的刊物，这些报刊大多公开表示反对社会主义，有的甚至主张恢复君主立宪制。

1990 年 6 月，苏联第一部新闻法《全苏新闻法》正式通过，同年 8 月开始生效。此法取消了新闻审查制度，扩大了新闻工作者的自主权，规定各种合法组织和成年公民都有权创办媒体，政府不得干预报刊创办者、编辑部、出版人的生产经营权、人事任免权、发稿权。

这部新闻法的颁布，引发了苏联新闻界的创刊潮和独立潮。到1990年10月，以个人名义登记的报刊，就有100多家。

许多原先的机关报刊，在登记时纷纷脱离原来的创办机关，以摆脱党委的领导。例如，《论据与事实》周刊与创办者全苏知识协会脱钩，《莫斯科新闻》与苏联新闻社脱离关系，《劳动报》《文学报》等删去报头上的"机关报"字样表明它们的独立。

原有的各种反对派报刊，从此获得合法地位。

1991年8月19日，反对改革的苏联副总统亚纳耶夫，发动了解除戈尔巴乔夫总统职务的政变，但不到60小时便告失败，史称"8·19"事件。

当时的俄罗斯联邦总统叶利钦，通过演讲等形式鼓动群众反对政变，同时宣布接管军队，很快控制了莫斯科和全国的局势。

戈尔巴乔夫和叶利钦联手清算各种支持政变的力量：逮捕了参与政变的主要成员，宣布军队中的党组织为非法，下令查封苏共中央大楼和苏共莫斯科市委，解散了苏共中央，停止苏共的一切活动。"8·19"事件后，苏联的15个加盟共和国先后宣布脱离苏联而独立。1991年12月26日，苏联最高苏维埃召开了最后一次会议，宣告苏联存在的结束。

在政权性质发生根本性变化的形势下，苏联的社会主义新闻事业随之变质，最终全面解体。

"8·19"政变流产的第二天，叶利钦下令由俄罗斯联邦政府接管全苏国家电视和广播公司，撤换该机构的总经理。

1991年8月22日，以"支持了政变"为由，叶利钦下令《真理报》《苏维埃俄罗斯报》《工人论坛报》《莫斯科真理报》《列宁旗帜报》《公开性》6家报纸暂停出版发行。

叶利钦还宣布，俄罗斯领土上苏共的数百家印刷厂和出版社划归俄罗斯联邦所有，所有报纸都要重新登记。

重新登记以后，俄罗斯境内报纸的性质大多发生改变。例如，《消息报》改成了独立报纸，《共产党人》杂志改名为《自由思想》，自称是"左翼民主力量的公开论坛"。

1991年9月初，被勒令停刊的《真理报》获准恢复出版。这时苏共中央已被解散，所以《真理报》不再是苏共中央的机关报，成了报社集体经营的一般性政治报纸。苏共的其他各报刊也都不再是党报党刊，变成了报刊社同人集体经营的民办刊物。

除俄罗斯外，苏联其他14个加盟共和国的新闻界几乎同时走过了与俄罗斯新闻界类似的剧变之路。

苏联的解体，主要由于苏共政权积弊过深且未能通过适当的改革加以纠正。而新闻事业领域的"公开性"改革，是点燃苏联社会矛盾的导火线。

第九节　俄罗斯新闻业的转型①

苏联解体后，原有的 15 个加盟共和国全部成为独立的国家。除了波罗的海沿岸的爱沙尼亚、拉脱维亚和立陶宛外，其余的 12 个都成了独立国家联合体的成员。② 自苏联解体至 21 世纪初，这些国家新闻业的全球影响力，远远不如苏联全盛时期那么强大。

一、向资本主义体制转型

俄罗斯联邦是苏联最大的加盟共和国，俄罗斯的报业是苏联报业的主体。苏联中央一级的报刊都在俄罗斯境内，俄罗斯各级党政机构也层层办报。

苏联解体后，俄罗斯政府采取了一系列措施接管苏联的许多新闻机构，包括塔斯社、苏联新闻社、全苏国家电视和广播公司等。但在报业方面，除没收苏共的印刷出版机构外，俄罗斯政府并没有采取接收行动，而是将原有报刊全部推向市场，由它们独立经营，自谋生路。

1991 年 12 月 27 日，俄罗斯总统叶利钦签署颁布了《大众传播媒介法》。这部法律承袭了《全苏新闻法》的基本内容，确认大众媒介的新闻自由和独立自主权，规定国内的报刊只要向政府新闻出版部登记就可以出版。新闻出版部负责管理全联邦的各种新闻媒介，负责它们的注册登记，进行法律监督和行政调控，但不干预新闻媒介的业务活动，也不进行新闻检查。

1992 年 1 月，俄罗斯开始实行自由价格政策，全力推进市场经济和私有化进程。俄罗斯的新闻事业也走上了所有制多元化、经营方式商业化的道路。

原先的党政机关报刊，大多改为编辑部同人集体经办，也有的被资本集团收购或控制。

与此同时，私营报刊纷纷涌现，一般采用股份制，由股东大会选举的董事会管理公司事务。

除了少数官办报刊外，多数报刊的经济来源不再依靠国家拨款，而是依靠发行收入和广告收入，全部活动都转上商业经营的轨道。

商业化经营的后果之一，是俄罗斯报刊内容的庸俗化倾向。例如，曾经有过辉煌历史的《莫斯科共青团员报》，成为"具有小报性质"的报纸，"广泛运用了耸人听闻和揭丑新闻的手法"。

商业化经营的另一后果是出现了少数媒体寡头。寡头是在俄罗斯社会私有化过程

---

① 本部分关于俄罗斯和独联体各国报刊的基本数字，参见《不列颠百科全书 2002 年鉴》；主要报刊的发行量均引自《世界知识年鉴 2002/2003》。

② 格鲁吉亚曾在 1993 年 12 月加入独联体，但在 2008 年 8 月宣布退出，独联体成员数由此减为 11 个。

中聚敛了大量财富的金融资本家,他们通过投资、融资等方式掌握了多家传媒,形成"媒体王国",操纵舆论。

20 世纪 90 年代最有影响力的媒体寡头是弗拉基米尔・古辛斯基和鲍里斯・别列佐夫斯基。

古辛斯基是"桥银行"的总裁,他的"桥媒体"集团一度掌握有《今日报》《总结》和《七日》周刊,莫斯科回声广播电台和独立电视台。

别列佐夫斯基曾经掌握《独立报》《生意人报》《新消息报》《新报》以及莫斯科电视六台。

这两个媒体寡头在 1996 年叶利钦谋求总统连任时曾经给予叶利钦巨大的财力、人力和舆论支持。后来叶利钦连任总统成功,古辛斯基、别列佐夫斯基的影响力也随之渗透到国家政治核心,甚至试图操纵国家政治权力。

普京 2000 年当选俄罗斯总统后,逐步采取措施,削弱媒体寡头的力量,以控制国内舆论阵地。经过两三年的较量,古辛斯基、别列佐夫斯基的媒体王国先后瓦解。

二、21 世纪初的俄罗斯新闻业①

20 世纪 90 年代末,俄罗斯有日报 285 种,期发 1 551 万份,平均每千人拥有 105 份。2002 年,俄罗斯共出版期刊 3 570 种,各类报纸 5 758 种。

截至 2009 年,俄罗斯共有 3 万多种报纸杂志。其中属于全国性报刊且发行量较大的主要有以下几个品种。

《俄罗斯报》:俄罗斯国家政府机关报,1990 年 11 月 11 日创刊,在俄全境及独联体国家发行,总发行量超过 22 万份。该报在俄罗斯报界具有权威性,是俄罗斯各种法律文件生效后唯一有权刊载的媒体。

《消息报》:私营,社会政治类报纸。该报为苏联报纸,1917 年 3 月创刊。1991 年 8 月 23 日注册登记,1992 年 11 月 3 日重组为私有化企业,1998 年 4 月 20 日重新注册登记。该报每周一至周五出刊。

《独立报》:私营,1990 年 12 月 21 日创刊。

《新闻时代报》:股份制报纸,公司控股 71%,个人股份为 29%。2000 年 3 月出版发行,每周一至周五出刊,每期 12 个版面,发行量超过 10 万份,主要发行地区为莫斯科市和莫斯科州。

《生意人报》:私营,2000 年 8 月起获准刊登与国家"破产法"相关的官方消息。每周一至周五出刊。2006 年全年发行量 69.8 万份。

《莫斯科共青团真理报》:为苏联主要报刊之一,1925 年 3 月 13 日创刊。根据俄官方专业机构最新调查显示,该报在俄拥有读者 880.8 万人。

《总结》杂志:周刊,由《七天》出版社出版,创刊于 1997 年,是俄罗斯较有权威性和影响力、以社会政治性题材为主要内容的期刊。该刊在俄国内各个地区和独联体国

---

① 本部分内容参考中国外交部网站《俄罗斯国家概况》一文。

家均有发行。此外，还是"汉莎"航空、捷克航空、英国航空等多家欧美航空公司的赠送读物。

除上述报刊外，在俄罗斯较有影响力的刊物还有《红星报》，创刊于 1924 年，国防部办；《劳动报》，1921 年创刊，独立工会联合会办；《真理报》，1912 年创刊；《今日报》，1993 年创刊；《苏维埃俄罗斯报》，1956 年创刊；《工人论坛报》，工业家、企业家联盟和独立工会联合会办；《莫斯科新闻》周刊，1930 年创刊；《文学报》，1830 年创刊，1929 年复刊，作家自由论坛办；《星火》杂志，1923 年创刊；《新时代》杂志，1943 年创刊；《政权》杂志；《剖面》杂志；《经济与生活》周刊，1918 年创刊；等等。

俄罗斯主要通讯社有俄通社-塔斯社、俄罗斯新闻社、国际文传电讯社等。

俄通社-塔斯社：简称俄塔社，俄政府官方通讯社，为世界五大通讯社之一。其前身是苏联时期的塔斯社及 1992 年 1 月成立的俄通社，1992 年 1 月 30 日正式更名为俄通社-塔斯社。21 世纪初在独联体国家设有 74 个分社，在其他 59 个国家设有 62 个分社。

俄罗斯新闻社：简称俄新社，成立于 1961 年，其前身是苏联新闻社。1993 年被确定为国家通讯社，地位与俄塔社相同，是俄政府对外宣传的主要通讯社。在独联体国家设有 40 多个分社，并且开通了中文网站。2013 年被撤销，与"俄罗斯之声"广播电台重组成立"今日俄罗斯"国际新闻通讯社。

国际文传电讯社：也称文传电讯"国际信息集团"，创立于 1990 年 1 月，属私营。主要负责向社会提供全息政治、社会新闻和调查研究，是俄罗斯在现代 IT 领域和其他经济部门中掌握金融市场信息的专业化机构。该集团公司可以使用包括俄语、哈萨克语、乌克兰语、白俄罗斯语、阿塞拜疆语，以及英语、德语等 100 多种语言发布各类信息。该媒体所设栏目有"国际新闻""中国新闻""中国经贸述评"等。

俄罗斯主要广播电台有第一广播电台（原苏联中央广播电台）、俄罗斯之声、俄罗斯电台（国营）、"青春"电台、"灯塔"广播电台、莫斯科回声广播电台等。

俄罗斯之声广播电台：国有性质，1929 年建台，1989 年元旦使用现在的名称对外广播，至 21 世纪初可以用 32 种语言全时段向世界播发信息。据俄方资料介绍，该台受众面极广，面向独联体国家 1.7 亿听众和世界上 160 多个国家和民族中 3.5 亿了解俄语的人，服务于生活在俄的 1 500 万外国人和 3 000 万生活在海外的俄罗斯人。2013 年与俄新社重组成立"今日俄罗斯"通讯社。

莫斯科回声广播电台：私营，1990 年建台，全天使用俄语广播。

"灯塔"广播电台：是历史悠久并较有影响的国家音乐电台，1964 年根据苏联政府的有关决定建立。该电台每半个小时播发 5 分钟的新闻内容，还有音乐、直播、晨间幽默、专访和广播电影等栏目。

俄罗斯主要电视台有俄罗斯国家电视广播公司（亦名俄罗斯电视台，国家电视台）、公共电视台（其前身是苏中央电视台，国家控股）、独立电视台（私营）、第六电视台（私营）、莫斯科中心电视台（莫斯科市）。

新闻频道电视台：该台为俄罗斯唯一一家全天 24 小时播发新闻节目的电视台，以播发新闻为主，以传播迅速、信息量大见长，重要新闻节目连续滚动播出。主要节目品牌有新闻节目，每天即时播送政治、经济、社会和体育等信息。此外还有新闻采访节目，本周新闻分析节目等。

第一频道电视台：国家参股企业，1995 年成立，全俄罗斯综合性电视台，2002 年 9 月由原俄罗斯公共电视台更名，系世界上收视率最高的俄语电视台，在俄罗斯的覆盖率可以达到 99.8％。其主要的电视栏目有新闻直播、电影节目、体育转播、电视访谈、儿童节目、文化历史节目和娱乐节目等。

俄罗斯电视台：国有性质，1991 年 5 月建立。根据俄方有关资料介绍，该电视台可以覆盖全俄，在其他国家和地区还拥有 5 000 万电视观众。该台与 50 多家大型的电影生产商和销售商有密切合作关系，电影节目占其总播出时间的 35％。

独立电视台：1993 年建台，是经过俄罗斯联邦政府批准的私营电视台。独立电视台除了俄罗斯本土之外，还能够覆盖到其他独联体国家以及西欧、中东、美国和加拿大等国家和地区。

中心电视台：莫斯科市政府所属，1997 年建台，节目覆盖俄罗斯大部分地区和部分独联体国家以及欧洲国家。

2013 年 5 月 18 日，俄罗斯又一家公共电视台开播。该电视台由国家拨款，对所有有线电视、卫星电视和网络电视的用户免费，定位是做没有广告与娱乐节目的教育频道，它是讨论社会广泛关注问题的新平台以及俄罗斯政权和公民直接公开互动的工具，主要传播俄罗斯历史、科学、文化价值观，反映国家建设成就。

思考与练习

1. 评价《火星报》对苏联的历史贡献。
2. 苏联新闻事业的剧变，对中国新闻事业的发展有怎样的启示？
3. 评价苏联新闻事业领域的"公开性"改革。

第十七章 日本新闻事业简史

◆ 日本的近代报刊。

◆ 日本的现代报业。

◆ 日本的广播电视事业。

公元 4 世纪中叶，日本开始成为统一的国家，称为大和国。公元 645 年大化革新后，日本建立了以天皇为中心的中央集权制国家。12 世纪末，日本进入由武士阶层掌管实权的封建幕府时代。

19 世纪中叶，闭关锁国的日本，被迫与英、美、俄等国签订不平等条约，幕府统治动摇。

1868 年，日本开始实行资产阶级改革性质的明治维新。此后，日本资本主义经济迅速发展，对外逐步走上侵略扩张的军国主义道路。

1894 年，日本发动甲午战争。1904 年，日本挑起日俄战争。1910 年，日本侵吞朝鲜。1937 年，日本发动全面侵华战争。1941 年，日本偷袭珍珠港。1945 年 8 月 15 日，日本宣布无条件投降。

第二次世界大战战后初期，美军占领日本。

1945—1955 年，日本经济开始恢复。1956—1973 年，日本经济高速发展。1968 年（明治维新 100 周年），日本成为仅次于美国和苏联的世界第三大经济强国。从 1974 年开始至今，日本经济进入低速、稳定发展时期。苏联解体后，日本成为世界第二大经济强国。20 世纪 90 年代，日本经济陷入长期低迷，2002 年起缓慢恢复。

日本的新闻事业起步晚于欧美发达国家。经过 100 多年的发展，日本已成为新闻事业十分发达的国家。

第一节 近代的报刊

1868 年明治维新之前，幕府掌权。幕府当局要求设在长崎的荷兰商馆收集整理各国商船带来的国外消息，每年向幕府提供一份关于外国情况的"报告书"，由官办翻译机构译出，供统治集团内部传阅，名为《荷兰传闻书》。

后来，荷兰政府改送荷兰东印度总督府出版的机关周刊《爪哇新闻》。幕府当局令官方翻译机构"洋书调所"译出，题名"官版·巴达维亚新闻"，于 1862 年起在上层社会公开发行。这是日本最早的官方译报，先后发行了 23 卷。

以后，发行过《官版·海外新闻》，还翻刻欧美人士在中国办的中文报纸，发行《官版·中外新闻》等。

这些出版物一般用木版手工印刷（《官版·巴达维亚新闻》曾使用过手摇印刷机印刷），书本形式，分卷出版，不定期，实际上只能算是新闻书。

在《官版·巴达维亚新闻》出版发行的同时，有些外国人在日本办起了外文报刊，供旅居日本的外侨或外国商人阅读，如英国人汉沙德曾于 1861 年创办的《长崎航讯》《日本先锋》。

一些外国人也办起了日文报刊，如美籍日本人滨田彦藏 1864 年曾在横滨创办半月刊《海外新闻》、英国牧师贝利 1867 年创办《万国新闻纸》等。

这些报刊同官办的《官版·巴达维亚新闻》一样，都是以报道外国消息为主，刊期不定或刊期较长，它们同为日本近代报业的萌芽。

1868 年的明治维新，是资产阶级改革性质的政治运动，是日本从封建社会走向资本主义社会的重大转折点。正是在这一时期，孕育和诞生了日本的近代报业。

1868 年年初，明治政府发行了官办的《太政官日志》，专门刊登天皇敕谕、政令及战报，作为维新派的政府公报。与此同时，京都、大阪出现了一批支持天皇、持"勤王派"观点的报纸。江户、横滨等地则出现了不少支持幕府、持"佐幕派"观点的报纸，如柳河春三主办的《中外新闻》等。

这一时期的新闻出版物不仅转译国外的消息，而且致力于国内的新闻报道，政治属性增强，读者增多，有的发行量已超过 1 000 份，社会影响力扩大。虽然刊期还不太稳定，但是正在逐步具备近代报纸的特征。所以，1868 年被认为是日本近代报纸的诞生年。

自 1868 年至 1869 年，明治政府击败了幕府势力的反抗，正式确立了以天皇为中心的地主资产阶级政权。随后提出了"富国强兵""殖产兴业""文明开化"等政策，实行了一系列改革措施，使资本主义经济迅速发展起来。

在经济发展的过程中，国内交通日渐发达，火车轮船逐步出现；邮政制度开始建立，民间书信和报纸都可以通过邮政投递；确立了国民义务教育制度，学校广泛开办，义务教育逐步推行；印刷技术也有新的进步，手摇印刷机陆续引进，日文铅活字逐步推广，并且建成了本国的造纸厂。这些都为近代报业的发展准备了条件。

明治政府在取缔了"佐幕派"的报刊后，于 1869 年颁布了《报纸印行条例》。这是日本历史上第一个成文的新闻法规。

《报纸印行条例》规定，报纸出版须经政府批准，在内容上不得对政治、军事、宗教等问题妄加评论。实际上，该条例的执行并不严格。报纸只要不反对维新政治，政府即准许发行。所以，原来某些"佐幕派"报刊重又复刊（站在维新政府一边），新办报纸陆续出现。

1871 年 1 月，日本首家日报《横滨每日新闻》问世。它是由原幕府外国事务局大译官子安峻创办的。该报率先用日文铅字排版，改变过去报纸的书本形式，用西洋纸单面印刷，每期八开两张，新闻报道与广告各占一半，在新闻报道中，关于贸易和物价的内容占较大比重。

1872 年 3 月，另一份日报《东京日日新闻》在一些政府官员支持下发刊，该报后来成了明治政府的喉舌。

1872 年 7 月，政府邮政长官指定专人在东京创办了《邮便报知新闻》（初为周报，一年以后改为日报），凭借邮政系统采集消息并推广发行。

1872 年 4 月，美国人布拉克在东京创办日文报《日新真事志》（初为三日刊，不久改为日报），该报常常凭借外国人的身份批评当局的施政方针。

19 世纪 70 年代至 80 年代初，日本经历了短暂的"政论报纸时期"。

19 世纪 70 年代初期，在是否要出兵征服朝鲜的问题上，明治政府内部分成"急进论"和"渐进论"两派。

《邮便报知新闻》等报代表"急进论"观点，背后有不满现实的地方士族的支持，主张日本加紧扩张，同清政府争夺在朝鲜半岛的权益。

《东京日日新闻》等报代表"渐进论"观点，反映政府主流派的意向，主张优先整顿内政、增强国力，不要急于对外扩张。

1877 年以后，日本民间出现了争取资产阶级民主自由的民权运动。接受西方资产阶级民主思想的知识分子，通过报纸宣扬民主、自由，要求开设国会、制定宪法。

1879 年，《横滨每日新闻》迁往东京，改名为《东京—横滨每日新闻》，它是"民权派"最为重要的喉舌。《日新真事志》《邮便报知新闻》等报纸，也经常激烈批评当局的行为，揭露统治集团内部的丑闻。"民权派"的对立面，被称为"官权派"，也有报纸作为喉舌。

1873 年和 1875 年，日本明治政府先后颁布《报纸发行条目》《报纸条例》等，加强对报业的管制，增加了许多禁止刊登的条款，惩处过不少新闻界人士，3 年之内就有大约 300 多名记者、报人被罚款或拘捕。

1881 年 10 月，明治天皇颁诏许诺开设国会，实行立宪。于是，各派政治势力很快结成各种政党，其中以自由党、立宪改进党、立宪帝政党为最大。许多政论报纸便成了政党报纸，表现出了明显的党派色彩，出现了一个短暂的"政党报纸时期"。

当时各政党的主要报纸有自由党系统的《自由新闻》（1882 年，东京）和《立宪政党新闻》（1882 年，大阪）；立宪改进党系统的《邮便报知新闻》《东京—横滨每日新闻》；立宪帝政党系统的《东京日日新闻》（1872 年）、《明治日报》（1881 年）；中立派系统的《时事新报》（1882 年，东京）和《朝日新闻》（1879 年，大阪）。

这些政党报纸围绕制宪和政治体制问题，曾经有过一番激烈的争论，自由党主张"主权在民"，改进党主张"君民同治"，帝政党主张"主权在君"。

1883 年，日本政府修改《报纸条例》，加强对报业的限制（如征收高额的保证金），数十家报纸因此停刊。

1884 年，日本的"政党报刊时期"走到尽头。

第二节　通俗小报和现代报业

明治初年，在政论报纸兴起的同时，也出现了适应平民大众的通俗小报，如《东京假名书新闻》(1873 年)、《平假名插图新闻》(1875 年)、《插图朝野新闻》(1882 年)等。其中，《读卖新闻》《朝日新闻》等报纸出版至今。

《读卖新闻》1874 年 11 月 2 日创刊于东京，创办者为子安峻等人。初为二日刊，半年后改为日刊，发行量达 1 万份。1882 年起，该报登载一些评论，跻身改进党系统，但时间不长。1886 年起，该报开始大量刊登小说，以扩大发行。

《朝日新闻》1879 年 1 月 25 日创刊于大阪，村山龙平长期担任社长。该报开始完全是小报性质，民权运动中逐步涉足政治，兼具大报和小报的特点。

《朝日新闻》一开始就奉行"企业本位"方针和"报道第一主义"，常常领先于同行。1881 年，该报就有记者常驻釜山，1884 年就有记者常驻上海。该报率先由以往的平版印刷改为圆筒两面印刷，加快了印报速度。该报率先用电报传送重要消息。1888 年，该报收买了东京《觉醒报》改而出版《东京朝日新闻》，形成了日本第一个跨越两个城市的报系。1889 年 2 月 11 日，该报不惜代价(当时电报费昂贵)，用电报将明治天皇当天颁布的"帝国宪法"全文发往大阪出版号外。

1876 年，《大阪日报》创刊，1888 年该报改名为《大阪每日新闻》。此后，该报充当"大阪实业团体之工具"，业务日益发展。1906 年，在东京购入一家小报，改名为《每日电报》。1911 年，买下《东京日日新闻》①，并将《每日电报》并入其间，形成日本又一家跨越两地的报系。

1882 年，《时事新报》在东京创刊，一开始就把广告作为重要财源，1883 年广告收入占总收入的 23%。

19 世纪末期，日本开始了工业革命，工商业日趋繁荣，广告大量增加，电报电话、轮船火车等现代设施陆续兴办。一些报社改变原有的办报方针，实行商业经营。

《邮便报知新闻》原为政党报纸，在东京出版。1886 年起，该报开始实行商业化经营，加强对报道和评论写作的管理，配备强手，提高质量，将大型版面改为小型版面，面向大众，文字通俗化，汉字加注日语拼音，刊登连载小说，大幅度降低报价。结果，该报销数大增，1888 年达到 2.2 万份，居东京首位。

1892 年，《万朝报》在东京创刊，大量刊登社会新闻，既揭露达官贵人的隐私丑闻，又重视报道贫民问题，受到中下层读者欢迎。该报发行量在 20 世纪初达到 12 万份，居日本报纸之首。

进入 20 世纪后，日本逐步走上帝国主义道路。发动或参与了数场战争，包括八国联军侵华战争、日俄战争和第一次世界大战。

---

①　买下《东京日日新闻》后，以此作为报名在东京长期出报，1943 年起两地统一使用《每日新闻》的名称。《每日新闻》把《东京日日新闻》创办之年 1872 年定为创刊年，因此成为日本现存历史最久的报纸。

由于本国战事不断，日本民众极为关心战局进展，日本报纸大量刊登战事报道，民众逐渐养成读报习惯，日本报业因此获得巨大发展：20 年代中期，大阪《朝日新闻》和《每日新闻》的发行量突破百万大关，其他主要报纸的发行量也都有数十万份，全国报纸日发行量达到 650 万份。

1903 年，社会主义团体"平民社"成立，同年 11 月创办《平民新闻》周报，这是日本最早的社会主义报纸，曾经发表过《共产党宣言》最早的日文译本。该报还进行反战宣传。1905 年 1 月，该报被迫停刊。1906 年，日本社会党成立，出版机关报《光》和《日刊平民新闻》，进行社会主义宣传。1907 年 2 月，该党及其报纸同时被取缔。

1912 年日本明治天皇去世，大正天皇即位。日本国内出现了反对军国主义、要求民主自由的"护宪运动"，这场群众运动 1913 年、1914 年先后迫使桂太郎内阁、山本内阁下台。以《朝日新闻》《每日新闻》为首的许多报纸，参与了这一社会运动，揭露了数起严重的政治丑闻，联合抵制政府的镇压行为。

1918 年，日本人民反对政府出兵干涉苏俄，掀起了如火如荼的群众运动，某些报纸对此表示支持，结果被政府勒令停刊。当年 8 月，因米价飞涨，日本许多地方发生骚乱（被称为"米骚动"），政府严禁报纸报道有关消息。

1918 年 8 月 25 日，日本报界在大阪举行了全关西记者大会，有 84 家报社派代表参加，大会通过决议，要求保障言论自由，要求当时的寺内正毅内阁下台。

大阪的《朝日新闻》把这次集会描述为"白虹贯日"。政府当局指责这篇报道把矛头指向天皇，借此迫害《朝日新闻》报社和记者，报纸的发行人和有关记者被判刑，社长和总编被迫辞职。这起笔祸事件，史称"白虹贯日"事件。

20 世纪 20 年代，日本的大报装备了超高速轮转印刷机、自动铅字铸造机、专用长途电话电报线路，甚至拥有自己的飞机。

1923 年，关东大地震改变了日本的报业格局。东京的大多数报社被地震引起的大火焚毁，设备和人员受到巨大损失，《万朝报》《时事新报》从此一蹶不振。

以大阪为基地的《朝日新闻》和《每日新闻》乘机向东京等地扩张，1924 年的发行量就占到全国日报总发行量的一半。

东京的《读卖新闻》在地震中也曾受损，1924 年正力松太郎接任社长以后，进行了一系列改革，充实内容，增设栏目，同一些地方报纸订立协定，以每天提供特别消息为代价，使用地方报纸的发行网以扩大发行，逐渐恢复元气。在 20 世纪 20 年代末，该报与《朝日新闻》《每日新闻》并称"日本三大报"。

1926 年，裕仁天皇登基大典期间，《每日新闻》和《朝日新闻》使用飞机，向日本和朝鲜主要城市运送号外。

1928 年，奉系军阀张作霖所乘坐的火车被炸，《朝日新闻》的飞机将新闻照片从平壤送到大阪和东京，当天刊出。

1929 年，世界性经济危机袭击日本。1931 年，日本发动"九一八"事变，占领中国东北，1932 年挑起淞沪战争。在此背景下，军国主义势力在日本急剧膨胀。1932 年 5 月，右翼军人刺杀了首相犬养毅，日本建立了军人政权。1937 年 7 月，日本发动全面侵华战争，同年 11 月，日本和德国、意大利结成柏林-罗马-东京轴心。1938 年 3 月，日本颁布"国家总动员法"，全国实行战时体制，解散一切政党，把全国的政治和经济完全推上战争轨道，日本报业被置于军国主义控制之下，成为其宣传机器。

从20世纪30年代（特别是1936年起）至第二次世界大战结束，被称为日本报业的"统制时代"，是日本新闻史上极为黑暗的时期，报业的自主经营和自由竞争完全被法西斯的垄断所代替。

军国主义当局先后成立"内阁情报委员会""新闻联盟"（后改称"日本新闻会"），严密控制各类新闻媒体。

1941年起，日本接连颁布了"新闻纸等刊登限制令""国防保全法""言论、出版、结社等临时管理法"，完全废止新闻言论自由，报社每天都能接到各种禁令。

侵华战争开始时，各报还能自己采写战事新闻。太平洋战争爆发后，一切战况均由"大本营"统一发布，报社不得自行采写，报上充斥着美化战争、宣扬战绩、欺骗民众的谎言。

1940年起，日本政府不断强令报纸合并，1936年全国日报有1 200家，1939年有848家，到1943年只剩54家。至1941年，地方上每县只保留一家报纸。

1942年，东京的《读卖新闻》和《报知新闻》合为《读卖报知新闻》，11家产业报纸合为《日本产业经济》，大阪的多家经济报纸合并为《产业经济新闻》。

但是，由于民众对战争形势的关切，日本报纸的日发行总量仍在上升，1932年为1 000多万份，1942年上升为1 468万份，1944年达到1 552万份。

第二次世界大战结束后，日本军国主义政府有关新闻事业的各项法令全部废止，日本新闻事业摆脱军国主义的桎梏，开始了新的发展。

20世纪50年代，日本报业开始复兴，日报有100多家，1950年每期总发行量达2 273万份。《每日新闻》《朝日新闻》《读卖新闻》"三大报"发行量交替上升，都在东京和大阪建立基地，并向北海道、名古屋等地挺进。东京的《日本经济新闻》（前身为《日本产业经济》）进入大阪，大阪的《产经新闻》也跨进了东京，形成"五大报主导日本报业"的格局。

1959年，《朝日新闻》在日本首先使用整版传真技术传送报纸版面。

1960年，日本日报每期销量增至2 444万份，其中"三大报"占43.7%，"五大报"的比重高达54.9%。地方报业格局多为"一县一报"，存在2家以上报纸的县份只占全国县份的1/3。

1960年到1973年，日本国民生产总值翻了两番多，年增长率平均为10.5%。与此同时，日本在20世纪60年代普及了九年制义务教育，70年代高中普及率超过90%。经济与教育事业的进步，给日本报业的高速发展创造了条件。

1962年，日本的日报每期总发行量为2 655万份，随后10年间就上升到3 816万份，这一时期可谓日本报纸的"快速发展时代"。其间，日本报纸的广告收入开始超过发行收入：广告收入在总收入中的比重，1951年为27.2%，1960年为42.5%，1973年为59.8%。

1978年，《日本经济新闻》在日本率先实现了电脑控制的编排印刷全自动化。

1975年，日本的日报每期总发行量为4 051万份，1985年为4 823万份，10年仅增长 19％，增速明显放缓。

由于商业广播电视的发展，日本报纸广告费在所有媒介广告费中的比重，呈下降的趋势：1948 年高达 84.9％，1985 年降为 25.3％，1995 年仅为 21.5％。

日本各家日报的发行，主要采取按户投递的方式，上门收订和送报，送报员每天早晚两次送报。1997 年，日本日报全部发行量中的 93％以上，都是按户投递的。

第三节　日本广播电视事业

1925 年 3 月 22 日，由日本电话协会、国际无线电话公司、东京广播无线电话公司等企业共同组建的东京广播电台开始播音，这是日本第一家正式开播的广播电台，首日播出 5 小时。至 1926 年 8 月，共播出 2 883 小时 57 分钟，其中 37.2％为教育节目，31.3％为各类演讲节目，22.2％为音乐节目，15.5％为市场行情节目。

1925 年 6 月，大阪广播电台开播。

1925 年 7 月，名古屋广播电台开播。

随着广播事业的发展，日本政府逐渐意识到广播是国家的事业，应该由政府统一管理。

1926 年 8 月，在日本政府的直接干预下，东京广播电台、大阪广播电台、名古屋广播电台无条件解散，合并成立全国性组织——日本广播协会（NHK）。

1931 年 9 月 18 日，"九一八"事变爆发，日本广播先于报纸报道有关消息，当天播出了多次临时新闻，使广播新闻在日本获得空前重视。

此后，日本广播充当了发动战争、煽动国民参与战争的军国主义宣传机器。1941 年太平洋战争爆发至 1945 年 8 月 15 日日本战败，日本广播完全进入战争体制，完全被日本军队控制。即使是日本接受无条件投降的天皇诏书，也是通过广播宣布的。

日本投降后，进入由联合国（美国为主）占领的时期。1950 年 5 月 2 日，联合国占领军最高司令部颁布了关于日本广播的"电波三法"（《电波法》《广播法》《电波监理委员会设置法》），同时废除了原有的《无线电信法》。"电波三法"限制日本政府对媒体的监督，保障广播电台的言论自由，承认商业广播。

根据新颁布的《广播法》，长期垄断日本广播事业的 NHK 接受了民主改组，成为公共广播机构。

1951 年 9 月 1 日，日本第一家商业广播开播，三个月后就呈现盈利的大好形势。从此，日本的商业广播迅速发展起来。1951 年年末，日本有 6 家商业广播电台，1952 年有 12 家，1953 年有 47 家，1956 年年末有 78 家。

日本的公共广播同期也得到大发展。到 1956 年年末，NHK"第一广播"在日本各地拥有 101 家电台，"第二广播"拥有 84 家电台。此时，日本商业广播几乎覆盖日本全境，日本广播发展达到了顶峰——随着电视的出现，广播逐渐丧失日本第一媒体的地位。

1925 年，日本就开始了电视试验。

1939 年，NHK 技术研究所进行过实验播映，以后由于战争扩大而中止。

第二次世界大战后，NHK建立了东京电视台，1953年2月开始电视播放，同年8月私营的"日本电视广播网"（NTV）也在东京开播。

1953年，NHK和商业台"日本电视台"正式播出电视节目，开启了日本的电视事业。日本电视事业形成初期，由于电视机价格非常昂贵，规模较小（全国仅866台电视机），普及率不高。

1955年开始，拥有电视的日本家庭急速增长。这一年，日本商业电视的广告总收入超过了商业广播。

1959年，电视机价格已经大幅下降，日本经济快速发展，国民购买力大增，加上当年4月电视实况转播"皇太子结婚典礼"，电视机迅速普及，68％的日本家庭拥有了电视机。与此形成对比的是，当年日本广播的收听率骤然下滑，优秀的广播人才纷纷转入电视业。

1965年，为增强广播与电视的竞争能力，日本成立了两个商业广播网——"日本无线电广播网"和"国家无线电广播网"，次年成立"广播强化委员会"，开始走上复兴之路。

日本的广播广告收入1967年出现转折，1979年达到1 061亿日元。

自20世纪60年代至90年代初期，日本广播平稳发展，整体收听率稳定在9％～10％。

1969年，日本FM广播正式开播。

20世纪80年代后期，FM广播电台大量开播。1987—1989年，日本商业广播的广告收入随泡沫经济飞速增长。

在20世纪90年代，随着日本泡沫经济的破灭，日本广播事业再次跌入低谷。

1998年前后，日本有收音机12 050万台，平均每千人956台。

21世纪，日本广播事业进入网络传播时代。

2004年，日本广播的广告收入再次被新媒体超过——日本互联网业2004年广告收入1 814亿日元，比2003年增加153％。

20世纪60年代后，随着本国经济的腾飞，日本电视业飞速发展：居民拥有电视机数字1958年为198万台，1961年上升为1 022万台，1965年为1 822万台，1970年为2 282万台，家庭普及率达94.8％；私营电视公司1960年为39家，1965年48家，1970年增至71家；NHK的地方台也不断增加。

1960年9月，日本的第一批彩色电视开播。

1963年，日本首次利用通信卫星转播了美国的电视，不久又实现了双向互转。

1964年10月，东京奥运会实现了卫星转播，随后这种卫星转播趋于经常化。

1972年，日本国会通过了《有线电视广播法》，此后有线电视纳入法制轨道。至21世纪初，日本民间经营的有线电视网共有6万多个，其中有的只转播节目，有的兼播自办节目。

1975年，彩色电视在日本普及。

1984年起，日本发射了多颗广播卫星，依托这些卫星已办有10多个卫星电视频道，信号直接入户（卫星直播）。

1997 年年初，日本第一家数字卫星电视台完善电视台（Perfect TV）开始运作，提供 63 个付费或免费频道的节目。

1998 年前后，日本有电视机 9 100 万台，平均每千人 719 台，彩电为 NTSC 制式。

日本主要的卫星电视台有 4 个：NHK 卫星电视一台（1987 年开办）、NHK 卫星电视二台（1989 年开播）、NHK 高清晰度电视频道（1994 年开办）和民营的日本卫星广播公司（JSB）WOWOW 台（1990 年 11 月开办）。

日本五大私营广播电视公司，也陆续办了卫星电视频道，都采用数字技术播送。它们是日本电视广播公司的日本卫视（BS Nippon）、全国朝日广播公司的朝日卫视（BS Asahi）、东京广播公司的 BS－I、富士电视公司的富士卫视（BS Fuji）、东京电视公司的日本卫视（BS Japan）。

《广播法》规定，日本国内任何地方都必须能够接收到 NHK 的广播电视节目，NHK 依靠电视收视费维持运营，国民有缴纳收视费的义务。

2004 年，NHK 的彩色电视收视费是 1 395 日元/月，卫星彩色电视收视费是 2 340 日元/月。2004 年，NHK 收视费总收入是 6 410 亿日元。

第四节　21 世纪初的日本新闻事业[①]

21 世纪的日本，新闻事业发达，报纸发行量大，广播电视覆盖面广，在世界各国中位居前列。

日本是名副其实的报业大国，报纸均为竖排版式。2003 年，日本的千人拥有报纸份数为 647 份。

当今日本的报纸总数并不多，全国性报纸有 5 家：《读卖新闻》《朝日新闻》《每日新闻》《日本经济新闻》《产经新闻》。

地区性报纸有 3 家：《中日新闻》《北海道新闻》《西日本新闻》。

主要地方报纸有《札幌时报》《函馆新闻》《岩手日报》《山形新闻》《山梨日日新闻》《静冈新闻》《熊本日日新闻》《市民时报》等。

专业性报纸有《水产经济新闻》《日本石材工业新闻》《日刊燃料油脂新闻》《日本食品新闻》《日本教育新闻》《科学新闻》等。

体育报纸有《日刊体育》（朝日新闻社系）、《体育日本》（每日新闻社系）、《体育报知》（读卖新闻社系）、《东京体育》（夕刊）、《周刊将棋新闻》等。

儿童类报纸有《朝日小学生新闻》《每日小学生新闻》《每日中学生新闻》《少年写真新闻》《东奥儿童新闻》《南日本儿童新闻》《琉球新报儿童新闻》等。

财经报纸有《日刊工业新闻》《日经产业新闻》等。

日本有中文报纸《时报周刊》、朝鲜语报纸《朝鲜新报》（旅日朝鲜人总联合会中央机关报）等外文报纸。英文报纸有 6 家，包括 *The Japan Times*，*The Daily Yomiuri*，*The Nikkei Weekly* 等。

[①]　本节主要参考中国外交部网站《日本国家概况》。

日本有政党或政治团体机关报 17 家，宗教团体机关报 8 家。例如，日本自民党的《自由民主》、日本社会党的《社会新报》、日本共产党的《赤旗》、公明党的《公明新闻》、创价学会的《圣教新闻》等。

其中，《赤旗》是日本现有政党报纸中发行量最大的一家，居世界上非执政的共产党报纸的首位。日本共产党在京都府、大阪府的地方组织还办有机关报《京都民报》《大阪民主新报》。

此外，日本还有每日新闻社发行的盲文报纸《点字每日》。

日本主流大报的发行量都很高。

2008 年 6 月，世界报业协会发布"2008 年世界日报发行量前 100 名排行榜"，榜单上发行量前三名的均为日本的报纸，其中《读卖新闻》排在第一位。

2008 年全球发行量前 10 名的报纸中，日本的报纸占了 5 家，分别是：《读卖新闻》（1 002.1 万份）、《朝日新闻》（805.4 万份）、《每日新闻》（391.2 万份）、《日本经济新闻》（305.4 万份）、《中日新闻》（275.5 万份）。

日本主流大报普遍是跨媒介集团。

以中上层读者为主要对象、在知识分子中影响力较大的《朝日新闻》社，不但出版日报，还出版各种期刊、年鉴、图书，如《周刊朝日》《朝日评论》《朝日画报》《朝日摄影》《科学朝日》《日本季刊》《朝日年鉴》《朝日晚报》（英文版）等，还拥有全国朝日广播公司，经营广告代理、旅游、房地产等行业。

以最广泛的一般民众为目标读者的《读卖新闻》社，出版英文版《周刊读卖》《读卖新闻摄影》《读卖年鉴》等多种报刊图书，经营日本电视广播公司，拥有读卖巨人职业棒球队、足球俱乐部、交响乐团、旅游公司、房地产公司等。

《日本经济新闻》社出版《日经产业新闻》（日报）、《日经流通新闻》（周二报）、英文《日本经济新闻》（日报），以及《日经会社情报》等杂志、年鉴和图书，经营广告、建筑、电影、电视摄制等行业，拥有东京电视公司。

日本最早的杂志是 1867 年柳河春三创办的《西洋杂志》。明治维新后，杂志逐步增多。21 世纪的日本是仅次于美国的"杂志大国"。2004 年，日本杂志销售额约为 1.3 万亿日元，月刊杂志约销售 19.2 亿册，周刊杂志约销售 10.5 亿册。

2005 年，日本发行月刊杂志 1 893 种，周刊 980 种。其中，包括分别针对不同女性定位细分、种类众多的女性杂志（如 *Ray*、*ViVi*），以及销量惊人的漫画杂志。

2003 年 9 月至 2004 年 8 月，集英社出版的《周刊少年跳跃》（发行量 299 万册）、《周刊青年跳跃》，讲谈社出版的《周刊少年杂志》（发行量 272 万册）、《青年杂志》《月刊少年杂志》，小学馆出版的 *CoroCoro Comic*（发行量 120 万册）、*Ciao*、*Big Comie Original*，角川书店出版的《月刊电视》（发行量 120 万册），每期发行量都在 100 万册以上。

《文艺春秋》月刊是当代日本有名的综合性杂志，创始于 1923 年，由文艺春秋社出版，经常刊登专家评论和调查性报道，一般每期 480 页，发行 100 万份左右。

日本较有影响力的杂志还有《中央公论》《东洋经济》《经济学人》等。日本的新闻杂志一般为报社所办，如《周刊朝日》《周刊每日》《周刊读卖》等。

总体而言，1996 年至 2004 年，日本杂志的销售量，无论是月刊，还是周刊，年年都是负增长。

日本最大的通讯社是共同通讯社(共同社)，其前身是 1936 年 1 月成立的同盟通讯社。1945 年分为共同通讯社和时事通讯社。国内除东京总社外，还设有 6 个总分社和 46 个支局，国外在 38 个主要城市派有常驻记者，并同外国 68 个新闻机构有通信合同关系。

时事通讯社是日本第二大通讯社(简称时事社)，成立于 1945 年 11 月。国内除东京总社外，还设有 82 个分支机构，国外在 29 个城市派有常驻记者。

日本的广播电台，包括半官方性质的日本广播协会(NHK)和 4 大系列民营电台(111 家)，平均每天播音 22 小时以上。NHK 有 3 个广播频道。

除半官方的"公共电视台"NHK 外，日本还有分属于 5 大报纸的 133 家民营电视台，另有民营卫星电视台 10 家，民营有线电视台若干。

日本的主要电视台有 1953 年开播电视节目的 NHK，1951 年成立的东京广播公司(TBS)，1952 年成立的日本电视网(NTV)。

2015 年 12 月 1 日，日本经济新闻社宣布，已从全球最大教育出版集团培生手中完成收购全球知名财经媒体金融时报(FT)集团程序，正式获得 FT 的全部股份。

思考与练习

1. 比较日本、德国新闻事业的发展轨迹。

2. 分析日本报纸拥有巨大发行量的原因，思考这可以给中国报纸什么启示？

第十八章 巴基斯坦新闻事业简史

本章要点

◆巴基斯坦的报刊业。

◆巴基斯坦的广播电视业。

◆巴基斯坦的新媒体产业。

在巴基斯坦，讲着各种不同语言的人们有着不同的文化渊源、种族背景和生活习俗，他们在社会中的政治地位、政治表现、职业类别和生活境遇都有较大差别。少数民族和语言应用的多样性，以及历史传承和政权更迭的复杂性，使得巴基斯坦需要强大的国家统一力量，而这种力量定然包含着深刻的宗教、历史、地理和政治因素。伊斯兰信仰和乌尔都语，是巴基斯坦国家统一的两大主导力量，也是最有向心力的文化因素。

巴基斯坦的媒体景观相对活力充沛，媒体能够保证一定程度的自由度，且处于螺旋式上升状态。根据媒体用户统计可知，英语媒体的专业度和自由度明显要高，虽然用户数相对较少，但包含了几乎所有的舆论领袖、政治人物和商界人士。

第一节 巴基斯坦的报刊业

一、巴基斯坦的商业报纸分析

这里讨论的巴基斯坦商业报纸是 1988 年以来的，这一时期正是巴基斯坦国内政治、经济、文化发生剧变之时。在报刊界的体现是，政府废除钳制媒介发展的法令，政治环境开始相对宽松，国内经济得到一定的发展，对新闻自由的诉求也更加强烈。

(一)巴基斯坦商业报纸的办报特色

1. 商业报纸的共同特点

巴基斯坦的商业报纸同其他国家的商业报纸一样，作为大众传媒业的一种，依旧以传播信息为主要目的。但较其他报类而言，对获取经济利益的目的毫不掩饰。此外，由于巴基斯坦政府对传媒业的政策逐渐放宽，甚至在穆沙拉夫时期，几乎完全放开了对报刊业的直接控制，商业报纸的题材、内容和样式更加大胆，更为标新立异。

2. 商业报纸的内容特色

第一，会促进其自身不断完善业务，做出更为人喜闻乐见的优秀报道和文章，吸引更多受众。以巴基斯坦商业报刊《黎明报》为例，其报纸可分为国内（national）、新闻评论（opinion）、商业（business）、国际（international）、体育（sports）、宗教（metropolitan）、广告（advertisement）、儿童世界（youngworld）等多个版块；其网站又分为最新消息、巴基斯坦、今天的报纸、观点、世界、体育、商业、杂志、娱乐、博客、多媒体等版块，每一个版块都有丰富的内容。

第二，商业报刊为追逐更多利益、吸引读者，可能会刊登大量的博人眼球的信息。有些报纸甚至不惜拉低自身档次，这种恶性竞争通常导致报纸不集中精力做好新闻核心业务，而去追求快速产出。

（二）巴基斯坦商业报纸的集团化发展

在巴基斯坦媒体行业中，有三个重要集团占主导地位，它们是 Jang 报纸集团、Herald 出版集团和 Nawa-i-Waqt 出版集团，其总部和读者市场主要在卡拉奇。

20 世纪 80 年代开始，政府对报业的逐渐"松绑"，产生了明显作用。巴基斯坦报业迎来了"春天"，报纸种数增加迅速。巴基斯坦商业报刊的运行模式已经成熟，形成固定的私有化模式，发展较为稳健。商业报纸市场化加剧，竞争日益激烈，随之就出现了巴基斯坦报业的兼并和集团化过程，对报业资源重新优化分配。

巴基斯坦的报刊业发展很早，可追溯到 19 世纪中期，长期的报业实践，尤其是英印时期的一些在印度的英国人开始的办报实践，以及为了争取摆脱殖民统治而开发的公报，报业发展的动力基本上是为了维护社会公平正义和国家民族大义。而当社会真正稳定之后，经济建设就摆到了面前。由于军政府和民选政府的多次更迭，新闻法律法规多次修订，为争取新闻自由的斗争时有出现，也使得卡拉奇作为经济中心和拉合尔作为文化中心的报业发展优势凸显出来。

二、巴基斯坦报业的基本特征

（一）报业的基本特点

巴基斯坦的出版业反映了语言的多样性。以乌尔都语为主的报纸受众范围比英语报纸的受众范围更广。据伦敦的《金融时报》（*Financial Times*）的报道，巴基斯坦所有的英语出版物的总发行量不超过 20 万份。

表 18-1　巴基斯坦报业编辑协会各省注册报纸数量一览表

省份	日报	周报	双周刊	月刊
信德省	57	7	5	53
Karachi	41	5	4	51
Hyderabad	10	1	1	2
Sukkur	5			
Nawabshah	1			
Mirpurkhas		1		
旁遮普省	81	9	2	16
Lahore	27	6		13
Rawalpindi	7	2		
Islamabad	16	1	1	3
Bahawalpur	2			
Multan	9			
Lodhran	1			
Muzaffarabad	2			
Faisalabad	10			
Sargodha	2			
Rahimyar Khan	2			
Gujranwala	2			
Sahiwal	1		1	
Sialkot			1	
西北边疆省	24			
Peshawar	20			
Abbotabad	3			
Swat	1			
俾路支省	28			
Quetta	24			1
Hub	4			

数据来源：巴基斯坦报业编辑学会官方网站。

从受众分布上来讲，英语报纸牢牢抓住了精英阶层，而乌尔都语报纸则发展一贯的平民策略，这些报纸的主要类型有娱乐报纸、宗教报纸、党政机关报等。这也与巴基斯坦的人口受教育程度有关，在巴基斯坦，15岁以上的人群中约2/5的人具备读写能力，教育水平直接关涉媒介素养，也影响到了受众对于报业的信息反馈。

(二)新闻报道的经验智慧与理性分析

巴基斯坦的媒体较容易受到政治派别的干扰甚至压制，包括军事力量的干预和介入，但从言论尺度上来说，也体现了自由度和弹性，即在一种博弈状态下达到平衡。尤其是像《新闻报》(The News)所指出的，"事实上，报纸已经取代了其他所谓的国家的政党和智库，专栏作家们可以通过报纸参与大到国家安全小到社会各个领域的问题的讨论"。

有关媒体的社会功能，一些研究者认为，政治生活和民众生活往往通过媒体加以链接，在重要的节点，必须加强双方的互动，尤其是民众的反馈，因此媒体的监督制度是应该一直被强化的。当然，媒体也有自己的特性，它并非原封不动照搬民众的观点，必然要取舍和把关，既要遵循社会必然要求的公平正义和结构法则，也要显示出独立思考和代表绝大多数人说话的能力。

可见，媒体在社会中所扮演的角色并不是一成不变的，它总是随着事物的变化而变化。尤其是出现的媒体数量的波动，既是社会经济状况的直观反映，也是媒介生态的直观反映。

第二节 巴基斯坦的广播电视业

一、巴基斯坦的广播电视概述

无线广播曾被认为是最强大和有效的媒体，并在一些地区发挥着不可替代的作用。广播可以到达印刷媒体和电视，甚至是网络信号所不能到达的区域。特别是在巴基斯坦，广播是所有媒体中最利于传播和传播成本最低的。

(一)巴基斯坦广播公司

巴基斯坦广播公司成立于1947年8月14日，即巴基斯坦独立之初。它曾是后来成为全印度电台(All India Radio)的印度广播公司(Indian Broadcasting Company)的直接分支。

(二)巴基斯坦电视有限公司

巴基斯坦电视有限公司(PTV)是一个公共有限公司，它所有的股份都属于巴基斯坦政府。巴基斯坦电视有限公司的董事会由巴基斯坦政府任命，公司的常务董事是公司的行政主管，该职位由巴基斯坦政府委任，需经董事会批准。PTV成立于1964年，成立之初员工只有 30 人，21 世纪初已经发展成为拥有超过 6 000 名员工的大型公司。

(三)夏利马尔录制及广播公司

夏利马尔录制及广播公司(SRBC)成立于 1974 年。1983 年，录制视频的业务开始投入生产，很快该公司就以此闻名，其以"SRBC"商标作为卓越品质的代名词，大量地发售音频视频作品。

二、巴基斯坦广播电视节目的多样性与开放性

广播电台是巴基斯坦覆盖面最大和传播最快的大众媒介，它被赋予了多重使命：帮助人民了解政府政策；告知人们国内外大事；提高民族凝聚力，消除民族进步的障碍；与人民分享一些重大成就的喜悦；告知民众从经济、农业、体育、艺术到文学等多方面的发展现状等。

2013 年 1 月，巴基斯坦议会有部分议员提出"打击进口电视剧"的议案。在此之后，当地的不少电视台反而增加了同土耳其制片公司的订单数量。

2002 年，穆沙拉夫解除了国家对电视和广播的垄断，并将该领域开放给私人投资者。之后，巴基斯坦的广播电视行业蓬勃发展，巴基斯坦民众可以在 84 个卫星电视频道和 120 个调频广播电台中随意选择。

巴基斯坦国际广播电台台长胡尔什得•艾哈迈德•马里可表示，电台是人们能够了解各种其他国家文化最好的渠道之一。例如，中国与巴基斯坦电台之间的合作不仅仅可以使人们更好地了解对方的文化和传统，也可以更好地服务"一带一路"的建设。在巴基斯坦，每个人都知道丝绸之路，两国之间的纽带就是丝绸之路。

第三节　巴基斯坦的新媒体产业

新媒体给全球发展带来了全方位的变化，成为 21 世纪最具活力以及最具发展前景的产业之一。作为发展中国家的巴基斯坦，其新媒体有独特的复杂性。新媒体在巴基斯坦的发展不仅受到巴基斯坦媒体政策的制约以及鼓励，还受到其宗教文化的影响，而西方国家的语言在巴基斯坦的推广也推动了其新媒体的发展。

一、巴基斯坦互联网的发展概况

(一)巴基斯坦的互联网发展状况

巴基斯坦的电信密度从 2002 年的 4.31% 到 2013 年最高时达到将近 80%，然后有所回落。

表 18-2 巴基斯坦年度手机运营商用户数

年度	Mobilink	Ufone	CMPak	Insta phone	Telenor	Warid	总计
2003—2004	3 215 989	801 160	470 021	535 738			5 022 908
2004—2005	7 469 085	2 579 103	924 486	454 147	835 727	508 655	12 771 203
2005—2006	17 205 555	7 487 005	1 040 503	336 696	3 573 660	4 863 138	34 506 557
2006—2007	26 466 451	14 014 044	1 024 563	333 081	10 701 332	10 620 386	63 159 857
2007—2008	32 032 363	18 100 440	3 950 758	351 135	18 125 189	15 489 858	88 019 812
2008—2009	29 136 839	20 004 707	6 386 571	34 048	20 893 129	17 886 736	94 342 030
2009—2010	32 202 548	19 549 100	6 704 288		23 798 221	16 931 687	99 185 844
2010—2011	33 378 161	20 533 787	10 927 693		26 667 079	17 387 798	108 894 518
2011—2012	35 953 434	23 897 261	16 836 983		29 963 722	13 499 835	120 151 235
2012—2013	37 121 871	24 547 986	21 177 156		32 183 920	12 706 353	127 737 286
2013—2014	38 768 346	24 352 717	27 197048		36 571820	13 084 823	139 974 754
2014—2015	33 424 268	17 809 315	22 102 968		31 491 263	9 830 620	114 658 434

数据来源：巴基斯坦电信管理局官网。

表 18-2 显示，Mobilink 和 Telenor 是 2015 年巴斯斯坦手机网络领域的两大运营商，紧随其后的是 CMPak 和 Ufone，除 Insta phone 已于 2009 年退出外，其他五大运营商的总用户数已经超过了 1.14 亿。巴基斯坦的电信业垄断问题也可能阻碍其发展，对于中小电信运营公司来说，过高的宽带付费、执照费用、更新付费和专利税都可能让他们保持在观望状态。降低准入门槛是加强竞争的一个前提。

2013 年，在巴基斯坦所有的本地网站中，排名最高的是 Olx 网上交易网，虽然其注册时间较短，但是用户增长迅速，在本土网站中排名第一位，在全巴基斯坦网站中排名第十一位。其次是 Jang、Geo 和 Express 三个主流新闻机构网站。这些网站都开通了社交媒体互动功能，吸引了大量的用户。

表 18-3 巴基斯坦的十大本地网站

排名	本地网站名称	巴基斯坦网站总排名	网站类型	本地注册时间
1	Olx. com. pk	11	分类广告	2007
2	Jang. com. pk	13	新闻	1998
3	Geo. tv	17	新闻	2002
4	Express. com. pk	19	新闻	2001
5	Hamariweb. com	26	多元门户	2006
6	Rozee. pk	36	找工作	2006
7	Tribune. com. pk	41	新闻	2010

排名	本地网站名称	巴基斯坦网站总排名	网站类型	本地注册时间
8	Zemtv. com	48	新闻	
9	Thenews. com. pk	51	新闻	1999
10	Dawn. com	55	新闻	1997

数据来源：Whois. domaintools. com；Alexa. com（accessed January 2013）。

（二）巴基斯坦的手机应用

巴基斯坦的手机的更新和数量增长速度较快。手机改变了人们接收传媒信息的方式，越来越多的年轻人加入新闻的制造者和发布者行列中。手机的应用软件和平台开发，会融合更多的智慧和协作，帮助解决不发达地区由于信息障碍和沟通障碍带来的问题。

年轻人在新技术的使用中扮演着主力军，年轻人更易于通过移动电话迅速结成关系网，总之，这是一个世界大趋势，也是必然的技术福利。

二、巴基斯坦的新媒体发展现状

由于互联网的实用性和多样性，在巴基斯坦，它是青少年和成年人最爱的媒体形式。人们使用互联网的载体已经不仅仅局限于体积略显庞大的电脑，而是逐渐趋向于轻便的手机或者平板电脑。

（一）巴基斯坦新媒体的技术水平

巴基斯坦是亚洲第五大手机用户市场，其手机用户到 2014 年年初，已达到 1.32 亿。巴基斯坦全国各地的人们越来越多地使用手机视频记录功能进行视频的创作和分享。

（二）巴基斯坦的社交媒体

巴基斯坦的一项调查[①]显示，每天有 86％的人使用电脑访问互联网，每天 70％的时间花费在互联网上，60％的人说他们愿意花大部分的时间在互联网上，而且无论是在台式机上使用互联网还是在移动设备上使用互联网，排在前 3 名的网络活动都是社交媒体、电子邮件和网络搜索。

根据报道，巴基斯坦有 50％的注册选民年龄在 18 岁至 35 岁，并且基本都有使用社交媒体的习惯，政党利用社交媒体吸引追随者参与政治，既经济又快捷。

[①] 2013 年 12 月，巴基斯坦学者在关于预测 2014 年使用移动设备访问互联网用户数将超过使用电脑访问互联网的用户数的研究中，所做的一项对超过 1 000 位巴基斯坦民众的调查。

三、巴基斯坦新媒体发展的趋势

(一)新媒体与传统媒体融合发展

在巴基斯坦,民众多使用新媒体来交友,但交友需求只是众多需求中的一种。一项对巴基斯坦1000位使用新媒体用户的调查显示,83%的用户经常借助新媒体来聊天交友,而用于查看新闻的用户有75%,并且有36%的受访者认为,他们曾在新媒体上获取过错误信息。

在巴基斯坦,传统的大众媒体,如报纸、电视、广播、图书等目前也都处于发展阶段,没有一种媒体发展到了顶峰状态,这便形成了新媒体与传统媒体的融合发展。巴基斯坦很多重要的报纸都推出了电子版,如 *Jang*,*Nawa-i-Waqt*,*Dawn*,*The Nation*,*The News International* 和 *Business Recorder* 等。此外,巴基斯坦广播公司和巴基斯坦电视公司也都设立了自己的网站。

在传统媒体与新媒体的共同发展过程中,传统媒体借助新媒体的优势促进自身的发展,新媒体以传统媒体作为自己的后盾,弥补自己发展中的不足。两者融合共同发展,使巴基斯坦的媒体逐渐跟上国际平均水平。

(二)新媒体技术更新与媒体内容的趋向同步

前一部分已经提到,巴基斯坦新媒体未来的发展趋势是传统媒体与新媒体的融合发展,在这一融合趋势的发展前期,必然会产生新媒体与传统媒体的碰撞,两者的不断碰撞必然会产生更多的新媒体载体,更好地为大众服务。这些新载体会融合新媒体与传统媒体双方的优点,更加符合大众对于媒体的选择品位。这不仅是新媒体形式的发展,同时也是新媒体传播内容的发展,在这一发展过程中,新媒体的形式和内容逐渐趋向同步。

如今新媒体的载体大多是台式电脑、平板电脑以及手机等,台式电脑相对于平板电脑以及手机来说不够轻便,手机和平板电脑携带比较方便,但是存在的问题是,很多时候一些媒体终端只适用于台式电脑,不方便移动阅读。在新媒体的发展过程中,这些问题都将会解决,电脑、电视、手机将会实现"三屏合一",不论在什么屏幕上都可以实现其功能,为受众提供更多的服务,使受众可以全方位使用新媒体,享受新媒体带来的便利。

此外,巴基斯坦新媒体不仅局限于人际交流以及简单的新闻事件的传播,它传播的内容将会更加实用、更加符合新媒体传播特点。例如,利用新媒体进行销售的营销,利用新媒体进行形象展示等。

思考与练习

1. 与中国的新闻事业相比，巴基斯坦的新闻事业有什么特别之处？

2. 巴基斯坦与中国的新闻从业者可以开展哪些合作？

第十九章　其他国家新闻事业简况

本章要点

◆新加坡新闻事业简况。

◆印度新闻事业简况。

◆卡塔尔新闻事业简况。

◆韩国新闻事业简况。

◆委内瑞拉新闻事业简况。

◆意大利新闻事业简况。

第一节　新加坡新闻事业简况

新加坡①是一个岛国和城市国家，位于东南亚马来半岛南端，由新加坡岛及附近50多个海岛组成。

新加坡古称淡马锡，18—19世纪属于马来西亚柔佛王国。1824年新加坡沦为英国殖民地，第二次世界大战期间被日本占领。1945年日本投降后，英国恢复对新加坡的殖民统治。1959年，新加坡实现自治，并在1963年9月并入马来西亚联邦。1965年8月9日，新加坡脱离马来西亚，成立新加坡共和国，10月加入英联邦。

新加坡采用国会民主制度，在独立后的不到50年迅速发展为"亚洲四小龙"之一，是亚洲重要的金融、服务和航运中心之一。

新加坡报纸的所有报道都由总编辑负责。②

新加坡新闻事业相较于西方诸国，其发展和起步较晚，但在全球华语文化圈颇具影响力。

1819年，英国开埠新加坡将其作为自由港，开启新加坡历史上的英殖民地统治时期(1819—1959年，其中1942年2月—1945年9月为日据时期)。其间，英语作为官方用语和上流社会的社交用语，故英文媒体得到最早、最快的发展。在英文媒体中，创办时间最早的是1824年的《新加坡纪事报》；历时最久、影响力最大的报纸是《海峡时报》，该报于1845年创刊，至2013年已有168年的历史。

---

① 新加坡是梵语"狮城"之谐音，也有因其小而将之称为星洲、星岛的。

② 陆建义：《以事业凝聚人心——新加坡〈联合早报〉的管理之道》，载《今传媒》，2009(5)。

英文报是新加坡占主流地位的报纸。21世纪初，《海峡时报》发行量近40万份，读者人数达到130多万人。中文旗舰报《联合早报》拥有20万份的发行量和60多万的读者，仅相当于前者一半的水平。除了《海峡时报》，另两份英文报纸分别是成立于1976年的《商业时报》和1988年的《新报》。前者是新加坡唯一的财经类报纸，发行量3万多份；后者以青年人为目标群体，内容侧重于休闲娱乐，发行量11万多份。

新加坡开埠以来，自1824年华人人口首次超过马来人，成为新加坡多元种族的多数族群，新加坡一直是海外华人最集中的聚居地，到19世纪与20世纪之交中文报纸大量出现的时候，新加坡华人人口已有十多万人，占新加坡各种族人口的70%以上。此外，新加坡也是英属马来西亚殖民地首府，东南亚经济、文化的中心，这也为中文媒体的繁荣发展奠定了物质、文化的基础。据不完全统计，1819—1996年在新加坡先后出现过的中文报刊累积达1 027种，占海外中文报刊总数的1/4还多，居世界第一位。

新加坡中文报刊的历史最早可追溯至1837年。1833年，传教士在广州创办《东西洋考每月统记传》，后来该报转向新加坡发展，成为新加坡历史上第一份中文月刊。

1991年2月22日创办的《星期五周报》(Friday Weekly)是新加坡唯一的中文学生报纸，以华裔学生为主要读者对象，也供以汉语为第二语言的学生阅读。

新加坡还有一些独立的报纸，如泰米尔文的《泰米尔钟声报》(Tamil Murasu，1934年创办)和马来亚文的《马来西亚马来亚兰人》(Malaysia Malayali，1938年创办)等。

新加坡没有自己的通讯社，一些国际通讯社在新加坡设立了工作中心。

新加坡的英文报有《商业时报》《新报》《海峡时报》(The Straits Times)，中文报有《联合早报》《联合晚报》《新明日报》，马来文报有创立于1957年的《每日新闻》，此外还有创立于1935年的泰米尔文报《泰米尔日报》。

新加坡的广播电台于1936年6月1日开播，1959年1月起以马来语、英语、汉语、泰米尔语广播。新加坡广播电台拥有并经营12个国内电台和3个国际电台。

新传媒私人有限公司(Media Corp)是新加坡的主要媒体集团，为新加坡唯一免费电视经营者，其唯一股东仍然是新加坡政府所操控的淡马锡控股公司。该集团同时涉足广播电台、电影、报纸、杂志、数码和户外媒体，1963年，首次播放电视节目。1995年，有线电视网和卫星电视开通，用户可接收30多个频道、10余个国家的电视节目。

新加坡报业控股(SPH)是新加坡一个报业集团，成立于1984年，拥有11家报纸、16家杂志，几乎垄断新加坡国内所有的报章的出版与发行，其旗舰报章为新加坡的英文大报《海峡时报》。该集团以4种官方语言在新加坡出版了17份报章，也在本地和区域内出版并发行过百份不同类型的期刊，其内容从日常生活到科技信息，几乎无所不包，满足不同类别读者的口味。新加坡每天有300万人阅读报业控股旗下的新闻刊物。

《联合早报》是新加坡的主要中文日报，由新加坡报业控股公司出版。它的前身是1923年创刊的《南洋商报》和1929年创刊的《星洲日报》。1983年3月16日，这两家历史悠久的报章合并，共同出版了《南洋·星洲联合早报》，简称《联合早报》。该报每天出对开 60 多页，使用简体字，横排版式，重点刊登本地社区、华人社会以及中国的报道。

《联合早报》的平日发行量约为 20 万份，星期天 22 万份，新加坡读者人数约 75 万。

联合早报网在早报电子版基础上发展起来，以《联合早报》为主要新闻来源，是世界著名中文网站。该网站日平均页览量达到 800 万～1 000 万人次，每月的平均读者人数达到 400 万人，其中 85％的读者来自中国大陆。

除了印刷业务，新加坡报业控股旗下报章的新闻网站，平均每个月的页览量超过 1 亿 5 000 万，独立浏览访客则为 900 万个。除了 AsiaOne 门户网站，集团新的网上和新媒体服务还包括：提供线上产品、服务和求职信息的网络平台"ST701"、本地互联网搜寻和指南引擎 "rednano.sg"、通过互联网及手机短信与读者交流的门户网站"Stomp"、双语新闻和互动网站"omy"及提供免费互动网络电视服务及随需录像服务的"Straits Times RazorTV"。

广播方面，报业控股拥有 MediaCorp TV Holdings 私人有限公司的 20％股权，该公司经营本地免费电视第 5、8、U 频道和 TV Mobile。集团在 MediaCorp Press 也拥有 40％的股权，该公司出版本地免费报纸《今日报》。此外，报业控股还在联盟传讯（UnionWorks）有 80％的股权，联盟传讯经营两家娱乐电台，分别为中文电台 Radio100.3 FM 和英文电台 Radio 91.3 FM。

此外，新加坡报业控股也通过其全属子公司 SPH MediaBoxOffice 进军户外广告市场，SPH MediaBoxOffice 是当地最大的户外传感显示器广告电子媒体公司。

第二节　印度新闻事业简况

印度是世界四大文明古国之一，1526 年建立莫卧儿帝国，成为当时世界强国之一。1600 年英国入侵，建立东印度公司。1757 年，印度和英国之间爆发了普拉西大战，印度因战败而逐步沦为英国的殖民地。1849 年，英国侵占印度全境。1857 年爆发反英大起义，次年英国政府直接统治印度。1947 年 6 月，英国通过"蒙巴顿方案"，将印度分为印度和巴基斯坦两个自治领域。1947 年 8 月 15 日，印度在与巴基斯坦分治后实现独立。1950 年 1 月 26 日，印度宣布成立印度共和国，但仍为英联邦成员国。

印度的近代报业诞生于殖民地时期，1780 年 1 月，英国人詹姆斯·希基在加尔各答附近创办的第一家英文报纸《孟加拉报》（全名为 *Bengal Gazette or Calcutta General Advertiser*），比英国本土历史悠久的《泰晤士报》发刊还要早 5 年。

1818 年，三位英国的传教士在加尔各答创办《新闻之境》，最早的印地文报纸出现。1821 年，印度资产阶级改良运动领导人罗易在加尔各答用孟加拉文办了周报《明月报》和《孟加拉使者》，宣传民主思想，这是印度人自己办的第一份报纸，罗易也被视为印度报业的先驱。1822 年，孟买出现了用古吉拉特文出版的《孟买新闻》，该报是印度现存历史最久的报纸。

20 世纪 30 年代，经济危机打击下的印度掀起又一次民族解放高潮。1933 年，甘地创办了《哈里詹斯》周报，1936—1938 年，印度共产党和国大党合作，在 1938 年创办了几家重要报纸，国大党的《国民先驱报》由著名领袖尼赫鲁主持，后成为国大党的机关报，并扩展为报业公司。

1949年宪法规定了公民言论出版自由的条款，摆脱了束缚的报纸发展很快，1952年至1981年间，报刊总数增长了4倍，由4 769家增长到19 144家，日报从330家增长到1 362家。据《不列颠百科全书2002年鉴》记载，20世纪末期印度共有日报3 037种，期发行量2 296万份，千人日报数为27份。

印度的报刊大多属私人和财团所有。截至2007年年底，共有96种文字的报刊35 595种，总发行量9 900万份，居世界第2位。印地文和英文报刊分别占总数的37％和16％。主要印地文报纸有《旁遮普之狮报》《今天日报》《印度斯坦报》等。主要英文报纸有《印度斯坦时报》《政治家报》《印度教徒报》《印度快报》等。印度第一家杂志是1785年创办的《东方杂志》。周刊多是印度近代杂志业的一大特色，1981年有5 634家，但销量没有超过百万份的。较有名的月刊有英文《印度国情》《东方经济学家》，印地文《新文学》等；周刊有泰米尔文《库木达姆》、英文《星期日标准》等。

印度报刊大多是私营的。其中主要报刊均控制在垄断资本家手中，形成几个报系，报刊的政治态度由其出版人的政治态度所决定。印度的大报系有八个：印度时报系、印度快报系、欢喜市场报系、印度教徒报系、印度斯坦报系、甘露市场报系、政治家报系、自由新闻报系。

在全球报业普遍受到网络等新媒体挑战的时候，印度的报业却呈现一枝独秀的局面。2006年，印度全国报纸的数量达6万种，发行量突破1亿份，读者数量达2亿人。新的报纸不断涌现，媒体领域的外资和内资都十分活跃，报业的平均投资回报率超过25％，一些领先的大报实现40％的年度增长。

印度的主流报纸包括：

《印度快报》（India Express），1940年创办于孟买，该报属于戈恩卡家族，对国大党持批评态度，以揭露政府内幕消息为主。印度快报系有15种出版物，是印度最大的报团。

《印度时报》（The Times of India），1838年创办于孟买，原名《孟买时报》，1861年更为现名。该报主要读者是社会中层知识分子、海外印侨，系有14种出版物。2008年，《印度时报》发行量达314.6万份，是印度发行量最多的报纸。

《印度教徒报》（The Hindu），1878年由6名爱国知识分子创办。该报常被比作英国的《卫报》，系有4种出版物。

《觉悟日报》（Dainik Jagran），1942年创刊于印度詹西，使用印地语，1947年后开始在詹西以外的印度其他州邦发行，1990年开办新德里版。在1997年至2008年，《觉悟日报》新增24个地方版。21世纪初，《觉悟日报》在印度11个州共有37个版本出版发行。2008年，《觉悟日报》发行量达216.8万份，在世界日报中排名第17位，在印度排名第二。

1927年6月，印度第一座私人经营的广播电台开始播音。1959年，印度第一家电视台试播，由当时的联邦德国援建。

20世纪80年代，印度的广播电视事业加快了发展步伐，增加发射台和转播台，积极推行卫星广播计划。进入 90 年代以来，印度电视受到两方面的挑战：一方面是80 年代后期以来家庭用卫星接收装置越来越普及，外来电视的影响正在扩大；另一方面是印度国内有线电视也对印度广播公司形成挑战，它们靠转播国外节目拉拢观众。

全印广播电台（All India Radio，AIR）是印度的主要广播媒体，其广播网覆盖全国人口的 99.1％。对内使用 24 种语言和 146 种方言播音。对外使用 27 种语言广播。

印度电视台（Doordarshan India，DDI），1959 年 9 月试播，1965 年正式播出。原为全印广播电台的一部分，1976 年成为独立机构。印度电视台约有 523 座电视发射台，使用 16 种语言和 45 种方言对全国播出，覆盖 86％以上的人口。为保证收视率，印度电视台 1993 年增设 6 个新频道，通过不同类型的节目吸引特定观众群。

印度的主要通讯社有：

新闻发布署。相当于政府中央通讯社，拥有 1 100 多名国内和 180 多名国外特派记者，电传网覆盖全国各地，向 8 000 余家新闻单位供稿。设有 8 个地区总分社和 27 个分社。

印度报业托拉斯。印度最大通讯社，半官方性质。成立于 1947 年 8 月，后兼并印度联合通讯社和路透社印度支社，于 1949 年元旦开业。设有百余个国内分社和数十个海外分社。英文日发稿量超过 10 万字。在北京派驻记者。

印度联合新闻社。印度第二大通讯社，系报业同人的合股企业。1959 年登记成立。有分社 100 多个。其向四个海湾国家及新加坡、毛里求斯提供新闻服务，在迪拜、华盛顿和新加坡设有分社，向 22 个国家派驻记者。

印度斯坦新闻社。私营，主要编发印地文、马拉地文、古吉拉特文和尼泊尔文的新闻。

第三节　卡塔尔新闻事业简况

卡塔尔通讯社建于 1975 年，是阿拉伯国家主要通讯社之一。

《海湾时报》是卡塔尔的主流英文报刊，1978 年创刊。

卡塔尔的主流阿拉伯文报刊包括《多哈月刊》，1969 年创刊，新闻部发行；《阿拉伯人日报》，1972 年创刊，新闻部发行；《旗帜报》，1979 年创刊；《时代周刊》，1974 年创刊；《海湾市场》周刊，1980 年创刊；《今日海湾》，1985 年创刊；《每周消息》周刊，1986 年创刊；此外还有《东方报》《祖国报》等。

多哈广播电台用阿拉伯语、英语、法语和乌尔都语广播。有 6 个中波波段、5 个调频波段和 1 个短波波段。

多哈电视台建于 1970 年 8 月，其历史较为悠久，但在全球影响不大。

24 小时滚动播出阿拉伯语新闻节目的半岛电视台（简称"半岛台"），是目前阿拉伯世界收视率较高的卫星频道。

1996 年 11 月，哈马德斥资 1.37 亿美元组建的"半岛台"正式成立。

"半岛台"最初的 250 名编辑、记者和技术人员，相当一部分来自刚解散的 BBC"中东频道"，该台模仿 BBC 运营模式建立 7 人组成的执行董事会，监督"半岛台"的整体运作，所有董事均是 34～47 岁的卡塔尔新生代，原新闻部次大臣谢赫·塔尔担任董事兼总裁。

得益于宽松的办台方针和充裕的财政支持，"半岛台"发展迅速。

21 世纪初，"半岛台"多哈总部的员工超过了 750 人（约 30％是女性），电视台的记者、编辑、技术人员几乎全是阿拉伯人——卡塔尔人、沙特人、叙利亚人、突尼斯人、埃及人、科威特人、伊拉克人和巴勒斯坦人等。另有近 180 人为 37 个国外分社工作（包括建于 2002 年的北京分社），其中许多人有国外留学背景。刚开播时，"半岛台"每天只传送 6 小时节目，从 1999 年 2 月 1 日开始，它的卫星电视频道实现了覆盖全球的 24 小时新闻滚动播出；从 2001 年年底开始，"半岛台"通过默多克控股的天空广播公司向英国和欧洲地区播出。

"半岛台"身处中东地区，在报道阿拉伯世界及巴以冲突等敏感题材上，具有 CNN 和其他西方媒体所不具备的地理和语言文化优势。

在美英两国 1998 年 12 月 16 日发动的"沙漠之狐"军事行动中，"半岛台"是唯一获准在伊拉克境内报道轰炸情况的外国电视台。

2001 年"9·11"事件后，"半岛台"不断播出对阿富汗的独家报道。

2006 年 11 月 15 日，"半岛台"国际（英文）频道正式开播，从多哈总部和分布在华盛顿、伦敦和吉隆坡的分部开始向全球转播英语节目。

2011 年 2 月 10 日，土耳其政府批准"半岛台"收购土耳其一个国营电视频道。8 月 1 日，"半岛台"英语频道（Al Jazeera English）进军纽约有线电视。

21 世纪初，"半岛台"在全球范围已拥有 6 500 多万观众，其中大部分观众在中东（约 54％），小部分在北美和欧洲（约 39％），其他地区的观众约 7％。伊战爆发后英国观众激增一倍，达到 800 万人，北美地区则约有 13 万人固定收看"半岛台"以阿拉伯语播送的新闻节目。

"半岛台"对 20 多个阿拉伯国家免费播出，从开罗的贫民窟到迪拜的摩天大厦，只要装有价格不到 100 美元的卫星天线就可以收看。收费只对欧美观众，如美国观众要通过有线电视收看"半岛台"节目，每月需付 22.99～29.99 美元。

据巴勒斯坦中央统计局统计，在西岸和加沙地带的巴勒斯坦人中，尽管一个电视机顶盒需要 280 美元，但仍有 78.2％的巴勒斯坦居民通过各种渠道收看"半岛台"的节目。据卡塔尔《东方报》统计，在约旦有 60％的人支持半岛电视台。①

第四节　韩国新闻事业简况

1945 年 8 月，韩国摆脱日本帝国主义的统治，获得解放。1945 年各种报纸在韩国境内纷纷创刊。

1945 年 8 月，韩国第一家通讯社——解放通讯社宣布成立。

1945 年 10 月，进驻的美军废除日本统治时期的出版法，宣布新闻出版自由。美国

---

① 秦轩：《半岛电视台惹恼了整个中东》，载《青年参考》，2005-04-27。

军事当局出于去全球战略的考虑，在韩国实行的并非自由主义报业政策，随后颁布的88号法令，实行出版许可制度，限制了许多报刊的出版。

朝鲜战争期间，报刊的出版和报道活动一直受到美国当局和政府的严格监管。停战后，情况有所松动。到1960年为止，各种报纸增加到85家，通讯社和广播电台也纷纷创办。

韩国首任总统李承晚当政时期，爆发朝鲜战争，继续实行出版许可制度，对报刊采取高度集权控制。但李承晚时期开始允许建立民营广播电台。1954年，韩国出现首家宗教广播电台，1956年出现首家商业电视台，1959年出现首家商业广播电台。在1960年的"四一九舆论革命"中，李承晚下台。

李承晚倒台后，新闻界一度实行完全的出版自由，带来了一定程度的混乱。朴正熙执政时期的新闻政策主要表现为两点：一是加强对新闻业的经营管理；二是强调大众媒介的所谓"社会责任"。

朴正熙政府直接开放了私营广播电视，允许亲政府的集团开办广播电视。政变后的几个月内，有1 000多名新闻工作者被解雇。后来，采访证的发放范围一再缩减，报纸总数从他上台前的85家减少到34家。此后，韩国的传媒趋向娱乐轻松的内容，商业化倾向成为主流。韩国的新闻事业畸形发展：新闻业仅是创造价值的产业，传媒的主导力量不再是主编，而是经理，新闻工作者沦为单纯的劳动力。

全斗焕执政时期，政府采取各种方法迫使新闻传媒就范。1980年12月，颁布《言论基本法》。全斗焕还成立"公共信息协调办公室"，每日向媒介发布报道指南，详细规定可刊登内容和不可刊登内容。1973年，全斗焕将1952年形成的国营"韩国广播系统"转变为韩国广播公司（KBS），并且将其他所有广播电视机构都合并到国营的韩国广播公司体系中，实行统一控制，由政府直接控制。全斗焕政府实施"言论整肃"，宣布汉城（今首尔）只能存在6家综合性报纸，地方"一道一报"。

1987年春天，韩国报界爆发大规模抗议运动。在舆论压力下，民正党代表委员卢泰愚于6月29日发布《八点民主化宣言》，确认新闻自由。1987年11月，韩国议会废除1980年12月颁布的《新闻基本法》，取而代之的是《定期出版物登记法》，又通过了新的《广播电视法》。这一系列法律的通过标志着韩国的新闻自由体制得到确认。1988年，韩国举办奥运会，这一年成为韩国完全开放新闻出版自由的年头。

1988年，卢泰愚执政，基本执行了他在新闻出版方面的承诺。报纸发展迅速，KBS真正实行公营制，全斗焕时期被KBS兼并的民营广电重新独立出来。

韩国主要通讯社是联合通讯社，1980年12月由合同通讯社、东洋通讯社合并而成，1999年再合并内外通讯社。该社为报联社体制。

截至2011年，韩国有日报243家，通讯社10家，周刊（周报）2 894家，月刊4 127家，双月刊563家，季刊1 222家，半年刊415家，互联网报纸2 921家，广电机构45家。在1 438家有收入的报纸中，包括：全国性综合日报23家，地方综合性日报111家，财经类日报9家，体育类日报5家，外文日报5家，行业日报23家，免费日报6家，全国性周报 44 家，地方性周报 473 家，行业周报 739 家。①

较为重要的韩国报纸有 3 家。

《东亚日报》：1920 年 4 月 1 日由金性洙等 77 人发起主办。当时提出的报纸宗旨是"支持民主，提倡文化"。该报是韩国三大日报之一，2008 年发行量为 210 万份，居世界日报发行量第 18 位。该报每天 60 个版面，广告占全部版面的 36.6%。

《朝鲜日报》：1920 年 3 月 5 日创办，韩国三大日报之一，发行量 2008 年为 230 万份，居世界日报发行量第 12 位。该报每天 64 个版面，广告占全部版面的 47.1%。

《中央日报》：1965 年 9 月 22 日创办，韩国三大日报之一，发行量在 2008 年为 220 万份，居世界日报发行量第 16 位。该报每天 64 个版面，广告占全部版面的 53%。

韩国广播公司（Korean Broadcasting System，KBS），建立于 1973 年，拥有 3 个电视频道、4 个广播频道。KBS 电视台的 3 个无线频道中，第一频道（新闻频道）占韩国播出时间的 32.8%，比重最高。KBS 是"中韩歌会"的韩方主办者。《新娘 18 岁》《对不起，我爱你》《浪漫满屋》《豪杰春香》等韩剧都是 KBS 制作的。

韩国广播公司是国有公共广播电视机构，由独立于政府的公共法人经营。2000 年 3 月该公司对受众发布十项承诺：成为保护健康的广播文化环境的绿色地带；迅速接受并积极反映听众和观众的意见；提供公正、正确、有深度的新闻节目；努力提高节目水平；有益于儿童和青少年教育环境的改善；致力于以共同生存的社会为目标的广播；为确立文化的同一性和培养韩民族的文化共同体做出贡献；广播语言采用标准的韩国语，并美化韩国语；构筑互联网等多媒体、多频道的新媒体体制；进行高效、有透明度的经营。

韩国文化广播公司（Munhwa Broadcasting Corporation，MBC）是韩国最大的广电机构（含有部分公营股份），建立于 1961 年 12 月。MBC 电视台成立于 1969 年 8 月，在收视率及影响力等方面均居韩国第一位，拥有 1 个全国地面电视频道和 3 个广播频道、5 个有线电视频道、4 个卫星电视频道和 5 个数位多媒体广播（DMB）频道。MBC 电视台有"韩剧王国"之称，其制作的韩剧包括《爱上女主播》《我的名字叫金三顺》《人鱼小姐》《茶母》《大长今》《医道》《商道》等。

第五节　委内瑞拉新闻事业简况

委内瑞拉曾是印第安人阿拉瓦族和加勒比族居住地。1567 年沦为西班牙殖民地。1811 年 7 月 5 日宣布独立，后在南美解放者西蒙·玻利瓦尔的领导下，于 1821 年 6 月彻底摆脱西班牙殖民统治。1822 年同哥伦比亚、厄瓜多尔和巴拿马组成"大哥伦比亚共和国"。1829 年退出。1958 年实行宪政，建立文人政权。根据 1999 年 12 月生效的宪法，国名改为"委内瑞拉玻利瓦尔共和国"。

2013 年 12 月 3 日，委内瑞拉将已故前总统查韦斯的执政纲领"祖国计划"上升为国家法律。"祖国计划"为查韦斯参加 2012 年 10 月举行的总统大选时提出的 2013 年至

---

① 此段数据引自 2012 *The Korea Press*。

2019年执政纲领，其中包括继续建设21世纪社会主义，保证社会、政治、经济稳定和人民幸福。

委内瑞拉拥有上百种报纸杂志，其中日报75种。主要报纸有：《国民报》，1943年创刊，在知识界较有影响力；《宇宙报》，1909年由努涅斯家族创办，无党派报纸，在金融企业界较有影响力；《最新消息报》，1941年创办，以社会新闻为主。主要杂志有《塞塔》《波希米亚人》等，属综合性杂志。以上报刊均为西班牙文版，且均为私人办报。委内瑞拉官方媒体有委通社、国家广播电台、国家电视台和南方电视台，政府没有自己办的报纸。

委内瑞拉通讯社为国营通讯社，1977年5月成立。

截至2002年，委内瑞拉有广播电台345家，除国家广播电台外，其余均为私营和商业性电台。

委内瑞拉电视业始于1952年，现有22家电视台，其中8家为国家电视台。

委内瑞拉有华侨华人约16万人，华侨报纸和刊物有《委华报》《委国侨报》和《南美新知》等。2008年1月22日，委内瑞拉华侨报《南美新侨报》创刊，这是委内瑞拉第三份华侨报，旨在弘扬中国文化、维护侨胞合法权益，帮助侨胞融入当地社会，达到创建和谐华人社会的目的。

委内瑞拉的新闻事业以私人创办经营为主，但委内瑞拉的新闻管理极为有序。成立于1974年的委内瑞拉全国记者协会是行业自律组织，协会根据新闻法、协会内部规定和记者道德公约，对媒体记者进行管理。记协的最高权力机构是全国委员会，下设领导委员会、纪律委员会和各州分会。

委内瑞拉政府有两种新闻管理方式。一是制定涉及所有层面的新闻法规，二是实施具体细致的新闻管理。这些工作面向所有的公办和私有媒体。因为新闻管理体系比较完善，精致有效，公有、私有媒体各行其道，尽管在宣传中政府派和反对派的口水战从未休止，但一切依法办事，新闻事业稳定发展。

《维亚报》是2004年创办的一份面向全国发行的综合性日报，发行量9万份左右，居全国第二位。这是一份少有的支持政府的私人报纸。该报的最大特色是国际新闻丰富及时，且立场鲜明、语言犀利。"维亚"是西班牙语"看"的意思，这张报纸希望客观地反映事实，包括查韦斯政府所做的工作。在发展的关键时期，每天一版上有社论，以鲜明的观点支持政府，推动革命进程。

作为国家通讯社的委内瑞拉通讯社，只发新闻不论政治，宗旨是真实、维护宪法。委内瑞拉通讯社社长费尔南德斯表示，该通讯社每天发布200～800条文字新闻，130多幅图片新闻，不追求最多，只追求最重要。

在委内瑞拉新闻事业史上，有一个人是不得不提及的。这个人就是曾长期参与《你好！总统！》节目制作的查韦斯。[1]

查韦斯曾因发动"二·四"军人政变入狱，他以拯救委内瑞拉的大量贫穷人口为号

---

[1]　有关文字参见《查韦斯主持"你好！总统！"电视节目已经十年了》，载《都市快报》，2009-06-01。

召，在 1998 年参选委内瑞拉总统。1999 年 2 月 2 日，44 岁的查韦斯就任总统，2007 年连任，2012 年 10 月再次获得连任，2013 年 3 月 5 日因病去世。

1999 年 9 月，查韦斯创办《总统邮报》。

《你好！总统！》节目创立于 1999 年 5 月 23 日，当时查韦斯刚刚上台一个月。此后 10 余年，查韦斯每周日都会出现在节目中。2009 年 3 月 22 日，查韦斯在第 328 期《你好！总统！》节目中称中国是发展的榜样。到 2012 年 11 月底，《你好！总统！》已累计播出 378 期。

《你好！总统！》节目可被看成查韦斯政府的现场办公会，播出时间通常是周日上午 11 点。节目每周的直播地点根据当期节目的主题内容而定，或农场庄园、学校、剧院，或工厂、医院、居民社区，总之都是在经济建设、社会改革的最前沿，跟最基层的人们"亲密接触"。

这档节目的内容可以说无所不包。主题通常是某个项目的奠基、开工、剪彩仪式，或是介绍新推出的免费教育、医疗计划，除此之外还会包括查韦斯对重大新闻的评论、新政策的宣讲和解读、对政治观点的陈述，甚至还包括他本人的一些读书体会、家长里短。当然还少不了与现场观众的互动交流。查韦斯每次讲话持续时间 4～6 小时。在 2007 年一次讲话中，他创下连续 8 个多小时讲话的纪录。

查韦斯通常是以他标志性的服装——象征"革命"的一袭红衬衫出镜。不过查韦斯的表现绝不刻板，他往往谈笑风生，其间还穿插着诗歌朗诵、唱歌、说笑话，气氛轻松。

第六节　意大利新闻事业简况

意大利地处欧洲南部，是古罗马帝国的发祥地、欧洲文艺复兴的摇篮。

意大利新闻出版比较发达，全国有各种报刊 50 余种。主要报纸有《晚邮报》《共和国报》《新闻报》《体育报》《24 小时太阳报》《信使报》等。另外，还有一些地方报和主要政党的机关报。

主要综合性期刊有《全景》周刊、《快报》周刊和宗教性期刊《基督教家庭》等。

意大利重要的报纸杂志几乎全部属于或受控于大的垄断资本集团，这些集团有：蒙达多利－快报集团、里佐利－晚邮报出版集团、菲亚特出版集团、蒙蒂－里费塞出版集团和费鲁兹出版集团。

意大利通讯社产生于 19 世纪 50 年代，1853 年，新闻记者斯蒂法尼在撒丁王国首相加富尔的支持下建立通讯社。意大利统一后，这家通讯社扩大为股份公司。斯蒂法尼社是当时仅次于欧洲三大通讯社的第四大通讯社，半官方性质。1922 年墨索里尼夺取政权后，斯蒂法尼社被改组为国家通讯社。1943 年，墨索里尼败亡，斯蒂法尼社解体。

1945 年 1 月 13 日，意大利 12 家主要日报联合组成全国报业联合社（ANSA），简称安莎通讯社，是一家国际性通讯社。安莎通讯社每天用意、法、英、西、葡五种文字发稿，在 70 多个国家建立了分社或派有常驻记者，其国际报道在欧洲各国经常被采用。

意大利广播电视公司属国营伊利集团，向邮电部负责。广播电台有 3 套节目，年播音 1.8 万多小时；有 3 个电视台，年播节目 6 000 小时。此外，意大利还有大量私营广播电台和电视台。

在意大利新闻事业发展史上，法拉奇和贝卢斯科尼是两个有着全球影响力的重要人物。

奥里亚娜·法拉奇，意大利女记者、作家、第二次世界大战游击队员，1950 年任《晚邮报》驻外记者，1967 年开始任《欧洲人》周刊战地记者，出版过数本小说，代表作有《风云人物采访记》《男子汉》《印沙安拉》《给一个未出生孩子的信》等。法拉奇被誉为"世界第一女记者"和"文化奇迹"，两次获圣·文森特新闻奖，一次获班卡瑞拉畅销书作者奖。

贝卢斯科尼（Berlusconi）生于意大利北部城市米兰，毕业于米兰大学法学系，是意大利政治家和知名企业家，中右翼的意大利力量党创始人。借着所辖媒体集团的帮忙，贝卢斯科尼在 1994 年、2001 年、2008 年三度出任意大利总理，是第二次世界大战后意大利任职时间最长的总理。

在学生时代，贝卢斯科尼就充分显示出了他的商业才华。中学时期，他以帮助后进同学补习功课赚取零花钱，但是如果他补习的同学考试不及格，则分文不取。后进入米兰大学司法系学习，大学法律专业毕业。大学期间因擅长乐器演奏而与几位同学一起组织了一个"四人小乐队"在校内外演出，自己赚钱上大学。20 世纪 60 年代是意大利房地产业的暴利时期，贝卢斯科尼也在那时完成了自己的第一次资本原始积累。

20 世纪 70 年代以前，意大利法律规定只有国家才能经营广播电视业务，传媒属于国家垄断，私人根本没有机会涉足这一领域。1974 年，在房地产领域一夜暴富的贝卢斯科尼，开始瞄准当时还不引人注目的广播电视行业。

1975 年，意大利通过法律允许私人创办地区性的广播电视机构。此后，意大利的地方电视台纷纷成立。此时的贝卢斯科尼并没有急于建立自己的电视台与广播电台，而是创立了一家金融投资公司，大力投资给当时急需资本投入的众多中小电视台，而这家金融公司后来成长为贝氏菲宁维斯特集团的第二大企业 Medialanum。

1978 年，42 岁的贝卢斯科尼建立有线电视台 Telemilano，该台是后来在意大利家喻户晓的 Canale 5 的前身。当时，贝卢斯科尼希望打破意大利国有广播电视公司 RAI 在全国电视广告方面的垄断，然而当时意大利法律规定只允许国家垄断的 RAI 在全国范围播送节目，而数量众多的私有商业电视台的节目只能在本地区播出。贝卢斯科尼便从国外购入大量电视节目，特别是美国好莱坞的电影和肥皂剧，并以低廉的价格出售给地区电视台。贝卢斯科尼则从这些影视节目的贴片广告中获取利润。

1979 年，贝卢斯科尼的有线电视公司 Telemilano 更名为 Canale 5，而且同年意大利又出台了新的反垄断法案，于是贝氏从强大的竞争对手意大利国有广播电视公司 RAI 中买下了电视台 Italia I（意大利电视一台）。1982 年，贝卢斯科尼又买下了另一家电视台 Rete 4，初步建立了自己在意大利传媒领域的霸主地位。Canale 5、Italia I 和 Rete 4 很快在意大利全国范围内赢得了观众。到 1986 年，贝卢斯科尼的媒体集团占据了全国商业电视 80％的市场，其 2000 年营业收入高达 36 305 亿意大利里拉。

1990 年，贝卢斯科尼收购 Mondadori 出版集团，该集团所出版的图书占有意大利 30％的市场份额，并出版 50 多种杂志，占有意大利 38％的杂志市场份额。

面对互联网热潮与新媒体的兴起，贝卢斯科尼成立了 Mediaset on line（MOL）与 Newmedia 公司，提供在线内容服务，又开展了互动电视业务。虽然 MOL 的实力还不能与 AOL 等在线巨头相提并论，但在欧洲也是新贵媒体了，而且增长速度很快。

思考与练习

1. 上述国家的新闻事业，有哪些方面或做法可供中国借鉴？

2. 还有哪些国家的新闻事业，哪些新闻人的事迹，是你感兴趣的？请检索一些相关资料。

参考文献

1. 陈力丹：《世界新闻传播史》，上海，上海交通大学出版社，2007。

2. 崔莹：《办最赚钱的杂志——对话英国名刊主编》，广州，南方日报出版社，2007。

3. 崔莹：《做最创意的节目——对话英国权威电视制片人》，广州，南方日报出版社，2008。

4. 崔莹：《做最职业的记者——对话英国名记者》，广州，南方日报出版社，2009。

5. 丁淦林等：《中国新闻事业史新编》，成都，四川人民出版社，1998。

6. 胡兴荣：《大报纸时代——党报改革80年（1925—2005）》，广州，南方日报出版社，2005。

7. 金强：《巴基斯坦大众传媒研究》，北京，中国传媒大学出版社，2017。

8. 李彬：《全球新闻传播史（1500—2000）》（第2版），北京，清华大学出版社，2009。

9. 李磊：《外国新闻事业史教程》，北京，中国广播电视出版社，2001。

10. 李良荣：《当代世界新闻事业》，北京，中国人民大学出版社，2002。

11. 李舒东等：《国际一流媒体研究》，北京，世界知识出版社，2013。

12. 李焱胜：《中国报刊图史》，武汉，湖北人民出版社，2005。

13. 刘笑盈：《中外新闻传播史》，北京，中国传媒大学出版社，2007。

14. 龙一春：《日本传媒体制创新》，广州，南方日报出版社，2006。

15. 宋守山：《传媒三十年》，广州，南方日报出版社，2009。

16. 唐亚明：《走进英国大报》，广州，南方日报出版社，2004。

17. 王栋：《卓越媒体的成功之道：对话美国顶尖杂志总编》，北京，作家出版社，2008。

18. 王纬：《镜头里的第四势力：美国电视新闻节目》，北京，北京广播学院出版社，2000。

19. 王卫明：《党报功能与定位新论》，南昌，江西人民出版社，2009。

20. 王卫明、倪洪江等：《校园新闻实战手册》，南昌，江西人民出版社，2011。

21. 吴非、胡逢瑛：《转型中的俄罗斯传媒》，广州，南方日报出版社，2005。

22. 吴非、胡逢瑛：《俄罗斯传媒体制创新》，广州，南方日报出版社，2006。

23. 杨雅婷：《"一带一路"沿线主流媒体研究》，硕士学位论文，南昌大学，2017。

23. 袁军、哈艳秋：《中国新闻事业史教程》，北京，中国广播电视出版社，2001。

24. 袁舟：《媒体集团的经营与管理：新加坡报业控股的成功之道》，汕头，汕头大学出版社，2003。

25. 曾文经：《传媒的魔力》，北京，时事出版社，2001。

26. 张彩：《世界广播发展研究》，北京，中国传媒大学出版社，2007。

27. 张昆：《中外新闻传播史》，北京，高等教育出版社，2008。

28. 张允若：《外国新闻事业史教程》，北京，高等教育出版社，2007。

30. 郑超然、程曼丽、王泰玄：《外国新闻传播史》，北京，中国人民大学出版社，2000。

31. 郑贞铭：《20 世纪中国新闻学与传播学·台湾新闻事业卷》，上海，复旦大学出版社，2005。

32. 周婷、刘鹏：《台湾真的是移动互联网时代的"废柴"吗——2017 上半年台湾移动互联网报告》，Cheetah Lab，https://36kr.com/p/5079823。

33. [法]皮埃尔-菲利普·巴卡茨：《情话巴黎女人：法国"记者之母"弗朗索瓦兹》，柳怡、倪律洵译，北京，中国传媒大学出版社，2009。

34. [美]迈克尔·埃默里、埃德温·埃默里：《美国新闻史：大众传播媒介解释史》，展江、殷文主译，北京，新华出版社，2001。

35. [美]尼古拉斯·柯瑞奇：《纸老虎》，汪仲译，广州，广东教育出版社，1997。

36. 2012 The Korea Press，韩国新闻事业基金会，2012。

后　记

本书既可用于新闻史的本科教学，又可用于新闻史的专科教学（削减少量章节即可）。

2010年，我们出版了有别于其他新闻史教材的《中外新闻事业史》，该书2013年获第五届江西省普通高等学校优秀教材评选一等奖。在此基础上，我们参加"十二五"职业教育国家规划教材申报并成功立项，于是就有了第二版。为及时更新教材内容，我们在2019年修订全书，是为第三版。

本书由南昌大学新闻与传播学院教授王卫明博士策划、组稿并统稿。

本书的编写由多人合作完成，其中：

南昌大学新闻与传播学院教授王卫明负责"全球新闻事业史概述""外国新闻事业史""中国新闻事业史"第七章至第十一章的编写，新华社《中国记者》编辑梁益畅、中国财富传媒集团官平协助编写；

南昌大学新闻与传播学院副教授邓年生负责"中国新闻事业史"第四章至第六章的编写；

开封大学副教授范明姬为本书制作全部课件（超过1300页，配图超过1400幅）；

沈阳师范大学教师党秋月和南昌大学硕士魏骏负责"中国港、澳、台地区新闻事业简史"初稿的编写；

河北大学副教授金强、华南农业大学珠江学院教师芈华龙负责第十八章"巴基斯坦新闻事业简史"的编写；

南昌大学硕士张曼负责第十九章"其他国家新闻事业简况"初稿的编写；

南昌大学硕士肖珍毓负责"2009—2013年中外新闻事业史"的资料搜集；

江西科技学院教师杨雅婷负责"2014—2018年中外新闻事业史"的资料搜集；

南昌大学教师李云豪、曾绯、孙利、刘琳分别负责全书各章的外文资料收集及翻译、书稿校对等工作。

感谢韩国驻华大使馆河贤凤、齐凯璇为我们提供两册介绍韩国新闻事业近况的书籍（英语版和韩语版），感谢语冠信息技术（上海）有限公司公关经理姜佳靖和韩国留学生金秀景为我们提供韩语翻译。

另外，我们要向南昌大学新闻与传播学院教授陈信凌博士和北京师范大学出版社编辑林子表示感谢，没有他们的大力支持，本书不可能面世。

在编写本书的过程中，我们不但追求时新性（最新资料截至2019年12月），而且追求较强的可读性（特意搜集不少故事），既力争有所创新，又参考了近年出版的新闻史书籍、论文和新闻报道，吸收了其中的许多研究成果（为减少篇幅，未全部列明出处），在此向有关作者致谢！

　　由于我们水平有限，编写时间短促，本书肯定存在不少瑕疵，欢迎读者对本书提出批评与建议，以作改进。对于选用本教材的高校教师，我们愿意无偿提供精美的教学课件。

编　者

2020 年 1 月